U0478874

职教津要三书

梦山书系

中国近现代职业教育史

谢长法 著

海峡出版发行集团 | 福建教育出版社

图书在版编目（CIP）数据

中国近现代职业教育史/谢长法著.—福州：福建教育出版社，2025.5
（职教津要三书）
ISBN 978-7-5334-9971-6

Ⅰ.①中… Ⅱ.①谢… Ⅲ.①职业教育－教育史－中国－近现代 Ⅳ.①G719.29

中国国家版本馆CIP数据核字（2024）第100119号

职教津要三书
Zhongguo Jinxiandai Zhiye Jiaoyushi
中国近现代职业教育史
谢长法　著

出版发行	福建教育出版社
	（福州市梦山路27号　邮编：350025　网址：www.fep.com.cn
	编辑部电话：0591-83779615　83726908
	发行部电话：0591-83721876　87115073　010-62024258）
出 版 人	江金辉
印　　刷	福建新华联合印务集团有限公司
	（福州市晋安区福兴大道42号　邮编：350014）
开　　本	710毫米×1000毫米　1/16
印　　张	33
字　　数	456千字
插　　页	2
版　　次	2025年5月第1版　2025年5月第1次印刷
书　　号	ISBN 978-7-5334-9971-6
定　　价	95.00元

如发现本书印装质量问题，请向本社出版科（电话：0591-83726019）调换。

前　言

中国职业教育的历史起于清末，源于近代特殊的社会现实需要。其前身，是清末的实业教育。

历史步入近代，强敌环伺，随着一系列不平等条约的签订，人们开始将目光投向西方，以寻求疗治社会痼疾、摆脱民族危亡的妙药灵丹。面对"数千年来未有之变局"和"数千年来未有之强敌"，为"自强""求富"，在19世纪60年代，洋务派开办了以福建船政学堂为代表的一批技术性教育机构。不过，虽然这些游离于当时教育体制之外的技术型的学堂在学生毕业后不像传统的官学一样，以应科举、求官位为目的，而是以实用为中心，给予相应的职位，在一定程度上，也具有实业学堂的性质；但显然，这一应急性地设置、囿于一才一艺的专门技术学堂，还不能算作真正近代意义上的实业教育。实业教育至此还没有从西方传入。

19世纪70年代以降，随着诸多驻外公使对西方国家和日本实业教育的介绍，以及一些西方传教士陆续对西方国家实业教育的宣传，实业教育方开始真正传入中国，实业教育也逐渐为国人所认识。

甲午战争后，亡国灭种之祸迫在眉睫。面对日益严峻的民族危机，为寻求新的救亡之道，以康梁为首的维新派在"教育救国""广开民智"的思想指导下，将学习西方国家发展实业教育作为救亡之道。此后，虽然"百日维新"期间鼓励设置各种实业学堂的有关规定因为"戊戌变法"的失败而未能得以有效贯彻实施，但伴随着国内"实业救国"和"教育救国"的浪潮，中国第一所真正意义上的实业学堂——江西高安县蚕桑学堂最终还是在1896年得以诞生。

实业学堂在中国大地的发轫，既是教育发展的反映，更是社会发展的要求和"实业救国"思潮下必然的趋势。"新政"时期，随着清王朝发展实业的需要，随着赴日考察学务官员和《教育世界》对实业教育制度的引入，实业教育作为教育系统的重要组成部分之一，已经为越来越多的人所认识，伴随着实业教育制度的确立，各级各类实业学堂在中国广泛建立。

民国肇创，政治上的革故鼎新必然要求教育上进行除旧布新的改革，而实业教育随着政体的嬗递也向近代化迈进。然而，由于民国初创，社会颓废，财政困绌，教育苦闷，使得就实业学校本身来说，发展维艰，积重难返；而与此同时，由于资本主义民族工商业得到了较快发展，则又对实业教育提出了更高的要求。因此，于实业教育进行革新，改变实业学校与社会脱节的现状，使实业教育适合社会发展的需要，成了教育界和实业界众多有识之士的一致呼声。

在实业教育改革的过程中，随着中外教育交流的日益广泛，"职业教育"开始传入中国。一大批爱国的教育家和先进的知识分子怀抱"实业救国""教育救国"的理念和信念，立足社会，观照现实，以"职教救国"为其人生理想、抱负和追求，批判地汲取西方先进的职业教育理论，致力于探索中国职业教育发展之路，并成立中华职业教育社等团体，对职业教育进行现实宣传、理论探讨和实践推行，筚路蓝缕，孜孜以求。在他们胼手胝足的努力下，职业教育本身及其在社会发展和国家建设中的重要意义，逐渐为社会、政府以及越来越多的民众所理解、认识、肯定。终于，1922年的"新学制"第一次使职业教育取得了法律上的地位。此后，中国职业教育的近代化，曲折、蹒跚地发展着，并在不同时期，适应不同的社会形势，呈现出不同的发展特征。

为叙述方便，使读者容易理解，且考虑其他因素，本书在写作中，特作如下处理：

第一，采用公元纪年，时间一般具体到月份。因此，对于清末的年份，如1898年，不写成光绪二十四年（1898）。

第二，对人物，采用今人平时所了解的他们的常用名字。如"黄炎培"不写成"黄任之"，"杨卫玉"不写成"杨鄂联"，"邹韬奋"不写成"邹恩润"，等等；但对他们的著述，则依发表时的署名，以尊重史实。

第三，本书中的"国民政府"指"南京国民政府"；教育部据所处时期，指临时政府教育部、北洋政府教育部或南京国民政府教育部。

第四，原则上遵循详他书之略、略他书之详的原则。对有关中国职业教育史的著作中论述较多、学术界研究相对已较深入的内容，不用过多笔墨，对学术界研究不深或没有研究的内容，则着力加以探讨，以尽可能地给读者呈现一幅全面的中国近现代职业教育发展的历史图景。

目　录

第一章　实业教育的引入与实业学堂的萌芽 ……………………… 1
　　第一节　传教士和早期驻外公使对西方国家实业教育的引入 ……… 1
　　第二节　早期改良派和维新派对西方国家实业教育的介绍 ………… 9
　　第三节　实业学堂的早期萌芽 …………………………………… 17

第二章　实业教育制度的引入与确立 …………………………… 21
　　第一节　赴日考察学务与实业教育制度的引介 ………………… 21
　　第二节　《教育世界》与实业教育制度的引入 …………………… 42
　　第三节　实业教育制度的确立 …………………………………… 50

第三章　实业教育的发展 ………………………………………… 62
　　第一节　实业学堂的初步发展与实业教育行政机构的建立 …… 62
　　第二节　实业学堂的发展与管理 ………………………………… 66
　　第三节　女子职业学校的产生 …………………………………… 78

第四章　实业教育的改革与职业教育的兴起 …………………… 94
　　第一节　实业教育的变革与实业学校的发展 …………………… 94

第二节　黄炎培与实用主义教育的号召及倡导 …………… 104
　　第三节　职业教育的孕育与引入 ……………………………… 113
　　第四节　职业教育在中国的萌生 ……………………………… 123
　　第五节　江苏省教育会与民国初年的职业教育 ……………… 134

第五章　实业教育制度的改革与职业教育制度的确立 …………… 144
　　第一节　实业教育制度的改革 ………………………………… 144
　　第二节　职业教育制度的确立 ………………………………… 158

第六章　职业教育的发展 …………………………………………… 178
　　第一节　"新学制"下各省市发展职业教育的新举措 ……… 178
　　第二节　教育社团对职业教育发展的推动 …………………… 184
　　第三节　女子职业学校的发展 ………………………………… 190

第七章　国民政府全面抗战前的职业教育 ………………………… 209
　　第一节　强化职业教育发展理念，制定职业教育发展政策 … 209
　　第二节　确定职业教育指导方针，规范职业教育发展方向 … 215
　　第三节　厉行职业教育发展措施，保障职业教育合理发展 … 228
　　第四节　完善职业教育发展规划，促进职业教育快速发展 … 243

第八章　全面抗战时期的职业教育 ………………………………… 262
　　第一节　全面抗战时期的职业教育政策 ……………………… 262
　　第二节　发展初等职业教育，推动职业教育多元化 ………… 265
　　第三节　制定各种奖励措施，保障职业教育顺利发展 ……… 272
　　第四节　推行职业补习教育，加强建教合作实施 …………… 277

第九章　战后职业教育的演进 ········· 282
第一节　"建国以教育为第一""以职业教育为基础" ········· 282
第二节　战后职业教育的发展概况 ········· 289

第十章　中华职业教育社与职业教育 ········· 303
第一节　中华职业教育社的成立与中华职业学校的创办 ········· 303
第二节　职业教育理论的研究与探讨 ········· 310
第三节　职业教育的宣传和推行 ········· 325
第四节　中华职业教育社的职业教育实践（1926—1937年）········· 332
第五节　中华职业教育社的职业教育实践（1937—1949年）······ 346

第十一章　职业教育理论探讨的先行者举概 ········· 360
第一节　职教社创办者的杰出代表：顾树森、蒋维乔、穆藕初 ········· 360
第二节　职教社的优秀社员：任鸿隽、庄泽宣、廖世承 ········· 373
第三节　蒋梦麟的职业教育思想 ········· 383

第十二章　近代中国的职业指导 ········· 392
第一节　职业指导在中国的滥觞与兴起 ········· 392
第二节　中华职业教育社与职业指导的理论探索和初步实践（1917—1927年）········· 404
第三节　国民政府全面抗战前职业指导之概况 ········· 427
第四节　上海职业指导所与职业指导的推进（1927—1937年）········· 441
第五节　职业指导理论探讨的发展 ········· 447
第六节　全面抗战时期及战后职业指导的实施 ········· 456

第十三章　职业指导理论探讨的先行者举概 ················ 468
　　第一节　邹韬奋：早年的职业指导情结 ················ 468
　　第二节　顾树森：职业指导理论的重要奠基者 ············ 477
　　第三节　廖世承：一位中学教育家的职业指导探索 ·········· 480
　　第四节　刘湛恩：优秀的职业指导活动家和理论家 ·········· 489

结语 ·· 505

主要参考文献 ·· 507
后记 ·· 518

第一章　实业教育的引入与实业学堂的萌芽

在清末，实业主要是指农、工、商、矿等经济建设事业，有时也包括铁路、蚕桑、森林、水产、医学等与国计民生相关的事业。而为发展这些事业所兴办的学校，即为实业学堂。民国成立后，"学堂"改称"学校"。作为职业教育渊源的实业教育，源自英语中的"industrial education"，本义为"工业教育"，经日本转译为"实业教育"。在近代中国，实业教育的发展，经历了一个由概念引入，到概况引介，再到实业学堂萌芽的艰难过程。

第一节　传教士和早期驻外公使对西方国家实业教育的引入

一、传教士与西方实业教育的引入

在近代中国，传教士是伴随着西方国家的坚船利炮和中国人学习西方科学技术的步伐而来的，虽然，他们中的绝大部分是由西方国家派到中国传扬"福音"、进行文化侵略的"急先锋"，但同时，他们也很自然地成为西方文化的载体。无疑，他们的到来，加剧了中西文化的冲突，冲击了腐朽的封建教育制度，在客观上，对中国教育的近代化产生了推进作用。可以说，自从19世纪中叶传教士纷至沓来涌入中国后，西学加速了东渐的进程。

传教士来中国的目的是传教布道，然而，当他们踏上古老的中国这一对他们颇为神秘的土地后，鉴于中国人对他们本身及其所从事的传教活动的抵触，以及他们对中国传统教育落后状况的认识，他们将兴办教会学堂、培养传教人才作为其传教布道的一种重要形式。而在设学办堂的同时，他们通过著述，也将西方国家先进的教育制度介绍到中国来。如1873年，德国传教士花之安（Ernst Faber，1839—1899）的《德国学校论略》详细介绍了德国的学校教育制度；1881年，美国传教士狄考文（C. W. Mateer，1836—1908）的《学校振兴论》介绍了美国学制及办学情况；1887年，英国传教士李提摩太（Timothy Richard，1845—1919）的《新学八章》介绍了英、法、德等国的学校概况。另外，美国传教士丁韪良（W. A. P. Martin，1827—1916）受总理各国事务衙门的委派，赴欧美国家及日本考察教育制度，返回中国后，于1883年所作的报告——《西学考略》，也从不同角度对欧美国家学制作了介绍。

在对欧美国家学制进行介绍时，传教士也就西方资本主义发达国家教育制度规范下各级各类教育的基本发展状况进行了说明，而其中对各类实业技术专门学校的说明，乃是重要的一个方面。

传教士最初关于介绍西方国家实业技术专门学校的文章多刊登在《教会新报》上。这一创办于1868年9月的期刊，初名《中国教会新报》，1872年8月改称《教会新报》，由美国传教士林乐知（Young John Allen，1836—1907）主编。在1873—1874年间，花之安先后在该刊上发表了三篇介绍西方国家教育制度的文章：《西国书院》《西国学校论略》和《德国学校论略》。其中，《西国学校论略》介绍了西方国家的多种实业学校，如技艺院、格物院、农政院、实学院，等等。《德国学校论略》则用较大篇幅介绍了德国的技艺院、格物院、通商院、农政院等实业学校的基本情况。如介绍技艺院道："技艺之为理甚深，如火船电报等。此种技艺，非有学问不能。院内各种器具皆存，或合或散，使生徒有所观摩。院中所训，是几何之学、重学、化学等。"介绍格物院曰："格物院与技艺院相连属者，然格物即考核物理……若徒为口传，不以物示，则每多难明其奥旨。此院特多备各种器料，使学者由之而知其物之所以然而成，故其最重要者为力学、化学。在化学，为当时尤尚，考核甚广。如论死物之原质，如何而化，与生产之原质，如何而化，有非一师所能发明者。如欲格石学，则当备各种石类参考；格植物，则具各种草木参考，并植各国奇花异木；格生物，如昆虫之微者，亦备各虫类以备参核……若考究生兽，则有博物院，备蓄诸国异兽，以俾学者究察，又取其皮饰之，宛如生者一般，又取古巨兽各骨考之。"①

1874年9月，《教会新报》出满300期，从301期始，更名为《万国公报》。在《万国公报》上，除了1881年狄考文的《学校振兴论》介绍了美国实业学校的办学情况外，花之安的《自西徂东》对西方国家实业教育的介绍可谓典型。

《自西徂东》英文名为 *Civilization, China and Christian*，直译作"文明，中国与基督教"。它是花之安最著名的著作，最早连载于1879年10月至1883年的《万国公报》上，1884年在香港正式出版。在这部对当时中国知识分子产生重要影响的著作中，花之安在其中的"辨明技艺工作"中，较为详尽地介绍了西方国家的实业学校——"技艺院"。其曰："盖泰西之所谓技艺者，固无异上古之六艺，非学问之深不能致其精，且有技艺院以教习之，非同中国之学于贾肆而已也。惟是院内所教者甚繁，不独讲解技艺之理，更备各种器具，使生徒有所观摩，如火车、轮船、电线、千里镜、自鸣钟、寒暑针、风雨针、军器、农器、乐器、医器、时镖、洋灯、织造器、化学、铜铁器、磁器、石器、玻璃、印字器、铁柜、马口铁、铜线、铁链、洋针、小钉、牙刷、香水……制药，食物中之糖果、饼食、酿酒、榨油，俱可行之外国，其机器无不毕具，为生人之利用。……虽然，器具之学固多，尤必执一艺之专精，以为异日谋生之计，

---

① ［德］花之安：《德国学校论略》，日本东京求志楼明治七年（1874）翻刊，"小引"。

非泛泛而学之也。谚云'百艺无如一艺精',其是之谓欤。"①

传教士对西方国家实业教育的介绍,在当时国人对西方教育的认知还处于懵懂之时,给人们以极大的启示,特别是给予当时倡导学习西方的一批知识分子以深刻影响。早期的一批驻外公使就是这批知识分子中的重要代表。

二、早期驻外公使与实业教育的引入

(一) 主要的驻外公使

虽然早在1866年,清廷就派斌椿率同文馆学生"游历外洋",出访欧洲,但这种"游历"性质的出访,自然不能算作是驻外公使的派出。真正使臣的派出,始于1867年。在这年12月,清廷派原任美国驻华公使蒲安臣(Anson Burlingame,1820—1870)为正使,总理各国事务衙门章京、花翎记名海关道志刚和总理各国事务衙门章京、道衔繁缺知府、礼部郎中孙家穀为副使,充任办理中外交涉事务大臣,前往美、英、法、普、俄等国,从而打破了以往不派使臣出国交涉的封闭状态。自此以后,鉴于清廷日益认识到外交的重要和中外交流的日益增多,向西洋国家派驻外交使节的工作持续不断。如1876年12月,郭嵩焘出使英国;1877年3月,刘锡鸿出使德国;1878年7月,曾纪泽出使英、法、俄等国;1889年,薛福成任出使英、法、义(意)、比四国大臣,次年成行……

在驻外使节的派遣中,派遣驻日使节是一个重要方面。

本来,日本和中国一样,也是一个闭关自守的国家,然而,1853年7月美国舰队驶入江户湾后,被坚船利炮打开国门的德川幕府毅然改弦易辙,并自1868年1月,通过明治维新运动,"脱亚入欧",全面学习西方,特别是将学习西方教育放在突出的地位。1871年7月,日本文部省成立后,即在教育改革上大做文章。尤其是在教育制度改革方面,日本广采当

---

① [德]花之安:《自西徂东》,上海书店出版社2002年版,第188页。

时法、英、美、德等先进资本主义国家之长，特别是师法德国，于1872年9月颁布了《学制令》，并在下令"撤销府县旧有学校，按照《学制令》重新设立学校"之后，陆续颁发了《教育令》（1879年）、《学校令》（1886年）等。这样，经过20余年的教育改革，到1890年《教育敕语》颁布时，日本国内已是学校林立，各级各类学校不计其数。

中日两国一衣带水，自古就有较为频繁的往来。由于日本"西化"成功带来的刺激和启示，也由于清廷日益认识到对外交涉的重要和必要，在1871年9月中日两国签订的《中日修好条约》中规定："两国均可派秉政大臣，并携带眷属、随员驻扎京师。"

此后，清廷开始向日本派遣驻外使节。1877年11月，派翰林院侍讲何如璋为驻日公使，张斯桂为副使，带参赞黄遵宪等20余人浮槎东渡；1887年9月，傅云龙游历东瀛；1893年5月，黄庆澄往游日本……

（二）对西方实业教育的引入

由于清廷从一开始就规定出使各国的大臣必须以相关形式定期报告所驻各国情形，所以，这些早期驻外公使在国外期间，通过躬身考察，视野大开。他们满怀愉悦的至情，抱着认真的态度，有的将所见所闻笔之于书，有的则以日记或诗词的形式，写下访问观感和所思所想。如郭嵩焘撰《使西纪程》，刘锡鸿撰《英轺私记》，何如璋作《使东述略》，曾纪泽撰《出使英法俄国日记》，黄遵宪写《日本杂事诗》，薛福成撰《出使英法义比四国日记》，傅云龙撰《游历日本图经馀记》，黄庆澄写《东游日记》……

这些通过身历目见所撰、所记的形式不一的著述，不求文字谨严，表述精致，唯希内容客观，明了易晓，虽然，其中不乏以挑剔、攻讦"天下万国"的政治文化为能事者，但更多的则是以介绍、肯定、赞扬出使国家的政治、经济、军事、外交等先进方面为主要内容，字里行间不时流露出对西洋国家以及学习西洋的日本"政教修明"的感慨、欣赏、钦羡之情。这其中，又都或多或少地涉略了这些国家包括实业教育在内的各级各类学校教育的发展情况，成为当时国门洞开后，人们晓知天下、了解东西方发达国家实业教育的一个重要信息源。而在对国外实业教育的引入中，尤以驻日公使和出使日本的官员对日本实业教育的介绍最为引人注目。

如1889年，傅云龙在《游历日本图经馀记》中，就介绍了日本商业学校和女学校中的缝纫、织锦等职业科。其中曰："有商学校，生百余"；"游医学校，有植物、动物、光、化、电、理、组织诸学"；①"又游画学校，……其生：男九十，女九。其学大较有八：曰水墨，曰写生，曰淡彩，曰着色，曰摹写，曰缩图，曰线图，曰投影。……又有医学校、商学校，皆无大异"。②1894年2月，黄庆澄在《东游日记》中记曰："查日本学校，有官立者，有公立者，有私立者，然必恪遵文部省章程，方得举行。官立者分三等：曰大学，曰中学，曰小学。中小二学又各分二等：曰寻常，曰高等。此外又有师范学校、女学校、商务学校、医学校、聋哑学校，陆有陆军学校，海有海军学校。"③

在对日本实业教育的介绍中，以何如璋为首的首届驻日使团成员对日本实业教育的介绍最为详尽。

何如璋（1838—1891），字子峨，广东大埔人，在1868年的科举考试中中进士后，被点为翰林院编修，不久升任侍讲。何如璋在日本三年，他将在日所见所闻写成《使东述略》和《使东杂咏》两书，成为中国人介绍近代日本较早的代表性著作。特别是《使东述略》，概括介绍了日本明治维新十年来"上自官府，下及学校，凡制度、器物、语言、文字，靡然以

---

① 傅云龙：《游历日本图经馀记》，见傅云龙著，傅训成整理：《傅云龙日记》，浙江古籍出版社2005年版，第76页。
② 傅云龙：《游历日本图经馀记》，见傅云龙著，傅训成整理：《傅云龙日记》，浙江古籍出版社2005年版，第100页。
③ 黄庆澄：《东游日记》，见钟叔河编："走向世界丛书"第一辑第三册，岳麓书社2008年版，第341页。

泰西为式"①的改革情况。书中对日本学校的介绍虽语焉不详,但却是最早提纲挈领地介绍日本学校系统的文字。

张斯桂(1816—1888),浙江宁波人,这位因为著名传教士丁韪良的中译著作《万国公法》作序(按:该书于1864年在中国出版,翌年又在日本出了日文版)而为日本人所熟悉的驻日副使,在所著的《使东诗录》中,也介绍了日本海军士官学校、东京师范学校、东京女子师范学校学生学习生活的状况。如描写东京女子师范学校曰:"满庭桃李不胜春,都是罗敷未嫁身;西邸簪花多妙格,东邻咏絮有佳人;薛媛画笔添毫细,蔡女琴弦按拍新;戏罢秋千无个事,绿纱窗下度针神。"②

虽然何如璋、张斯桂二人都对日本教育作了介绍,但是介绍日本实业教育最力者还是黄遵宪。

黄遵宪(1848—1905),广东嘉应州(今梅州市)人,字公度,号人境庐主人等。这一中国近代著名的诗人、史学家和思想家,也被外国人誉为"有清一代最有风度、最有教养的外交家",是近代中外文化交流史上一位优秀的代表人物。就对日本实业教育的引入而言,他也是首届驻日使团各位成员中最突出的一位。

从1877年12月底抵日任驻日使馆参赞始,一直到1882年春奉命调任驻美国旧金山总领事止,黄遵宪在日本度过了长达四年的时间。其间,在协助何如璋处理外交事务之余,出于一个外交官的责任和使命感,他广交日本各界人士,进行各种文化交流活动。特别是,基于对明治维新后日本实行"殖产兴业""富国强兵"和"文明开化"政策所产生的积极作用的认识,为加深国人对日本的了解和借鉴,他怀着忧国忧民、强国兴邦的满腔热情,以"通志"体裁形式于1887年撰成洋洋五十余万言的《日本国

---

① 何如璋:《使东述略》,见钟叔河编:"走向世界丛书"第一辑第三册,岳麓书社2008年版,第107页。
② 张斯桂:《使东诗录》,见钟叔河编:"走向世界丛书"第一辑第三册,岳麓书社2008年版,第147页。

志》（1895年刊行）。这部历时八九年完成的呕心沥血之作，乃是由中国人撰著的第一部综合阐述日本的通志著作，它在全面介绍日本历史和现状的同时，重点探讨了日本明治维新后所实行的各种制度，其中反映了黄遵宪主张学习西方、效法日本、改革社会、变法自强的基本思想。除《日本国志》外，黄遵宪还于东渡后的最初两三年中，"网罗旧闻，参考新政，辄取其杂事，衍为小注，串之以诗"，[①] 写就了一部包括200首诗的《日本杂事诗》（1879年初刊后，至1898年改定）。这一以古代中国文明对日本的影响和近代西方文化传入日本为主要内容的诗集，涉及日本政治、经济、文化、教育、民俗等方面的情况，所以，和《日本国志》一样，同样是一部"明治维新史"。无疑，黄遵宪的这两部著作，不仅为当时国人了解和研究日本提供了丰富、具体和可靠的材料，而且由于黄本人由对日本明治维新前后近代化发展的细微、系统的观察中，得出了深刻认识，作出了精细分析，并从中引出了诸多可资中国借鉴的结论，因此，它们在引导中国走上近代化发展的道路上，具有重要的参考意义。

涉猎全面、内容丰富的《日本国志》和《日本杂事诗》，在描绘日本引进"西学"的基础上，对日本以欧美资本主义发达国家教育为蓝本的教育改革下学校教育的发展，特别是其对以西方近代自然科学和社会科学为内容的学校教育制度的介绍，使之在反映日本教育变革轨迹、体现黄遵宪教育改革主张的同时，成为当时国人了解日本教育发展状况的一个重要窗口。

"游东西洋十年"、任外交官的经历，使黄遵宪深深认识到，欧美一些国家的繁荣，与发展科技、倡导"工艺"密不可分。他说，西方列强及日本"举一切光学、气学、化学、力学，咸以资工艺之用。富国也以此，强兵也以此"，[②] 而"工艺"所以有助于富国强兵，乃是通过培养有关"工

[①] 黄遵宪：《〈日本杂事诗〉自序》，见黄遵宪著，吴振清、徐勇、王家祥编校整理：《黄遵宪集》上卷，天津古籍出版社2003年版，第6页。

[②] 黄遵宪著，吴振清、徐勇、王家祥点校整理：《日本国志》下卷，天津人民出版社2005年版，第986页。

艺"的人才而实现的。因此，"今欧美诸国崇尚工艺，专门之学布于寰区"。他们将"工艺"应用于医学，"如望气察色，结筋捣髓，破腹取病，极精至能，则其艺资于民生"；将"工艺"应用于农业，"穷察物性，考究土宜，滋荣敷华，收获十倍，则其艺资于物产"；将"工艺"应用于军事，则"千钧之炮，连环之枪，以守则固，以战则克，则其艺资于兵事"；将"工艺"应用于民生日用的制造，则"伸缩长短，大小方圆，制器以机，穷极便利，则其艺资于日用"。① 正因此，西方国家及日本"广开农工商诸学校以教人"。

基于以上认识，黄遵宪在《日本国志》中较为详细地介绍了日本仿欧美资本主义强国所建立的以自然科学为中心的实学教育情形："有小学校，其学科曰读书、曰习字、曰算术、曰地理、曰历史……有中学校，其学科亦如小学，而习其等级之高者，术艺之精者。有师范学校，则所以养成教员以期广益者也。有专门学校，则所以研究学术，以期专精者也。有东京大学校……其东京医学校并隶于本校焉。此外有工部大学校，以教电信、铁道、矿山之术。……有农学校，以教种植。商学校，以教贸易。工学校，以教技巧。女学校，以教妇职。"② 另外，在中学及师范学校也有商贾学，在东京大学还设有工学科等。

第二节　早期改良派和维新派对西方国家实业教育的介绍

一、早期改良派对西方国家实业教育的介绍

早期改良派是19世纪70年代后逐渐形成的一个思想群体，重要的代

---

① 黄遵宪著，吴振清、徐勇、王家祥点校整理：《日本国志》下卷，天津人民出版社2005年版，第986页。
② 黄遵宪著，吴振清、徐勇、王家祥点校整理：《日本国志》下卷，天津人民出版社2005年版，第797—799页。

表人物有冯桂芬（1809—1874）、薛福成（1838—1894）、王韬（1828—1897）、陈炽（1855—1900）、马建忠（1845—1900）、陈虬（1851—1904）、郑观应（1842—1922）、容闳（1828—1912）、黄遵宪等。他们中，有的是曾留学异域的留学生，有的是曾出使海外的外交家，有的是从洋务派中孕育、分化出来的洋务幕僚，也有的是虽曾接受了封建的旧教育，但通过游历沿海商埠，特别是香港、澳门等地，通过阅读、编译西书，思想逐渐背离了传统的士大夫。这些早期改良派对西方国家的社会和文化有着较多的了解和认识。有鉴于中国民族危机日益严重，国弱民穷，他们从"救亡图存、富强中国"的目的出发，在继承、发挥洋务派"制洋器、采西学"思想的基础上，提出了在政治、经济、军事、文化、教育等方面全方位的改革建议，而其中，强调学习西方国家发展实业教育，几乎成为他们一致的呼声。

早期改良派认为，西方国家强大的主要原因，不在于坚船利炮，而在于学，所谓"学校之盛有如今日，此西洋诸国所以勃兴之本原欤"！[①] 因此，在他们看来，"学校者，造就人才之地，治天下之大本也"，[②] 将设立学校视作培养人才进而实现富强的重要途径。不仅如此，在他们看来，学校所造就的人才，不应再是传统的以经史之学武装的学究，而应该是中西兼通的新式人才。并且，由于他们对西方国家政治、经济、文化和教育内容等已有一定的了解，对西学的认识也已不再囿于"船坚炮利"和"西文""西艺"，而是更为广泛。如王韬即认为，西学皆实学，它不仅包括算测、光学、化学、电学，也包括文学和艺学。郑观应更将西学概括为"天学""地学"和"人学"三大类。"天学"包括天文、算法、历法、电学、光学等；"地学"包括地舆、测量、经纬、种植、车舟、兵阵等；"人学"包括方言文字、政教、刑法、食货、制造、商贸、工业技术等。在这里，

---

① 薛福成：《出使英法义比四国日记》，见钟叔河编："走向世界丛书"第一辑第八册，岳麓书社2008年版，第291页。

② 郑观应：《盛世危言》，中州古籍出版社1998年版，第60页。

所谓的"西学",兼及西方自然科学和社会科学多方面的知识。可见,就向西方学习的方向,就对西学内涵的认识,和向西方学习的内容上,早期改良派与洋务派已有很大不同。

正是以上种种认识,使得早期改良派突破了洋务派在办学主张上仅仅囿于语言、军事、技术等学堂的局限,不仅提倡在各州县广设小学堂以普及义务教育,建议应仿照西方国家建立从小学到大学的较为完整的大、中、小三级学校系统,而且将"学战"思想与"商战"思想相结合,从推进工商经济发展以实现国家富强出发,主张学习西方国家,设立"格致""制造""种植""工艺""商务"等实业学堂。从引介西方国家实业教育,到主张借鉴西方设立实业学堂,标志着实业教育在中国的发展迈出了关键性的一步。

早在1860年11月,留美耶鲁大学获得文学学士学位的容闳,来到太平天国首府天京,向太平天国干王洪仁玕提出了他的改造中国的七条方案,其中就包括"颁定各级学校教育制度""设立各种实业学校"。① 然而,在当时炮火连天、血雨腥风的年代里,容闳向太平天国提出的这一主张,无疑是一梦呓而已。

"不作人间第二流,奔腾万里驾轻舟"的王韬,十分推崇法国的教育制度,称赞其"府州县镇中所有私设书塾不可胜数,皆以治杂学,习各技,各就所愿,群居讲肄"的盛况;② 主张学习西方国家"于工农兵商各有艺塾,专宗艺学"的做法,设立有关专门学校。

而郑观应则提出,西方国家"士有格致之学,工有制造之学,农有种植之学,商有商务之学,无事不学,无人不学"。③ 像德国,在郡院学习的学生"期满考列上等,则各就其艺能,或入实学院,或入技艺院;其实学

---

① 容闳:《西学东渐记》,中州古籍出版社1998年版,第120页。
② 王韬:《重订法国志略》,光绪十六年(1890)淞隐庐铅印本,卷十七,"志学校"。
③ 郑观应:《盛世危言》,中州古籍出版社1998年版,第297页。

分上下两院，皆以实学为主"。① 特别是，在西方发达国家，"工艺院急于文学院，以工艺一事，非但有益商务，且有益人心。院中课习制造、机器、织布、造线、缝纫、攻玉，以及考察药性与化学等类，教分五等"；而有鉴于"中国生齿日繁，生计日绌，所以工艺学堂亦今世之亟务也"。②

1894 年，在《庸书》中，陈炽不仅盛赞中国古代设立农、工、商学的做法，说"农非学，无以辨菽麦，别肥硗，尽地力；工非学，无以区美恶，审良楛，制械用；商非学，无以察时变，精确算，殖货财"，而且认为，与西方国家相较，之所以"工则彼巧而我拙，商则彼富而我贫"，其原因，并非"中不若西""亦学不学之分耳"。③ 另外，他还介绍西方国家女子职业学校的发展道："泰西风俗，凡女子纺绣工作艺术，皆有女塾，与男子略同，法制井然，具存古意。故女子既嫁之后，皆能相夫佐子，以治国而齐家，是富国强兵之本计也。"④ 1896 年，陈炽在重译英人斯密德的《富国策》的基础上，撰写了又一部重要著作——《续富国策》，在这一主要论述经济的专著中，陈炽从发展经济、使国家走向富强的目标出发，对实业教育亦多有论述。如在《续富国策·艺成于学说》中，他就再次强调并论证"中国之工艺""不如泰西"，乃是由于"学不学之分"之故。正是基于以上认识，陈炽建议中国"宜于沿海诸埠，广设工艺学堂，选募聪颖纯正之生童，分门学习"。⑤

早期改良派倡导借鉴东西方国家设立工艺实业学堂的主张，无疑在中

---

① 郑观应：《盛世危言》，中州古籍出版社 1998 年版，第 61 页。
② 郑观应：《盛世危言》，中州古籍出版社 1998 年版，第 68 页。
③ 陈炽：《庸书·学校》，见赵树贵、曾丽雅编：《陈炽集》，中华书局 1997 年版，第 29 页。陈炽，字克昌，江西瑞金人，中国近代维新派代表人物之一，曾于 1895 年 8 月在北京创立强学会。《庸书》计百篇，在书中，陈炽主张发展资本主义工商业，号召学习西方国家发展教育等。
④ 陈炽：《庸书·妇学》，见赵树贵、曾丽雅编：《陈炽集》，中华书局 1997 年版，第 129 页。
⑤ 陈炽：《庸书·自立》，见赵树贵、曾丽雅编：《陈炽集》，中华书局 1997 年版，第 137 页。

国职业教育近代化的历程中具有重要意义。虽然，囿于历史条件的限制，他们对西方国家教育的认识还是肤浅的，对西方国家实业教育的介绍也是零星而不系统的，且更不可能深入到实业教育规章制度的引入；然而，不可否认，正是这些皮毛的介绍和创设实业学堂的最初呼声，给国人以深刻的启示，为甲午战争后实业教育更深层地引入，为实业学堂的兴办，乃至实业教育制度体系的创立，都打下了初步的基础。

二、维新派对西方国家实业教育的介绍

1894年7月至1895年4月，中日两国在中国东北沿海和黄海一带进行了一场战争，这场历时8个月之久的战争，因光绪二十年（1894）为农历甲午年，故称甲午战争。

中日甲午战争以中国的失败而告终。1895年4月17日，以李鸿章为首的中方代表团完全按照日方的条件，与日本首相伊藤博文签订了《马关条约》。"条约"规定，中国将辽东半岛、中国台湾及其附近的岛屿割让给日本，"赔偿"日本军费白银二亿两，增设沙市、重庆、苏州、杭州为通商口岸，等等。当这一空前丧权辱国的条约签订的消息传来后，举国震惊。泱泱大国居然被蕞尔小国所打败，这不能不引起国人的巨大痛心。谭嗣同谓："四万万人齐下泪，天涯何处是神州？"

然而，甲午战争的失败也唤起了一直以来处于香梦正酣之中的中国人。正如梁启超在《戊戌政变记》一书中所言："吾国四千余年大梦之唤醒，实自甲午战败割台湾、偿二百兆以后始也。"

面对严重的民族危机，一大批封建士大夫和知识分子决心"舍旧谋新，以图自强而洗大耻"（汪康年语），于是他们在思想界掀起了一场声势浩大的变法维新运动。领导这场运动的是康有为、梁启超、严复、谭嗣同、唐才常等。在希求改良政治以"挽救世变"的同时，他们也将教育改革视为改良政治的重要途径和手段。在他们看来，西方国家之所以富强，"不在炮械军兵，而在穷理劝学……其各国读书识字者，百人中率有七十

人"；同样，"近者日本胜我，亦非其将相兵士能胜我也，其国遍设各学，才艺足用，实能胜我也"；① 而中国之所以贫弱，主要原因在教育不良，人才缺乏，"读书识字仅百之二十，学塾经费少于兵饷数十倍"，② 由此造成民智不开，民权难求。而要开民智，求民权，就必须对国民进行教育。梁启超认为，国家的强弱以人民的受教育程度为依归，所谓"亡而存之，废而举之，愚而智之，弱而强之，条理万端，皆归本于学校"。③ 接受了西方先进文化熏陶的严复更是认为，由于中国民力弱，民智下，民德薄，长此以往，"物竞天择"，中国必会亡国灭种；因此，要救亡图存，必须"鼓民力""开民智""新民德"。

可见，在维新派看来，教育的重要目的就是"开民智"，培养"新民"；而所谓"新民"，就是具有"公德""自由""合群""权利义务""国家思想"等新道德、新精神和新特性的人。虽然教育不可能救国，但无疑，他们的呼声，反映了他们希望通过教育来挽救危亡、使国家走上富强之路的愿望，也在相当程度上促进了中国教育由封闭走向开放，具有巨大的启蒙意义。

从"教育救国"思想出发，维新派极力主张引进东西方发达国家学制。1898年6月—7月间，康有为上《请开学校折》，在详细介绍了欧美国家学校发展的盛况后，建议光绪皇帝"远法德国，近采日本，以定学制"。梁启超也认为："变法之本，在育人才；人才之兴，在开学校。"正是基于此，他们主张必须借鉴西方国家经验，广设包括实业学堂在内的各级各类学校。特别是鉴于"凡农、商、矿、林、机器、工程、驾驶，凡人间一事

---

① 康有为：《请开学校折》，见汤志钧编：《康有为政论集》上册，中华书局1981年版，第306页。
② 康有为：《公车上书》，见陈学恂主编：《中国近代教育文选》，人民教育出版社1983年版，第97页。
③ 梁启超：《变法通议·论学校（总论）》，载《时务报》第6册，光绪二十二年（1896）八月二十一日。

一艺者，皆有学，皆为专门也"，以"教人民之应用，以为执业者"① 的状况，他们极力倡导学习西方国家，广设专门实业学堂，以培养农、工、商、矿等实用人才。如1895年5月2日，在《上清帝第二书》中，康有为提出，"令各直省设立商会、商学……而以商务大臣统之，上下通气，通同商办"；并"令各省、州、县遍开艺学书院，凡天文、地矿、医律、光重、化电、机器、武备、驾驶分立学堂，而测量、图绘、语言、文字皆学之"。② 此后，鉴于"泰西大国……农工商兵，士皆专学，妇女童孺，人尽知书"，③ 他又多次建议"各省府县皆设工艺学堂"。④

1898年6月11日，光绪皇帝发布《明定国是诏书》，雷厉风行，宣布维新变法。自此日起至9月21日的"百日维新"期间，以康梁为首的维新派继续执笔不休，以墨代舌。他们折中有梦，字间具情，在"教育救国论"的思想指导下，多次建议仿照西方国家建立实业学堂。如7月19日，康有为在《条陈商务折》中说："西人商务皆本于学，驾驶则有水师学堂，轮车则有铁路学堂，电报则有电报学堂，丝业则有蚕桑学堂，制茶、制糖、制磁、制酒、开煤、炼钢、纺纱、织布，无不有学堂，每创一业，必立一学堂，故一材一艺之微，万事万物之赜，皆由于学，故能精新"，所以，建议"饬天下商务局，令其立商学、商报、商会，并仿日本立劝工场及农务学堂，讲求工艺农学"；⑤ 7月28—29日，严复在《国闻报》上发表《论治学治事宜分二途》，他说："治学之材与治事之材，恒不能相兼"，当

---

① 康有为：《请开学校折》，见汤志钧编：《康有为政论集》上册，中华书局1981年版，第306页。
② 康有为：《上清帝第二书》，见汤志钧编：《康有为政论集》上册，中华书局1981年版，第128—131页。
③ 康有为：《上清帝第五书》，见汤志钧编：《康有为政论集》上册，中华书局1981年版，第203页。
④ 康有为：《请统筹全局折》，见汤志钧编：《康有为政论集》上册，中华书局1981年版，第228页。
⑤ 康有为：《条陈商务折》，见汤志钧编：《康有为政论集》上册，中华书局1981年版，第328—329页。

国家越是开化，则分工愈密，在农工商各业中，就必然有专门之学；"农工商之学人，多于入仕之学人，则国治；农工商之学人，少于入仕之学人，则国不治"。① 8月，康有为再上《请开农学堂地质局以兴农殖民而富国本折》，又曰："窃万宝之原，皆出于土；故富国之策，咸出于农。……伏乞皇上饬下各省府州县，皆立农学堂，酌拨官地公费，令绅民讲求。"②

"百日维新"期间，以康梁为首的维新派与帝党联合，不挪寸阴，通过光绪皇帝发布了200余条除旧布新的上谕，内容涉及政治、经济、军事、文教各个方面。其中，有关文教改革方面的谕令约占1/3强。由于百日维新期间的改革在相当程度上乃康梁等维新派思想的体现，所以不乏有关开办实业学堂、发展实业教育的内容。如6月20日，命总署议奏南北洋设立矿务学堂；8月10日，鉴于"铁路矿物，为目今切要之图，造端伊始，亟应设立学堂，预储人才，方可冀收实效"，故要求"所有各处铁路扼要之区及开矿省份，应行增设学堂，切实举办"；③ 8月21日，又令"各省府州县，皆立农务学堂，广开农会，刊农报，购农器，由绅富之有田业者试办，以为之率。其工学、商学各事宜，亦著一体认真举办，统归督办农工商总局大臣"；④ 9月9日，命孙家鼐详拟设立医学堂办法进呈；9月11日，命各通商口岸及出产丝、茶各省，筹设茶务学堂、蚕桑公院。

"百日维新"期间，在有关发展实业教育的谕令中，有的起到了立竿见影的效果，一些地方遵令，亦多有实业学堂之设。

如9月4日，农工商总局大臣端方拟于京师专设农务中学堂；9月6日，直隶总督荣禄奏请在直隶设立农工务学堂，"延聘东西农学博（士）

---

① 严复：《论治学治事宜分二途》，见王栻主编：《严复集》第一册，中华书局1986年版，第89页。
② 康有为：《请开农学堂地质局以兴农殖民而富国本折》，见汤志钧编：《康有为政论集》上册，中华书局1981年版，第349页。
③ 朱寿朋编：《光绪朝东华录》（四），中华书局1958年版，第4158页。
④ 朱有瓛主编：《中国近代学制史料》第一辑下册，华东师范大学出版社1986年版，第922页。

选择英敏学生入堂肄业,将上海农学会报以及东西各报,凡有关农事者,广为繙译购置刊布,以期推行尽利"。① 9月14日,两江总督刘坤一拟在江宁设农务学堂一所,"选派府属绅商之有产业者,经理其事;聘明于种植物学、农艺化学人员为之教习,以讲求物质土性所宜,粪溉壅植之法"。②另外,于是年正式诞生的京师大学堂也将农、工、商等列为重要的专门学科肄习。

虽然,由于戊戌变法的失败,"百日维新"中的一系列教育改革措施除京师大学堂因"萌芽早,得不废"外,其余均遭废除,但是,由于戊戌变法思潮产生了巨大的思想启蒙作用,使得教育改革在当时已是深入人心。就实业教育言,维新时期从主张借鉴西方国家建立实业学堂,到引入西方实业教育制度,进而倡导在实业教育制度规范下建立、发展中国的实业教育,无疑在相当程度上为日后实业教育的发展奠定了一定的舆论和理论基础。而所有这一切又都有力地说明,实业教育在中国,已经取得了实质性的发展。

第三节 实业学堂的早期萌芽

最早在中国出现的实业学堂是由传教士创办的。如1850年和1861年,北长老会在上海分别设立清心实业学校和清心实业女中学校。此后,传教士陆续设立的实业学堂还有:1891年和1895年,分别在苏州设立的苏州医学校和苏州护士职业学校;1900年,在上海设立的青年会商业夜校、青年会商业中学等。这些按照西方教育模式所办的实业学堂,在有关方面为此后中国人创办实业学堂提供了一定借鉴。

---

① 朱有瓛主编:《中国近代学制史料》第一辑下册,华东师范大学出版社1986年版,第924页。
② 朱有瓛主编:《中国近代学制史料》第一辑下册,华东师范大学出版社1986年版,第965页。

甲午战争后，受实业救国思想的影响，创办实业学堂的呼声日高。终于，在19世纪末，中国第一所实业学堂在中国大地发轫。

1896年，江西绅士蔡金台创办江西高安蚕桑学堂，这是中国人自办的第一所真正意义上的实业学堂。1897年，鉴于温州交通不便，矿产匮乏，虽自古即为"八蚕之乡"，但由于"拘于旧法""莫能改良""亦日趋于衰败"，孙诒让（1848—1908）乃在温州创办蚕学馆。在《告温州同乡书》中，孙诒让指出，蚕学馆将"搜集历来相传之中国种桑养蚕旧籍，兼采近时新译出版之法、意、日本各国蚕桑学书"作为教材；"兼用中西新旧诸法，考验品种，选制蚕子纸，教导饲蚕种桑事业"；"附辟广场，以供实验，务使土桑劣种逐渐改良，多病蚕身随时治疗"。该校开办时占地30亩，其中桑园20亩，有蚕室、制缫车、显微镜等，年产优良蚕种一万多张；1901年改称蚕桑学堂，1905年又改名为温州初等蚕桑实业学堂，1911年再改称温州府官立中等农业学堂，1912年又易名温州蚕桑学堂。

1897年，杭州蚕学馆创办，这也是当时曾产生较大影响的一所实业学堂。

杭州，这座被意大利著名旅行家马可·波罗誉为"世界上最美丽华贵的""天城"，因其蚕丝业的发展，而被人称为"丝都""绸都"。然而，至清末，随着外国列强的入侵，杭州昔日蚕丝业的繁荣已不复存在。1896年，时任杭州知府的林启（1839—1900）鉴于浙江蚕丝业的衰败，为振兴蚕业，以利民生，乃向浙江巡抚廖寿丰呈递了《请筹款创设养蚕学堂禀》，提出创办蚕学馆，以培养专门的蚕业人才。林启的建议得到了廖寿丰的肯定和同意。1897年，杭州蚕学馆得以兴建，规定招生对象为"家世业蚕，文理通顺，年在二十岁左右，明敏笃静"的举贡生童，学习年限为3年。其宗旨，在《浙江蚕学馆招考章程》中如是说："蚕学馆之设，以考验蚕种分方做子为第一要义，验有成效，馆中制成蚕子纸，售与内地养蚕之人。其他饲蚕种桑等法，亦详细讲求。"①

1898年3月，学校正式开学，第一期计划招生30名，实际录取25名，另有报送的额外生8名。学校以"除微粒子病，制造佳种，精求饲育，传授学生，推广民间"为宗旨，课程参照日本东京蚕业讲习所设置，主要开设：物理、化学、动物学、植物学、气象学、土壤学、桑树栽培、蚕体生理、蚕体解剖、蚕饲育法、缫丝法、生丝审察法、茧审查法、害虫论、显微镜的使用等。此外，学校还在嘉兴县创办分馆和养蚕社，以为农民检查土种病毒，消除蚕病。

杭州蚕学馆在清末共毕业学生11期163人，由于教学效果突出，学生受到社会的广泛欢迎。如在第一期毕业的18名学生中，除成绩特优的丁祖训和傅调梅二人留馆任教外，其余的16人分别被派赴杭州、嘉兴、湖州、宁波、绍兴五府所创设的养蚕会中充任教习，推广先进的养蚕和制丝技术。1908年，蚕学馆改名为浙江中等蚕桑学堂；民国成立后，先后改名为浙江公立蚕桑学校和浙江省立甲种蚕桑学校。

江西高安蚕桑学堂、温州蚕学馆和杭州蚕学馆同为当时全国最早的三家蚕学堂，它们在研制优良品种，推广先进养蚕技术，传授新法缫丝，以及编译、出版介绍蚕业知识书籍等方面，做了大量工作，对促进全国蚕丝业和蚕业教育的发展有着开风气之先的重要作用。

随着江西高安蚕桑学堂、温州蚕学馆和杭州蚕学馆等实业学堂的创办，设立实业学堂以发展实业的呼声也不断出现，其他种类的实业学堂也开始在中国大地诞生。如1897年，张謇在"父教育而母实业"的思想指导下，认为立国之本不在兵，也不在商，而"在乎工与农，而农为尤要"。在他看来，"近日上海设立农学会，专译东西洋农报农书，未始非中国农政大兴之兆"，故请光绪帝"各省专派一人，主持其事，设立学堂，讲求

---

① 《浙江蚕学馆招考章程》，载《时务报》第51册，光绪二十四年（1898）正月二十一日。

土宜物性"。① 也就在这一年，上海农学会拟设农学堂，提出"事无巨细，非学不成，况农学事理繁赜，尤必开学肄习，讲求光热图算、水化动植物等学，而化学动植物学尤要。必须聘化学师一人，化验土质；动植物学师一人，研究各物体性。先立一堂，日渐推广。必使农田所在，皆有学堂；负耒之民，咸知新理新法"。② "百日维新"期间，遵饬令，不少实业学堂被规划、计划创办。此后，虽然戊戌变法失败了，但实业学堂仍时有设立。如1899年，张鸣岐在桂林设立广西农学堂；1900年，福建蚕桑公学拟办"饲蚕"和"种桑"；等等。这些实业学堂的兴办，不仅促进了当时实业的发展，同时也为"新政"后实业教育制度建立伊始大批实业学堂的兴办提供了借鉴。

---

① 朱有瓛主编：《中国近代学制史料》第一辑下册，华东师范大学出版社1986年版，第914页。
② 《务农会章》，载《知新报》第13册，光绪二十三年（1897）三月二十一日。

第二章　实业教育制度的引入与确立

甲午战争后，由于实业教育的引入和实业学堂在中国的发轫，以及中外教育交流的日益广泛，借鉴东西方发达国家教育发展经验，引入实业教育制度，在制度的规范、指导下，广设各级各类实业学堂，从而充分发挥实业教育在国计民生中的重要作用，最终实现"实业救国"的目的，越来越成为有识之士的共同愿望和要求。随着赴日考察学务热的产生，以及《教育世界》对日本实业教育制度的大力引介，实业教育制度终于在中国确立，从而为实业教育的发展奠定了坚实的基础。

第一节　赴日考察学务与实业教育制度的引介

一、甲午战争后赴日考察学务热的产生

中日甲午战争后，中国朝野上下的有识之士开始以日为师；而当时的"以日为师"，内涵丰富，反映在政治、军事、文化、教育等各个方面。这不仅是因为日本在明治维新中学习西方有成效，其近代化走在中国前面；而且更由于清王朝认为，法、美等国都以共和为政体，中国是不能仿效的，而日本在明治维新后所采取的君主立宪制度与中国封建官僚所倡导的"忠君爱国""中体西用"则互通一致，无疑可以起到尊君权、固民志的作用；加之，中日两国语言文字相近，易于通晓，风俗习惯相似，路近费省

便于人员往来。凡此种种，都使中国上上下下认识到，此时，以日本为媒介撷取西方近代文明乃是中国图强求存的最佳捷径。

晚清的"以日为师"，就教育方面而言，其途径、方式至多，如选派学生到日本留学、翻译日本书籍、赴日考察学务、招聘日本教习等等。而其中赴日考察学务又是教育上"以日为师"所采取的主要途径和重要体现。

日本在明治维新以后的二十余年，致力于推进教育近代化，而在推进教育近代化的过程中，极力采用西法，大力设立各种学校，且规制周详。中国虽然对教育也曾极意经营，但"立法尚嫌未备，成材不能甚多"，而"日本与我同种、同教、同文、同俗，又已先著成效，故中国欲采取泰西各种新学新法，允宜阶梯于日本，必须有明白事理究心学术之员前往游历，详考各种学校章程，实有领悟，方足以资仿效"。① 可见，在国人看来，当时派员赴日考察学务，在教育上直接效法日本，无疑可以减少间接学习西方国家的种种困难和障碍，从而起到事半功倍之效。

需要指出的是，由于地理位置相近和历史文化的渊源关系，在甲午战争前，中国人到日本去考察的人数就远较到欧美国家的为多。当时的考察人员，或是钦派的游历大臣，或是地方所派的考察官员。这些考察人员作为当时中外交流中的重要使者，在他们的游历日记中，真实生动地记录了他们走向世界和游历日本的具体经过、所见所闻和思想心态。这其中，有不少是有关日本教育（包括实业教育）现状的记载。如1887年至1889年，兵部郎中傅云龙奉光绪皇帝钦派游历日本、美国、加拿大、古巴、秘鲁和巴西六国。关于这次六国游历的前前后后，傅云龙写的《游历图经馀记》曾有详细的说明。这一于1889年出版的"馀记"，依所游历之国分别记载，其中的《游历日本图经馀记》记有作者在日所参观考察的二十余所学校的情况，包括商学校、医学校等的概况。1893年5月，受安徽巡抚沈秉成和

---

① 张之洞：《札委姚锡光等前往日本游历详考各种学校章程》，见苑书义、孙华峰、李秉新主编：《张之洞全集》第五册，河北人民出版社1998年版，第3560页。

驻日使臣汪凤藻的资助，黄庆澄往游日本，至 8 月份回国。作为一个钻研过西学的新派人物，黄庆澄在他的《东游日记》中，对日本学校教育制度和学校教育发展记之甚详。这些记载，给国人提供了关于日本实业教育的最初感性认识。

甲午战争后，赴日进行教育考察更是盛极一时。据汪婉《清末中国人对日教育考察之研究》统计，自 1898 年至 1911 年，有据可稽的赴日考察者就达 1195 人。他们中间，有朝廷官员，也有文人学者，还有留日学生。虽然成分复杂，但他们却多以积极的心态，抱着虚心的态度，或向日本教育界人士讨教中国教育改革的"良方"，请他们指点迷津；或满怀热诚地访购日本的"新学"书籍，以资国内采择；或近乎痴迷地遍考日本各级各类学校，以取参照借鉴。怀着对日本教育的钦慕之情，更为了给中国的教育改革提供有益的借鉴、参照和发展的方向，这些考察学务人员往往将他们在日考察期间的经过作了详细的记录。这些名称不同、形式不一的被后人称为"考察学务游记"的著作，不仅是近代中日文化交流史的珍贵史料，更是当时国人认识、了解日本教育的一个重要载体和主要窗口。伴随着他们对日本学校教育及其制度的介绍，日本的实业学校及其实业教育制度也得以被引介到中国。

甲午战争后至 1904 年 1 月"癸卯学制"颁布前的"考察学务游记"究竟有多少存世，虽然由于年代久远，加之这些"游记"又蛛网尘封，庋藏各地，已经无法作出准确估计，但可以肯定的是，其数量绝非少数。在此，我们仅举出一些当时影响较大的学务考察，并就它们对实业教育制度的引介加以说明。

二、主要的学务考察与实业教育制度的引介

（一）"新政"前主要的赴日学务考察

在"新政"之前，主要的赴日学务考察活动有以下数起。

1898 年 2 月，湖广总督张之洞派姚锡光赴日联络湘鄂留日学生入学事

宜，并考察日本各类学校。姚锡光（1857—1921），字石泉，江苏丹徒人。曾任北洋武备学堂教习，赴日前为候选直隶州知州；赴日时，其身份是湖北武备学堂兼自强学堂总教习。在即将赴日考察学务时，张之洞特向他提出要求，令其"将政治学、法律学、武学、航海学、农学、工学、山林学、医学、矿学、电学、铁道学、理化学、测量学、商业学各种学校，选材授课之法，以及武备学分枪、炮、图绘、乘马各种课程，或随时笔记，或购取章程赍归，务详勿略，藉资考镜"。① 姚锡光滞日两月，对日本陆军部和文部省的学校进行了全面考察，并将考察结果写成《日本学校述略》一书，于1898年夏由浙江书局刊印。翌年，作者又对之进行增补，并改名《东瀛学校举概》，于当年5月刊于京师。

在《东瀛学校举概》中，姚锡光较为详细地介绍了日本普通学校、陆军学校、专门学校和其他种类学校的情况。如在专门学校中，他介绍说，日本的各专门学校凡分六科：文科、法科、理科、工科、农科、医科。其中"工业学校乃工科胼枝也。盖考选中学校毕业之人，入学三年，其学浅于大学校工科，俾得速成，以就工业之用。校中功课凡分两大宗：曰化学工艺部，曰机械工艺部。而化学工艺部中分为三科：曰染织科，曰窑业科，曰应用化学科；机械工艺部中分为两科：曰机械科，曰电气工科。其大旨为民业工艺而设，三年毕业以后，出而充各厂二等技师"。② 在"各种学校"中，他又这样介绍"高等商业学校"道：该校"诸生专储以备银行各大商会并游历外国体察商业之用，乃于中学校毕业诸生考选其质地优者入学，凡一年预科，二年正科。预科功课为：商业道德、书法、作文、算学、簿记、应用物理学、应用化学、华语、英语及法俄朝鲜各一国语、体操；本科功课为：商业文、商业算术、簿记、华语、英语及法俄朝鲜各一

---

① 张之洞：《札委姚锡光等前往日本游历详考各种学校章程》，见苑书义、孙华峰、李秉新主编：《张之洞全集》第五册，河北人民出版社1998年版，第3560页。
② 姚锡光：《东瀛学校举概》，见吕顺长编著：《晚清中国人日本考察记集成·教育考察记》（上），杭州大学出版社1999年版，第12页。

国语……度支学、统计学、财政学、民法、商法、商业学、商业实践、体操"。① 值得指出的是,姚锡光在介绍了各类学校后都特加"案语",对这些学校进行评说,并相较中国教育提出建议。如他认为:日本专门学校六科中,文、法两科与中国学校所学相近,于内治、外交关系最为密切,所以,中国宜多选派"聪慧而有根柢之人"至日学习;至于理、工、农、医四科,则"最以工科为急","宜略仿日本工业学校办法,先教以浅易工艺,期其速成"。②

1898年4月,浙江候补知县张大镛奉浙江巡抚廖寿丰之命赴日考察学校,并访求"储才选将之要"。8月回国后,他将对日本各学校和兵营所作的考察记录,整理编订成《日本各校纪略》和《日本武学兵队纪略》两书,交由浙江书局于1899年出版。其中,《日本各校纪略》较详细地介绍了东京府公立师范学校、高等师范学校、小学校、寻常中学校、日本帝国大学、农科大学、高等商业学校、东京工业学校、东京美术学校、庆应义塾、女子高等师范学校、盲哑学校等的情况,涉及其立校主旨、建校时间、学校章程、学科设置、学生人数、考试方式、教习人数和经费管理等方方面面的内容。

1898年6—8月,朱绶等15人自费赴日考察教育,他们在日考察了成城学校、户山学校、士官学校、陆军大学校、寻常小学校、美术学校、音乐学校、盲哑学校、寻常女学校、高等女子师范学校、高等师范学校等,并以日记形式详述考察经过,这本名曰《东游纪程》的日记由鸿宝堂于1899年出版。观《东游纪程》一书,并无对日本实业学校的记述,然而,该书末所附"日本学校联络图"却明确显示初、中、高级各种实业学校的基本情况,以及与其他相关学校的关系。其中初级实业学校有简易农学

---

① 姚锡光:《东瀛学校举概》,见吕顺长编著:《晚清中国人日本考察记集成·教育考察记》(上),杭州大学出版社1999年版,第13页。
② 姚锡光:《东瀛学校举概》,见吕顺长编著:《晚清中国人日本考察记集成·教育考察记》(上),杭州大学出版社1999年版,第12页。

校、简易商业学校、实业补习学校和徒弟学校，收寻常小学校毕业学生入学肄业；中级实业学校含大阪工业学校、公立农学校、公立工业学校、公立商业学校、私立专门学校和私立技艺学校，录高等小学校毕业学生入学学习；高级实业学校为高等商业学校、东京工业学校、札幌农学校等，取寻常中学校毕业学生入学。实际上，透过"日本学校联络图"，日本的实业教育制度明晰可见。

1899年7月，沈翊清（1861—1908）受四川总督瓜尔佳·奎俊之命，赴日阅视日本将于是年秋举行的军事大演习，并考察学制。沈滞日两月有余，作《东游日记》一册，于1900年3月刊于福州。从这部日记看，有2/3以上的篇幅是关于日本学务的记录。实际上，作者在日参观学校的时间远远超过阅视演习的时间。统计沈翊清在日考察的学校主要有：成城学校、军医学校、高等女学校、女子高等师范学校、东京工业学校、高等商业学校、陆军士官学校、第一高等中学校、工科大学、理科大学、医科大学、盲哑学校、农科大学等。正是因此，当时为该书作"叙"的孙诒让盛赞此书"于兵事外，旁及工艺商务，而于学校尤详"。[①] 事实也确实如此。如"日记"中对东京工业学校，不仅概括介绍了其成立时间、经费数量、学生（包括外国学生）人数等，还较为详细地说明了其应用化学科、染织工科、窑业工科、机械工学科、电气工学科以及附属职工徒弟学校的情况；对高等商业学校，不仅详列其本科和预科课程，而且还介绍了其图书室、商业实践室、英语讲堂、格物室、舆地室、卫生室、诊察所和商品陈列所的概况。

各地方派遣赴日考察学务不仅受到了清廷的注意，也得到了清廷的鼓励，且清廷也时有派遣官员赴日考察学务的举措。如1898年8月，管学大臣孙家鼐鉴于欧美各国路途遥远，"往返需时，日本相距最近，其学校又兼有欧美之长，派员考察，较为迅速"，故拟派江南道监察御史李盛铎、

---

① 沈翊清：《东游日记》，见吕顺长编著：《晚清中国人日本考察记集成·教育考察记》（上），杭州大学出版社1999年版，第124页。

翰林院编修李家驹、庶吉士宗室寿富、记名御史工部员外郎杨士燮前往日本游历,要求他们"将大学、中学、小学一切规制课程并考试之法遂条详查,汇为日记,缮写成书……以备考查。嗣后学堂诸务,或宜依仿,或应变通,随时斟酌,以期尽善"。① 这样,在朝廷的号召和支持下,赴日考察学务更是日益受到人们的重视,考察者也日渐增多。

(二)"新政"初期的赴日学务考察举要

"新政"之后,由于兴办新式学堂乃当时教育改革的中心,所以1901年新政伊始至1904年1月"癸卯学制"颁布,赴日考察学务十分兴盛。

1901年12月,罗振玉赴日考察学务,写成《扶桑两月记》;是年底,陶森甲赴日考察军政,但到日本后,他见日本国内遍设各学,即在考察军政之余旁骛教育,回国后写成《日本学校章程汇编》。1902年5月,关赓麟留学日本并考察日本学校,写成《日本学校图论》;6月,吴汝纶赴日考察,遍访日本学校,撰《东游丛录》;同月,项文瑞东渡日本,在宏文学院学习之余,至各学校考察,写《游日本学校笔记》;8月,严修自费游日,写下《壬寅东游日记》;是年底,方远年奉山东巡抚周馥之命赴日本考察学事两月,作《瀛洲观学记》;是年,李宗棠游日,写成《考察日本学校记》。1903年2月,时任江南高等学堂总监督的缪荃孙受两江总督张之洞派遣,偕提调徐乃昌、分教习孙湘蒚、编译书局分纂柳诒徵等人赴日考察学务,著《日游汇编》;5月,张謇自费赴日考察实业和教育一月余,写《癸卯东游日记》;6月,福州师范学堂教员林炳章赴日考察教育,兼招聘教习,并参加日本劝业博览会,滞日一月,记下日记一册,亦名曰《癸卯东游日记》;同月,直隶学校司督办胡景桂奉直隶总督袁世凯之命赴日考察学务,往返两月余,行程记为《东瀛纪行》;9月,直隶学校司普通教育处编译处总办王景禧也奉袁世凯之命,护送师范生23名赴日留学,并考察学务,将两个月的考察结果记入所写的《日游笔记》之中;10月,直隶

---

① 国家档案局明清档案馆编:《戊戌变法档案史料》,中华书局1958年版,第276页。

候补道杨澧同样奉袁世凯之命赴日考察学务,"凡于文部之规制,学校之课程,由分而合,由浅而深,博考精求,详细记载",写下《日本普通学务录》,"以资取法"。①

这些考察"游记""日记"对日本的实业学校详加记载,对日本的实业教育制度也多有介绍,有的还录下日本教育家对中国发展实业教育所提的建设性意见和自己所发表的相关感想。由于这些考察日本教育的"游记""日记"乃作者耳闻目睹、所见所闻的真实记录,作为刊印于"癸卯学制"颁行前的反映日本教育及其发展情况的重要教育著作,它们无疑是当时"以日为师"下国人了解日本教育、在国内建立实业学校、构建实业教育制度体系的重要参考和参照,起到了极大的借鉴作用。

鉴于罗振玉的赴日考察学务对当时学制(包括实业教育制度)影响至大,将在本节第三部分专门对其进行说明,这里仅对关赓麟、吴汝纶、严修、缪荃孙、张謇五人的赴日教育考察作概括介绍。

关赓麟(1880—1962),字颖人,广东南海(今佛山市南海区)人。1902年5月,关赓麟受广东省选派,赴日本宏文学院速成师范科学习。在六个月的肄业期间,他利用余暇参观了东京、京都、大阪、神户等地的学校,并据参观情况,搜集大量资料写成《日本学校图论》一书,于1902年冬出版。书中对所考察的日本各级各类教育中的一些重要的学校作了详细介绍。其中,就实业教育来说,一方面通过所附的"日本现行学校系统表"介绍日本的实业学校曰:高等农业学校四年(预科两年),高等商业学校三年(预科一年),高等工业学校三年,甲种实业学校三年(预科两年),乙种实业学校三年;另一方面则对其所考察的东京高等工业学校、东京高等商业学校和大阪府农学校的地点、沿革、办学目的、开设学科、修业年限、学科规定、学生入学资格、学费、毕业去向以及教师和学生人数等作了较为详细的说明。

---

① 杨澧:《日本普通学务录》,见吕顺长编著:《晚清中国人日本考察记集成·教育考察记》(下),杭州大学出版社1999年版,第659页。

吴汝纶（1840—1903），字挚甫，安徽桐城（今属枞阳县）人，早年曾师从曾国藩，和张裕钊、黎庶昌、薛福成并称为"曾门四弟子"，是桐城派晚期的重要代表。1902年2月，京师大学堂决定重新开学时，吏部尚书兼管学大臣张百熙"为全国生徒拜请"吴汝纶出任总教习。在正式担任总教习之前，吴汝纶"请往日考察学制"。6月，包括京师大学堂提调荣勋、绍英等人在内的吴汝纶一行10余人赴日考察，至是年10月回国，历时4个月。其间，年过花甲的吴汝纶不辞劬劳，"自长崎、神户、大阪与东西京所有之学校无不往也；自文部大臣以及教师、学徒与凡以教育名家者，无不晤语也；自大学下至村町之学，其学地、学舍与于学事之人、学所应具之器物，无不博稽而详察也；教授之法、论学之旨则必深求其所以然之故。求之不得，思之至困。日行数十里，日接数十人，而文部听讲尤必日至……"① 吴汝纶在日计参观各地的幼稚园、大中小学、师范学校、各种专科学校、残疾人学校、各种实业学校和女学校40余所，沿途访问了日本主管教育的行政官员、教育家和著名学者100余人，其中包括嘉纳治五郎、菊池大麓、加藤弘之、井上哲次郎、伊泽修二、下田歌子等。② 在考察结束回国前夕，吴汝纶将考察所得的有关日本教育制度、规章、学校专业课程设置及有关谈话记录、信函和日记等，编纂成10余万字的《东游丛录》，在呈送张百熙"以备采择"的同时，由日本三省堂书店出版。

---

① 吴闿生编：《桐城吴先生（汝纶）文·诗集》，台北文海出版社1987年版，"传状"第6页。

② 嘉纳治五郎（1860—1938），时任东京高等师范学校校长，曾于1902年创办招收中国留学生的宏文学院，客观上，对清末留日学生的教育作出了重要贡献。菊池大麓（1855—1917），日本著名数学家和教育家，曾创办东京大学数学系，并任东京帝国大学校长、文部大臣等职。加藤弘之（1836—1916），日本著名思想家和法律学家，曾任东京大学首任校长。井上哲次郎（1855—1944），日本著名学者，曾著《敕语衍义》以注释《教育敕语》，长期担任东京大学教授，主要著作有《日本阳明学派之哲学》等。伊泽修二（1851—1917），日本著名教育家。曾留学美国，历任爱知师范学校校长、东京师范学校校长、东京音乐学校校长和东京高等师范学校校长等职。下田歌子（1854—1936），日本著名女教育家，曾任华族女学校校长、帝国妇人协会会长等职；后又创办实践女学校，该校是清末中国留日女学生肄业人数最多的学校。

1902年10月，保定莲池书院又将之翻印在国内发行。

作为一部调查研究日本学校教育制度的专门性著作，《东游丛录》包括四个部分："文部所讲"（记述日本教育行政、教育大意、学校卫生、学校管理法、教授法、学校设备、学校沿革等）、"摘抄日记"（起于6月20日，至10月7日）、"学校图表"（收有日本各级各类学校有关图表、课时表、学校规程等十余种）和"函札笔谈"（收录日本多名学者的来书和日本教育家井上哲次郎、菊池大麓、伊泽修二、加藤弘之等人关于中国教育的谈话）。在每个部分中，不仅有对日本实业教育制度的介绍，也有对中国发展实业教育的建言。

如在"文部所讲"中，特别指出，在日本，政府鉴于农、工、商三种学校的重要性，鼓励在地方设立；文部省管理的实业学校包括：乙种农商学校、徒弟学校、甲种农商学校、高等工业学校；实业学务局除了管理工业、农业、商业学校和公私立商船学校、实业补习学校、徒弟学校外，还负责实业教育费的国库补助和实业学校教习的养成等问题。在"摘抄日记"中，记有所考察的实业学校情况。如7月9日，参观东京高等工业学校，"遍览工业图、应用化学、电气化学、色染、机织、陶业、机械、金工、木工各室"，认为"其职工徒弟学校，尤切吾国之用，盖取百工子弟各教以工业，不课其文学，但令技艺改良"；① 7月19日，参观东京共立女子职业学校，介绍了其学校性质，并特别言道："其课程以裁缝、刺绣、编物、绘画、剪彩、作花数者为主。"认为这是"吾国可推行者"。② 在"学校图表"中，专门收有日本的"现行学校系统"图，该图明确显示了日本的实业教育制度：初级是乙种实业学校、徒弟学校和实业补习学校，中级是甲种实业学校，高级是高等农、工、商业学校；并附有实业学校教

---

① 吴汝纶：《东游丛录》，见吴汝纶撰，施培毅、徐寿凯校点：《吴汝纶全集》第三册，黄山书社2002年版，第718页。

② 吴汝纶：《东游丛录》，见吴汝纶撰，施培毅、徐寿凯校点：《吴汝纶全集》第三册，黄山书社2002年版，第722页。

员养成所、工业学校、农业学校、水产学校、商业学校、实业补习学校、东京高等工业学校、高等商业学校等的有关"规程"。在"函札笔谈"中，菊池大麓提出，普通教育虽然必要，但专门教育尤为重要，在此时中国急需应用人才之际，必须加强专门教育；并建议，中国在兴办专门教育时，"不在精求学理，在实际应用"。① 所有这些，无疑成为当时张百熙制定"壬寅学制"的重要参照，对清末实业教育制度的确立有着重要作用。

严修（1860—1929），字范孙，直隶省天津县（今属天津市）人。1883 年中进士后，先后任翰林院编修、国史馆协修、会典馆详校官、贵州学政等职。1897 年 12 月，时任贵州学政的严修上《奏请设经济专科折》，建议选拔算学、律学、格致、制造、游历、测绘等方面学有专长的人才。然而，随着戊戌变法的失败，开设"经济特科"这一被梁启超称为"新政最初之起点"的重要改革举措也被"停罢"。此后，严修更深刻地认识到兴学乃救国图存的重要途径，开始致力于兴办新教育。特别是他创办、改良严氏家塾，聘请热心西学的张伯苓讲授英文、算学等西方科学知识，对西学的传播和新式人才的培养起到了积极作用。

1902 年 8 月，怀抱借鉴日本教育发展经验的愿望，严修率子自费游日，历时两月。其间，他不仅与日本著名教育家嘉纳治五郎、松本龟次郎②等进行广泛接触，听取他们对中国教育改革的建议，而且还重点考察了日本在普及教育和实业教育方面发展的状况及取得的成绩，参观了文部省各课（科）、帝国大学、早稻田大学、东京美术学校、东京音乐学校、东京高等师范学校、女子高等师范学校、东京高等工业学校、华族女学校、聋哑学校、宏文学院、东京高等商业学校等，并将这次的游日考察用行草小字记下了数万言的日记，名曰《壬寅东游日记》。由于严修将实业

---

① 吴汝纶：《东游丛录》，见吴汝纶撰，施培毅、徐寿凯校点：《吴汝纶全集》第三册，黄山书社 2002 年版，第 786 页。
② 松本龟次郎（1866—1945），日本著名教育家，1903 年应嘉纳治五郎之聘到宏文学院任教，教授中国留学生日语，被后人称为"中国留日学生的良师"。

教育作为考察的重点之一，所以，"日记"中有关日本实业教育发展状况、评述及对中国实业教育发展的建言时有所见。如9月22日，参观东京高等工业学校，该校校长手岛精一①"导观各室：染者、漂者、织者（有自动机，有脚踏机）"等，"器械甚多"；②9月23日和26日，先后参观帝国大学的工科大学和农科大学，详述了工科大学电气工学和采矿冶金学科的教学科目，并对造船学列品室、土木工品陈列所、官立磁器制造所、工学实验所和农科大学的标本器械室作了详细介绍；10月8日，参观东京高等商业学校，概括介绍了学校的情况，并详细说明了其实践室的情况。

缪荃孙（1844—1919），字炎之，又字筱珊，晚号艺风，江苏江阴人，著名藏书家、教育家、目录学家。1874年，应四川学政张之洞之聘参与编纂《书目答问》，1876年进士及第后曾任翰林院编修，此后又先后任顺天乡试同考官、国史馆协修等职，并主讲南菁书院。1896年，时任两江总督的张之洞又聘其主讲钟山书院。1901年10月，张之洞、刘坤一在南京设立"江楚编译书局"，聘缪荃孙为总纂。1902年2月，钟山书院改为江南高等学堂，缪又任总监督一职。是年底，张之洞命缪荃孙率该校提调徐乃昌及分教习侯健伯、张小楼、孙湘蒄、舒伯勤和编译书局分纂柳诒徵等赴日考察教育。鉴于此时一些学务考察游记如罗振玉的《扶桑两月记》、李宗棠的《考察日本学校记》、关赓麟的《日本学校图论》、陶森甲的《日本学校章程汇编》、吴汝纶的《东游丛录》等对日本各级各类学堂的介绍已较为详尽，故临行前，张之洞特叮嘱缪荃孙曰："考学校者，固当考其规制之所存，尤当观其精神之所寄。精神有不贯，规制亦徒存耳"；"求学于他国，固当先取吾国所当效法者，尤当先取吾国近今所能效法者，毋好

---

① 手岛精一（1849—1918），1870年留学美国，曾随岩仓使节团游历欧美国家，归国后曾任东京开成学校监事、东京职工学校校长、文部省实业教育局局长及东京高等工业学校校长等职。曾协助井上毅制定振兴日本产业教育的政策和法令，对发展日本的职业教育作出了贡献。

② 严修撰，武安隆、刘玉敏点注：《严修东游日记》，天津人民出版社1995年版，第81页。

奇，毋躐等"。①

缪荃孙为此次考察作了充分准备。从 1903 年 2 月至 4 月，他们一行在日近两月，其间，不仅考察了东京的各类学校，而且还专门请东京高等师范学校校长嘉纳治五郎就普通教育、师范教育、实业教育等的性质与意义作了专门讲座。缪荃孙将是次考察结果写成《日游汇编》一书，于 1903 年 8 月由江南高等学堂发行。该书计分四部分：嘉纳治五郎就有关日本教育发展和中国教育改革所作的讲演记录，日本文部省所辖的各类学校基本情况统计表，考察学务游记，日本访书记。其中不乏中国实业教育可资取法借鉴之内容。如在第一部分，嘉纳治五郎就如此阐述实业教育曰："实业学校与专门学校无大差别，现所以分实业与专门为二者，凡教地产上之学问者，谓之实业学校，如农工商是……商业学校所教科目为：商业道德、商业历史、商业地理、商品学、物产学、商业簿记、法制、经济、银行诸科。凡有关于商业者，皆教以大概，使之立商业之基础。农业学校所教专重农事，旁及家禽学、农艺化学、山林学、水产学……工业学校所教若织布、烧磁、电气、化学诸科，不可枚举。凡止知以电气、化学、制物者，归之于工业学校。"② 在第二部分则比较详细地列有日本农、工、商各类学校的具体学科设置、修业年限、教员、学生、经费等基本情况。

张謇（1853—1926），字季直，江苏南通人。作为清末享有盛名的实业家和教育家，张謇将教育与实业的关系形象地喻为"父教育而母实业"，③ 认为两者密不可分，所谓"实业与教育迭相为用"。④ 基于以上认

---

① 缪荃孙：《日游汇编》，见吕顺长编著：《晚清中国人日本考察记集成·教育考察记》（下），杭州大学出版社 1999 年版，第 484 页。
② 缪荃孙：《日游汇编》，见吕顺长编著：《晚清中国人日本考察记集成·教育考察记》（下），杭州大学出版社 1999 年版，第 488 页。
③ 张謇：《通海中学附国文专修科述义并简章》，见张謇研究中心、南通市图书馆编：《张謇全集》第四卷，江苏古籍出版社 1994 年版，第 74 页。
④ 张謇：《日记》，见张謇研究中心、南通市图书馆编：《张謇全集》第六卷，江苏古籍出版社 1994 年版，第 480 页。

识,张謇非常重视实业教育。在他看来,"欲图自存,……舍注重实业教育外,更无急要之计划"。^① 1903年2月,日本驻江宁领事天野恭太郎邀请江浙名流赴日本参加第五次国内劝业博览会,通过江南高等学堂总办徐乃昌寄给张謇一份邀请书。于是,该年5月23日,张謇由上海出发,自费赴日考察实业和教育,到7月29日回抵上海。在日月余间,除了出席劝业博览会、会见日本实业、教育界著名人士外,还参观了30余处教育机构,其中包括大阪市立小学校、桃山女子师范学校、高等师范学校、北海道农学校、京都染织学校、名古屋商业区学校等。有关这些学校的具体情况,张謇均记入了他所写的《癸卯东游日记》一书,这部反映张謇是次东游经过的著作,于1903年9月由江苏翰墨林书局出版发行。

需要指出的是,对日本教育(包括实业教育)进行考察并留下相关游记者,不仅只是专门的考察学务人员。除了上面谈到的如陶森甲赴日考察军政时"旁骛教育"这种情况外,还有一些专门的实业家在赴日考察实业时,对日本实业教育也曾予以特别的关注。这其中,周学熙可谓是一个突出代表。

周学熙(1866—1947),字缉之,原籍安徽至德县(今东至县)。1901年,被时任山东巡抚袁世凯委任为山东大学堂总办,在任达一年有余。其间,他深受袁世凯为该学堂所制定的以"经济时务为重"的办学宗旨的影响,故而认为"国非富不强,富非工不张",强调实业救国,注重实业教育。1903年4月,时为直隶总督的袁世凯又派周学熙(时任天津候补道)赴日本考察实业,计两个月。考察中,当他发现"日本维新最注意者,练兵、兴学、制造三事。其练兵事,专恃国家之力,固无论已。而学校、工场,由于民间之自谋者居多,十数年间,顿增十倍不止。其进步之速,为古今中外所罕见。现全国男女,几无人不学,其日用所需洋货,几无一非

---

① 张謇:《江苏教育总会咨呈江督、苏抚、宁苏提学司请开办实业教员讲习所文》,见张謇研究中心、南通市图书馆编:《张謇全集》第四卷,江苏古籍出版社1994年版,第91页。

本国所仿造，近且贩运欧美，以争利权"，①更加坚定了他通过发展实业和实业教育以富强国家、振兴民族的决心。于是，在日期间，他不仅参观了国立高等师范学校、女子高等师范学校、东京府立师范学校等著名学府，而且还特地重点考察了大仓商业学校、高等商业学校、商船学校等实业学校，并在是次考察的记录——《东游日记》（1903年7月刊行）中，对这些实业学校的基本情况特别是所设学科作了详细的记载。如大仓商业学校"创办二年，现预科学生一百数十名，皆高等小学校二学年者；本科学生一百数十名，皆中学校第二学年及高等小学校四年卒业者，年龄十二至十八。预科课以修身、读书、习字、作文、算术、历史、地理、理科、图画、英语、体操，二年卒业。本科课以修身、读书、习字、作文、数学、地理、历史、外国语、经济、法规、簿记、商品、商事要项、商业实践、体操，四年卒业。另附夜学专修科，以教寒家子弟昼为佣工不得入塾者。课以读书、习字、作文、算术、外国语、簿记、商事要项、经济、商品、商工、地理、法律，二年卒业"。②高等商业学校"其学：预科一年，教以商业道德、书法、作文、数学、簿记、应用物理学、应用化学、法学通论、英语、法西德意清俄韩七国语之一、体操；本科三年，教以商业道德、商业文、商业算术、商业地理、商业历史、簿记、机械工学、商品学、经济学、财政学、统计学、民法、商法、国际法、英语、法西德意清俄韩七国语之一、商业学、商业实践、体操；专修科二年，分七目：贸易科、银行科、引所科、交通科、保险科、商事经理科、领事科，教以经济学、民法、商法并比较商法、国际法、国法学、东洋经济事情、近时外交史、刑法、英文、第二外国语"。③通过对这些有关日本实业学校的考察和

---

① 周学熙：《东游日记》，见周小鹃编：《周学熙传记汇编》，甘肃文化出版社1997年版，第111页。
② 周学熙：《东游日记》，见周小鹃编：《周学熙传记汇编》，甘肃文化出版社1997年版，第94页。
③ 周学熙：《东游日记》，见周小鹃编：《周学熙传记汇编》，甘肃文化出版社1997年版，第96页。

介绍，周学熙深望中国兴学校，废科举，倡工艺，予专利。这些，实为剀切之议。

赴日考察学务官员回国后贡献至多，他们之中大多积极投身于教育工作，对清末新式教育的发展做出了相应贡献。

如缪荃孙归国后曾任江南高等学堂监督，酌定课程，编辑课本，访聘教员，讲求教授管理之法；严修东游归来后在天津创办新式学堂，编辑中小学教科书；张謇在通州师范学堂添设农科、测绘、蚕桑等实用学科，并创办"妇女职工学校"（详见第三章第三节）；吴汝纶创建桐城学堂，等等。特别是周学熙，在从日本考察归国后，他更加深刻地认识到商业学校"尤为外洋振兴商务之基"，"商学一日不兴，商务一日不振，有不得不奋迅图之者"，故"非开商智兴商学不可"。① 因此，1903年10月，他在袁世凯的支持下，创办了作为直隶工学界枢纽的直隶工艺总局，以振兴农工商业。"总局"计包括直隶高等工业学堂、劝工陈列所、实习工场、教育品制造所、北洋劝业铁工厂、劝业会场等几个部分。其中，直隶高等工业学堂计分化学科、机器科、化学制造科、化学专科、机器专科和图绘科，各科基于"培植工艺人才"的目的，均设置了新式课程。如化学科有化学、汉文、代数、几何、物理、英文、万国历史、体操等；机器科有机器学、化学大要、工业经济、三角术、弧三角等；化学制造科有汉文、化学、化学实验、代数、几何、用器画、日文等；图绘科有汉文、日文、用器画、铅笔画、毛笔画、水彩画等。这些课程在教授中多注重实验，有的课程还用英文或日文进行讲授。在清末，作为当时一所重要的实业学堂，该校培养了一批工艺人才，成为当时实业学堂中高等工业学堂的典范。

三、罗振玉的赴日考察学务与实业教育

罗振玉（1866—1940），字叔蕴，号雪堂，晚号贞松，生于江苏淮安，

---

① 周学熙：《天津官银号劝津人游学日本学习商业文》，见虞和平、夏良才编：《周学熙集》，华中师范大学出版社1999年版，第201页。

因祖籍浙江上虞永丰乡，故自称"永丰乡人"。中国近代考古学家、古文字学家，"甲骨四堂"之一。1881年，罗振玉中秀才，1882年与1888年两次应乡试不中，遂放弃科场。在晚清，罗振玉是一个教育活动家，俨然以"教育改革家"自诩。他创设农学会、东文学社，创办《农学报》《教育世界》，这在当时都具有开风气之先的作用；而他赴日考察学务以及所留下的《扶桑两月记》，更是对"癸卯学制"的制定起到了重要参考作用。

1901年5月，罗振玉在上海创办了中国第一个教育刊物——《教育世界》旬刊。为了专心办好《教育世界》，是年7月，罗振玉辞去湖北农务局及农务学堂之任职。其时，湖广总督张之洞、两江总督刘坤一共同设立"江楚编译书局"于江宁，任罗振玉为襄办。11月，张之洞鉴于随着湖北中小学堂的不断增设，编译教科书实为"第一要义"，且"教育根基，关系极重，著手极难，非亲往日本以目击为考定不可"，① 乃与刘坤一商定，共派罗振玉率两湖书院监院刘洪烈和湖北自强学堂汉文教习陈毅、陈问咸、左全孝、胡钧、田吴炤等人共渡日本，"采访购买，分门编译，以期迅速成书，早资应用"，要求他们在"将新出普通学教科各级应备之书，广为采访购买，参酌采择，妥为编纂"的同时，"分赴日本各学校详细考察管理学堂之章程规则及各堂教法之实事，以资仿办"，并"随时游览日本各学校，考其学舍建筑之规模，员司经理之规制，训课之情形实效，详加体察记载，呈备采择施行"。② 故，与《教育世界》的刊行相伴随，从1901年12月14日于上海起航，至翌年2月19日回抵上海，罗振玉计在日考察教育两月。其间，他不准光阴空过，先请东京高等师范学校校长嘉纳治五郎等人讲述日本明治维新后的教育行政发展，每天一小时，历时一周。之后，他又作译书章程，令陈毅等人从所购得的日本教育书籍中选择

---

① 张之洞：《致上海罗叔蕴》，见苑书义、孙华峰、李秉新主编：《张之洞全集》第十册，河北人民出版社1998年版，第8642页。

② 张之洞：《札罗振玉等前赴日本编译教科书并派刘洪烈赴日本考察教法、管学事宜》，见苑书义、孙华峰、李秉新主编：《张之洞全集》第六册，河北人民出版社1998年版，第4155页。

其中切要者，对之有计划地进行分译。与此同时，逐日参观日本东京、京都、大阪等地的大、小学校及各专门学校，对日本教育发展的基本情况进行详细了解与调查研究，并同文部省的一些主要官员和日本的一些著名教育家如伊泽修二、嘉纳治五郎等人进行广泛接触，征求他们对中国教育的看法和意见。这些日本著名教育人士有的曾对中国教育多有留意（如嘉纳治五郎当时负责在日中国留学生的有关事务），故对中国教育的发展提出了不少建设性的意见。对于这些意见，以及在日本考察的所见所闻，罗振玉均比较详细地以日记形式记录了下来，回国后，这本考察日记很快在是年3月以《扶桑两月记》为名由教育世界社石印出版。该书一册，不分卷；前面有作者自序，述是次至日本考察学务之梗概。全书较全面地记载了当时日本教育发展的基本情况，如各级各类学校的数量、学科分类、课程设置等，并对一些著名的学校如东京高等师范学校、东京女子高等师范学校等作了重点介绍和剖析。

虽然《扶桑两月记》所记的是日本教育总体的发展情况，如各级各类学校的基本类型和数量、学科的分类与设置等，但倡导、重视实业教育的罗振玉，自然将日本实业教育作为其考察、介绍的重点内容。故在书中，他不仅概括介绍了日本教育"分隶各省，文部省所属，曰东京大学，曰农业教员养成所，曰京都大学，曰高等师范学校，曰女子高等师范学校，曰札幌农学校，曰高等商业学校，曰商业教员养成所，曰高等学校（凡六所），曰东京工业学校，曰工业教员养成所，曰东京外国语学校，曰东京美术学校，曰东京音乐学校，曰大阪工业学校，曰东京盲哑学校，曰小学校"的总体规制；① 而且还专门较详细地记述了高等工业学校、工业教员养成所、私立女子职业学校、农科大学等学校的基本发展。如其中记曰：高等工业学校，本科分六科，"曰染织，曰窑业，曰应用化学，曰机械，曰电气，曰图案，学期为三年，每科皆有实修工场"；该校附设有职工徒

---

① 罗振玉：《扶桑两月记》，见黄爱梅编选，罗振玉著：《雪堂自述》，江苏人民出版社1999年版，第70页。

弟学校，授以金工、木工两科，学习时间也为三年。工业教员养成所"所以养成工业学校、徒弟学校及工业补习学校之校长及教员"，设本科（三年）和速成科（一年），"本科分金工、木工、染织、窑业、应用化学、工业图案六科，速成科则分金工、木工、染色、机织、陶器、漆工六科"；该校附设工业补习学校，"为工业教员养成所练习实际授业之处，兼以谋工业之进步"，"分金工、木工二科，卒业年限二年，依学力得增减之"。①私立女子职业学校，"其学科分裁缝、刺绣、编物、造花、图画、割烹六科，每习一科，二年而卒业，兼习二科，则三年卒业。有成绩品陈列处，皆精妙绝伦"。② 东京大学农科大学分农学科、农艺化学科、兽医科和林学科四部，"校中规模闳大，本科之外，有教员养成所，以养成农业补习学校教员，修业为一年，以诸生之卒师范学校、中学校业者充之"。③

从日本考察回国后，罗振玉基于对日本实业教育的了解和对中国传统教育的认识，连续在《教育世界》《东方杂志》等刊物上发表文章，对学制问题特别是实业教育频频发表新见。这些意见和建议，对清末学制的建立，特别是对实业教育制度的确立具有重要的指导作用。

如在1904年1月"癸卯学制"颁行前，罗振玉在《教育世界》上先后发表了《教育赘言八则》（第21号）、《日本教育大旨》（第23号）、《学制私议》（第24号）等文。在《教育赘言八则》中，他提出，义务教育为教育的基础，主张"今日立学，必定义务教育主义，必使全国人民悉受普通之教育，悉具尊爱之知识"；认为师范为教育的根源，建议各省应立速成师范学校一所。④ 在《日本教育大旨》中，他基于对日本教育的考察所得，

---

① 罗振玉：《扶桑两月记》，见黄爱梅编选，罗振玉著：《雪堂自述》，江苏人民出版社1999年版，第75—76页。

② 罗振玉：《扶桑两月记》，见黄爱梅编选，罗振玉著：《雪堂自述》，江苏人民出版社1999年版，第77页。

③ 罗振玉：《扶桑两月记》，见黄爱梅编选，罗振玉著：《雪堂自述》，江苏人民出版社1999年版，第81页。

④ 罗振玉：《教育赘言八则》，载《教育世界》第21号，1902年3月。

从日本教育的制度、方针、系统、经费、职员、教员、教科书等方面加以概括和总结，对中国教育从义务教育的实施、师范学生的养成、教科书的编定和女子教育的重视等方面提出借鉴性的建议；并特别强调："教育一事，当全国划一，故以颁教育制度为第一要务。"① 而《学制私议》作为较早且全面论述近代学制的重要文论，则从教育宗旨、义务教育年限、自小学到大学的各类学校的关系、教育设置（包括学区、校地与校舍、用具、学生及班数）、各学校的教科及每日教授时数、教科书、教员、学校管理、考试及毕业任用、图书馆及博物馆、简易学校及废人（残疾人）学校、学会及陈列所等12个方面作了说明。

为适应实业教育发展的需要，1904年1月清廷颁布的"癸卯学制"，将实业学堂视作"振兴农、工、商各项实业"的"富国裕民之本"，对实业学堂的类别、设科、教学等，均作了明确的规定，确立了实业教育体系的独立地位，一些省份也据此兴办了一些实业学堂（参见本章第三节和第三章第一节的相关内容）。但事实上，不仅实业学堂的数量远远不能满足全国上下举办实业、振兴工商的要求，而且就实业学堂本身而言，设备缺乏，师资水平低下，其教育质量也受到极大限制。初兴的为数不多的实业学堂可谓有其名而无其实。因此，在1905年10月学部设立前夕，罗振玉在《学部设立后之教育管见》② 一文中，特列"兴实业教育"一项，建议兴办实业学堂：先于各省立工艺传习所，这些传习所宜先求应用而后求学理，三四年后，中学堂学生毕业渐多，可再次第设立高等工业学校和高等农业学校，并附设教员养成所，以养成初等工业学校和农业学校的教员；商业学校可先于商埠附近设立数处，分本科、预科，然后，再招收中学堂毕业生设立高等商业学堂；此外，"电信、商船、矿学、铁路、造兵、水

---

① 罗振玉：《日本教育大旨》，载《教育世界》第23号，1902年4月。
② 罗振玉的《学部设立后之教育管见》一文，分五次连载于《教育世界》第110号（1905年10月）、第120号（1906年3月）、第121号（1906年4月）、第126号（1906年6月）和第128号（1906年7月）上。

产等学校，亦可于电报局、招商轮局、开平等处矿局、铁路、制造局、渔业公司各先设一二处，将来乃可推广"。① 可见，此时，罗振玉对实业教育的认识已十分深刻。

1905年12月学部成立后（关于学部的设立及其对实业教育的行政管理可参阅第三章第一节的相关内容），罗振玉又满怀激情地写下了《各省十年间教育之计画》②的长文，大声疾呼："实业教育之兴废，上关国力，下关民生，亟应早日兴办，以期早日收效，不可再缓。"③并提出了更为具体、周密的发展实业教育的方案：其一，师范和小学堂应以实业为必修科，其中在各省师范学堂中必须附设农事试验场和手工教室。其二，在各省设立工艺传习所，教授手工工艺，每个传习所可收两三百人，并精选教师。其中省城传习所的学生毕业后可派往各府州县充当教习，以加速各地方传习所的兴办。其三，大力创设实业专门学校。先开设与高等小学、中学平级的简易农学校、工学校和职工徒弟学校，招收已通文理者入学，在此基础上，各省于省城宜设立高等工艺学堂和高等农业学堂，取中学堂、农学堂和手工学堂的学生入堂就学；在高等工艺、农业学堂中，不仅应附设教员养成所，以培养初等工业、农业学堂的教员，而且还应附设"学校林"和"学校园"，"令学生以课余习园艺与造林之法，既增生徒农业上知识，更以此为学校殖财，一举数善"。④

不仅如此，鉴于女子教育"实为刻不可缓之务"，⑤ 罗振玉还极力主张发展女子职业教育。

1904年12月，罗振玉在《教育世界》上发表《与友人论社会改良书

---

① 罗振玉：《学部设立后之教育管见》，载《教育世界》第110号，1905年10月。
② 罗振玉的《各省十年间教育之计画》分三次刊登在《教育世界》第123号（1906年4月）、第124号（1906年5月）和第125号（1906年5月）上。
③ 罗振玉：《各省十年间教育之计画》，载《教育世界》第123号，1906年4月。
④ 罗振玉：《各省十年间教育之计画》，载《教育世界》第123号，1906年4月。
⑤ 罗振玉：《日本教育大旨》，载《教育世界》第23号，1902年4月。

一（女子教育）》一文，文中不仅将女子教育视为普及义务教育的一个重要方面，而且将之看作是改良社会的一条重要途径。他说，"女子教育，在今日为至切至要"，其发展途径大致有二："一在兴初等小学男女同校而异室，一在兴女子手工、工艺"。鉴于当时中国社会女子多仰赖男子而生活，为使女子获得一技之长，以独立于社会，罗振玉进一步提出："非先立女子手工传习所不可。"其方法，可先教贫寒人家的女子以简单的手工，如织布、扎花、刺绣等，使她们能自赡其身；在此基础上，再入女子职业学校，学习较为高深的学科，"俾知识增进而德行脩，乃可特立于社会"。①

总之，《扶桑两月记》对日本实业教育的介绍和罗振玉回国后对实业教育的倡导，真切地反映了罗振玉对实业教育的重视，体现了他的实业教育理念。而所有这些，都是与他赴日考察学务对日本发达的实业教育的体认分不开的。

第二节　《教育世界》与实业教育制度的引入

《教育世界》是我国最早的教育专业杂志，由罗振玉于 1901 年 5 月在上海创办，王国维主编。它初为旬刊（每月上、下旬出版），从 1904 年 2 月第 69 号起改为半月刊；至 1908 年 1 月已发行 166 号。后由教育世界社按年分类合订为《教育丛书》五集，"以便观览"。由于当时介绍东西方教育的媒介还非常少，所以《教育世界》在引入西方教育制度、教育思想，倡导改革传统教育方面具有开路先锋的作用，影响至大，十分引人注目。而就其对近代中国实业教育发展所起的作用而言，则主要体现在通过刊载介绍西方国家特别是日本的实业教育法规将实业教育制度引入国内，以及通过介绍西方国家实业教育的发展状况并刊登倡导实业教育的文论以推动中国实业教育的发展等方面。

---

① 罗振玉：《与友人论社会改良书一（女子教育）》，载《教育世界》第 88 号，1904 年 12 月。

一、对日本实业教育制度的译介

《教育世界》乃是为广泛吸收、借鉴国外教育经验,以图振兴中国教育而创办的。正如罗振玉在《〈教育世界〉序例》中所言:"世界者人才之所构成,而人才者又教育为之化导者也。无人才不成世界,无教育不得人才。方今世界,公理不出四语,曰:'优胜绌败。'今中国处此列雄竞争之世,欲图自存,安得不于教育亟加注意乎?爰取最近之学说书籍,编译成册,颜之曰《教育世界》,以飨海内学者。"①

初刊时的《教育世界》作为当时我国唯一介绍、传播外国教育的杂志,为了达到其上述创办目的,特辟"文篇"和"译篇"两栏(改半月刊后则分为论说、学理、教授、训练、学制、传记、小说、丛谈、杂录、文牍、本国学事、外国学事等栏目)。"文篇"多为针对中国当时的教育现状所提的改革建议,像罗振玉的《教育私议》《各行省设立寻常小学堂议》《设师范急就科议》《教育赘言八则》《学制私议》《论中国亟宜兴实业教育》《学部设立后之教育管见》,王国维的《论教育之宗旨》《奏定经学科大学文学科大学章程书后》,张元济的《答友人问学堂事书》等。"译篇"则主要刊登日本兼及英、法、德等资本主义发达国家有关教育制度的学校章程、法规和条例等。

在罗振玉看来,"教育一事,当全国划一,故以颁教育制度为第一要务"。② 然而,由于"吾国教育尚在幼稚时代,罕有窥斯界之真面目者,与其为武断之议论,不如直译外籍供人采择,尚不至贻误后来"。③ 基于这一认识,仅从第1号至第65号,《教育世界》全文刊载的日本明治维新时期的教育法规和条例就有90余种之多。其中有关实业教育方面的主要有:《中学校实科规程》(第7号),《实业学校令》,《实业学校设置废止规则》

---

① 罗振玉:《〈教育世界〉序例》,载《教育世界》第1号,1901年5月。
② 罗振玉:《日本教育大旨》,载《教育世界》第23号,1902年4月。
③ 《本报改章广告》,载《教育世界》第68号,1904年2月。

《实业补习学校规程》,《实业教育费国库补助法》,《实业教育费国库补助法施行规则》(第 11 号),《发布实业补习学校规程训示》,《工业学校规程》,《农业学校规程》,《商业学校规程》《商船学校规程》,《徒弟学校规程》(第 12 号),《东京职工学校附属工业补习夜学校校则》(第 16 号),《日本实业补习学校条议》(第 20 号)和《改正实业补习学校规程》(第 22 号)等。

日本自 1871 年 7 月设立文部省,作为全国的教育行政领导机构,特别是 1872 年 9 月《学制令》颁布后,各级各类教育得到了极大发展。1893 年 3 月,井上毅(1844—1895)就任文部大臣后,鉴于产业革命的兴起对技术人才培养的要求,努力推行振兴实业教育的政策,先后制颁了一系列发展实业教育的法令,尤其是 1893 年 11 月和 1894 年 6 月由日本政府先后公布的《实业补习学校规程》和《实业教育费国库补助法》,更是充分反映了井上毅建立多层次、多类型的实业教育体系和积极致力振兴中等实业教育的思想。前者规定:实业补习学校是对愿就业的儿童进行的小学教育补习,教授他们简单的有关职业知识技能;入学者为小学毕业生,修业年限为三年;开设的科目有修身、读法、习字及有关实业科目。后者要求:为奖励实业教育的发展,由国库每年支出 15 万日元作为实业教育经费的补助;对每个学校的补助金额与该校成立时所用经费额相同;接受补助的对象为公立实业补习学校、徒弟学校、简易农学校及中等实业学校教员养成所等;对于地方政府认可的由农、工、商行会设立的实业学校,经文部大臣特别批准也可获得资助。此后,日本政府又有多部有关实业教育的法规颁布,而在《教育世界》刊载的有关日本实业教育的法规中,最引人注目的是《实业学校令》。

由日本政府公布于 1899 年 2 月的《实业学校令》,使得"实业学校"这一名称最终取代了"专门学校"和"技艺学校"的称谓。它规定:实业学校的宗旨是使"从事于工业、农业、商业等实业者有必须之教育";实业学校的种类分为工业学校、农业学校、商业学校、商船学校及实业补习学校。其中蚕业学校、山林学校、兽医学校及水产学校属于农业学校，徒弟学校属于工业学校。由于《实业学校令》只是对实业学校所作的一般纲领式的原则性规定，并未就各种实业学校作具体的说明，所以在《实业学校令》公布后，文部省又公布了与《实业学校令》密切相关的《工业学校规程》《农业学校规程》《商业学校规程》《商船学校规程》《水产学校规程》《徒弟学校规程》，并修正公布了《实业补习学校规程》，详细规定了这些学校的入学资格、修业年限、设置的学科及实习等方面的要求，从而使日本的实业教育制度得以正式确立。而所有这些实业学校的法规，基本上均在《教育世界》上得以刊介，这对于国人了解日本实业教育的发展，对于借鉴日本的实业教育制度，都有着十分重要的作用。

二、对西方国家实业教育的介绍

在《教育世界》的创办人和编辑者看来，"二十世纪之世界，其国际竞争之世界乎！而其所恃以为争者，则生计问题是也。生计之源，不外三要素焉。一，天产之力；二，资本之力；三，人为之力是也。立于生计竞争之世界，欲有以战胜他国，必力谋三端之发达，舍此无他术也"。罗振玉并举例说，像美、俄、英、法、德、日等国，均"注意于实业教育，至今日而殆收成效矣"，故"察大势之所趋，鉴国民之所短，苟非陶冶人才，有足以经营实业之能力，而欲立于二十世纪生计竞争之世界，盖忧乎其难矣"。[①]

正是基于这一认识，《教育世界》将介绍西方国家实业教育政策、制度和发展状况作为其一项重要内容。统计这方面的文字主要有：英国斐理普麦古那著，日本一户清方、上冈市太郎译的《实业教育》（第19—20号），《美国教育制度》（第41—42号），《德国实业教育之大略》（第44—48号），《欧美高等商学校计数》（第49号），《英国实业教育之缺憾》（第

---

① 罗振玉：《论教育宜注重实业》，载《教育世界》第54号，1903年7月。

50号)、《记伦敦高等工学校》(第 69 号)、《奥地利实业教育述略》(第 72 号)、《俄国实业教育述略》(第 73 号)、《欧洲工业教育之近状》(第 79 号)、日本赤司鹰一郎、在原美诚著的《实业补习教育论》(第 79、83、87 号)、《法国实业教育政策》(第 82 号)、《德国工业教育之盛况》(第 96 号)、《丹麦之高等农学校》(第 120 号)、《美国女子职业教育之一斑》(第 123 号)、《普国实业教育费之增加》(第 126 号)、《记美国实业教育会》(第 127 号)、《记法国实业教育》(第 131 号)、《记比利时实业教育》(第 132 号)、《法国农业学校述略》(第 144 号),以及由时任出洋学生总监督夏偕复所写的《学校刍言》(第 13—15 号)。这些文字,从不同方面、不同角度、不同程度上对西方国家的实业教育作了介绍。

如《美国教育制度》介绍说:美国教育"别其系统,则有公立小学校,公立中学校,公立农工科高等学校,州立大学校,州立师范学校,州立聋哑学校,国立海陆军大学;商业学校,技艺学校,法学、医学、神学专门学校,宗教学校及大学等"。[①] 在《德国实业教育之大略》中,对德国的农、工、商教育的目的、设科内容、课时分配、实习工场等作了详细说明,其中言道:德国的农业学校分为 4 种,即高等农业学校、中等农业学校、低度农业学校和农业补习学校;工业学校则有 5 种,即高等工业学校、美术工艺学校、中等工业学校、低度工业学校和工业补习学校;商业学校则包括高等商业学校、中等商业学校、低度商业学校和商业补习学校。夏偕复在《学校刍言》中介绍说:日本的工科大学分土木工学、机械工学、造船学、造兵学、电气工学、建筑学、应用化学、火药学、采矿及冶金学九个学科,修业年限各为三年;农科大学分农学、农艺化学、林学、兽医学四个学科,修业年限也各为三年;实业学校"所以教授中等农、工、商等实业之教育",实业补习学校"所以教授从事诸般之实业及儿童之补习小学校教育者,以简易之方法及其职业必要之智识技能";其他像商业学

---

① 《美国教育制度》,载《教育世界》第 41—42 号,1903 年 1 月。

校、工业学校、农业学校、实业补习学校等的设立也极其普遍。①

在介绍西方国家实业教育发展的同时,《教育世界》极力倡导和建议中国也应当学习西方,大力发展实业教育,而在这方面,尤以罗振玉所提建议最为引人注目。

其实,早在1895年中日甲午战争后,罗振玉就指出,中国之所以不断受到列强的侵略并败于日本,其根本原因即在于实业不振,而要振兴实业,必须首先发展农业,"以农立国"。于是,从1896年起,罗振玉深入学习了《齐民要术》《农政全书》《授时通考》等中国古代著名农书,并广泛阅读了当时东西洋农学书籍课本。通过学习,他进一步认识到,必须竭力发展中国的农业教育。鉴于当时国内农业教育尚处于"襁褓"之中,罗振玉决定先设农学会进行宣传。

1896年初,罗振玉联合徐树兰、朱祖荣、蒋黼等发出了创立农学会的倡议,倡议发出后,得到了全国特别是东南沿海各省人士的积极支持和响应,梁启超、谭嗣同等著名的维新人士也欣然入会。不久,农学会在上海正式成立,定名为"务农会"。务农会成立后,翻译了不少外国农学著作,对当时农业教育的提倡与宣传起到了重要作用。

1897年5月,罗振玉又和蒋黼一起在上海创办《农学报》半月刊(1898年2月自第19册始,改为旬刊),罗振玉自任编辑,延聘日本藤田丰八②等人译述日本农学书籍。《农学报》"以明农为主,兼及蚕桑畜牧,不及他事"。③梁启超在为之所写的"序"中说,《农学报》"远法《农桑辑要》之规,近依《格致汇编》之例",以"兴荒涨之垦利,抉种产之所宜,

---

① 璩鑫圭、唐良炎编:《中国近代教育史资料汇编·学制演变》,上海教育出版社1991年版,第178—180页。
② 藤田丰八(1869—1929),字剑峰,日本著名学者。毕业于日本东京文科大学汉文科,曾任教于东京专门学校及哲学馆。1900年8月东文学社解散后,藤田丰八随同罗振玉先后任广东学务处顾问、江苏师范学堂总教习、江苏学务处顾问、京师大学堂农业科东文教员等。辛亥革命后返回日本。后成为著名的东洋史学家。
③ 《农学报略例》,载《农学报》第1册,光绪二十三年(1897)四月。

肄化学以粪土疆，置机器以代劳力"为职志，必会推动农业科学和农业教育在中国的发展。①

《农学报》从创刊至1906年1月停刊，共出315册。其间，对东西洋近代农业科技知识作了大量宣传和介绍，刊登了大量农学译文，内容涉及农业原理、作物栽培、病虫防治、土壤、肥料、农具、水利、蚕桑、园艺等方面，其中不少内容被各地研习农业者奉为圭臬，起到了极大的指导作用。而罗振玉本人也先后在该刊上发表了《论农业移植改良》《废物利用说》《垦荒私议》《创设昆虫研究所议》等有关农学的文章，将当时国外先进的农业生产技术介绍到国内。另外，《农学报》还登有大量各地兴办农业及农业教育的消息与评论，成为当时国内鼓吹农业教育的最大喉舌和宣传农业教育的重要窗口。正是因为《农学报》致力于宣传实业，只涉农事，不干政治，有益于国计民生，所以不仅得到了张之洞的支持（张之洞曾鉴于《农学报》馆经费支绌，提请将报馆移至湖北农务局中维持），而且在"戊戌政变"清廷查封、关闭各地报馆时，唯《农学报》馆免遭劫难。"戊戌政变"后，罗振玉继续勉力甚至举私债维持着《农学报》，一直到1906年停刊为止。

鉴于罗振玉对农业及农业教育的卓识与贡献，他得到了当时在湖北致力教育改革和实业发展的湖广总督张之洞的称赏和器重。1900年9月，张之洞力邀罗振玉至武昌出任湖北农务局总理兼农务学堂监督，负责组织翻译东西各国农学书报，并整顿学生窳败、教习不讲、面临停办之虞的农务学堂。罗振玉上任后，对农务学堂进行了大刀阔斧的整顿，不仅裁撤了不称职的教员，而且建立了供教学实验所用的试验场地，使学堂的校风乃至整个面貌有了根本改观。

1901年5月，罗振玉在上海创办了《教育世界》。基于其对实业教育的理解和认识，创办初期，他在该刊上发表了多篇有关实业教育的文章，

---

① 梁启超：《〈农会报〉序》，载《时务报》第23册，光绪二十三年（1897）三月十一日。

如《教育私议》(第 1 号)《学制私议》(第 24 号)《论中国亟宜兴实业教育》(第 33 号)等,这些文章多有感于外国实业教育的发达,并倡导在中国发展实业教育。如在《教育私议》中,罗振玉极力建议亟设包括实业学堂在内的各级各类学堂,并特别提出:"宜先从小学堂及实业学堂入手",而在实业学堂中,则应"先从农工之简易者入手,而徐进高深,然后渐次立中学、师范学,如是而循序递进"。① 《学制私议》则受日本教育的启示,建议各省应设高等农工学校各一,"至商埠附近之处,则须立商业学校(先立商埠,后及内地);矿产盛处,则立矿务学校;警察、商船等学校,则将来相宜立之";另外,"农、工、商业学校,必附设农、工、商教员养成所"。② 而在《论中国亟宜兴实业教育》中,罗振玉更是将实业教育与普通教育、高等教育、军事教育并列,认为"四者相须,不可偏废";特别是实业教育,更是"不可稍缓",因为"国力所系,不外农、商",自古以来,"未有不讲利用厚生,而能化洽政举者",况且如今中国正当"海内虚耗"之时。③ 因此,他特别提出了着手发展实业教育的方案四端:开实业专门学校、于小学校增实业科、奖励实业学会和各省设立土产工业调查局与陈列所。

值得指出的是,罗振玉对中国发展实业教育的建议多是"采欧美成法,而仿行之"的具体体现。如正是基于"考外国实业学校之阶级,有与高等小学等者,有与中学校、高等学校等者,有为大学校一专科(如农、工等是)者",所以罗振玉提出,中国"今宜先立与高等小学、中学平级之简易农学校、手工学校、职工徒弟学校",取文理已通的学生学习数年后,再设立高等的实业学校,招收中学和简易实业学校的毕业生入校学习。再如,因为"考之欧美,普通教育多附设实业一科,如手工或农业之

---

① 罗振玉:《教育私议》,载《教育世界》第 1 号,1901 年 5 月。
② 璩鑫圭、唐良炎编:《中国近代教育史资料汇编·学制演变》,上海教育出版社 1991 年版,第 156—159 页。
③ 罗振玉:《论中国亟宜兴实业教育》,载《教育世界》第 33 号,1902 年 9 月。

类，以启生徒研究实业之思想，谋国家实业之发达"，像英、法的小学校多附设手工科，日本的小学校多附设农科，所以罗振玉建议中国如今也"宜于小学校，增入农艺、手工等附科，以养成实业界之思想，以洗向者贱视实业之惯习"。而鉴于"欧美各国及日本，凡实业学校，国库有补助费，以奖励之，有关实业各学会，林立棋布"，故"今宜奖励私立之实业学校及学会，以赀引导，以补助国家教育之不及"。罗振玉满怀信心地预言，中国如果借鉴欧美国家对实业教育"奖励保护、无微不至"的做法，"努力图之"，"国家为之提倡，而民间为之协助，行之十年，成效必著"。①

正是《教育世界》对西方国家实业教育制度的译介和对中国发展实业教育的倡导与建议，使得国人通过这一载体和窗口，不仅对欧美国家和日本实业教育的发展有了最初的较为全面的认识和了解，而且对于清廷实业教育制度的制定和实业教育的发展也起到了重要推动作用。

第三节 实业教育制度的确立

大批考察学务官员通过他们所作的"游记"对日本实业教育发展的介绍，和《教育世界》对日本等国实业教育情况和法规的刊载，使国人通过这些载体和窗口，不仅对欧美国家和日本实业教育的发展有了较为全面的认识和了解，而且为在中国建立实业教育制度提供了重要参照。伴随着"新政"时期以兴学为中心所开展的教育改革，实业教育制度的确立不仅是水到渠成，更是势在必行。

一、实业教育制度确立的背景

（一）"新政"教育改革的实施：以兴学为中心

1898 年 9 月之后，随着光绪皇帝被囚居瀛台，"六君子"血洒菜市口，

---

① 罗振玉：《论中国亟宜兴实业教育》，载《教育世界》第 33 号，1902 年 9 月。

以及康、梁相继亡命海外,"百日维新"犹如昙花一现。"百日维新"虽然失败了,但我们不能以失败论历史,而应从历史来看成败。因为物质的东西是暂时的,思想的影响却是永恒的。事实上,戊戌变法思潮在当时产生了巨大的思想启蒙作用;就教育而言,鉴于当时已是病入膏肓,革新已为大势所趋。1899年9月,美国提出"门户开放"政策,各帝国主义国家竞相在中国划分势力范围,视中国如刀俎上之鱼肉,中国陷入了被瓜分的境地。而随着义和团运动风起云涌,特别是,由于1900年5月八国联军的入侵,在严重的民族危机下,举国上下掀起了一浪高过一浪要求变法的潮流,以致在清廷随之对戊戌变法进行了深刻的反思后,就连原来较为固步自封、因循守旧的西太后也不得不承认,"近数十年积习相仍,因循粉饰,以成此大衅",① 因此,也决定改弦更张。

1901年1月29日,逃亡在西安的慈禧太后以光绪皇帝的名义颁布了"预约变法"的上谕,承认"世有万古不易之常经,无一成不变之治法",决定实行"新政",着令各"军机大臣、大学士、六部九卿、出使各国大臣、各省督抚,各就现在情形参酌中西政要,举凡朝章国故、吏治民生、学校科举、军政财政,当因当革,当省当并,或取诸人,或求诸己,……各举所知,各抒所见,通限两个月内详悉条议以闻"。② 一时间,朝廷内外纷纷上奏。特别是这年7月,湖广总督张之洞与两江总督刘坤一联衔上奏了闻名遐迩的"江楚会奏变法三折",对当时清廷政治、经济、军事、教育等方面提出了切中时弊的改革措施,成为清廷推行"新政"的蓝本。其中在第一折《变通政治人才为先遵旨筹议折》中,参照西方教育发达国家特别是日本设学之法,提出了设立学制的基本主张:州、县设小学校和高等小学校,儿童8岁以上入蒙学,12岁以上入小学校,15岁以上入高等小

---

① 朱有瓛主编:《中国近代学制史料》第一辑下册,华东师范大学出版社1986年版,第116页。

② 朱有瓛主编:《中国近代学制史料》第一辑下册,华东师范大学出版社1986年版,第117页。

学校；府设中学校，18岁高等小学毕业生取为附生者入中学校学习普通学；省城设高等学校1所，以中学校毕业生入学肄业，并多设陆军学校及农、工、商、矿等专门学校。以"江楚会奏变法三折"为指导，张之洞、刘坤一分别在湖北、两江进行了教育体制近代化的改革。

是年9月，清廷又颁"兴学诏书"，提出"兴学育才，实为当务之急"，饬令"除京师已设大学堂应行切实整顿外，著各省所有书院，于省城均改设大学堂，各府及直隶州均改设中学堂，各州县均改设小学堂，并多设蒙养学堂"。①"兴学诏书"无疑是一针强心剂，它对"新政"伊始全国各地新式教育的开展，对新学堂的兴办，无疑起到了推波助澜的作用。之后，办学之势如火如荼，一批大、中、小学堂在大江南北建立起来了。

就在"兴学诏书"颁布的当月，山东巡抚袁世凯上奏了《奏办山东大学堂折（附章程）》，提出了设学的具体办法：一曰备斋，习浅近各学，如各州县的小学堂；二曰正斋，习普通学，如各府厅直隶州的中学堂；三曰专斋，习专门学，即大学堂；另外，还应设蒙养学堂。11月初，山东大学堂开学；11月25日，光绪皇帝发布上谕，认为山东大学堂章程所定"教规课程参酌中西，而谆谆于明伦理循礼法，尤得成德达材本末兼资之道"，② 于是，令各地仿照举办。是月，浙江巡抚廖寿丰奏改求是书院为求是大学堂。1902年2月，浙江养正书院改为杭州府中学堂；3月，河南巡抚锡良奏设河南大学堂；4月，闽浙总督许应骙奏在正谊书院基础上筹建大学堂，陕西学政沈卫奏将味经、崇实两书院所有款项、书籍归并宏道书院，改办宏道大学堂；5月，湖广总督张之洞于武昌创办湖北师范学堂，广西巡抚丁振铎奏将省城孝廉、秀峰、宣成、经古各书院裁并，增建斋舍为广西大学堂，四川总督瓜尔佳·奎俊拟将尊经书院改作为四川通省大学堂，直隶总督袁世凯于直隶建工艺学堂，聘请中外教习授以化学、染织及其他工艺技术；6月，山西巡抚岑春煊奏准开办山西大学堂；7月，贵州

---

① 朱寿朋编：《光绪朝东华录》（四），中华书局1958年版，第4719页。
② 朱寿朋编：《光绪朝东华录》（四），中华书局1958年版，第4784页。

巡抚邓华熙奏设贵州大学堂……

（二）张之洞与实业教育的实践

张之洞（1837—1909），直隶南皮（今河北南皮县）人，字孝达，号香涛，晚年又自号抱冰。1863 年，任翰林院编修；此后，先后任浙江乡试副考官、湖北学政、四川乡试副考官、四川学政等职；1882 年，被擢为山西巡抚成为朝廷重臣后，又先后任两广总督、湖广总督、两江总督等；1907 年 1 月，被授大学士，9 月，至京师管理学部事务。在清末，张之洞既是活跃于政治舞台上的一位重臣，也是一位学界巨擘。

早在 1891 年、1895 年和 1896 年，张之洞就先后创办了商务学堂、铁路学堂和蚕桑学堂。而在张之洞创办的实业学堂中，最引人注目的是湖北农务学堂和湖北工艺学堂。

在张之洞看来，"农为本富，商为末富"，西方发达国家，多农务兴盛，而向来重农之中国，之所以"农功夙号艰难，农利浸形衰薄，非果地爱其宝，实由农官罢设，农学不修故也"。所以，1897 年 8 月，他要求湖北所属州县购阅《农学报》；10 月，又酝酿在湖北省城外择地建造农务学堂，"置田购器，以资各项种植、用备研求"。①

1898 年春，张之洞写成《劝学篇》一书，书成后，从是年 4 月起，在不到一年的时间里，先后有多种版本问世。特别是在当年 7 月，张之洞的门生、翰林院侍讲黄绍箕将《劝学篇》进呈，光绪帝"详加披览"后，称其"持论平正通达，于学术人心大有裨益"，乃谕旨由军机处发给各地督抚、学政各一部，"俾得广为刊布，实力劝导，以重名教而杜卮言"。于是，《劝学篇》乃"挟朝廷之力"，一时风行海内。不少西方传教士对之也大为欣赏，极力鼓吹。1898 年底，美国人渥特勃内基将其译成英文，不仅在当时的基督教英文刊物《教务杂志》上连载，还于 1900 年以《中国唯一的希望》为题，在纽约出版。不久，法国传教士热罗姆·托巴尔也将之译

---

① 张之洞：《札委汪凤瀛偕农学洋教习赴大冶等处查看农务》，见苑书义、孙华峰、李秉新主编：《张之洞全集》第五册，河北人民出版社 1998 年版，第 3521 页。

成法文，在《汉学杂志》第 26 期上刊登。

《劝学篇》共 24 篇，包括内篇 9 篇，外篇 15 篇，全面阐述了"中学为体，西学为用"的文化教育观和社会改革思想。其中，"内篇务本，以正人心；外篇务通，以开风气"。① 而在"外篇"部分，专列"学制""农工商学""矿学"等篇，从理论上为实业学堂的设立打下了基础。

就在《劝学篇》挟朝廷之力风行之际，1898 年 4 月，鉴于人口较多的湖北因连年灾害，民生困苦，而劝农惠工，实为养民之本，张之洞最终决定在武昌设农务学堂，"招集绅商士人有志讲求农学者入堂学习，研求种植、畜牧之学"。② 学堂开设农、蚕两科，每科招收学生 30 名，要求年龄为 14—20 岁，已学英文 3—4 年，未习英文者，必须文理通顺、资性聪颖、身家清白；所学内容主要有地质、化学、格致、农艺、农具、制造等专门知识。同年 12 月，张之洞又创办湖北工艺学堂，定额 60 名，招收 12—16 岁天资灵敏、身体健康、读过"四书"且识两千字者有志讲求商学的绅商士人子弟，分汽机、车床、绘图、翻砂、打铁、打铜、木作、漆器、竹器等工艺，学习格致、化学、算绘及中国经史之学，使学生最终熟悉各项工艺的方法，并探求机器制造原理。1901 年 7 月，张之洞、刘坤一在《变通政治人才为先遵旨筹议折》中，再次提出要多设农、工、商、矿等专门学校。

赴日考察学务官员和《教育世界》对日本各级各类学校及其规章、法令的引介，为制定学制提供了重要参照；全国大量学堂的创办和新式教育的试验，不仅为制定学制积累了实践经验，而且也为学制的尽快制定提出了要求；而张之洞等人则不仅就实业教育于实践上作了实验，也在理论上作了准备。这样，学制的制定已是瓜熟蒂落。

---

① 张之洞：《劝学篇》，上海古籍出版社 2002 年版，"点校说明"第 2 页。
② 张之洞：《设立农务工艺学堂暨劝工劝商公所折》，见苑书义、孙华峰、李秉新主编：《张之洞全集》第二册，河北人民出版社 1998 年版，第 1285 页。

二、学制的制定与实业教育制度的确立

(一)"壬寅学制"关于实业教育的规定

1902年1月,清廷任命张百熙为管学大臣,并令他拟定各学堂章程。之后,张百熙上溯古制,参考日本学制之长,制定出包括《钦定蒙养学堂章程》《钦定小学堂章程》《钦定中学堂章程》《钦定高等学堂章程》《钦定京师大学堂章程》和《考选入学章程》在内的《钦定学堂章程》,于8月15日上《进呈学堂章程折》,奏呈颁布。由于时乃光绪二十八年,为旧历壬寅年,故称"壬寅学制"。

"壬寅学制"是我国近代第一个比较完备的学校系统,它分别规定了各级各类学堂的目标、性质、年限、入学条件、课程设置及其相互衔接关系。其中主系普通教育分三段七级:初等教育阶段分蒙学堂(4年)、寻常小学堂(3年)和高等小学堂(3年)三级;中等教育阶段设中学堂(4年)一级;高等教育阶段设高等学堂或大学预科(3年)、大学堂(3年)和大学院(年限不定)三级。此外,还有实业教育和师范教育两个旁系。整个学制年限长达20年。

在"壬寅学制"中,实业教育附设于普通教育中,并与普通教育相应,分为初等、中等和高等三级。初等的简易农、工、商实业学堂,附设于高等小学堂,收寻常小学堂毕业生入堂学习,学制3年,与高等小学堂平级,学生毕业,比照高等小学堂毕业生对待。中等农、工、商实业学堂附设于中学堂,收高等小学毕业生中"不愿治普通学者",学制4年,与中学堂平级,学生毕业,比照中学堂毕业生对待。另外,"中学堂第三年、第四年得于本科设实业科,以教授欲就实业者,俾卒业后可入一切高等专门实业学堂"。[①] 高等学堂可附设农、工、商、医等高等专门实业学堂,收中学毕业生入堂肄业,学制3年,与高等学堂平级,学生毕业,与高等学

---

① 璩鑫圭、唐良炎编:《中国近代教育史资料汇编·学制演变》,上海教育出版社1991年版,第263—264页。

堂毕业生一样对待。另外,"于商务盛处,则设商业专门实业学堂;矿产繁处,则设矿务专门实业学堂,皆宜相度地方情形逐渐办理"。①

"壬寅学制"对于实业教育不仅缺少独立的章程,而且关于实业教育的政策规定也比较简单:既没有特别规定各级各类实业学堂的设学宗旨和具体的办学目标,又缺乏对师资培养、学堂管理和考核方法等方面的说明。这不能不说是一个缺憾。但尽管如此,实业教育第一次在法律上取得了合法的地位,这与几千年来视农、工、商等为"贱业"的陈腐观念相比,无疑是一大进步。不惟如是,"壬寅学制"中关于在商业繁盛区和矿产丰富处根据地方实际情况分别设立商业专门实业学堂和矿务专门实业学堂的有关设立实业学堂的基本原则,也被此后的"癸卯学制"所继承,为"癸卯学制"中有关实业学堂章程的拟定提供了宝贵的经验。

(二)"癸卯学制"的颁行

在张百熙进呈学堂章程的当天,即1902年8月15日,光绪皇帝特谕令:"张百熙奏遵拟学堂章程开单呈览一折,披阅各项章程,尚属详备,即着照所拟办理;并颁行各省,着各该督抚按照规条,宽筹经费,实力奉行,总期造就真才,以备国家任使。……开办之后,如有未尽事宜,应行增改,仍着随时审酌,奏明办理。"②

然而,"壬寅学制"公布后最终并未能实际施行,却于一年后又由张之洞等再拟学制,其因何在?

原来,早在1900年沙俄乘八国联军侵华之机,出兵强占了我国东北,但之后拒不履行撤兵协定,企图长久霸占。1903年3月,日本各报公布了这一消息后,激起了中国民众的强烈抗议。学界学生也义愤填膺,罢课、退学,风起云涌。4月,上海学生集会,声讨沙俄侵略罪行。在日本东京

---

① 璩鑫圭、唐良炎编:《中国近代教育史资料汇编·学制演变》,上海教育出版社1991年版,第256页。

② 璩鑫圭、唐良炎编:《中国近代教育史资料汇编·学制演变》,上海教育出版社1991年版,第234—235页。

的中国留学生组织了拒俄义勇队，而京师大学堂师范、仕学两馆学生更是"鸣钟上堂"，并起草了《京师大学堂师范、仕学两馆学生上管学大臣请代奏拒俄书》。由于学制的制定者张百熙对学生的行为给予支持，与以慈禧太后为首的守旧派意见相左，这次学界风潮为以慈禧太后为代表的守旧势力钳制张百熙提供了绝好的机会。而早在是年2月，清廷的统治者也感到，张百熙激进的新思想对更好地通过教育的推行以维护统治有碍，于是便增命荣庆为管学大臣。

由于张百熙"一意更新，荣庆时以旧学调济之"，且不时对张百熙进行权力钳制，将张百熙置于进退维谷的两难境地。正当此时，1903年5月，湖广总督张之洞自鄂入京觐见，张百熙便顺水推舟，计划奏请张重定学堂章程。张之洞是"中学为体、西学为用"的倡导者，他虽倡行西学，但封建文化在其心中根深蒂固，由他参与制定学制，自不会离经叛道，所以，自然也得到荣庆等守旧派人物的赞同。于是，6月27日，张百熙、荣庆联衔上奏添派张之洞一同改订学堂章程。同日，清廷命张之洞会同张百熙、荣庆"将现办大学堂章程一切事宜，再行切实商订，并将各省学堂章程，一律厘定"。① 张之洞等几个月间"互相讨论，虚衷商榷，并博考外国各项学堂课程、门目，参酌变通；择其宜者用之，其有过涉繁重者减之"，② 七易其稿，终于于1904年1月拟成了《奏定学堂章程》，于当月13日具奏。同日，清廷认为该学堂章程"立法尚属周备"，下令各地"次第推行"。③ 因《奏定学堂章程》是1904年1月13日即光绪二十九年十一月二十六日颁布的，时为旧历"癸卯"年，故又称之为"癸卯学制"。"癸卯学制"是中国近代颁布全国施行的第一个学制，对清末教育产生了重要影响。

---

① 朱寿朋编：《光绪朝东华录》（五），中华书局1958年版，第5037页。
② 朱寿朋编：《光绪朝东华录》（五），中华书局1958年版，第5125页。
③ 朱寿朋编：《光绪朝东华录》（五），中华书局1958年版，第5129页。

(三) 实业教育制度的确立

"癸卯学制"包括《学务纲要》《大学堂章程》《通儒院章程》《高等学堂章程》《中学堂章程》《初等小学堂章程》《高等小学堂章程》《蒙养院家庭教育法章程》《初级师范学堂章程》《优级师范学堂章程》《初等农工商实业学堂章程》《中等农工商实业学堂章程》《高等农工商实业学堂章程》《实业补习普通学堂章程》《艺徒学堂章程》《实业教员讲习所章程》《实业学堂通则》《译学馆章程》《进士馆章程》《各学堂管理通则》《任用教员章程》《各学堂考试章程》《各学堂奖励章程》等。

和"壬寅学制"相似,"癸卯学制"的主系列亦分三段七级:初等教育段包括蒙养院(4年,不在正式学制之内)、初等小学堂(5年)、高等小学堂(4年);中等教育段仅设中学堂(4年);高等教育段含有大学预科(3年)、分科大学(3—4年)、通儒院(5年)。在横的方面同样有实业教育和师范教育两个旁系。从小学堂到大学堂,总年限长达20—21年。

但和"壬寅学制"不同的是,"癸卯学制"大大提高了实业教育的地位。在张百熙、荣庆和张之洞等人看来,"国计民生,莫要于农、工、商实业,兴办实业学堂,有百益而无一弊,最宜注重"。[①] 因此,在"癸卯学制"中,有关实业教育的章程达7项之多。这些章程均为"壬寅学制""所未及而别加编订者也",[②] 它们几乎涵盖了实业教育的方方面面。通过这些章程对实业教育的有关规定,实业教育制度得以最终确立。

1. 实业学堂的种类和宗旨

实业学堂分农业学堂、工业学堂、商业学堂、商船学堂,水产学堂属农业,艺徒学堂属工业;各类实业学堂均分高等实业学堂、中等实业学堂和初等实业学堂三等;另设实业教员讲习所。

---

① 璩鑫圭、唐良炎编:《中国近代教育史资料汇编·学制演变》,上海教育出版社1991年版,第290页。

② 璩鑫圭、唐良炎编:《中国近代教育史资料汇编·学制演变》,上海教育出版社1991年版,第290页。

初等实业学堂与高等小学堂平行，分初等农业学堂（3 年）、初等商业学堂（3 年）和初等商船学堂（2 年）三种，分别以教授农、商、商船最浅显的知识技能，使学生毕业后能从事农业、商业或商船之简易事务为宗旨。中等实业学堂与中学堂对应，设预科（2 年）和本科（3 年），分别教授农业、工业、商业、驾运商船之知识技术，使学生将来确能从事农业、工业、商业或商船事务为宗旨。高等实业学堂与高等学堂相当，包括高等农业学堂、高等工业学堂、高等商业学堂和高等商船学堂。其中，高等农业学堂"以授高等农业学艺，使将来能经理公私农务产业，并可充各农业学堂之教员、管理员为宗旨"；高等工业学堂"以授高等工业之学理技术，使将来可经理公私工业事务，及各局厂工师，并可充各工业学堂之管理员、教员为宗旨"；高等商业学堂"以施高等商业教育，使通知本国外国之商事商情，及关于商业之学术法律，将来可经理公私商务及会计，并可充各商业学堂之管理员、教员为宗旨"；高等商船学堂"以授高等航海机关之学术技艺，使可充高等管驾船舶之管理员，并可充各商船学堂之管理员、教员为宗旨"。另外，实业补习普通学堂"以简易教法，授实业所必需之知识技能，并补习小学普通教育为宗旨"；艺徒学堂"以授平等程度之工业技术，使成为良善之工匠为宗旨"。①

2. 入学资格与学科设置

初等实业学堂招收 13 岁以上的初等小学堂毕业生。其中，初等农业学堂普通科目设修身、中国文理、算术、格致、体操五科，并可酌加地理、历史、农业、理财大意、图画等；实习科目分农业科、蚕业科、林业科和兽医科。初等商业学堂设修身、中国文理、算术、地理、簿记、商品学、商事要项、商业实践、体操九科，并可酌加其他关系商业之科目。初等商船学校分航海、机轮二科（各科分别设相应的科目）。

中等实业学堂招收 15 岁以上的高等小学堂毕业生入学肄业。各中等实

---

① 璩鑫圭、唐良炎编：《中国近代教育史资料汇编·学制演变》，上海教育出版社 1991 年版，第 447—466 页。

业学堂预科均设修身、中国文学、算术、地理、历史、格致、图画、体操等，有的并设外国语。中等农业学堂本科分农业科、蚕业科、林业科、兽医业科和水产业科（分设关于普通科目和实业科目的学习内容）；中等工业学堂分土木科、金工科、造船科、电气科、木工科、矿业科、染织科、窑业科、漆工科、图稿绘画科；中等商业学堂不分科；中等商船学堂分航海科和机轮科。并具体规定了各学堂本科各科中普通科目和实习科目的学习内容。

高等实业学堂招收经考试合格的18岁以上的中学毕业生。其中，高等农业学堂有预科和本科（分农学科、森林学科和兽医学科）；高等工业学堂分应用化学科、染色科、机织科、建筑科、窑业科、机器科、电器科、电气化学科、土木科、矿业科、造船科、漆工科、图稿绘画科；高等商业学堂分预科和本科，分别开设相应的课程；高等商船学堂分设航海科和机轮科。

另外，实业补习普通学堂分普通科和实业科（包括农业科、工业科、商业科、水产科）；艺徒学堂普通科目凡八：修身、中国文理、算术、几何、物理、化学、图画、体操，而工业科目则斟酌地方情形而定。

3. 考试办法与学堂奖励

按照规定，各实业学堂的考试分五种：临时考试、学期考试、学年考试、毕业考试、升学考试。

学堂奖励包括褒奖兴学和毕业生奖励出身。为推动实业学堂的兴办，在《实业学堂通则》中特规定："各省官员绅富，有能慨捐巨款、报充兴办实业学堂经费者，或筹集常年的款、自行创设实业学堂者……奏请从优奖励，以为好义急公者劝。"[①]

奖励学堂学生出身是推动新式学堂发展的一项积极措施，当然，在科举制度废除后，学堂奖励出身制度的保留作为科举的尾巴，也是传统教育

---

① 璩鑫圭、唐良炎编：《中国近代教育史资料汇编·学制演变》，上海教育出版社1991年版，第474页。

封建性的延续。为了鼓励人们学习实业，保证实业学堂的发展，"癸卯学制"特规定了中高等实业学堂的奖励政策，对考列不同等级的学生分别予以不同的奖励出身。如中等实业学堂毕业生考列最优等、优等和中等者，分别作为拔贡、优贡和岁贡，升入高等实业学堂肄业；高等实业学堂考列最优等、优等和中等者，则分别由知州、知县和州同优先选用，令充各中等实业学堂教员、管理员。

4. 教员资格和师资培养

《学务纲要》明确提出，"各省宜速设实业学堂"，"饬各就地方情形审择所宜，亟谋广设。如通商繁盛之区，宜设商业学堂；富于出产之区，宜设工业学堂；富于海错之区，宜设水产学堂"。但考虑到"此时各省筹款不易，教员亦难得其人"，故"宜于各项实业中，择本省所急须讲求者，先行选派学生出洋学习。……分作两班，一班习中等学，以期速成；一班习高等学，以期完备。俟中等实业学生毕业回省，即行开办学堂，先教简易之艺术；俟高等实业学生毕业回国，再行增高等学堂程度，以教精深之理法，为渐次推广扩充地步"。① 另外，鉴于实业教员讲习所乃实业学堂教师培养之资，为"入手要义"，故规定在农、工、商大学及高等农、工、商业学堂中附设实业教员讲习所，以培养各实业学堂师资。实业教员讲习所招考已毕业于初级师范学堂、中学堂或中等实业学堂的学生入学肄业，分农业教员讲习所（3年）、商业教员讲习所（3年）和工业教员讲习所（2年）三种。

可见，"癸卯学制"确立了较为完整、独立的实业教育制度体系，使各级各类实业学堂的创设和兴办有规可循，有章可依。此后，在"癸卯学制"的规范下，全国的实业教育取得了较大的发展。

---

① 璩鑫圭、唐良炎编：《中国近代教育史资料汇编·学制演变》，上海教育出版社1991年版，第491页。

第三章 实业教育的发展

"癸卯学制"从法律上确立了实业教育的重要地位,从而为实业学堂的建立奠定了理论基础;此后,在学部和提学使司的领导、管理下,全国的实业教育走上了相对组织化和规范化的发展道路。与此同时,伴随着女子受教育呼声的日益高涨,游离于学制之外出现的女子职业学校,也成为实业教育发展的重要组成部分。

第一节 实业学堂的初步发展与实业教育行政机构的建立

一、学部成立前实业学堂的初步发展

1901年1月"新政"实施后,教育改革是一个重要方面,而在各项教育改革的措施中,兴办实业学堂以发展实业又是其中一项主要内容。1902年2月,清廷令各省设立农务、工艺学堂。此后,至"癸卯学制"颁行前,各地多有设置此二类实业学堂之举。如张謇于通海垦牧公司附设通海农学堂,袁世凯先后于保定和天津设直隶农务学堂和北洋工艺学堂,周馥于青州设青州蚕桑学堂,张绍旭于河南荥阳设荥阳县养蚕讲习所等。此外,山西农林学堂、湖南高等实业学堂、湖南农业学堂、四川工业学堂、广东路矿学堂等也于1902—1903年间开办。

1904年1月"癸卯学制"颁行后,在"癸卯学制"有关实业教育的各

项规章规范、指导下，各地所设的实业学堂日渐增多，实业学堂得以初步发展。

最先作出反应的是商部。商部成立于1903年9月（1905年11月，原工部并入商部，改称农工商部），作为当时重商思潮影响和推动下的产物，注重农、工、商无疑乃该部之专职，"而尤以制造实业为切要之图"，所以，商部决定先从实业学堂入手，以"振励才能，精求实学"。① 此后，在1904年，各地所设立的实业学堂主要有：2月，湖南将其高等学堂于旧址改设农、工、商、矿各项实业学堂；直隶于天津设立初等实业学堂；4月，山东于兖州设农务学堂；10月，商部奏准筹办京师高等实业学堂；两江总督魏光焘鉴于"两江虽夙称繁庶，而士旷民游，商疲工窳，多未讲求，非兴实业学堂，不足以陶冶人才，以为振兴富庶之基"，② 故将江南格致书院改设为江南实业学堂，分设农、工、商、矿四科，分门肄习。另外，是年，湖南工业专门学堂、成都工务学堂、昆明初级蚕桑学堂也均得以开办。

1905年，各省实业学堂的设立较之上年有增无减。1月，京师开设农务学堂，专讲种植五谷、耕耘、病虫、收获等事，并于天津、保定等地添设分校。2月，河南农务实业学堂（次年改为中等蚕桑实业学堂）、福建蚕务学堂、奉天高等实业学堂均得开办；直隶初等工业学堂"招新生百二十人，以身体强健、汉文粗通、年在十三岁以上十八岁以下者为合格"。③ 3月，于上年冬改隶商部的南洋公学，易名商部高等实业学堂（翌年易名为邮传部上海高等实业学堂）。4月，上海广方言馆改为工业学堂。5月，津渝路局筹设铁路学堂。7月，江苏清江设立商务学堂，贵州于省城设立蚕桑学堂。8月，江西开办高等农业学堂。9月，江苏于省城设立实业学堂，

---

① 商部：《奏拟办实业学堂大概情形折》，《东方杂志》（第1年）第3期，光绪三十年（1904）三月。
② 魏光焘：《奏江南格致书院改为实业学堂》，《东方杂志》第11期，光绪三十年（1904）十一月。
③ 《初等工业学堂招生广告》，载《大公报》（天津）1905年2月10日。

内附试验场、蚕桑传习所和工艺传习所；湖南将省农务试验场改为农务学堂；广西梧州就农林公司山场添设农业学堂；广东于省城附近设蚕学馆，酌招学生数十名，分作两班：一班专学检种、饲养之法，一班专学蚕学。10月，商部拟设艺徒及中等实业学堂。此外，是年秋，江西劝业道创办江西实业学堂。是年，贵州开办蚕桑学堂，学生分堂内和堂外两级：堂内学生两年毕业，额定40名，主要授以养蚕、制种、缫丝、栽桑等专门之学，辅以算学、种植、理化等普通之学；堂外学生半年毕业，不限定额，专在试验场学习养蚕、缫丝各法。

除官办实业学堂外，一些民间士绅和富商大贾也积极捐（筹）资兴办实业学堂。如1904年6月，山东郯城孙广文"知农桑为富强基础，因自备房屋数十间、膏壤数十亩并经费二千金办理农桑学堂"。① 1905年2月，广东香山孝廉陈廷流设农工商学堂；3月，广东江门商人黄挺年设商务实业学堂，专教英文、商务信札；11月，四川重庆商人黄漱珊设商业学堂1所……

二、实业教育行政机构的建立

全国新式学堂的发展对新的教育行政机构的建立提出了要求，而各地实业学堂的举办，也必然促使实业教育行政机构应运而生。

1904年1月13日，鉴于新式学堂不断增多，《学务纲要》特别规定，于京师专设总理学务大臣，管理全国学务，其主要职责为"整饬各省学堂，编订学制，考察学规，审定专门普通实业教科书，任用教员，选录毕业学生，综核各学堂经费，及一切有关教育之事"。② 1月14日，清廷谕改管学大臣为学务大臣，并增命孙家鼐为学务大臣。学务大臣下设六处，即

---

① 《各省教育汇志：山东》，载《东方杂志》（第1年）第6期，光绪三十年（1904）六月。

② 舒新城编：《中国近代教育史资料》（上册），人民教育出版社1961年版，第219页。

专门处、普通处、实业处、审订处、游学处和会计处。其中，适应发展实业教育需要和实业学堂日益增多要求而设的实业处，负责管理实业学堂的设立、教学、教职员考核等有关事务。

1905年9月，科举制度被废除后，学堂再次大兴，建立新的三级教育行政机构已势在必行。12月6日，清廷谕令设立学部。作为当时"管理全国教育学艺事务"的学部，初拟置专门、普通、实业、图书四司。其中，"实业司"所掌事务为："核办农业学堂、工业学堂、商业学堂、实业教员讲习所、实业补习普通学堂、艺徒学堂及各种实业学堂之设立维持、教课规程、设备规则及关于管理员、教员、学生等一切事项"；"调查各省实业情形及实业教育与地方行政、财政之关系，并筹画实业教育补助费等事项"。① 翌年6月，学部更对实业司的内部科室设置、人员配备及其职责范围作了进一步明确：

实业司：郎中一员，总理司务。

实业教务科：员外郎一员，主事一员，办理科务。掌农业学堂、工业学堂、商业学堂、实业教员讲习所、实业补习普通学堂、艺徒学堂及各种实业学堂之设立维持，教课规程，设备规则及关于管理员教员学生等一切事务。

实业庶务科：员外郎一员，主事一员，办理科务。掌调查各省实业情形及实业教育与地方行政财政之关系，并筹划实业教育补助费等事。②

早在1904年1月，考虑到各省新式学堂的兴办，在《学务纲要》中即

---

① 《学部官制草案》，载《东方杂志》第3年"临时增刊"，光绪三十二年（1906）。

② 朱有瓛、戚名琇、钱曼倩、霍益萍编：《中国近代教育史资料汇编·教育行政机构及教育团体》，上海教育出版社1993年版，第13—14页。

要求各省于省城设学务处。而科举制度被废除后,随着大量的旧学堂改为新式学堂,原来兼管科举的各省学政形同虚设,因此,伴随着学部这一新的教育行政机构的建立,筹建新的省级教育行政机构已成当务之急。

1906年4月,学部与政务处联合会奏裁撤学政,改设省提学使司,设提学使1人,统辖全省地方学务。而各省学务处即行裁撤,另改建学务公所作为提学使及其所属职员的办公机构。学务公所分六课:总务课、专门课、普通课、实业课、图书课和会计课。其中,实业课"掌理本省农业学堂、工业学堂、商业学堂、实业教员讲习所、实业补习普通学堂、艺徒学堂及各种实业学堂之设立维持、教课规程、设备规则及关于管理员、教员、学生等一切事务;并考察本省实业情形,筹画扩张实业教育费用"。①

学部实业司和学务公所实业课的设置,是中国近代独立的实业教育行政机构设立之始,意义非凡。对此,薛人仰在《中国教育行政制度史略》中对学部实业司之设颇为嘉许:"我国兴学动机,本在御侮图强,故所设学堂,多主实用,职业教育之呼声,于时颇盛,故学部列有实业教育一司,虽为仿自东瀛,亦适应当时之需要也。"② 事实也确实如此。在学部实业司和学务公所实业课相继设立后,全国的实业教育走上了相对组织化和规范化的发展道路,对实业教育的管理明显加强,实业学堂也得到了较快的发展。

第二节 实业学堂的发展与管理

一、学部成立后实业学堂的发展概况

学部成立后,将发展实业教育置于十分重要的地位。

---

① 朱有瓛、戚名琇、钱曼倩、霍益萍编:《中国近代教育史资料汇编·教育行政机构及教育团体》,上海教育出版社1993年版,第44页。

② 薛人仰编:《中国教育行政制度史略》,上海中华书局1934年版,第67页。

1906年3月,鉴于"方今环球各国,实利竞尚,尤以求实业为要政,必人人有可农可工可商之才,斯下益民生,上裨国计,此尤富强之要图,而教育中最有实益者也",①学部特将"尚实"作为其所颁教育宗旨的重要内容之一。所谓"尚实",就是要"讲求农工商各科实业,物无弃才,地无遗利,斯有益于国计民生"。②

7月12日,鉴于"实业教育,所以振兴农工商诸实政","果能实力推行,自足为振兴实业之基",学部又颁《通行各省举办实业学堂文》,要求各省继续遵照"癸卯学制"之规定,转饬各府州县,无论是城乡市镇,皆应酌量筹设各类实业学堂:可"按照地方情形,先设中等初等实业学堂及实业补习普通学堂";"多设艺徒学堂,收招贫民子弟,课以粗浅艺术,俾得有谋生之资";"于各省城先立实业教员讲习所,渐次推行,饬各府厅州县设法分立,以广师资";对于各省官员绅富有能慨捐巨款充实业学堂经费者,或筹集常年经费自行创设实业学堂者,要根据其捐资多寡,"从优奖励"。③同时,农工商部在设立实业学堂的同时,也令各地加大实业学堂的创办力度,不少地方大臣从造就或广储各项专门人才、发展实业的目的出发,奏请在本省或联省设立。

1907年3月,出使意大利大臣黄诰奏请农工商部,请旨饬各省将军、各地督抚广设机器学堂。7月,御史成昌奏请推广实业学堂,"请旨谕令各省将军督抚臣,严饬所属,无论城乡,凡闾阎辐辏之区,遴选公正绅董,酌提公款,开办实业学堂,讲求工艺,延聘专门教员,训迪贫民子弟,将

---

① 学部:《奏请宣示教育宗旨折》,载《东方杂志》第3年第5期,光绪三十二年(1906)闰四月。
② 学部:《大清教育新法令》(第一册),上海商务印书馆光绪三十二年(1906)版,"第二编"第3—4页。
③ 学部:《通行各省举办实业学堂文》,载《学部官报》第2期,光绪三十二年(1906)八月。

来毕业足以自谋生计，庶衣食有赖，当可化莠为良矣"。① 8月，浙江道监察御史王步瀛鉴于"商务握富强之源，而实业又为商务之母，苟内力不充，外人将蹈隙抵瑕，扼其吭而制之死命。我中国地大物博，陷兹危难，原因虽多，究由工艺之无学，顾揆其受害之深，尤以黄河流域为最"，故奏请饬直隶、山西、山东、河南、陕西五省于黄河之北合办一实业学堂，"期以收利权而厚国基"。② 11月，闽浙总督松寿认为"欲实业之发达，非研究工艺不可。南北洋地势适中，交通最便"，故奏请饬筹款各设高等工艺学堂一所。③ 本年，张謇在江苏吴县创设铁路学堂（1909年，改办为江苏中等工业学堂）。

除省设或联省所设外，1908年4月，学部议复，令各府应设中等实业学堂1所，每所收学生百名，认真办理，毋得延宕。此后，不少府开始设立。如在这年，苏州知府何刚德即创设苏州府官立农业学堂。此外，1906年增设的统辖全国路、船、邮、电四政的邮传部，则要求各路局开办铁路等学堂。

这样，在各地督抚的大力倡办下，在学部的统一规划、指导和要求下，在农工商部的积极促进下，全国的实业学堂取得了较快的发展（见表3-1和表3-2）。

---

① 《御史成昌奏请饬各省推广实业学堂折》，载《北洋官报》第1434册，光绪三十三年（1907）六月。

② 《浙江道监察御史王侍御步瀛奏请饬直隶山西山东河南陕西合办河北实业学堂折》，载《东方杂志》第4年第7期，光绪三十三年（1907）七月。

③ 学部：《议覆闽督松奏筹办实业学堂折》，载《学部官报》第50期，光绪三十四年（1908）三月。

表 3-1 1907—1909 年全国实业学堂基本情况一览表

类别	农业						工业						商业						实业预科		总计	
等别	高等		中等		初等		高等		中等		初等		高等		中等		初等					
年度＼项别	学堂	学生	学堂	学生	学堂	学生	学堂	学生	学堂	学生	学堂	学生	学堂	学生	学堂	学生	学堂	学生	学堂	学生	学堂	学生
1907	4	459	25	1681	22	726	3	449	7	698	36	1653	—	—	9	754	8	363	23	1910	137	8693
1908	5	493	30	2602	33	1504	7	1184	12	1080	45	2381	1	213	9	635	10	619	37	2905	189	13616
1909	5	530	31	3226	59	2272	7	1136	10	1141	47	2558	1	24	10	973	17	751	67	4038	254	16649

资料来源：学部总务司编，《光绪三十三年份第一次教育统计表》《光绪三十四年份第二次教育统计图表》《宣统元年份第三次教育统计图表》，单行本。

第三章 实业教育的发展

表 3-2　1907—1909 年各省实业学堂和学生数量一览表

时间 省份	1907		1908		1909	
	学堂	学生	学堂	学生	学堂	学生
直隶	20	810	23	1079	23	1023
奉天	9	488	8	584	8	760
吉林	1	160	1	160	3	186
黑龙江	3	327	5	432	6	494
山东	11	422	15	602	18	717
山西	1	136	3	239	4	217
陕西					3	327
河南	11	499	24	1548	31	1794
江宁	6	479	7	793	12	1001
江苏	10	514	9	562	9	512
安徽	2	59	4	102	7	233
浙江	6	334	13	968	14	665
江西	1	120	3	204	5	270
湖北	9	699	18	1909	16	1507
湖南	11	952	15	1424	17	1531
四川	6	337	8	733	14	1030
广东	12	1219	10	882	12	1063
广西	5	232	7	386	7	591
云南	9	540	10	554	14	832
贵州	2	43	1	122	2	388
福建	2	283	3	250	8	915
甘肃			2	83	2	99
新疆					19	494
总计	137	8653	189	13 616	254	16 649

资料来源：学部总务司编，《光绪三十三年份第一次教育统计表》《光绪三十四年份第二次教育统计图表》《宣统元年份第三次教育统计图表》，单行本。

其中，1909年的254所实业学堂中，高等实业学堂主要有：农工商部京师高等实业学堂，邮传部上海高等实业学堂，江南高等实业学堂，湖南高等实业学堂，奉天高等实业学堂，直隶高等工业学堂，两广高等工业学堂，直隶高等农业学堂，湖北高等农业学堂，山东高等农业学堂，山西高等农林学堂，江西高等农业学堂等。由学部核准立案的中等实业学堂主要有：第一中等商业学堂（京师）；高等农业学堂中等本科（直隶），天津公立中等商业学堂（直隶），顺天中等农业学堂（直隶），天津中等农业学堂（直隶）；高等实业学堂附设中等工科（奉天），营口中等商业学堂（奉天），八旗中等工业学堂（奉天），中等农业学堂（奉天）；中等农业学堂（吉林）；中等工业学堂（黑龙江），中等农业学堂（黑龙江）；省城中等农业学堂（河南），省城中等工业学堂（河南），省城中等商业学堂（河南），中等农桑实业学堂（河南），许长中等农业学堂（河南），荥阳中等农业学堂（河南），邓州中等蚕业学堂（河南），南阳中等工业学堂（河南），禹州中等农业学堂（河南），中等农林学堂（河南），中等商业学堂（河南），河东中等农业学堂（河南）；苏州府中等农业学堂（江苏），江南农桑中学堂（江苏），中等工业学堂（江苏），铁路学堂（江苏）；中等实业学堂（安徽），茶商公立中等农业学堂（安徽）；公立中等农学堂（江西），公立中等工学堂（江西）；中等农业学堂（福建），中等蚕业学堂（福建），中等商业学堂（福建），中等工业学堂（福建）；中等农业学堂（浙江），中等工业学堂（浙江），铁路学堂（浙江），中等商业学堂（浙江）；中等农业学堂（湖北），中等工业学堂（湖北），铁路学堂（湖北），中等商业学堂（湖北）；中等农业学堂（湖南），中等工业学堂（湖南），中等商业学堂（湖南），南路中等实业学堂（湖南），醴陵中等工业学堂（湖南）；中等农业学堂（陕西），中等工业学堂（陕西），凤翔蚕桑学堂（陕西）；农业矿务学堂（甘肃），凉州府中等农业学堂（甘肃）；中等农业学堂（四川），中等工业学堂（四川），中等商业学堂（四川）；中等农业学堂（广东），廉州中等农业学堂（广东），锁平中等农业学堂（广东），高州中等工业学堂（广东），琼岸中等工业学堂（广东），琼山中等农业学堂（广东）；桂林中等农业学堂（广西），梧州中等农业学堂（广西），龙州中等农业学堂（广西）；中等农业学堂（云南）；中等农业学堂（贵州），中等工业学堂（贵州）。

除大量的公立实业学堂外，在学部成立后，各地还有相当数量的私立实业学堂设立。当时，不仅一些重要的商会，如上海商务总会、苏州商务总会、天津商务总会等，积极设立商务（业）学堂，① 一些不太著名的商会也时有创办实业学堂之举。像1906年，秦皇岛商务分会就附设实业补习学堂，高阳商会附设商业学堂；1907年，磁州彭城镇商务分会"各行商因本镇人多顽固，鲜知就学，拟立一半夜学堂，教授农工商子弟，由商会酌派会董，充为义务教员，以广造就"。② 另外，自1907年农工商部奏定的《农会简明章程》规定，在设立农务总会的省城"应设农业学堂一所，农事试验场一区，造就人才，分任地方农务"后，③ 各地的农务总会，如四川农务总会、山东农务总会等，也时有设立农务学堂之举；一些经济实力雄厚的商人也有捐资或自办实业学堂之举；④ 而女子实业（职业）学堂，更均为私立（参见本章第三节）。

在私立实业学堂中，张謇所创建的实业学堂是一个典型代表。

重视教育的张謇不仅是实业救国、教育救国的倡导者，也是实业救国、教育救国的践行者。在创办各种实业机构的同时，他坚定"以实业辅

---

① 有关这些商会所设的实业学堂，学界一些著作，如徐鼎新、钱小明《上海总商会史（1902—1929）》（上海社会科学院出版社1991年版）、虞和平《商会与中国早期现代化》（上海人民出版社1993年版）、宋美云《近代天津商会》（天津社会科学院出版社2002年版）等，多有介绍，兹不赘述。

② 天津市档案馆等编：《天津商会档案汇编（1903—1911）》（上册），天津人民出版社1989年版，第198页。

③ 《大清光绪新法令》（第三册），上海商务印书馆宣统二年（1910）版，第39页。

④ 参阅朱英：《晚清商人的教育思想与兴学活动》（载《光明日报》2000年2月25日）一文。

助教育，以教育改良实业"。早在甲午战争后，张謇即有"实业与教育迭相为用之思";[①] 1897年，更专门提出发展农学的建议；并多次强调"学必期于用，用必适于地"。在这些思想指导下，在清末，张謇创办了一系列实业学堂。

1902年，张謇在通海垦牧公司开办了农学堂，以培训农垦技术人员；1906年，农学堂迁至通州城里，并改制为通州师范学校附设农科班。除附设农科班外，张謇后又在通州师范附添蚕桑、测绘、土木等科；1908年，又由张謇夫人主持，借通州女师校舍创设女工传习所（1913年后又扩充分刺绣、编织、手织、图画、裁缝、育蚕等科）；1909年，在通海五属公立中学内附设初等商业学校及银行专修科；同年，设立南通农学校及农场。这些实业学堂，在当时十分引人注目，在晚清实业学堂的发展中，起到了重要的典型示范作用。[②]

二、学部对于实业教育发展的管理

学部成立后，各地新式教育得到了进一步的发展。为了对各地新式学堂的兴办给予督促、检查和指导，学部设立时，曾规定设视学官（最初没有定员，约12名之内），专任巡视京外学务。具体巡视内容包括各省学务公所、劝学所的基本情形，各地设堂办学的基本情况（如教师、学生人数，教学情形，设备、经费、卫生情形，各学堂的风纪等）。若调查发现某地"有与章程不合或未能实行者"，视学官应提出建设性意见，令其

[①] 张謇：《日记》，见张謇研究中心、南通市图书馆编：《张謇全集》第六卷，江苏古籍出版社1994年版，第480页。

[②] 民国成立后，张謇还创办了一些实业学堂。如1912年，创设南通纺织学校（1913年，该校更名为南通纺织专门学校；1927年，又更名为南通纺织大学）和南通医学专门学校（1926年改称南通医科大学），并将附设于通海五属公立中学内的初等商业学校改为乙种商业学校；1913年创设乙种农业学校，并将先前的通州师范农科班改制成甲种农业学校（1916年，该校更名为南通农业专门学校；1919年，又改制为私立南通农科大学）；1915年，创建甲种商业学校。

第三章 实业教育的发展

"改正整理";并拟具详细的调查报告,回京后提呈学部。①

1906年10月,学部派罗振玉、田吴炤、刘钟琳、张煜全4人为查学委员,分赴直隶、河南、山东、山西等省考察学务。通过视察,他们发现,虽然这些地方新式学堂的兴办取得了一定成绩,但总体上看,经费奇缺,校舍简陋,管理落后,教员乏人。实际上,这些问题几乎是兴办条件较苛的高等学堂、师范学堂和实业学堂的通病。这从当时由视学官们所撰的、刊登在《教育世界》《东方杂志》上的"报告书"中,明晰可见。如在《调查直隶学务员报告书》中虽写道:直隶高等农业学堂"教科得宜,管理及教员均能得人,试验场、测候所、列品馆、仪器处、实习室等,均布置井井,学生成绩尚优";直隶高等工业学堂"教员得人,管理员亦能用力,组织大致完善,成绩颇优,所设分科亦均切当";但同时也指出天津中等商业学堂"教员资格及堂上讲授均未合宜,校舍亦极狭隘,名为中等,实是初等商业学堂之未能完全者"。② 在《调查山西学务员报告书》中则提出:"晋地贫瘠,由于制品太少……须将农林学堂从速改良,兼调查本省已有之产品,考求制成品物。"③

事实也确实如此。当时,不仅直隶、河南、山东、山西等省的实业学堂问题颇多,而且全国号称实业、敷衍门面的实业学堂,亦不知凡几。据1904年4月《大陆》记载,"直隶农务学堂日前将学生所制各物献于直督,以觇该学堂成效,直督即交工艺学堂化验,验得各物半不由制造法造成,似有意造作以欺人者",人称该学堂"授课不甚认真,学生亦多浮伪"。④

---

① 《奏遵拟视学官章程折》,载《学部官报》第109期,宣统元年(1909)十一月。
② 《学部奏派调查直隶学务员报告书》,载《东方杂志》第4年第11期,光绪三十三年(1907)十一月。
③ 《学部奏派调查山西学务员报告书》,载《东方杂志》第5年第3期,光绪三十四年(1908)三月。
④ 《时事批评:农务学堂》,载《大陆》第2年第3号,光绪三十年(1904)三月。

有鉴于此，学部在成立后，不时采取措施，加强对全国实业教育发展的管理。

1908年4月，学部奏定两年之内每府应设中等实业学堂1所，每州县应设初等实业学堂1所，每所学堂应收学生百名，并通令各省施行。10月，出于加速实业人才的培养和发展实业教育起见，学部要求，从该年度起，京师和各省应选择普通学完备、外国语能直接入校听讲的中学毕业生，酌送出洋学习实业；此后官费出洋的学生也一概学习农工格致各项专科，不得改习其他学科；"以前自费出洋之学生非入高等以上学堂学习农工格致三科者，不得改给官费，其认习实业已给官费之学生，亦不准中途改习他科"。①

1909年1月，鉴于留学日本诸生多趋于法政，愿习实业者较少，学部特规定嗣后自费考入日本官立高等以上学校习农工格致三科者，"遇有官费缺出，准其挨补"，② 以示鼓励。与此同时，决定对初等实业学堂的毕业生，比照高等小学堂毕业奖励章程的规定，最优等者作为廪生，优等作为增生，中等作为附生，下等作为佾生。3月，学部会同农工商部、外务部议定：在省垣、府城和州县分别设高等实业学堂、中等实业学堂和初等实业学堂1所，于年内一律成立。6月，学部奏准《更改实业学堂办法》，规定高等实业学堂由预科升入本科的学生，若程度不及，改照中等实业学堂教授；中等实业学堂的毕业生，若年在25岁以下者，均应升学，不准改就官职。

9月，学部又通饬各地整顿筹划实业教育，要求各地在开办实业学堂时审察本省教育情形、本处地方情形、学科情形和学生程度等，"订明等级、种类及科别"；根据实业学堂的不同等级、种类等设置有关学科、课

---

① 璩鑫圭、童富勇、张守智编：《中国近代教育史资料汇编·实业教育 师范教育》，上海教育出版社1994年版，第15页。

② 学部：《奏酌定自费游学生考入官立高等以上实业学校补给官费办法折》，载《学部官报》第77期，宣统元年（1909）正月。

程；要慎择教员，"每设一堂，须就所拟办之科目访求专科教员，切实教授，除学理相通之学科可酌量兼授外，万勿强不知以为知，致教者学者两受其困"；考虑到实业各学科均无课本，故鼓励教员详慎编译，"每成一种，应即呈部审定，以备各学堂采用之资"；"各项实业学堂，除讲堂应照章讲授实习科目外，场厂实习时，须令学生自行录载日记，编著报告，毕业时随同试卷呈报备核"，① 等等。

然而，"兴学以求师为急务"。要广泛设立实业学堂这一新式教育机构，新式教师的匮乏无疑是一个十分现实的问题。由于中国传统教育培养的知识分子向以经史之学为根基，于各种实学多有隔膜，自难膺新式学科教习之任；而聘请外人教授，又缺乏通晓实业科学的翻译人才，影响教学效果。所以，早在"癸卯学制"颁行时，清廷即要求各省"宜先体察本省情形，于农、工、商各种实业中，择其最相需、最得益者为何种实业，即选派年轻体健、文理明通、有志于实业之端正子弟，前往日本或泰西各国，入此种实业学堂肄业。分为两班：一班学中等实业，一班学高等实业"。并"俟出洋游学中等实业学生毕业回国，即将所设学堂开办，先教浅近简易之艺术，并于学堂内附设教员讲习所，广为传授；俟高等实业学生毕业回国，再行增高学堂程度，以教精深之理法"，② 并号召人们自费出洋学习实业。此后，实业留学曾形成了一定的规模。③ 但由于实业留学生人数不多，俟实业留学生学成回国充任教习开办实业学堂，不仅供不应求，而且缓不济急，所以，为应广设实业学堂之需，学部曾多次下令加强实业学堂教员的培养。

---

① 学部：《通饬整顿筹画实业教育札文》，载《直隶教育官报》第20期，宣统元年（1909）十一月。

② 璩鑫圭、唐良炎编：《中国近代教育史资料汇编·学制演变》，上海教育出版社1991年版，第474页。

③ 严格地说，实业留学也是实业教育的组成部分之一，不过鉴于作者在《中国留学教育史》（山西教育出版社2006年版）中对清末的实业留学已经作了较为详细的勾勒，故在此不再赘述。

如 1906 年 7 月，学部就曾令各省"应于各省城先立实业教员讲习所，渐次推行，饬各府厅州县设法分立，以广师资"，并将原定为酌量增加肄习的初级师范学堂农、工、商诸科，改为必修科，"令师范学生各自认习一科"以"备将来初等实业学堂、实业补习普通学堂、艺徒学堂教员之选"。① 1910 年 3 月，学部更感"实业教员万分缺乏，非及时造就，无以立振兴实业之基"，故又筹议"实业教员讲习所毕业奖励办法"，规定对不同性质和种类的实业教员讲习所的毕业生，分别比照优级师范学堂毕业奖励章程或初级师范简易科毕业奖励章程，予以奖励，"庶几师资有藉，各种实业学堂得以逐渐设立，各种实业得以逐渐振兴"。② 6 月，学部又修订实业学堂的修业年限，规定高等商业学堂的修业年限为 4 年，初等农业学堂的修业年限为 3 年，并将初等商船学堂缓办，已经设立的初等商船学堂一律改为初等商业学堂。

以上管理措施，对规范当时实业学堂的设立和实业教育的发展均产生了一定的作用。一些省份的实业学堂多有起色。如据 1909 年出版的《教育杂志》载："江南蚕桑学堂，开办数年，养蚕、缲丝等务，颇有成绩"；③"川省农业学堂，办理得宜，学生之请求入校者，络绎不绝"。④

但是，由于"帑项奇绌""库储一贫如洗"，故而实业教育虽有所进步，然与其他类型教育相较，仍是经费匮乏，教师不敷，教材不足，发展举步维艰。不仅实业学堂的数量占整体学堂总数的比例极小，而且绝大多数实业学堂本身也存在着学科不备、设备不周、教师水平低下等诸多方面

---

① 学部：《通行各省举办实业学堂文》，载《学部官报》第 2 期，光绪三十二年（1906）八月。

② 璩鑫圭、童富勇、张守智编：《中国近代教育史资料汇编·实业教育 师范教育》，上海教育出版社 1994 年版，第 26—27 页。

③ 《记事：蚕桑学堂之成绩》，载《教育杂志》第 1 年第 3 期，宣统元年（1909）闰二月。

④ 《记事：农学校添设外班生》，载《教育杂志》第 1 年第 4 期，宣统元年（1909）三月。

的问题。不过，即便如此，我们却不可否认，在实业教育制度的规范下，实业学堂的体制已经初步得以确立，而由此建立起来的实业学堂，为当时的中国培养了一大批具有初步近代实业知识的专门人才；不少实业学堂的学生毕业后，或到实业学堂任教，或从事各种实业活动，在一定程度上，推动了晚清教育乃至晚清实业的发展。不仅如此，民国成立后，不少专门学校也都是在清末的一些实业学堂的基础上改设的。如直隶高等农业学堂改为直隶公立农业专门学校，直隶高等工业学堂改为直隶公立工业专门学校，上海高等实业学堂改为上海工业专门学校，湖南高等实业学堂改为湖南公立工业专门学校，湖北高等农业学堂改为湖北高等农林学校，京师高等实业学堂改为国立工业专门学校，江西高等农业学堂改为江西公立农业专门学校，山东高等农林学堂改为山东公立农业专门学校，山西高等农林学堂改为山西公立农业专门学校，直隶高等商业学堂改为直隶公立商业专门学校，等等。可以说，清末的实业学堂奠定了民初实业教育发展之基，在中国职业教育发展史上，有着不容忽视的地位。

第三节 女子职业学校的产生

马克思说："没有妇女的酵素就不可能有伟大的社会变革，社会进步可以用女性的社会地位来精确地衡量。"[①] 在清末，女子职业教育是职业教育的一个重要组成部分，而其中，女子职业学校的滥觞，既得力于当时女子教育的发展和女性职业意识的觉醒，又是妇女追求解放的要求和必然。

一、女子职业教育思想的滥觞

在中国古代社会中，女性虽然是教化的主要对象，但却是围绕着"妇德""妇言""妇容""妇功"所谓"四德"进行，以塑造女性道德人格为

---

① 中共中央马克思恩格斯列宁斯大林著作编译局编：《马克思恩格斯全集》（第32卷），人民出版社 1975 年版，第 571 页。

旨归；不仅如此，女子一直以来没有接受学校教育的机会和权利。然而，至清末，由于西方男女平等思想的广泛传播，教会女学的日渐发展，以及西方教育制度对人们的启示，要求女子接受学校教育的呼声日益高涨。于是，不仅女学像一棵破土而出的稚嫩小草一样，在世纪之交这个"过渡时代"顽强生长着，而且女子所受教育的内容也有了新的变化。

1898年5月，由经元善、梁启超、康广仁等人创办的以培养贤妻良母、保国保种为目的的中国第一所自办女学——"中国女学堂"在上海诞生。由于"男主外，女主内""女子无才便是德"等陈腐妇女观的影响，使得作为一个新生事物，"中国女学堂"的兴办引起了一些深受中国传统文化思想熏陶的守旧官僚的强烈反对，但同时，也得到了众多有识之士的热情赞扬和讴歌。如著名小说翻译家林纾就作《兴女学》一诗赞曰："兴女学，兴女学，群贤海上真先觉……果立女学相观摩，中西文字同切磋。"经元善则极力肯定其对改变社会风气、推动男女平等的重要意义："转移风气苦心殚，巾帼须眉一例看。此日开基诚不易，他年踵起自何难。经营缔造辟新基，不棷英才吐气时。学贯中西臻美备，四方闺秀萃于斯。"①

"中国女学堂"借鉴西方举办女子教育成功的经验，在学堂管理、学校制度、课程设置等方面都颇具特色：学堂招收有一定文字基础的8—15岁的女子入学肄业；所有教职工均由妇女担任，聘请出身于书香门第、具有一定文化知识的贤淑闺秀为教习。在"以彝伦为本，所以启其智慧，养其德性，健其身体，以造就将来为贤母、为贤妇之始基"的宗旨指导下，学堂分设中西两类课程。中文课有：《女孝经》《女四书》《幼学须知句解》《内则衍义》、唐诗、古文等；西文课有：英文、算术、地理、图画等，兼习女红（即纺织、刺绣、缝纫等）、医学、体操、针补、琴学等。规定学费收缴和减免办法，并对学生毕业后的工作分配作有规定。然而，不幸的是，"中国女学堂"随着戊戌变法的失败被禁办而夭折了。戊戌变法虽然

---

① 虞和平编：《经元善集》，华中师范大学出版社2011年版，第172页。

失败了，但教育改革并未因此而沉寂，所以，虽然"新政"伊始作为重要改革议题之一的"兴学堂"要"兴"的系专指男学堂，但伴随着男学堂雨后春笋般地兴办，女学堂再次出现在中国这一长期奉守"女子无才便是德"的广袤大地上。据统计，至1904年，全国女学堂已达16所，女生数为216人。

"新政"初期的这些女学堂就其创办者而言可分为两类：一类是一些初步接受了西方男女平等特别是男女教育平等思想影响的有识之士（包括一些思想较为解放的家庭妇女），他们认为，兴女学可以"起千年沉痼，涤五浊积染"，从而提高妇女的社会地位；一类是一些相对比较开明的地方督抚，他们从"宜家""善种""保国"的目的出发，希望通过女学的举办培养出更多的可以"相夫教子"的"贤妻良母"。

虽然人们兴办女学的呼声各异，但女学的设立对开通社会风气、提高妇女地位产生了积极的影响。而随着女学的进一步发展，以及一些接受了教会女学较为系统职业教育的中国女性独立于社会后所产生的实际效应，越来越多的人开始接受维新时期康、梁等人为保存"母教"、培养"智民"、保种强国所倡导的"兴妇学"的思想，并将女学的兴办视为实现男女平等的重要途径之一。此时，在一些民办女学中，与维新时期倡导、兴办女学徒取"贤妻良母"之鹄的不同的是，兴女学的目的是要使女子"脱离依赖的性根，养成自立的人格"，而这就必须唤起长期深闭闺门中的女子的职业观念，于是女子职业教育思想开始萌芽。

在中国传统社会中，虽然有少数女子从事着纺织、刺绣、缝纫等家庭手工业劳动，但整体来说，妇女没有独立的经济自主权。所谓"嫁汉嫁汉，穿衣吃饭"；所谓"子妇无私货，无私蓄，无私器，不敢私假，不敢私与"；所谓"少则待食于其父，长则待食于其夫，老则待食于其子"。然而，事实上，女子只有在经济上摆脱对男子的依附，参加社会生产劳动，和男子一样拥有生产资料的所有权，才可能真正取得和男子平等的地位，真正获得独立自由和自身解放。

正因如此,在"新政"之前,虽然人们主要以通过培养更多的真正意义上的贤妻良母从而达到保国保种的目的来倡导兴办女学,但鉴于西方国家女学与男子学堂并重的客观现实,他们在号召仿照西方国家兴女学时,自然也提出要学习西方国家设立职业性质的女子学堂。如1892年,郑观应在《盛世危言·女教》中就如此言道:"泰西女学与男丁并重。……有学实学者,有学师道者。……虽平民妇女不必如男子之博雅淹通,亦必能通书文,明道理,守规矩,达事情,参以书数、绘画、纺织、烹调之事",故他建议,中国亦应"广筹经费,增设女塾,参仿西法……别类分门,因材施教,而女红、纺织、书数各事继之"。① 1894年,陈炽在《庸书·妇学》中也说,"泰西风俗,凡女子纺绣工作艺术,皆有女塾",这是西方国家得以富强的重要原因之一,因此,中国也应"令各省郡县之间,就近筹捐,广增女塾,分门别类,延聘女师。女子自四岁以上至十二岁为期,皆得就学……俾朝野上下间,蔚然蒸为风俗,此正本清源之要术,久安长治之初基"。② 1897年,梁启超在《变法通议·论学校(女学)》中也从"强国必由女学"的观点出发,介绍了西方资本主义发达国家"惟农商医律格致制造等事,国人无男无女,皆可各执一业以自养"的现实状况。在他看来,一个国家只有男女均接受教育,每个人"各有职业,各能自养",国家才会富足;反之,若"女学衰,母教失,无业众,智民少,国之所存者幸矣"。③

"新政"开始实施后,随着西方男女平等思想更广、更深地传入,以及从教会女学走出来的一些职业女性在社会上所取得的成就给予人们的启示,越来越多的有识之士更加倡导、希求女子接受职业教育,以使她们学得一技之长,从而树立生计之本,取得经济支配之权,解除封建思想束

---

① 郑观应:《盛世危言》,中州古籍出版社1998年版,第79—80页。
② 陈炽:《庸书·妇学》,见赵树贵、曾丽雅编:《陈炽集》,中华书局1997年版,第129页。
③ 梁启超:《变法通议·论学校(女学)》,载《时务报》第25册,光绪二十三年(1897)四月初一日。

缚，获得自由与独立，且呼声愈来愈为强烈。这其中不仅包括一些思想开明的官僚、新式男性知识分子（如在国内接受了新式教育的学子以及大批的留日男学生），也包括越来越多的新式知识女性（如留日女学生等）。像康有为在《大同书》中即指出，女子接受教育是其独立的必由之路，如果女子"无专门之学，何以自营而养生；无普通之学，何以通力而济众；无与男子平等之学，何以成名誉而合大群，何以充职业而任师长。故为人类自立计，女不可无学；为人种改良计，女尤不可不学"。① 留日女生林士英也如此言道，"中国女界惟以脂粉钗环为生活，以仰承洒扫为职务"，这是最令人痛心者。所以，她敬告女同胞们："欲中国女界昌明，须自人人有独立性质始"；而要使得女子"有独立性质"，则必须有自己的"独立之具"，即必须取得"一技之长"，或"习师范以求教育之普及"，或"习工业以求升斗之无忧"，如此即便"致富不足"，但却"独立有余"。②

最初，鉴于中国女子长期在家庭中担任贤妻良母的角色，考虑到女子的传统习惯和当时的生产条件，女子职业教育主要是对女子进行蚕桑、美术（时称美工）、裁缝、编织、做花（时称造花）等方面的教育，即通过这些与家庭琐事和家庭生活密切相关的知识教育，诱发女子对职业的兴趣，进而使她们毕业后从事与所学内容相应的职业。也正是因此，虽然在1904年1月清廷制定并下令在全国施行的《奏定学堂章程》中女子尚没有接受学校教育的权利，更没有女子职业学校的地位，但鉴于其中的《奏定实业学堂通则》竭力号召各省建立高、中、初等实业学堂，加之，当时在"实业救国"思潮影响下，国内的一些纺织、丝织等工厂企业中已开始需求具有初步生产技术的女工，所以，一些倡导女子职业教育的有识之士纷纷主张应通过开设女子蚕桑、女子手工传习所等，使广大女子习得一技之长，以之为她们冀经济独立而谋社会地位的重要步骤。这样，至1904年，

---

① 康有为：《大同书》，中州古籍出版社1998年版，第171页。
② 林士英：《论女子当具独立性质》，载《留日女学会杂志》第1期，宣统三年（1911年）五月。

女子职业学校终于在中国大地发轫。

二、女子职业学校概况

清末女子职业学校的发展大致以1906年7月学部《通行各省举办实业学堂文》的颁布为界,分前后两个阶段。

(一)"新政"前期的女子职业学校

在《通行各省举办实业学堂文》颁布前,女子职业学校数量相对较少。这些数量不多的女子职业学校概括起来主要有以下几种类型。

1. 蚕桑女学堂

中国是世界上养蚕、缫丝、织绸最早的国家,有"丝绸之国"的美称。在清末,为了广开利源,以图富强,清廷曾要求各地振兴蚕业,而设立蚕桑学堂又被视作重要的途径。

1897年,杭州太守林启于杭州创设"杭州蚕学馆",但在"章程"中明文规定:"学堂不收女生,惟学生不能太滥,当节省别项经费,以扩名额。"① 此后,虽然又有一些蚕桑学堂陆续开办,但女子均被拒之门外。然而,几千年来形成的"男耕女织"的传统生产方式,以及"一夫耕,百人食之;一妇桑,百人衣之"的传统生活观念,决定了女子必然和纺织有着不解之缘。所以,"新政"初期,随着蚕桑学堂的逐渐增多,蚕桑女学堂开始零星地出现,并成为最早兴办的一种女子职业学校。

1904年,福建省设立桑蚕女学堂于福州,是为我国最早的蚕桑女学堂,也是我国女子职业学校的滥觞。翌年3月,早年就学于杭州蚕学馆的史量才,鉴于江浙"以蚕学见称","现当实业竞争时代,中国丝业素为出口之大宗,及今提倡女子之职业,诚为至要之图",② 遂创办上海女子蚕业学堂,校址在上海斜桥南桂墅里。该校以"注重栽桑、养蚕、制种、缫丝等实验,并改良旧法,兼授普通及专门学理,以扩充女子职业,挽回我国

---

① 《蚕学馆招考章程》,载《集成报》第19册,光绪二十三年(1897)十月。
② 《插画:上海之女学界》,载《时报》1907年2月16日。

利权为宗旨",① 招收 15—35 岁女子，分预科（两年）、本科（三年）和选科（一年半）三部。其中预科以简要科目，分甲、乙班进行教授，开设修身、国文、数学、蚕学、博物、习字、家政等学科；本科乃为普通学已有根底者而设，主要授之以理科及专门学理，目的是培养实业专家，开设修身、国文、数学、蚕体解剖、蚕体生理、显微镜、蚕病理、栽桑法、养蚕法、缫丝法、理科、土壤学、肥料学、经济、图画、日文；选科为曾经在学堂肄业、已有中学程度、有志从事实业者而办，所以，不要求全修本校课程，可选修专门科目及参加实习。

为保证教学质量，上海女子蚕业学堂非常重视对学生的管理。如规定：每学期于放假时将考试成绩、品行优劣及实习勤惰等情况告知家族有关人士；对学习优等、实习勤恳、缺课最少者予以奖励；衣服鞋帽宜朴素干净，不宜华丽，不准携带脂粉及贵重首饰；"凡有事告假，须有家族信据方准"；"养蚕期内，如无特别事故，不准告假"；"家族不在上海者，不得在外住宿"；"休业日，如无特别要事，不得往外"；② 等等。

2. 女子手工传习所

女子手工传习所是清末女子职业学校中设立最为普遍的一种。在当时一些有识之士看来，为使女子习得普通知识，获得一技之长，脱离赖男子而生活，进而自立于社会，养成完全人格，女子手工传习所之设乃是根本之途。因为通过女子手工传习所的设立，不仅可以推广女子职业教育，而且可以达到为女子职业学校培养师资的目的。

和当时女子学堂特别是女子职业学校整体的设置情况一致，女子手工传习所也多设于东南沿海一带。其中最著名且办学成绩较好的，有爱国女学附设女子手工传习所、上海自立女工传习所、上海速成女工师范传习所

---

① 《女子蚕业学校章程》，载《女子世界》第 2 年第 6 期，光绪三十三年（1907）六月。

② 《女子蚕业学校章程》，载《女子世界》第 2 年第 6 期，光绪三十三年（1907）六月。

和扬州女工传习所等。

1904年5月,张竹君首先在蔡元培、蒋智由等人创办的爱国女学中附设女子手工传习所。在张竹君看来,"欲言救国,必先教育;欲先教育,必先于女子;而女子所宜先者,则首自立自爱";"女子苟能实业,即为自立之首基"。① 所以,她不仅在当时于广州创设女子实业学堂,于上海设育婴女工分院,而且甚望爱国女学这所中西兼习的新式学堂能注重女子实业。爱国女学附设的女子手工传习所创设后,以"为同胞女子谋自立之基础"为宗旨,教材分三级:手工编织、机械缝衣之初级和机械扣法,学校设于爱国女学内,延聘张竹君为传习师,规定除星期天外,每天上午10时至11时半为传习时间,"义取速成,以三个月毕业"。② 另外,传习所还定有学规,并就学费的缴纳作了规定。

上海自立女工传习所由俞树萱于1904年10月创设,该校"先设速成班,以十二星期毕业"。不久,鉴于"沪上传习女工已有数处,而桑梓之乡尚付缺如",③ 于是,决定于翌年2月将学校移至绍兴山阴县临浦镇。该传习所"以扶助女子自立为宗旨","凡来学者,不限年岁,惟衣饰概尚朴素,并不得涂粉抹脂缠足"。开设科目有:国文(读书:讲解、写字、造句、写信),算学(珠算:加法、减法、乘法、除法),手工(光手套、花手套、光绒袜、各种花绒袜、各种花鞋、各种卫生衣裤、各种绒帽、各种角子袋、各种云肩围嘴、各种花边、各种台毯),机器(中国衣裤、靴鞋面盘花、外国衣裤、外国帽),洒扫,烹饪。所有教科书均白话文言对照,"上编以白话为经,文言为纬,下编以文言为经,白话为纬,并附教授法,按法教授",以使这些"过渡时代之女子"通过6个月的学习,"可看白话

---

① 《记张竹君女士演说》,载《警钟日报》1904年5月2日、3日。
② 朱有瓛主编:《中国近代学制史料》第二辑下册,华东师范大学出版社1989年版,第622—623页。
③ 全国妇联妇女运动历史研究室编:《中国近代妇女运动历史资料(1840—1918)》,中国妇女出版社1991年版,第338页。

书报",通过一年的肄业,"可写浅近信札"。①

11月,上海绅士姚义门创设速成女工师范传习所于大南门大街。该校以"采东西各国工艺成法教授,限以时日,课程更求速成,以期吾国之女子人人能精工艺,俾得自立于文明世界"为宗旨。一个月后,在其所制定的《上海速成女工师范传习所改良简章》中,又将宗旨改为"用速成教授法,教授各种女工,养成女子自立之资格,兼备女学堂教师之选"。传习所教科分为三级:"第一级专教手作针黹、织造各艺;第二级专教机器造中西衣服、手帕、毛巾、鞋袜等件;第三级专教机器绣花各艺。"每日并"以工作余暇,兼教国文、算学、琴歌等普通各科"。学校分甲、乙、丙三班,分别肄业一年、半年和三个月。各班均开设绒线、针黹、织造、车造(即机器裁缝)四科,其中,甲、乙两班还要兼习国文、教育和算学。学校并定有"规约",要求学生共同遵守。②

1905年4月,吴遹民又于扬州设立了女工传习所,"专教国文(女学绘图读本)、算术(中西笔算、珠算)、针黹(绒绣、线绣、刺锦、品金、绣金)、机器(中西各式衣帽、鞋袜、巾枕、雪衣、汗衫)等",收取8—16岁身家清白、心性灵敏、体质强健的女子入学;如超过16岁,则必须专习针黹、机器。因经费支绌,最初暂收30人,"俟得同志赞助,经费充足,尚拟添聘日本女士,兼教蚕桑、染织,并为增额"。③

除以上四所著名的女子手工传习所外,当时比较有名的还有:1905年4月,张章夔等创办的杭州工艺女学堂;是年,湖北不缠足会所设的女工传习所;1906年上半年,四川泸州赵渔卿与姚建勋合设的女工师范讲习所;等等。

---

① 俞树萱:《自立女工传习所改良章程》,载《女子世界》第12期,1904年12月。
② 朱有瓛主编:《中国近代学制史料》第二辑下册,华东师范大学出版社1989年版,第639—644页。
③ 《记女工传习所》,载《直隶教育杂志》第4期,光绪三十一年(1905)三月。

3. 女医学堂

医生是较为适合女性生理和心理的一种职业。然而，在清末，中国医学在妇科方面却十分荒芜。有鉴于"妇女所患之病多于男子，且往往有隐情不能言者，以男医审女病，不过十得其五，若外症之在下体者，更无论矣"的现实，① 当时，不少有识之士将兴办女医学堂视为培养女医生和女护理人员的重要途径，这使得女医学堂成为清末女子职业学校的一种重要形式。

1904年8月，有识之士于北京前门外设女医学堂，"延聘某国女医师及中国文理通顺之女教习兼授中国文字，并授以日、英语言文字。凡入堂肄业者，年在七岁以上、十六岁以下方为合格"。② 翌年2月，李平书、张竹君又"因悯中国女界疾病之苦，生产之危"，创办上海女子中西医学院，其宗旨"在贯通中西各科医学，而专重女科，使女子之病，皆由女医诊治"。该医院招收14—23岁"资质聪明、身体强健、曾读书识字"的女子40名入学肄业；学校分为正科和预科，分别授以中医课本、西医课本、修身、国文、算学、理化、西语、音乐和修身、国文、算学、理化、西语、音乐、中医课本；正科学习五年，预科则在一年后升入正科，再习西医，计学习六年；至"毕业之期，聘请中西著名医士莅院，按照科学考试，合格者给予文凭，准其行医"。③ 另外，在1906年1月，安徽桐城的方象堃等人于芜湖等地开办了女医学堂三所；5月，直隶天津卫生局开办了北洋女医学堂，"招考国文英语俱有根柢之女生入内肄习，四年毕业"。④ 这些

---

① 朱有瓛主编：《中国近代学制史料》第二辑下册，华东师范大学出版社1989年版，第646页。

② 《各省教育汇志：京师》，载《东方杂志》第1年第8期，光绪三十年（1904）八月。

③ 朱有瓛主编：《中国近代学制史料》第二辑下册，华东师范大学出版社1989年版，第647页。

④ 《各省教育汇志：直隶》，载《东方杂志》第3年第5期，光绪三十二年（1906）闰四月。

女医学堂，为我国培养了最早的一批女医生和女护士。

(二)"新政"后期的女子职业学校

1906年7月，学部颁布《通行各省举办实业学堂文》，特别是1907年3月颁布的《女子小学堂章程》和《女子师范学堂章程》，使女子获得了法律上接受学校教育的地位和权益，大大刺激了人们兴办女学的热情；而越来越多的报刊，特别是一些女子报刊对妇女自立的鼓吹、宣传，和对国外妇女职业的介绍，以及一些妇女自立团体（如女界自立会）的组织；加之，这一时期，赴日留学的女生中，学习保姆科、工艺速成科、技艺科、造花科、刺绣科、图画科、制丝科、编物科等"实业"学科的越来越多。① 凡此种种，都促使民间的女子职业学校取得了较快发展，且种类也较1906年7月前有所增加。

1906年10月，常州杨新诚设立汉采女子职业学堂，"教授国文、美术、算术、手工、应用理科、机器工作等科"；② 是年下半年，福建新设蚕桑学堂于福州，收女子10余人入堂学习。1907年2月，浙江楼文镰于杭州创办蚕桑女学堂，分正科（三年）和预科（二年）两部，聘楼文光为监督，楼文华、楼文耀、朱剑池三女士为教员，首届招收15—25岁的女子35人，于1907年3月开学，"授以栽桑、养蚕、缫丝、制种等法，并教授普通专门学理"。③ 此后，浙江大端女工传习所又扩充校舍，改名为大端工艺女学，添招新生，并制定了完备的规则；浙江余姚蒋履斋设女工传习所；绍兴"姚君等组织震旦女子实业学校，专重实业，如蚕桑等科，兼及国文、珠算、家庭教育，并设速成科，限三月毕业"；④ 农工商部设立实践

---

① 参阅谢长法：《清末的留日女学生》，载《近代史研究》1995年第2期。
② 《各省教育汇志：江苏》，载《东方杂志》第3年第10期，光绪三十二年（1906）九月。
③ 《各省教育汇志：浙江》，载《东方杂志》第4年第3期，光绪三十三年（1907）三月。
④ 《各省教育汇志：浙江》，载《东方杂志》第4年第7期，光绪三十三年（1907）七月。

女子职业学校一所，以教授女子普通知识和家庭职业为宗旨；山东省师范学堂附设女工传习所，以"教授工艺专科"；福建林伯棠创设女子职业学校，"招选民间妇女之年在十五岁以上三十岁以下，粗知文字，愿为女红者，入堂肄习编物、造花、刺绣、裁缝各科"。① 另外，湖南也设立实业女学校；奉天则有女子美术学堂的创办。

1909年初，张謇"以所设女子师范学校肄业各生，皆家道有余之人，年龄待学之子；若家道寒素，齿近中年者，坐而待养于男子，毫无一艺之长，未免尽成废民"，于是在通州城内育婴堂故址设立"妇女职工学校"，开设育蚕、缫丝、纺纱、织布、裁缝、烹饪、编物、造花等科，收20—30岁的清贫女子入学肄业，"以广生计"。② 是年，上海城东女学堂鉴于女生"于家庭杂务致多荒废或竟因此未习，于将来处理家事有所缺憾"，于是自该年下学期起特设烹饪、洗涤两会；其中烹饪会以"练习办理家事之才能"为宗旨，洗涤会则"以养成清洁习惯、练习耐劳为宗旨，旁及研究补缀及刷染法"。③ 1910年，云南在昆明创办"省会女子职业学校"，学习科目包括裁缝、编织、刺绣、织布4科。1911年6月，上海张竹君"以看护为女子天职，吾国病院已寡，而女子之能看护者尤稀"，于是发起成立了女子看护学校，以"通习最新看护理法兼学产科"为宗旨，收"德性温和、身体强健、粗通文字、能耐劳苦"的16—25岁的女子入学寄宿学习，所学学科有：生理学、微菌学、卫生学、理产学、看护学、十字会救伤法、病者食品学等。④ 此外，在1908—1911年间，湖北、江西、福建等省

---

① 《各省教育汇志：福建》，载《东方杂志》第4年第7期，光绪三十三年（1907）七月。
② 《记事：拟设妇女职工学校》，载《教育杂志》第1年第4期，宣统元年（1909）三月。
③ 《上海城东女学校烹饪洗涤练习会规则》，载《教育杂志》第1年第11期，宣统元年（1909）十月。
④ 《记事：筹设女子职业学堂》，载《教育杂志》第3年第6期，宣统三年（1911）六月。

也都有女子职业学校设立。

总之，在"新政"后期，女子职业学校的设置已经不囿于东南沿海一带，而已深入内地，甚至偏远地区；所学学科也更为广泛，且学科内容更为细致、丰富、深入；进入女子职业学校就学的人也越来越多。虽然，在当时，女子职业学校还没有取得法律上的地位，但它却和女子师范学堂一样耀眼、璀璨，并产生着特殊而非凡的影响和作用。

三、女子职业学校的影响与作用

（一）女子职业学校的产生和发展对改变人们传统的教育观念起到了重要作用，女子接受职业教育已逐渐为社会所认同

鉴于中西习俗的不同，在1904年1月清廷颁布施行全国的"癸卯学制"中，女子没有接受学校教育的权利。因为在封建统治者看来，女子接受学校教育无疑会破坏中国女子固有的"三从四德"等思想，从而对中国传统的婚姻方式、男女关系、家庭伦理乃至择偶标准等造成极大的冲击，而所有这些无疑又有碍封建伦理下社会秩序的稳定。故在《学务纲要》中如此言道："中国此时情形，若设女学，其间流弊甚多，断不相宜。"且女子"不宜多读西书，误学外国习俗，致开自行择配之渐，长蔑视父母、夫婿之风。故女子只可于家庭教之，或受母教，或受保姆之教，令其能识应用之文字，通解家庭应用之书算、物理，及妇职应尽之道，女工应为之事，是以持家、教子而已"。① 虽然如此，但随着越来越多接受了新式学堂教育的新式知识分子和众多经历了西方先进文明洗礼的留学生通过种种方式对男女平等思想的竭力颂扬与宣传，以及对男尊女卑思想的批判与抨击，1905—1906年间，倡导妇女解放已经成为一股不可阻挡的历史潮流。而众多的女子也更充分地认识到自身的价值和女子教育的重要性，纷纷开始抛弃"女子无才便是德"的固有观念而趋于向学。这使得女学从原来多

---

① 璩鑫圭、唐良炎编：《中国近代教育史资料汇编·学制演变》，上海教育出版社1991年版，第394—396页。

限于东南一隅而逐渐扩展到全国,且数量迅速增加。至1907年,全国女学数已达436所,女生人数为15676人。

由于女学堂数量的急剧增加,为了加强管理并加速培养所缺乏的女教师,1907年3月,学部颁布了《女子小学堂章程》和《女子师范学堂章程》,女子教育终于被正式列入学制。这实为两千多年来之大变革!虽然,此时还没有明文规定为女子设立专门的女子实业学堂,但鉴于要求女子接受教育的呼声日益高涨,特别是创办于各地的女子职业学校的影响,和从这些女子职业学校中毕业的女性独立于社会的客观现实,在《女子小学堂章程》和《女子师范学堂章程》中,已明文规定开设有关女子实业的课程。如《女子小学堂章程》中规定:对女子初等小学堂,"授以简易之缝纫,以练习其手指,使习熟运针之法,渐进授以简易衣类之缝法,通常衣类之缮法";对女子高等小学堂,"则进授通常衣类之缝法、裁法、缮法,兼授编织、组丝、囊盒、刺绣、造花等各项手艺",如此,使女子"裨补家计,兼养成其节约利用好勤勉之常度"。① 在《女子师范学堂章程》中,也专设有裁缝和手艺等学科。其中,裁缝科通过"授普通衣类之裁法缝法及修缮之法,并授以教授裁缝之次序法则",使习得关于裁缝的基本知识技能;手艺科则"就编织、组丝、囊盒、刺绣、造花等项酌择其一项或数项授之",使"学习适切于女子之手艺,并使其手指习于巧致,性情习于勤勉,得补助家庭生计"。② 遵照"章程"之规定,一些女子小学堂及女子师范学堂先后开设实业科目,其中少数还开设了职业科。如北京豫教女学堂,即添设职业科,有30余名官宦人家的女子自愿交纳学费来校学习,她们"自早至晚,或是摇纱,或是织布,纱随轮转,布随梭成,手拉脚踏,

---

① 朱有瓛主编:《中国近代学制史料》第二辑下册,华东师范大学出版社1989年版,第661页。
② 朱有瓛主编:《中国近代学制史料》第二辑下册,华东师范大学出版社1989年版,第671页。

快活的了不得"。①

实际上，当时要求女子脱离对男子的依附，特别是在生计上脱离对男子的依附，通过接受职业教育取得相应的职业，实现经济独立和生活自立，已经成为越来越多人的共识。像当时的分省候补道程湣在1906年10月从日本考察工艺医学回国后，"知耻后勇"的他即提出："一家之中，女子皆仰食于男子，男子负荷之重，有竭毕生之力，而犹不能为赡足计者……故，教育必须普及女子，而女子教育尤必注重职业……今日欲提倡女学，尤不可不注重女子职业。"② 鉴此，在1907年9月，他建议："凡女学未兴之处，亟宜推广遍设。而女学之课程除普通学外，尤以家事、裁缝、手艺与修身并重……宜令各省于女子教育职业各事，因地制宜，尽力扩充，程度不求过高，但期普及于实用。"③

（二）女子职业学校的产生和发展极大地推进了妇女解放

在晚清，女子职业学校虽然出现较晚，但由于它的培养目标已经突破了贤妻良母的范围，而主要是通过让女子获得一技之长，以具备谋生的本领，并养成独立的人格，从而成为职业女性，所以说，女子职业学校的产生和发展增加了女性融入社会的机会，增强了其适应社会的能力，极大地提高了女性的社会地位。

由于女子接受职业教育使女性从业有了可能，从而为女子职业的产生和发展提供了条件，一些思想进步的女子正是通过女子职业学校走上谋取经济独立和自立自强的道路，成为近代中国第一代职业女性的。虽然，由于传统势力与习惯的影响，她们涉足的职业领域还不广泛，而且与当时固守着男耕女织、生儿育女的传统女性相比，人数也相当少；但是，正是这

---

① 朱有瓛主编：《中国近代学制史料》第二辑下册，华东师范大学出版社1989年版，第701页。
② 程湣：《丙午日本游记》，光绪三十三年（1907）刊本，第4页。
③ 朱有瓛主编：《中国近代学制史料》第二辑下册，华东师范大学出版社1989年版，第677页。

些处于"过渡时代"的有才志、有学识、有技能的知识女性，通过她们自身的实际行动，大大改变了性别分工中传统的"男主外、女主内"的思维模式，对"男尊女卑""男女授受不亲"等陈腐的封建妇女观产生了极大的冲击，使人们对长期以来一贯沿袭的"女子无才便是德"的理念重新审视，进而对女子的社会角色、社会定位和社会作用有了新的认识。同时，这些职业女性不仅在职业生活中发觉、觅得了自己的价值，通过职业生活改变了自己的社会地位，求得了自身的解放；而且，在她们的影响和感召下，越来越多的深受传统思想熏陶和束缚的中国妇女开始走出近似于幽闭软禁的闺阁，逐步迈向社会，成为新型的知识女性，出现于社会多个部门、多个阶层的舞台上，并积极投身于自身解放乃至民族解放的时代洪流之中。所以说，作为妇女解放重要成果和标志之一的女子职业学校，它的产生和发展，为广大女性在更多的方面争得平等、获取自由奠定了基础，将妇女解放推进到了一个新的发展阶段。

第四章 实业教育的改革与职业教育的兴起

1912年1月,中华民国成立后,由于政体的嬗变,教育上的革故鼎新势在必行。此后,伴随着政体递嬗下,一系列除旧布新教育改革措施的推行,伴随着民主和科学思潮的激荡,以及实业救国思想的倡导和实业教育的发展,在民国初年,为改变教育与社会生活相脱离的实际状况,黄炎培极力倡导实用主义教育,使之成为一种重要的教育思潮;而随着职业教育的引入,和对职业教育的初步认识、探讨,"东方教育辞典向所未载"的职业教育,终于在中国萌生。

第一节 实业教育的变革与实业学校的发展

一、临时政府教育部关于实业教育的改革措施

1911年10月,震惊中外的辛亥革命推翻了两千余年的封建专制统治,翌年1月1日,孙中山在南京宣誓就任临时政府大总统,资产阶级民主共和国——中华民国由此诞生,中国社会进入了一个新的历史发展时期。

1月3日,南京临时政府正式成立,资产阶级民主革命家、教育家蔡元培被任命为首任教育总长。1月9日,新的中央教育行政管理机构——教育部取代学部正式成立。教育部设实业教育司,掌管农、工、商、艺徒、实业补习学校事项,并负责筹划实业教育补助费(1913年后取消实业教育司,实

业学校的有关事宜归入普通教育司的实业科管理）。在蔡元培的领导下，教育部着手对学校教育从外在形式到实质内容进行了除旧布新的改革，这样，中国的教育适应政体递嬗和形势发展的需要，向近代化进一步迈进。

教育宗旨是指导教育改革与发展的纲领性文件，鉴于政体的改变，清末学部制定的以"忠君""尊孔"为中心的教育宗旨已经与民初的时、势形如水火，所以，蔡元培上任伊始，决定重新确定新的教育宗旨。1912年2月8—10日，《民立报》连载了蔡元培所作的《对于新教育之意见》的长文；紧接着，2月10日和11日出版的《教育杂志》第3年第11期和《临时政府公报》第13号也刊登此文；4月，全国最有影响的综合性刊物之一——《东方杂志》于第8卷第10号进行了转载。在这篇比较完整地体现蔡元培关于教育宗旨思想和主张的文章中，蔡元培提出了著名的军国民教育、实利主义教育、公民道德教育、世界观教育和美育等"五育"并举的教育方针，其中，将实施实利主义教育视为实现国家富强的重要举措之一。他说："今之世界，所恃以竞争者，不仅在武力，而尤在财力。且武力之半，亦由财力而孳乳。于是有第二之隶属政治者，曰实利主义之教育，以人民生计为普通教育之中坚。其主张最力者，至以普通学术，悉寓于树艺、烹饪、裁缝及金、木、土工之中。此其说创于美洲，而近亦盛行于欧陆。我国地宝不发，实业界之组织尚幼稚，人民失业者至多，而国甚贫。实利主义之教育，固亦当务之为急者也。"①

而几乎在蔡元培此文发表的同时，时任中华书局局长的陆费逵特于是年2月发表了《民国教育方针当采实利主义》一文，就蔡元培所倡导的"实利主义教育"给予支持，并阐述了"实利主义"的内涵。

陆费逵（1886—1941），字伯鸿，号少沧，祖籍浙江桐乡，生于陕西汉中，中国近代著名的教育家和出版家。在《民国教育方针当采实利主义》中，陆费逵说："吾国人之习性，下等社会虽能耐劳而知识缺乏，生

---

① 蔡元培：《新教育意见》，载《教育杂志》第3年第11期，1912年2月。

活之力遂以薄弱；上等社会文弱优柔，既无耐劳之筋力，又无谋生之能力。若长此以往，恐全国皆游民、皆饿莩矣。"故"今日教育方针，亟采实利主义，以为对症之药"。① 具体而言，其因有三端：

第一，实利主义可以增进国力，使人具有高尚人格。因为"生计不裕，侈言尚武，则大乱随之"，"饥寒不免，则道心变为盗心"，如果没有实利主义，无论是军国民主义还是公民道德主义，都"无所附丽"。

第二，教育以养成"人"为第一义，而"人之能为人否，实以能否自立为断"。陆费逵说："自立者无他，有生活之知识，谋生之技能，而能自食其力不仰给于人是也。欲达此目的，非采实利主义为方针不可。"

第三，实利主义不仅仅只是指实业、手工图画等这些形式，也包含"勤俭""耐劳""自立自营"等"一切为人之德义"，因为若"人人能勤俭、耐劳、自立、自营，则民智民德进，而社会国家亦进步矣"。②

1912年7月10日，在蔡元培主持下，民国成立后的第一次中央教育会议——全国临时教育会议在北京开幕。在开幕式上，蔡元培作了演讲，重申了"五育"的重要性，并说："五者以公民道德为中坚，盖世界观及美育，皆所以完成道德，而军国民教育及实利主义，则必以道德为根本。我国人本以善营业闻于世界。侨寓海外，忍非常之困苦，以致富者常有之，是其一例。所以不免为贫国者，因人民无道德心，不能结合为大事业，以与外国相抗；又不求自立而务侥幸。故欲提倡实利主义，必先养其道德。"③

全国临时教育会议从7月10日至8月10日，历时整整一月，这次会议集全国教育界之俊彦，集思广益，讨论议案之多，几乎涉猎了教育的方方面面，如教育宗旨、学校系统、各级各类学校令的制定、社会教育、教育行政、小学教员薪俸问题、废除祀孔，等等。而其中教育宗旨的制定和"壬子

---

① 陆费逵：《民国教育方针当采实利主义》，载《中华教育界》第1年第2号，1912年2月。

② 陆费逵：《民国教育方针当采实利主义》，载《中华教育界》第1年第2号，1912年2月。

③ 《特别记事：临时教育会议日记》，载《教育杂志》第4卷第6号，1912年9月。

学制"的颁行，无疑是最引人注目的两大成果。针对晚清学部所定教育宗旨中"忠君与共和政体不合，尊孔与信教自由相违"等因素，临时教育会议采纳蔡元培的主张，制定了新的教育宗旨，即："注重道德教育，以实利教育、军国民教育辅之，更以美感教育完成其道德"，并于9月2日正式公布；而鉴于"癸卯学制""中体西用"的性质，临时教育会议经过广泛讨论，通过了《学校系统案》，并于9月3日由教育部以《学校系统令》为名公布，因当年为农历壬子年，故该学校系统被称为"壬子学制"。此后，至1913年8月，教育部又陆续公布了临时教育会议议决的《小学校令》《中学校令》《师范学校令》《专门学校令》《大学令》《实业学校令》（教育部对它们作了一定的增删）和新制定的一些学校法令规程。这样，这些法令规程与"壬子学制"综合为一个统一的学校系统，即"壬子·癸丑学制"。

"壬子·癸丑学制"在纵向（直系）上，修业年限为17年或18年，分为三段四级，即初等教育段二级：初等小学四年，为义务教育阶段，实行男女同校；高等小学三年。整个小学教育以留意儿童身心发育、培养国民道德为基础，并授以生活所必需的知识、技能为宗旨。中等教育段一级，为中学校四年，以完足普通教育，造成健全国民为宗旨；另专为女子设立女子中学校。高等教育段一级，内分预科三年和本科三至四年，其中大学本科分文、理、法、商、医、农、工等七科；大学以教授高深学术、养成硕学闳才、适应国家需要为宗旨。另在大学之上设大学院，不计年限。在横向（旁系）上，该学制有实业教育和师范教育两个系统，其中包括与高等小学平行的乙种实业学校、实业补习学校及补习科等，与中学校对应的甲种实业学校、师范学校（五年）及补习科，以及与大学校相当的专门学校、高等师范学校等。

民初临时政府教育部所推行的教育改革，在某种程度上是适应政体变更而进行的，这使得它自然在相当多的方面反映了资产阶级的要求。如缩短修业年限（将初等小学由五年减至四年，高等小学由四年缩成三年，中学由五年改为四年），以促进教育普及；初等小学可以男女同校，普通中学、实业、师范可以为女子单独设校，以增加女子受教育的机会与权利，改变男女教育不平等的状况等。就实业教育而言，不仅将"实利教育"列为教育宗旨的重要方面，强调"以人民生计为普通教育之中坚"，在普通教育中引入有关实业教育的内容，而且在新制定的"壬子·癸丑学制"中，对实业教育进行了诸多改革，大大加强了实业教育的地位。

在该学制的重要组成部分——《实业学校令》（1913年8月4日公布）中规定：清末的实业学堂改称实业学校，"以教授农、工、商业必需之知识、技能为目的"，并由原来的初、中、高三级改为甲、乙两种。"甲种实业学校施完全之普通实业教育；乙种实业学校施简易之普通实业教育；亦得应地方需要，授以特殊之技术"。① 甲种招收高小毕业生，修业年限为预科一年、本科三年；乙种招收初小毕业生，学习本科三年。两种实业学校均分为农业学校（含蚕业学校、森林学校、兽医学校、水产学校等）、工业学校（艺徒学校视作乙种工业学校）、商业学校、商船学校和实业补习学校等几类。甲种实业学校主要由省一级设立，县及城镇、乡或农、工、商会可设立乙种实业学校，亦可酌情设立甲种实业学校。以省经费设立的实业学校称为省立实业学校，由县经费或城镇、乡经费设立的称为县立或城镇、乡立实业学校，农、工、商会其性质系公法人者，所设立的称为公立实业学校。另外，允许私人或私法人创设私立实业学校，并专为女子设立女子职业学校，以厉行教育的民主化，改变男女教育不平等的状况，进而促进妇女解放。

与《实业学校令》同时公布的《实业学校规程》，则对甲、乙种农业、工业、商业、商船、实业补习等各类实业学校教员的资格、学校的编制、设备、招收对象、修业年限、学科的设置和开设的科目等方面作了明确规定。另外，该学制还规定设立农、工、商、商船等专门实业学校，在小学开设农业或商业课（小学女生为缝纫课），女子中学增加家事、园艺和缝纫课，在大学中附办农、工、商等实业科等。

---

① 《法令：教育部公布实业学校令》，载《教育杂志》第5卷第6号，1913年9月。

可见，民初有关实业教育的规定，与晚清相比，虽然取消了高等实业学堂，但由于增设了专门的实业学校，加之，除中学校、师范学校外，各级学校中均可设立有关实业的学科或课程，所以，实际上实业教育的范围更加广泛了。所有这些，无疑反映了资产阶级发展教育的需要，有助于资本主义民族工商业的发展，具有积极的进步意义。

二、实业学校的初步发展

《实业学校令》和《实业学校规程》可谓是民初指导全国实业教育发展的最基本的法令。与此同时，为了进一步规范和指导全国实业教育的发展，教育部又先后颁布了一系列相关的法令。

鉴于不少实业学校的学生虑及实业学校的学科学习难于普通中学的学科学习，致多有转入普通中学之愿，而一些普通中学更违反规定加以滥收，"甚至不按学生学级，不察学生程度，有甲种实业第一年级学生，直入中学第四年级"，以致"肄业不满一年，而中学居然卒业矣"。所以，1913年7月6日，教育部特颁布《咨各省都督兼民政长、民政长请饬所属实行本部所定入学转学办法》，重申"实业教育，关系綦重，甲乙两种学校，尤为养成普通实业人才所必需"，若"实业教育日以堕落，其贻害民国教育前途，实非浅鲜"，故要求各地严格按照教育部有关学生入学资格及转学事项的规定，加以办理，"以杜学生躐等、学校滥收之弊"。[①] 8月12日，教育部公告《实业学校须按照规程设置本科预科方准立案》，要求各地在设立实业学校时，"俱宜按照规程设置本科、预科，教授完全之课业，以宏造就"；"倘有避重就轻，不设本科，仅设别科、专修科者，应不予核准立案"。[②] 8月18日，教育部又通咨各省，所有未经报部立案的甲、

---

① 《记事：教育部咨各省都督兼民政长、民政长请饬所属实行本部所定入学转学办法》，载《中华教育界》1913年8月号，1913年8月。
② 《记事：教育部布告实业学校须按照规程设置本科预科方准立案》，载《教育杂志》第5卷第7号，1913年10月。

乙种实业学校，应立即报教育部立案。1914年5月19日，教育部采纳上海全国商会联合会关于"我国商业幼稚，欲求战争于国际交易，非储备人才不可；欲得应用人才，非速设商务学校不可"的呈议，下令各省筹设商业学校。在教育部看来，"商业学校，程功较速，而需费无多，其已经设立处所，自宜整顿维持，力予推广；即未经设立之地，亦应斟酌情势，分别设立。……令行各该民政长切实筹画，设法进行，庶几人材辈出，百货流通，上以致国富，下以厚民生，民国前途，实利赖之"。①

虽然教育部发展实业教育的初衷可嘉，目的明确，然而，由于观念上的偏见，加之多数地方督促不力、教员缺乏、经费短绌等原因，致当时所设甲、乙种实业学校，"设备多不完全，甚至号称实业，而一切校室、校具及其他实习用具、场厂、器械、标本、图画、药品等事，均付缺如"。② 据1913年8月教育部《视察第一区学务总报告》：直隶省"共有甲种工业二校，商业二校，只清苑甲工一校纯为省立，查其内容设备极为简略。其余三校均地方设立，天津之甲商近系私立，规模狭小，科目不备"；奉天"所设之乙种实业学校，多系附属他校，内多亦不过二班，盖县之财力究有未足也"；吉林省"甲种工业学校尚付阙如。乙种实业学校各县间有设立者，就曾经视察者言，规模狭小，功课亦欠完备，原于款项支绌者半，原于教员缺乏者亦半"。③ 同月，在教育部《视察第二区学务总报告》中有：河南省甲种工业学校仅有一处，"一切设备俱未完全"，"经费支绌"；而仅有的一处甲种商业学校，也是"一切设备亦未完备"。④ 其他的一些省份甲、乙种实业学校也多未发达。有鉴于此，1915年3月，教育部下令各省巡按使须严格遵照《实业学校规程》的有关规定，认真办理甲、乙种实

---

① 《记事：教育部令行各省筹设商业学校》，载《教育杂志》第6卷第4号，1914年7月。
② 《记事：教育部通咨各省巡按使，申明部章并饬甲乙种实业学校认真办理》，载《教育杂志》第7卷第4号，1915年4月。
③ 《视察第一区学务总报告》，载《教育公报》第1册，1914年6月。
④ 《视察第二区学务总报告》，载《教育公报》第2册，1914年7月。

业学校，以"不致有名无实"。

当然，在民初，也有少数省份遵照《实业学校令》和《实业学校规程》的规定，积极发展实业教育。如1913年1月，时任江苏省教育司司长的黄炎培拟定《江苏今后五年间教育计划书》，对江苏今后五年间从小学校、中学校、师范学校、实业学校乃至留学教育都作了具体规划。其中，对实业教育规定有："对于农、工、商教育，应尽先筹设甲种学校"；对于农业学校，可先设若干重于实验的甲种农学校；对于工业学校，则可甲种工校与专门工校并行设立；商业学校也"断不可忽"；此外，还应设医学专门学校。① 该"计划书"乃江苏省推行全省教育之总计划，在该计划书的指导和黄炎培等人的领导下，江苏的实业教育在民初一直走在各省前列。

由于在民初政府鼓励实业教育的发展，使得几年间，实业教育取得了初步的成绩。与清末相比，实业教育制度的近代化成分明显增多；而且，实业学校在数量上也有所发展。表4-1和表4-2分别是1915年度全国甲种实业学校和全国乙种实业学校的基本情况（该年度的全国女子职业学校的情况见第六章第三节）。

表4-1　1915年度全国甲种实业学校一览表

省份\数别\类别	校数				现有学生数				毕业学生数			
	农	工	商	总	农	工	商	总	农	工	商	总
直隶	2	2	3	7	310	445	220	975	222		118	340
山东	3	1	1	5	771	163	101	1035	63		28	91
山西	2			2	200		50	250	28			28
河南	13	1	2	16	1068	234	208	1510	222	66		288
江苏	5	2	3	10	826	292	334	1452	55	18	6	79

---

① 黄炎培：《江苏今后五年间教育计划书》，载《江苏教育行政月报》第1号，1913年1月。

续表

省份	校数 农	校数 工	校数 商	校数 总	现有学生数 农	现有学生数 工	现有学生数 商	现有学生数 总	毕业学生数 农	毕业学生数 工	毕业学生数 商	毕业学生数 总
浙江	2	1	2	5	268	306	265	839	44		46	90
安徽	2			2	281			281	50			50
江西	2	2	1	5	215	77	63	355	129	53		182
湖南	3	4	1	8	427	699	265	1391	175	23		198
黑龙江	1	1		2	35	73		108	22	20		42
湖北	2	1	1	4	183	140	146	469	26			26
吉林	1		1	2	65		36	101				
陕西	1	1		2	137	116		253	14	6		20
甘肃	1			1	40			40	15			15
福建	2	1	2	5	388	301	236	925	45	152	32	229
四川	1	1	2	4	34	75	273	382	43		37	80
广东	3		1	4	304		190	494	45		78	123
广西	1	1		2	72	98		170				
云南	1	1		2	209	392		601	316	94		410
贵州	1			1	98			98				
绥远		1		1		6		6				
奉天	1	1	2	4	184	221	423	828	38		21	59
合计				94				12563				2350

表 4-2 1915 年度全国乙种实业学校一览表

省份	校数 农	校数 工	校数 商	校数 总	现有学生数 农	现有学生数 工	现有学生数 商	现有学生数 总	毕业学生数 农	毕业学生数 工	毕业学生数 商	毕业学生数 总
京师	1			1	48			48				
直隶	2			2	71			71				
山东	55		3	58	1947		104	2051	451			451
山西	9	2	9	20	319	53	359	731				

续表

省份	校数 农	校数 工	校数 商	校数 总	现有学生数 农	现有学生数 工	现有学生数 商	现有学生数 总	毕业学生数 农	毕业学生数 工	毕业学生数 商	毕业学生数 总
河南	39	9		48	1256	338		1594	333	61		394
江苏	6	4	9	19	373	177	481	1031	27	11	65	103
安徽	1		1	2	59		40	99				
江西	3			3	83			83				
湖南	4	4			161	84	66	311			43	43
湖北	11	2	3	16	481	139	156	776	85	29		114
黑龙江	3	2	1	6	100	95	35	230				
奉天			4	4			143	143			37	37
四川	4			4	240			240				
广东	1	2	2	5	40	132	76	248		5	7	12
云南	33			33	1381			1381	101			101
合计				230				9037				1255

资料来源：《本部行政纪要乙编（普通教育）》，载《教育公报》第3年第8期，1916年8月。

此外，民国成立后，前京师大学堂分设的农、工、商分科大学相继改为北京农业、工业、商业专门学校；在《专门学校令》的规范下，晚清设于各省的高等实业学堂也多改为农、工、商专门学校；而且，也有就农业试验场或工场新设农业或工业专门学校的；一些商业、医学专门学校也开始创办。这些专门学校，成为民初实业教育的重要组成部分。

虽然在民初实业教育较之晚清有了一定的发展，然而实际上，如此发展规模的实业教育，对幅员辽阔的中国而言，犹如"太仓一粟，大海一滴"，远远不能满足当时"实业救国"思潮影响下全国举办实业、振兴工商的要求。加之，多数实业学校在教学中重理论而轻实践，多有"不实"，且与实业界缺乏联系，即便是数量不多的有限的毕业生，也常常"途塞"，因此，实业学校被人戏称为"失业学校"。而就普通中学校而言，在升学教育的宗旨指导下，以传授知识为主要任务，于练习技能少有注意，也很自然地使不能升学的中学毕业生多无事可就。而另一方面，由于第一次世界大战的爆发，西方一些资本主义国家忙于战争，暂时放松了对中国的经济侵略，从而在客观上为中国资本主义民族工商业的发展提供了一个难得的发展机遇：不仅产业结构发生了较大变化，企业数量迅速增加，而且生产力水平也大大提高。这样，迅速发展起来的资本主义民族工商业就对教育提出了新的、更高的要求，要求教育适应社会时势培养出更多各种各样的实用技术工人和管理人员。凡此种种，都反映出学校与社会互相脱节的现实。而随着这一客观现实问题的加剧，改变学校与社会相脱节和教育与社会不相适应的状况，已经是大势所趋。

第二节　黄炎培与实用主义教育的号召及倡导

黄炎培①（1878—1965），号楚南，后改号韧之、任之，笔名抱一，江苏川沙县（今属上海市）人。在民初，针对当时教育内容脱离学生实际生活、毕业生不能适应社会需求的弊端，黄炎培极力倡导实用主义教育，从

---

① 黄炎培是我国近代著名的爱国主义者，我国职业教育的重要开拓者，著名的教育家和政治活动家。他出身于一个知识分子家庭，从小接受了传统的儒学教育。1899年，考取松江府试秀才；1901年，入南洋公学特班，受业于蔡元培。1902年秋，应江南乡试，考中举人。1902年11月，南洋公学特班解散后，遵蔡元培"必须办学校来唤醒民众"之嘱，回家乡兴办学堂，于翌年初任川沙小学堂总理（校长）。1904年，先后在城东女校、丽泽书院、爱国学社、爱国女学任教；1905年，和沈恩孚等人发起组织江苏学务总会；1906年9月，江苏学务总会改称江苏教育总会后，黄炎培任常任调查干事；1907年2月，受杨斯盛委托，任浦东中学校监督；1912年民国成立后，应教育总长蔡元培之召，赴京出席全国临时教育会议；12月，任江苏省教育司司长；1913年后，又长期担任江苏省教育会副会长。此后，黄炎培针对国内教育脱离实际的弊端，借鉴国外职业教育发展经验，由倡导实用主义教育，进而主张职业教育，并于1917年5月联合教育界、实业界人士发起成立中华职业教育社，长期担任该社负责人，极力探讨职业教育理论，开展职业教育实践。抗日战争时期，曾创办《国讯》《宪政》等刊物，发起宪政运动。新中国成立后，任政务院副总理兼轻工业部部长。

而不仅促使之成为一种影响至广的教育思潮，而且对日后职业教育的萌生奠定了重要的理论基础。

一、对实用主义教育的号召与倡导

从 1912 年 12 月担任江苏省教育司司长，到 1914 年 2 月辞去该职止，黄炎培在重于调查、立足客观现实的基础上，不仅手绘江苏省教育发展蓝图，而且号召、倡导学校教育采用与学生生活和社会实际相联系的实用主义教育，竭力为全国教育发展把脉，指点迷津。

重视教育调查是黄炎培的一贯主张，早在民国成立前，黄炎培就与教育调查结下了不解之缘。1909 年 9 月，江苏教育总会鉴于"各地方办理学务，有未合教育原理，……非加以实地调查，不能得其真相"，① 故决定设常任调查干事一职，后因经费未定，不克履行（有关江苏教育总会暨江苏省教育会的具体情况可参见本章第五节的相关内容）。民国成立后，黄炎培被推定专任其事，于是他得以奔走长江南北，对江苏地方教育状况作了较多的调查，从而也有了更多的感悟、了解和认识。1913 年 1 月，担任江苏省教育司司长仅一个月的他，在通过披露本省教育行政内容以谋行政上之助力的《江苏教育行政月报》第 1 号上，发表了《江苏今后五年间教育计划书》。该"计划书"对江苏省未来五年各级各类教育均作了规划，尤其是关于实业教育方面，对农业学校、工业学校、商业学校和女子职业教育，析之尤详。这实际上与民初临时政府教育部在教育宗旨中强调"实利教育"以及"壬子·癸丑学制"中加强实业教育的地位等改革精神和倾向十分相契。

然而，由于数千年来重士轻工、重义轻利等价值观念的根深蒂固，在民国成立之初，人们对实业学校少有问津，而对法政学校却趋之若鹜。亲戚朋友，"驰书为子弟觅学校。觅何校？则法政学校也。旧尝授业之生徒，

---

① 江苏省教育会编：《江苏省教育会十年概况》，江苏省教育会 1916 年印行，第 2 页。

求为介绍入学校。入何校？则法政学校也。报章募集生徒之广告，则十七八法政学校也"。① 据统计，1913年，全国计有专门学校89所，其中法政专门学校即有56所；② 是年，江苏省有各种法政学校15所，在校学生4742人，而同期该省新办的6所省立农业、工业和师范学校仅招到合格学生471人。对此，黄炎培叹曰："习法政者所为事业，分利事业也，其趋之也如彼；农工，生利事业也，其弃之也若此。"这实乃"教育前途危险之现象"。③ 而另一方面，无论是普通中学抑或是实业学校，学生所学多脱离实际生活，各种学校的学生，"但得毕业文凭到手，即为目的已达，至所学之是否合于处世谋生之道，则从未顾及焉"，④ 学生毕业后多不能适社会之需，应社会之用。有鉴于此，黄炎培特作《学校教育采用实用主义之商榷》，于1913年8月由江苏省行政公署教育司出版单行本，并在江苏省教育会分送会员征求意见。

在《学校教育采用实用主义之商榷》中，黄炎培明确而深刻地揭示道："今之学子，往往受学校教育之岁月愈深，其厌苦家庭鄙薄社会之思想愈烈，扞格之情状亦愈著。……即以知识论，惯作论说文字，而于通常之存问书函，意或弗能达也"；"习算术及诸等矣，权度在前，弗能用也；习理科略知植物科名矣，而庭除之草，不辨其为何草也，家具之材，不辨其为何木也"。⑤ 而这样的学生从学校毕业之后，往往"习农则畏勤动之多劳，习商则感起居之不适"，从实际应用上来说，可以说是所学一无所得。

---

① 黄炎培：《教育前途危险之现象》，载《东方杂志》第9卷第12号，1913年6月。

② 黄炎培：《读中华民国最近教育统计》，载《新教育》第1卷第1期，1919年2月。

③ 黄炎培：《教育前途危险之现象》，载《东方杂志》第9卷第12号，1913年6月。

④ 王炎：《现今教育无实效之原由及应行改良之点》，载《教育杂志》第6卷第2号，1914年5月。

⑤ 黄炎培：《学校教育采用实用主义之商榷》，载《教育杂志》第5卷第7号，1913年10月。

黄炎培断言，如果这一状况"循是不变，学校普而百业废，社会生计绝矣"。①

那么，如何根除这一积弊呢？黄炎培认为，必须使教育内容适应社会的需要，加强教育和现实生活的联系。他说："教育者，教之育之使备人生处世不可少之件而已。人不能舍此家庭绝此社会也，则亦教之育之，俾处家庭间、社会间，于己具有自立之能力，于人能为适宜之应付而已"，具体而言，德育"宜归于实践"，体育"求便于运用"，智育则"授以生活所必需之普通知识技能"。从这一认识出发，黄炎培主张学校的各种教学科目都应以实用为目的，以现实生活所需为内容，加强与个人生活和社会现实的联系。他以小学教育为例，提出了各学科的具体改良意见。如修身"注重偶发事项及作法"；国文"读本材料，全取应用"；作文"多令作记事、记物、记言等体，尤多作书函或拟电报"；地理"多用画图，少用文字"；算术"演算命题，多用实事或实物"；理科所用材料要以人们普通生活所接触和所需要的为断，"教授务示实物"，"必令实验，切戒专用文字，凭空讲授"。在黄炎培看来，如此之教育所施，乃是"打破平面的教育，而为立体的教育"，也即"欲渐改文字的教育，而为实物的教育"。一言以蔽之，即"实用主义教育"。它是疗治教育界种种弊端"惟一之对病良药"。②

黄炎培说，事实上，实用主义教育并非自己的"创论"，在欧美一些国家"不仅著为学说，且见诸实行"，日本也将之作为舶来品，辄以提倡注重。为了用事实说明这一学说"非无所据"，黄炎培还决定"辑录关于实用主义之著述二种附供参究"。他希望学界对于"今日吾国教育是否宜采用此实用主义"以及"对于实用主义之批评"，能够畅所欲言，积极发

---

① 黄炎培：《学校教育采用实用主义之商榷》，载《教育杂志》第 5 卷第 7 号，1913 年 10 月。
② 黄炎培：《学校教育采用实用主义之商榷》，载《教育杂志》第 5 卷第 7 号，1913 年 10 月。

表意见。①

10月,《学校教育采用实用主义之商榷》一文在《教育杂志》第5卷第7号刊出(是年11月和12月,《中华教育界》第2卷第11期和第12期作了转载),立即在教育界引起强烈反响。"一时为文表示对于斯主义之意见者,弗可数,日报月志,转相刊载,咸有论列"。② 如江苏省教育会办的《教育研究》第7期(1913年11月)和第8期(1913年12月)先后刊有王朝阳所写的《读学校教育采用实用主义商榷书感言》《学校教育采用实用主义之研究》和江苏省立第二师范学校附小杨嘉椿作的《我校之施行实用主义》等文;《中华教育界》从1914年1月第13号起,陆续刊登顾树森所写的《实用主义生活教育设施法》等。与此同时,张元济、潘文安、陆培亮、林可培、项镇方、朱华、孙平成、李荣怀、杨卫玉、俞子夷、林传甲、顾旭侯、赵宗抃、潘吟阁、袁虞臣、王定国、沈宗瑛、周本培、袁培基等19人纷纷致书黄炎培,对实用主义教育这一口号和理念发表自己的看法。其中虽有反对之语,但更多的却是支持之声。下面是其中数人的部分意见:

项镇方:"商榷书切中时弊。"

孙平成:"实用主义若矫枉过正,徒尚器械的动作,而不稍授以精确之理论,必塞其进取思想,恐非所宜。"

朱华:"小学校为儿童教育之基础,实用之义,请先就小学校实行,宜编订适用之教科书,并设备教授上应用之实物。"

陆培亮:"吾国现用课本,求其能切实用,如凤毛麟角之不可得。讲实用教育,不可不自改良课本始。"

---

① 黄炎培:《学校教育采用实用主义之商榷》,载《教育杂志》第5卷第7号,1913年10月。

② 黄炎培:《实用主义产出之第一年》,载《教育杂志》第7卷第1号,1915年1月。

杨卫玉："学校教育采用实用主义，必自改良教授法主义始。"

李荣怀："实用之优点凡十：（甲）学校家庭社会渐融合为一体，而无阻滞扞格之虞。（乙）教授资料，既重应用事项，自不至繁而寡要，陷注入主义之病。（丙）试验一项，可随时随地以举行，不必另设时间，致妨正课。（丁）实习之举，不必拘拘于学校家庭间，可随吾身之所在而行之。（戊）玩物游情，节减脑力，适合儿童之生理心理，则兴味必浓，而收效自速。（己）生徒之五官，习惯于事事物物，则无论在校内校外，偶有所见闻，自不致轻易错过，于此可坚强其注视力与辨别力。（庚）所得之智识，既证于校用标本，复得见之于校外实物，如是往复交感，则观念尤明确，而致用时可穷源竟委。（辛）所积学力与经验并进，他日出而应用于社会，不必另换一副手段，而举措裕如。（壬）此种习性，养于自然，不转瞬间，可造成一种勤朴风。（癸）朴实耐劳之少年，遍于社会，必能增高生活能力，降低生活程度，而教育之效果，始大著矣。"①

1914年2月，黄炎培又作《学校教育采用实用主义第二回商榷书》，特别针对大家的反对意见（"恐偏于器械的而缺精神的""恐专务实事实物而全废理论""不宜全废系统""恐不适于生徒程度"等等），一一进行了解释。他说，实用主义并非实利主义，"实用主义，实包含知识、技能与道德各方面"；实用主义，也"并非不使之知，但使之行"，"非专授法式，而不授原理"，不过是所施之教育"切于应用，可见诸实行，即间授以理论，必以实事、实物为根据"，所以实用教育的教材"务以儿童日常经验界为限"，"务以适应于儿童能力者为限"。②

---

① 杨保恒、黄炎培辑译：《实用主义小学教育法》，江苏省教育会教育研究部1914年版，"附录"。
② 杨保恒、黄炎培辑译：《实用主义小学教育法》，江苏省教育会教育研究部1914年版，"附录"。

3月10日，《教育研究》将黄炎培《实用主义小学教育法》和《学校教育采用实用主义第二回商榷书》作为"新年号"（临时增刊）刊出，同时江苏省教育会将《实用主义小学教育法》（杨保恒、黄炎培辑译）作为单行本出版。在黄炎培看来，"今兹教育，非于实用的方面，施大革新不可，非从小学校下手不可"。① 基于以上认识，该书"旨在发挥小学校之实用主义"，其编辑大体虽然"以日本竹原久之助所著《小学校实用的施设》为准据，而内容则大加损益，不事直译，以求适切于吾国今日之实用"，并认为"本书所述种种方法可依地方及学校情形而斟酌取舍，庶无背乎实用之道"。②

二、促进实用主义教育思潮的发展与定型

自黄炎培《实用主义小学教育法》出版和《学校教育采用实用主义第二回商榷书》发表后，对于实用主义教育"鼓吹之声愈唱而愈高，响应之区渐推而渐广"。③ 至1914年间，实用主义教育蔚然成为一种教育思潮，激荡于教育界。不仅有关实用主义教育的理论著作开始出版，如顾树森《生活教育设施法》（上海中华书局1914年版）、潘文安辑《实用主义单级教授法》（嘉定匡华书局1914年版）、杨祥麟《实用主义课外教育实施法》（上海商务印书馆1915年版）；而且冠名为"实用"或"实用主义"的教科用书也不时推出，如《实用主义师范国文教本通论》《实用主义理科答问》《实用主义化学答问》，等等。特别是《教育杂志》，不仅于1914年5月刊登了顾绍衣的《实用主义理化新教授法》（第6卷第2号），而且还针对"实用主义教育"向学界广泛征求意见，将所得的意见书汇辑，以"教育

---

① 杨保恒、黄炎培辑译：《实用主义小学教育法》，江苏省教育会教育研究部1914年版，第2页。
② 杨保恒、黄炎培辑译：《实用主义小学教育法》，江苏省教育会教育研究部1914年版，"例言"。
③ 黄炎培：《实用主义产出之第一年》，载《教育杂志》第7卷第1号，1915年1月。

研究实用主义问题"为名,作为第 6 卷"临时增刊"于 7 月正式出版发行。"增刊"除登有黄炎培和庄俞分别所写的"叙"和"弁言"外,还收有廉方、邢定云、王荌、丁德合四人所写的四篇《今日学校教育应否采用实用主义》的同名文章,以及范善、夏绍侯、潘文安等几位小学教员所写的五篇《实用主义实施法》的文章,另外还有日本学者佐藤仁寿的实用主义各科教授法新论之一———《实用的教授法》。同年,《教育杂志》社有关这次以"实用主义教育"为名的征文,由朱元善所编,"选择巨作数十篇","又采录日本最近之学说","汇刊一册",由上海商务印书馆出版,被认为是"诚我国研究教育以来未有之大著,凡为教员者,不可不手此一编也"。①1916 年 2—5 月,《教育杂志》又连载了赵传璧所作的《实用主义手工新教材》。以上这些文字,对实用主义教育进行了多方面、多方位的解读,概括起来约有以下三端。

其一,极力论证实用主义教育的合理性和可行性。大家和黄炎培一样,不仅认为实用主义教育在欧美一些国家和日本已经得到了认可,实乃世界教育大势;而且也认为它符合中国教育现状,适合社会生活需要。邢定云更断言:"实践的开发主义为何?曰实用主义是也。实用主义者,为在学校所施之教育,意能合乎人类之需而已。"②

其二,多方阐述施行实用主义教育的必要性。大家认为,施行实用主义的教育,不仅适于社会需求,符合中国教育现状,而且是确立实用新道德的途径。因为"苟采实用主义,不惟应用知识不致偏废,即道德之标准,亦可依实用为旨归"。③ 此外,它还可以使中国学术发达,教授法得以改良,从而可以培养出更多的职业人才,最终使教育进步,生计发展,国

---

① 《〈实用主义问题〉广告词》,见黄炎培:《黄炎培考察教育日记》第一集,上海商务印书馆 1914 年版。
② 邢定云:《今日学校教育应否采用实用主义》,载《教育杂志》第 6 卷"临时增刊",1914 年 7 月。
③ 廉方:《今日学校教育应否采用实用主义》,载《教育杂志》第 6 卷"临时增刊",1914 年 7 月。

家稳定。

其三，拓展实用主义于教育上的应用范围。人们认为，普通教育采用实用主义理所当然，但"不惟普通教育用之可养成完全之国民也，实业教育之可造就急需之技艺也，即专门与高等教育，用此主义亦可应时势之需要"。① 因此，在普通教育中，教科书应随时、随景、随量等变换次序。如手工科"首宜与图书联络，尤宜置景物于前，而仿造之"；② 算术科要调查每日市场物价，使学生练习计算、书写等。在实业教育中，学校则应附设工场、商店等实习场所。

在教育界对实用主义教育益加鼓吹、愈益响应的同时，黄炎培仍不时地为宣传实用主义教育这一理论而奔走呼号。他不仅在《教育杂志》上发表《实用主义产出之第一年》（1915年1月第7卷第1号）、《实用主义产出之第二年》（1916年1月第8卷第1号）等文章，介绍了1914和1915两年间实用主义教育在国内教育界的发展盛况；而且还先后在天津演讲《实用主义国文作法》，在江苏省省立第三师范单级教授研究会上演讲《实用主义之真谛与一年间之实施状况》等，在总结实用主义教育研究、施行现状的同时，继续阐发实用主义教育的实质内涵和实施的必要性及重要意义，以消除教育界人们对这一理论尚存的不明、偏见乃至误解。他反复说明："实用主义，初非仅作文授书札、信条、广告、票据，习算授簿记，写字授行书，图画授写生、图案，遂足为毕乃业。苟徒备是种种形式，而材料与意思，非儿童应用上所必需，犹无当也。即以形式论，亦以能就地取材，用意变化为上，专事模仿者次之。"③

在总结了实用主义教育的实施情况后，黄炎培愈加坚定：教育不可不急求改良，以趋实用，教学不能让学生读死书，应更加注意实用之材料。

---

① 廉方：《今日学校教育应否采用实用主义》，载《教育杂志》第6卷"临时增刊"，1914年7月。
② 潘文安：《实用主义实施法》，载《教育杂志》第6卷"临时增刊"，1914年7月。
③ 黄炎培：《实用主义产出之第二年》，载《教育杂志》第8卷第1号，1916年1月。

总之,"欲求学校教育之见功,教育主义必注重实用而后可"。① 因此,他希望学校的教育工作者"随时随地致意实用主义之研究,举凡教授、管理、训练、养护诸方面,一以实用主义之精神贯之";而教育行政部门则应"考察学校之标准,务须以实用为的,而优劣以是定焉";并希望大家对实用主义教育的实施利弊进行总结分析,以引起"海内诸教育家共同研究"。黄炎培自信地断言:如果这样,那么即"可以挽回今日教育之颓风","实用主义进行可速"。②

总之,黄炎培对实用主义教育的号召与倡导有着深刻的教育背景。由于他的倡导,最终使实用主义教育在民初成为一种影响至广的教育思潮,从而对当时脱离实际的教育产生了较大的冲击,引发了人们教育观念的改变,并为此后职业教育的萌生奠定了坚实的理论基础。

第三节 职业教育的孕育与引入

一、早期职业教育思想的酝酿

职业教育虽然在民国成立后方在中国萌生,但早在清末,随着人们对西方教育认识的日渐增多和国内实业教育的发展,特别是少量女子职业学校的兴办,职业教育思想已经开始酝酿。

1904 年,山西农林学堂总办姚文栋在《添聘普通教习文》中言道:"论教育原理,与国民最有关系者,一为职业教育,一为普通教育,二者相成而不相背。"当时,山西农林学堂所开设的农、林等学门,教学即强调以职业教育为旨归。此后,姚文栋又多次述及职业教育。如在《保送游

---

① 黄炎培:《实用主义之真谛与一年间之实施状况》,载《教育研究》第 21 期,1915 年 3 月。
② 黄炎培:《实用主义之真谛与一年间之实施状况》,载《教育研究》第 21 期,1915 年 3 月。

学文》中说:"外洋本以职业教育为最重,谓国有一民,必须予以一民之职业";在《送农林学生崔潮等游学日本文》中言:"职业教育为东西洋各国所最重……普通教育与职业教育,相需为用,阙一不可。"可见,当时国人已经对西方国家"职业教育"一词及其内涵有了粗浅的认识和了解。但是,由于1904年1月清廷颁布"癸卯学制"后,各地纷纷遵令设立了实业学堂,使得在此后几年的新式教育发展中,职业教育的开展无疑主要是通过与职业教育有着相似功能与作用的实业教育来承担、实现的,这也导致在"新政"时期人们更多是对实业教育加以倡导,而极少有人明确地就"职业教育"进行宣传。只是到1911年清王朝行将覆亡时,兼出版家与教育家于一身的陆费逵基于对国内外教育的认识,乃又倡职业教育。

  早年的陆费逵曾受传统文化的熏陶,戊戌变法之后,又广泛阅读西学书籍,深受新思想的影响。1902年,在南昌,他曾与朋友合办正蒙学堂,自任堂长兼教学工作,但仅8个月有余,正蒙学堂即因经费无继而停办。1904年,在武昌,他又与朋友合办新学界书店,销售《警世钟》《猛回头》等革命书籍。1905年,他发起成立上海书业商会,不仅担任商会补习所教务长,而且还主编由商会编辑发行的《图书月报》杂志,并于翌年在该杂志上发表了《论设字母学堂》《论国定教科书》等多篇教育论文。此后,他进入上海文明书局,任经理助理兼编辑员。1908年,在抨击学部颁布的部编初小国文、修身等教科书取材不适合儿童心理的同时,他编辑出版了初小国文、算术、修身等"文明教科书";同年秋,受聘商务印书馆,担任国文部编辑员,并于是年编写出版了《算术新教科书》《初等小学修身书》《伦理学大意讲义》和《最新商业教科书》等多种新式教材。1909年,他创办了曾在此后产生重要影响的大型教育刊物——《教育杂志》,并任主编。至1911年,他不仅编写出版了《简明修身教科书》(全八册)和《师范讲义》等教材,而且在《教育杂志》等刊物上发表了多篇关于学校教育制度和语言文字改革方面的论文,就教育普及、学堂之弊、课堂教学、教科用书以及男女共学等问题提出了意见和建议。1911年6月,陆费逵为中国教育会起草了《中国教育会章程》,在这一于是年8月议决的"章程"中明确提出,"提倡男女补习教育及职业教育"乃中国教育会的注意事项之一。① 与此同时,为了吸纳各国教育制度之长,陆费逵又负责"搜集世界各国教育之制度,及其现在之情状,辑为一编,颜曰:《世界教育状况》",② 作为《教育杂志》第一次临时增刊,由上海商务印书馆于1911年6月出版。

《世界教育状况》主要介绍了日本、英国、法国、德国、美国等国家教育制度的基本情况,实乃我国最早专述外国教育的著作。而陆费逵在为该书写的"序"中,首次阐述了其国民教育、职业教育与人才教育三者并重的思想。他说:"吾国今日,亟宜注意者有三:国民教育,一也;职业教育,二也;人才教育,三也。国民程度之高下,恃国民教育;国民生计之赢绌,恃职业教育;而国势之隆替,教育之盛衰,厥惟人才教育。质言之,无国民教育,则国基不固;无职业教育,则生活维艰;无人才教育,则国家无所倚,国民失向导,终于必亡而已矣。国民教育与职业教育,皆当注意普及。"③

民国成立后,陆费逵积极投身于民初教育改革之中,他不仅与蒋维乔、高梦旦等共同起草了《普通教育暂行办法》和《普通教育暂行课程标准》,对恢复、稳定民初教育秩序起到了重要作用,而且十分赞同蔡元培关于"五育"并举的新教育方针,极力主张民国教育方针当采实利主义。陆费逵这里所说的实利主义(教育),实际上和他在清末言及的职业教育的内涵一脉相承,都是将之视为解决国民生计问题的重要途径。

然而,由于"壬子·癸丑学制"更加重视强调国民教育,使得在

---

① 陆费逵:《中国教育会章程》,载《教育杂志》第3年第8期,宣统三年(1911)八月。
② 陆费逵:《〈世界教育状况〉序》,见吕达主编:《陆费逵教育论著选》,人民教育出版社2000年版,第89页。
③ 陆费逵:《〈世界教育状况〉序》,见吕达主编:《陆费逵教育论著选》,人民教育出版社2000年版,第89页。

1912—1913年间，中小学日渐发达，实业教育发展缓慢。有鉴于此，1913年底，陆费逵又作《论人才教育职业教育当与国民教育并重》的长文，时隔一年后再"标国民教育、人才教育、职业教育三者并重之说"。在文中，他重申并呼吁道："职业教育，则以一技之长，可谋生活为主，所以使中人之资者，各尽所长，以期地无弃利，国富民裕也。……以吾国今日情状言之，人才教育、职业教育，殆较国民教育为尤急。……非职业教育兴盛，实业必不能发达，民生必不能富裕。"①

可见，早在清末，在实业教育蓬勃发展的同时，国人就已经开始对职业教育有了粗浅的认识，并就其内涵和概念作了初步界定。虽然在当时，人们主要是从普通教育或国民教育的对应面来分析说明职业教育，但却为我国职业教育的理论发展奠定了最初的基础。也正是因此，至1914年，职业教育已经开始引起国人的重视。如出版于1914年7月20日的《教育公报》第2册，即刊登了日本东京高等师范学校教授佐佐木吉三郎的《小学教育与职业教育》一文，文中于"就职艰难之原因""教育原为致用而设""职业之社会意义""职业教育之宗旨"等方面阐述了发展职业教育的必要性和重要性。

然而，职业教育毕竟是一个舶来品，无论是姚文栋还是陆费逵，都很清楚。职业教育为东西洋各国所重视，特别在西方发达的资本主义国家，职业教育发展十分迅速，那么，要真正使职业教育在中国与普通教育"二者相成而不相背"，或者使国民教育、职业教育和人才教育三者得以并重，则首先必须要了解国外的职业教育，在借鉴、学习的过程中，促成职业教育在中国真正得以产生和发展。

二、黄炎培的教育考察与职业教育的孕育与引入

民国成立后，随着新的共和政体对教育发展提出新的要求，通过国内

---

① 陆费逵：《论人才教育职业教育当与国民教育并重》，载《中华教育界》第13号，1914年1月。

教育调查和国外教育考察以发现中国教育之弊病与痼疾，并进而寻找"治病"之方和指导之策，逐渐引起了教育界的重视。以当时江苏省为例，仅在1912—1914年间派赴国外的教育考察就有多起。如1913年11月，江苏省派遣留美返国的陈容、郭秉文和省立第一师范附小校长俞子夷一同赴英、美、荷、比、德、法、俄等国考察学校教育，时间为一年；翌年1月，留美甫毕业的胡彬夏由教育部派至美国参加万国幼儿幸福研究会，江苏省特派她考察美国女子教育，考察时间3个月……而在民初的国内外教育考察中，作为江苏教育界著名的重要人士黄炎培，通过对国内及美国的教育考察，对职业教育在中国的孕育，对职业教育的引入，乃至对促进职业教育最终在中国的萌生，都产生了极大的作用。

（一）国内教育考察：职业教育的孕育

1914年1月23日，因不愿与江苏都督张勋苟合，黄炎培毅然请辞江苏省教育司司长的职务，并于2月17日正式交卸。2月22日，他以《申报》记者的身份开始对安徽、江西、浙江三省进行考察。在黄炎培看来，"吾辈业教育，教育此国民，譬之治病。外国考察，读方书也；内国考察，寻病源也。方书诚不可不读，而病之所由来与其现象，不一研究，执古方，治今病，执彼方，治此病，病曷能已"。① 是次考察至5月27日，共历时95天，黄炎培对三省的教育状况、社会情形乃至山川名胜等作了详尽记载，著述成《黄炎培考察教育日记》第一集，由上海商务印书馆于1914年12月出版。是年9月14日，他又北上，至10月21日，对山东、直隶两省进行了为期38天的考察，将考察经过撰为《黄炎培考察教育日记》第二集，由上海商务印书馆于1915年7月出版。而在这两部"考察教育日记"出版前，有关的考察内容则以《考察本国教育笔记》《考察皖赣浙教育状况之报告》等为名，先行在《教育杂志》《教育研究》上刊出。

在两次国内考察中，黄炎培马不停蹄，对五省一些主要的（女子）小

---

① 黄炎培：《黄炎培考察教育日记》第一集，上海商务印书馆1914年版，第1—2页。

学、(女子)中学、(女子)师范学校、实业学校作了较为详细的调查,对五省的学校状况及优劣进行了分析、说明。在考察的同时,黄炎培还多次应邀进行教育演讲。如2月27日,于芜湖圣雅各高等学校演说《实用教育主义之关系》;3月9日,于安徽省立师范学校讲演《实用主义之趣旨》;3月24日,于九江应圣约翰中学之邀,演讲《学求实际》;4月9日,于南昌心远中学演说《谨希望诸君各注意切近平实之学问与道德》;10月16日,应天津教育界之邀发表演讲,认为"中国兴教育几二十年矣,然皆纸片的、书本的,而非实际的","今欲打破平面的教育,为立体的教育,非用实物或模型标本教授不可"。①

不仅如此,每次考察结束,黄炎培都认真总结、思考、探索,分析教育发展中有关教师、教材、教法等方面的问题,寻求中国教育改革的方向和出路。如第一次考察后,他认为,三省教育情形和社会状况存在的共同问题有:"各种社会无一不困于生计,但求得过且过为佳,断无三年九年之蓄";"各地中等学校,其教材类有过多之病,于脑力上既患用之过度,于智识上尤患食而不化";大多数学校的教授以注入为主,"国文科命题作文,论说体占大多数,其材料史事占大多数,令习书信及其他日常应用文字者绝少;修身均用课本,专事讲演,于德育实际上殊无何等之影响"。②第二次考察后,他更叹曰:"学校训练难言矣,教授大都用注入式";"各种学校毕业生,除升学外几无他路,此为方今教育亟待研究之点,若中学校为尤甚"。③

可见,两次国内教育考察,使黄炎培对中国教育的症结问题有了更明确、清醒的认识,而这个症结就是中国教育和实际相脱离,不能适应社会

---

① 黄炎培:《黄炎培考察教育日记》第二集,上海商务印书馆1915年版,第148页。
② 黄炎培:《黄炎培考察教育日记》第一集,上海商务印书馆1914年版,第205—207页。
③ 黄炎培:《黄炎培考察教育日记》第二集,上海商务印书馆1915年版,第158页。

的需求。因此，在考察中，他不遗余力地宣传、强调教育上的实用主义，号召学求实际。虽然他没有明言要通过在中国发展职业教育来改变中国教育的窘状，但是他在考察过程中所提出的社会生计问题，学校毕业生特别是中学校毕业生的出路问题等，实际上反映出他已经开始在致力寻求一种更好的教育形式。可以说，此时，职业教育已经开始在黄炎培心中孕育了。当然，真正地对职业教育开始体认并倡导、引入，则是自他的美国之行始。

（二）美国之行：职业教育的引入

如果说两次国内的教育考察，职业教育仅仅是在黄炎培心中孕育的话，那么，数月后的美国之行则是他对职业教育情有独钟的开始。

1915年4月，中国组织了以全国商会联合会会长张振勋为团长的近20人的游美实业团赴美考察，并参加在旧金山举行的巴拿马太平洋万国博览会，黄炎培被教育部委任为"调查员"，并受聘担任《申报》记者随行，调查美国教育。当时，为加速培养熟练的技术工人以适应社会发展要求，美国正在极力发展职业教育，不仅全国教育协会成立了研究职业教育问题的专门委员会，国家设有全国职业教育促进会，纽约、康涅狄格、新泽西州等先后制定了职业教育法，威斯康星州建立了州职业教育委员会等，而且国会在1914年1月还组织了"职业教育国家补助委员会"，专门研究关于职业教育的经费补助问题。鉴于美国职业教育体系已基本确立，职业教育的开展在美国已经取得了突出成就，因此，作为心中已经开始孕育职业教育的黄炎培，是次调查美国教育的目的是："一为职业教育之状况，一为职业教育与普通教育联络问题。"[①]

从4月9日在上海乘太平洋公司"满洲利亚"号轮船出发，到8月25日回到国内，除途中所耗一个半月左右，于旧金山参加太平洋万国博览会约一个月外，黄炎培在美调查教育计达两个月。两月间，每到一地，他都

---

① 黄炎培：《调查美国教育报告》，载《教育杂志》第8卷第4号，1916年4月。

以考察当地学校为务，共参观学校 52 所（其中中学校 19 所，小学校 12 所，师范学校和实业学校各 6 所，大学校 4 所，蒙养园 2 所，其他学校 3 所）。① 鉴于自己对国内中学教育的弊端已经有了更深、更多的认识，加之职业教育与中学教育关系密切，黄炎培将调查的重点放在了中学上。通过调查美国学校，并基于在旧金山参加巴拿马太平洋万国博览会对美国教育出品的了解，他深深感到：美国之于职业教育的重视；在美国，职业教育与普通教育相互联络、互相依赖、互相调剂已达相当之程度；美国职业工人社会地位和经济地位之高；美国教育无论何科教育，皆注重实用；美国所设的专为学生介绍职业的职业指导机构，使得职业学校的学生毕业后绝大多数都有相当的职业；等等。这一切，都给黄炎培留下了极好、极深的印象。

亲眼目睹、亲身体验了"美国教育之发达，较之中国，实不可以道里计，而其尤注重者为职业教育"的现实，② 回国后，黄炎培在短期内多次在有关学校或机构部门公开演讲，宣传、介绍美国教育的发展，特别是职业教育的发达。这些演讲稿经过整理，多刊登在当时的一些重要的教育刊物上，如《游美随笔》（《教育杂志》1915 年 8、10、11 月第 7 卷第 8、10、11 号），《美国教育状况纪要》《美国教育状况》（《教育研究》1915 年 11 月第 25 期），《东西两大陆教育不同之根本谈》（《教育杂志》1916 年 1 月第 8 卷第 1 号），《调查美国教育报告》（《教育杂志》1916 年 4、6 月第 8 卷第 4、6 号），《调查美国社会教育报告书》（《教育研究》1916 年 8 月第 28 期）等。与此同时，黄炎培还在最短时间内将他这次美国之行整理成《新大陆之教育》上、下编，作为"黄炎培考察教育日记"的第三集，分别于 1917 年 1 月和 4 月由上海商务印书馆出版。

在这些演讲文稿和著作中，黄炎培盛赞美国对职业教育之重视，介绍美国职业教育的盛况，引入美国实施职业教育的方法，探索职业教育的理

---

① 黄炎培：《游美随笔（续）》，载《教育杂志》第 7 卷第 10 号，1915 年 10 月。
② 黄炎培：《调查美国教育报告》，载《教育杂志》第 8 卷第 4 号，1916 年 4 月。

论，并通过中美教育的差异与比较分析，说明、倡导在中国实施职业教育的重要性、必要性和可行性。比如，在《游美随笔》中，黄炎培介绍说，美国的职业教育虽让人叹为观止，但国家仍决定大力扩充。他特录了一份美国中央教育局大力发展职业教育的计划表，希望通过表中所显示的职业学校教职员薪水逐年提高的数额变化，来说明美国重视职业教育之一斑。在《美国教育状况纪要》中，他更是强调说：美国教育贵于切实适用，其足资我国效法的一个重要方面，就是"无论何种教育，皆注重实用"；即便是一般的中学，也"与中国最不同"；"直可称美国无中等实业学校，都是中学校；亦可称美国无中学校，都是中等实业学校"。因为，"美国中学，非如中国之各科通习"，而是广设普通科、文学科、理科、职业科、商业科、农业预备科、机械科，甚至美术科、（女子）家政科，等等；"苟得先生许可，生徒可随意选择"，诚"可见其教科课程，处处与生活关系；校内设施，处处与社会联络"。①

在充分认识到美国发展职业教育对美国社会和美国教育产生的重要作用的同时，黄炎培通过中美教育的对比更加认识到中国教育之弊端，并认为学习美国重视、发展职业教育，乃是解决中国教育之弊端及其所导致的一系列社会问题的根本所在。

他说，中美教育的根本不同有四："彼之教育，大都取自然，而吾取强制也"；"彼之教育，大都取各别，而吾取划一也"；"彼之教育，最重改造，而吾惟重模仿也"；"彼之教育，最重公众，而吾惟重一己也"。② 正是因此，中美教育相较，中国教育问题重重。如在他看来，虽然实施分科制存在着对教师要求高、设备需求多、经费数目大等问题，不能遽加断定其一定可行于中国，但分科制使得美国的中学毕业生在毕业后皆有独立谋生办事的能力，仅此点，就可以说它大有研究的价值。反观中国，中学各科

---

① 黄炎培：《美国教育状况纪要》，载《教育研究》第 25 期，1915 年 11 月。
② 黄炎培：《东西两大陆教育不同之根本谈》，载《教育杂志》第 8 卷第 1 号，1916 年 1 月。

通习，使学生无一专长可赖以生活，远不如美国的分科制"适切"。而学生特别是大批的中学生毕业后即失业，更是中国教育界最可虑之事，且即便少数得就职业，也大多为教员及行政机关人员，涉足生利的农、工、商业者，可谓凤毛麟角。而造成这一状况的根本原因，乃"在学校与社会隔阂。学校一切设施，未尝求合社会之所需，而社会亦遂漠视之，绝不识学校用意之何在。一则闭门造车，一则隔岸观火。循是不改，虽黉舍遍于国中，欲其食报难矣"。① 故而他叹曰：中国"讲教育若干年，仍是毫无效果，外国上下一心提倡职业教育，而我国何如，可胜叹哉！"②

在黄炎培看来，"方今世界竞争，日益剧烈，一国之教育，非注重生计，绝不适于生存"，③ 欧美国家为"救生计""达生存"，多注重职业教育；而中国由于"地未辟而人若多，故失业者甚众"，加之，"向来贵士而贱工，学生毕业后有为工者，人必以为降格"，④ 这种不正确的认识观念也使失业者愈来愈多，导致中国生计短绌。有鉴于此，黄炎培明确地指出，中国不仅要学习欧美国家特别是职业教育发达的美国，注重学校教育和社会生活的密切联系，力求教给学生切实适用的知识，"认职业教育为方今急务"；⑤ 而且，欲解决学生毕业后的失业问题，"将不适宜之习惯渐渐变更，殆非提倡职业教育不可也"。⑥

综上，自民初陆费逵等开始倡导职业教育始，通过黄炎培的国内教育考察和美国之行，职业教育已经真正得以孕育与引入，并为职业教育在中国的萌生奠定了坚实基础。

---

① 黄炎培：《黄君致齐巡按使书》，载《教育研究》第28期，1916年8月。
② 黄炎培：《调查美国教育报告》，载《教育杂志》第8卷第4号，1916年4月。
③ 黄炎培：《调查美国教育报告（续）》，载《教育杂志》第8卷第6号，1916年6月。
④ 黄炎培：《调查美国教育报告》，载《教育杂志》第8卷第4号，1916年4月。
⑤ 黄炎培：《新大陆之教育（下编）》，上海商务印书馆1917年版，第7页。
⑥ 黄炎培：《调查美国教育报告》，载《教育杂志》第8卷第4号，1916年4月。

第四节　职业教育在中国的萌生

一、对职业教育的初步认识和探讨

美国之行使黄炎培对职业教育有了更多新的理解。回国后，他在提出中国开展职业教育的必要性、重要性的同时，还不时发表对职业教育的认识和看法。下面仅举数例作一说明。

1915年12月，在江苏省教育会作《美国中学校职业教育之状况》报告时，黄炎培言道："职业教育之科目，不外四大端，即工、农、商与家政是也。职业教育之施行，实在中等以下之学校。"①

1916年1月3日，在松江讲演，黄炎培提出："凡提倡职业教育，宜先从调查入手。其种类，一宜注意其至普通者，如男子木工、女子裁缝之类；一宜注意其至特别者，则根据地方状况与夫特殊之土宜物产而定之。……凡职业教育，一以经济为中心，而以教育为其手段可也。"②

1916年9月12日，黄炎培联合沈恩孚、庄俞、郭秉文等于江苏省教育会中附设职业教育研究会，"专事研究各种职业教育之设施以及提倡推广方法"。③

1917年1月，在《职业教育实施之希望》一文中，黄炎培从理论上阐述了实施职业教育的可能性、必要性和重要性。认为实施职业教育，一在确立职业教育制度，一在审择职业的种类及其性质，而"今之教育，不能解决社会、国家最困难之生计问题"，且"今后中国数年之间，民生尚不

---

① 黄炎培：《黄炎培调查美国教育报告》，见田正平、李笑贤编：《黄炎培教育论著选》，人民教育出版社1993年版，第30页。
② 黄炎培：《黄炎培日记》第一卷，华文出版社2008年版，第227—228页。
③ 江苏省教育会编：《江苏省教育会年鉴》第2期，江苏省教育会1916年印行。关于江苏省教育会及其所附设的职业教育研究会更为具体的情况，可参阅本章第五节的有关内容。

已其穷蹙，变故尚不已其纠纷，教育非不逐渐扩张，而其无补于社会、国家最困难之生计问题，将日益显明，其显明之区域，将日益推广；而社会、国家一切现象所以表示其对于改革教育之要求，将日益迫切，其迫切之程度，将日益增加。因而使教育讲演者，不得不大发挥职业教育，著作者不得不大揭橥职业教育"。①

1917年4月，在《新大陆之教育（下编）》中，黄炎培从职业教育与实业教育的不同特点再次解释了职业教育的内涵：

> 职业教育，以广义言之，凡教育皆含职业之意味。盖教育云者，固授人以学识技能，而使之能生存于世界也。若以狭义言，则仅以讲求实用之知能者为限，亦犹实业教育也。惟实业教育，兼含研究学说之意味，而职业教育，则专重实习，纯为生活起见。实业教育所养成之人物，其一部分主用思想；而职业教育所养成之人物，则完全主用艺术。盖自欧洲十八世纪工业革命以来，乃有所谓实业教育，至挽（晚）近实业益发达，而生计问题亦日以急迫，于是复有所谓职业教育。……是故职业教育者，在学说上为后起之名词，在社会上为切要之问题，而在教育上实为最新最良之制度也。②

不仅是黄炎培，在当时，随着教育界、实业界对职业教育的倡导，特别是自1915年8月黄炎培赴美考察教育回国后，到1917年5月中华职业教育社成立止，教育界不仅编、译、撰写出版了一批职业教育的相关著作（按：有关江苏省教育会在这一时期出版的职业教育著作，可参阅本章第五节的相关内容），如朱景宽译述的《职业教育论》（上海商务印书馆1916年4月版），顾树森著的《德美英法四国职业教育》（上海中华书局1917年

---

① 黄炎培：《职业教育实施之希望》，载《教育杂志》第9卷第1号，1917年1月。
② 黄炎培：《新大陆之教育（下编）》，上海商务印书馆1917年版，第5—6页。

4月版);而且,介绍国外职业教育发展、阐述职业教育基本问题、探讨职业教育基本理论的文论,在一些重要的教育期刊上连篇累牍地出现。如《教育研究》上有:蒋梦麟《美国纽约小学预备职业教育》(1915年11月第25期);《教育杂志》上有:庄俞《今日之职业教育》(1916年9月第8卷第9号),天民《小学校职业教育实施法》(1916年11月第8卷第11号),贾丰臻《实施职业教育之注意》(1917年3月第9卷第3号),天民《国民经济之发展与职业教育》(1917年3—4月第9卷第3—4号)等;《中华教育界》上有:顾树森《论职业教育与实业教育之区别》《德美英法四国职业教育之实况》(第6卷第1期),杨嘉椿《小学校乡土科与职业教育》(1917年1月第6卷第1期),王则行《对于设施职业教育之意见》(1917年2月第6卷第2期),侯鸿鉴《论女子职业教育之实际》(1917年3月第6卷第3期),李廷燮《职业教育之理科教授》(1917年4月第6卷第4期),以及陈霆锐的译文《美国小学校之职业教育》(1916年7月第5卷第7期)、《发展学童个性与职业教育之关系》(1916年9月第5卷第9期)、《美国职业教育之最近状况》(1916年10月第5卷第10期),方克和的译文《美国职业教育之设施》(1916年12月第5卷第12期)和《国民经济之发展与职业教育》(第6卷第2期);另外,还有蔡元培《教育界之恐慌及救济方法》(《时报》1916年12月20—22日)等。可以说,这些文章所论述的问题涉及职业教育的多个方面,如职业教育与实业教育的区别,职业教育的目的、含义、实施、学科教授、女子职业教育,在中国实施职业教育的必要性和可能性等,其中不乏真切而独特之见。

如在《小学校职业教育实施法》中,天民认为职业教育的目的有多个方面,而其最重要者"在授以生产上一般之知识,使得理解现时产业组织及国家产业发达之如何,又与以农工商业初步之技能,使为实际职业之准备";[①] 在《国民经济之发展与职业教育》中,他更认为:"职业道德"问

---

① 天民:《小学校职业教育实施法》,载《教育杂志》第8卷第11号,1916年11月。

题是职业教育中"至为必要"的，而在职业道德中，"最重者，则为忍耐、独立自营、勤俭、信用、正直、创造力、喜劳动、协同一致、自治、责任心等等"，并说"为利他的道德之陶冶涵养，增高其贡献社会尽瘁国家之精神，此职业教育之最高目的也"。①

庄俞认为，方今各国提倡、重视职业教育，其根本目的是要"与国民以治生之术也"。所谓"治生之术"，就是使人们具有职业上的智能以发展其生产力。而"治生之术奈何？即广设职业学校，传授职业上之智能而已"。在庄俞看来，"职业教育之名词包含者广，凡专门学校、大学校、高等学校之毕业生，皆可服务于社会，则亦职业教育也。……但为高等之职业教育，故可属之专门学校、大学校、高等学校，他如各种实业学校、师范学校，其毕业学生亦有服务社会之能力，则亦职业教育也"。虽然如此，但"职业教育须为普通教育之一部分，方得于基础上收效果"，故"欲发达职业教育，必先于普通教育注意之"。基于这一认识，庄俞进一步认为，必须提倡初等职业教育，"先于高小学校中学校内定职业为各科之一部分，藉以弥补普通教育之不逮，使卒业于普通学校，不复进受教育者，各得一技之基础，可谋职业。其为个人发展生产力虽小，其为社会国家发展生产力则甚大"。同时，要培养儿童尊重职业的倾向，养成儿童的勤劳品德。②

蔡元培则在《教育界之恐慌及救济方法》这一在江苏省教育会所作的演说中，明确提出："实业教育之缺乏，致中学毕业生不能应社会上之用……为中学生筹救济，当注重职业教育"；其方法，一方面应"于普通教育时间内，因地制宜，酌加农、工等科，一方面多设甲、乙种实业学校，使小学、中学毕业生，步步衔接，可以志愿入校"。③

贾丰臻认为，对于职业教育，必须从精神和实质两方面加以注意。在

---

① 天民：《国民经济之发展与职业教育》，载《教育杂志》第9卷第4号，1917年4月。
② 庄俞：《今日之职业教育》，载《教育杂志》第8卷第9号，1916年9月。
③ 蔡元培：《教育界之恐慌及救济方法》，见中国蔡元培研究会编：《蔡元培全集》第二卷，浙江教育出版社1997年版，第483—485页。

精神上,应注意职业教育"非抛去精神而专务实质之谓也,非抛去精神科学而专务职业技能之谓也";于实质上,则应考虑"学校教授方面,宜设备周到,不至有名无实",如理科应注重应用化学以备制造日用品,手工科应注重实用的手工,农工科宜注重农场实习,商业科宜注重商店实习,等等。①

在中华职业教育社成立前,不少有识之士在致力于职业教育的倡导、宣传和推动职业教育萌生的过程中起到了重要作用。这其中,除以上所举黄炎培、天民、庄俞、蔡元培、贾丰臻等人外,顾树森更是一位突出的代表。

顾树森(1886—1967),字荫亭,江苏嘉定县(今属上海市)人,我国早期职业教育主要的开拓者和重要的奠基人。② 他不仅和黄炎培等人于1917年5月在上海发起创办了中华职业教育社,而且在职教社成立前后,发表了多篇探讨职业教育理论的文章,其中《论职业教育与实业教育之区别》和《德美英法四国职业教育之实况》是他在职教社成立前关于职业教育探讨的代表作(有关顾树森在中华职业教育社成立后对职业教育理论的探讨详见第十一章第一节的有关内容)。

---

① 贾丰臻:《实施职业教育之注意》,载《教育杂志》第9卷第3号,1917年3月。
② 顾树森是民国时期著名的教育家和当代著名的教育史学家。1917年5月,时任《中华教育界》编辑主任的顾树森,和黄炎培等人在上海发起创办了中华职业教育社后,先后任中华职业学校校长,主持职教社研究部,主编《教育与职业》杂志,发表了大量有关职业教育的理论文章,并编写《职业教育设施法纲要》(江苏省教育会1917年印行),著《德美英法四国职业教育》,辑《职业教育表解》(上海商务印书馆1918年版)。在躬身引入、实践职业教育,对西方国家职业教育发展进行介绍的同时,结合中国的实际情况,矢志职业教育理论探讨。1922年10月—1925年4月,受职教社委托,顾树森赴意、德、英、丹麦等国考察职业教育,其间,将考察调查所得编写成"欧游丛刊"(计七集)。1928年12月,顾树森被任命为国民政府教育部普通教育司司长;1929年初,又被任命为南京特别市教育局局长;1930年6月,再任教育部普通教育司司长;1935年4月,任教育部蒙藏教育司司长;1941年8月,改任教育部国民教育司司长。新中国成立后,任教于江苏师范学院(1982年更名为苏州大学),先后著有《中国古代教育家》《中国历代教育制度》,编著《中国古代教育家语录类编》等教育史著作,为中国教育史的教材建设和学科发展作出了重要贡献。

1917年1月,针对当时"有以为职业教育可包括于实业教育之内者,亦有谓实业教育之外无所谓职业教育者""亦有疑为职业教育之办法不能施行于我国者""卒致议论纷陈,怀疑莫决"的状况,① 顾树森特作《论职业教育与实业教育之区别》一文,指出:职业教育乃是"于普通教育范围之内,对于大多数不能升学之子弟,按其程度,施以与职业有关系之知识技能,俾将来易得就相当职业,以谋自立之生活耳",所以,它是普通教育的重要补充,"普通教育仅示以学理者,职业教育当致之实用";但"实业教育,大抵专为少数升学子弟已受普通教育者再授与以关于实业上之知识技能,而其所造就之人才,专以养成实业界之中坚人物为目的",范围狭,种类少,程度高,研究的学科多趋于专门学理方面,"实可谓发达农工商各种实业之一种专门的教育,断非如职业教育之程度低而收效益也"。基于以上认识,顾树森将二者的区别概括为五个方面:

> 一、职业教育,当施之于普通教育范围以内,而实业教育则列在普通教育之上;二、职业教育之范围广而程度浅,实业教育之范围狭而程度高;三、职业教育之教科多在技术方面,故偏重实习,而实业教育之教科,多含学理的性质,理论与实习并重;四、职业教育专为多数不能升学之子弟补习关于各种职业之知识技能而设,实业教育专为少数升学之子弟习农工商等之专门学问而设;五、职业教育专养成一般儿童有相当之职业为目的,而实业教育专以造就实业界之中坚人物为目的。②

针对人们对在中国实施职业教育的怀疑,顾树森在《德美英法四国职

---

① 顾树森:《论职业教育与实业教育之区别》《德美英法四国职业教育之实况》,载《中华教育界》第6卷第1期,1917年1月。
② 顾树森:《论职业教育与实业教育之区别》,载《中华教育界》第6卷第1期,1917年1月。

业教育之实况》中，比较详细地介绍了这四个职业教育发达国家有关职业教育（包括徒弟学校、职业指导）的发展情况，他感慨道："以欧美工艺之进步，实业之发达，而犹注重职业教育若是，独于我国处今日之情形，而反视之漠然，毫不加意，不亦可怪已夫。"① 正是因为这样，顾树森说，实业教育"可谓旧有之制度"；而职业教育，"乃为新起之名词"；在中国，固当注重实业教育以为国家富强之基，但鉴于中国个人生计之困难状况，设施职业教育，"亦为当今急务，而不容一日或缓者矣"。鉴于当时的"壬子·癸丑学制"中没有专就职业教育的规定，普通学校所造就的人才"上不能适用于实业界为重要之中坚人物，下又不能迁就浅易之职业以谋自立之生活"，他建议"秉政者"应对学制进行改革，"对于职业教育，当与实业教育分别注重"，使学制由"不适实用"而"渐趋于应用"。②

综上，顾树森坚定地断言：当前教育上最重要的"急务"有两个方面，"一在使人人有相当之职业，二在使人人有高尚之道德"，所以，职业教育和道德教育实乃教育界"最重大最切要之二大问题"；"职业教育，固为人生所必需而为我国今日亟宜注意者也，然苟无道德教育，则虽有职业，亦终不能维持于永久"。所以，"今日教育界之恐慌，实以此二者为最著，而救济之道，亦以此二者为最急"。③

二、赴日本、菲律宾教育考察团与职业教育的萌生

1915年，黄炎培随游美实业团赴美进行教育考察期间，在旧金山巴拿马太平洋万国博览会上，当他看到时为美国殖民地的菲律宾的种种职业教育出品和图表，大为惊异。原西班牙属地的菲律宾，其教育向来较为落

---

① 顾树森：《德美英法四国职业教育之实况》，载《中华教育界》第6卷第1期，1917年1月。
② 顾树森：《论职业教育与实业教育之区别》，载《中华教育界》第6卷第1期，1917年1月。
③ 荫亭：《论美育与道德教育之关系》，载《中华教育界》第6卷第1期，1917年1月。

后，然而，自隶属美国不到二十年，其教育发展，却"一日千里，为东亚新进之少年"。为了究其原因，并予取法，黄炎培认为必须"亲履其地，周览博考"。回国后，他即向教育部提出考察菲律宾教育的动议，得到了教育部的认可和赞许。教育部认为："我国教育制度，向多取法日本，欲更取美国方法移植我国，容有未尽适当者，故不若以日本斐律宾合观而比较之，乃有所折衷而节取；且考察教育，尤以身任学校事业者，为亲切有味，易收直接设施之效。"① 故决定由教育部组织派北京高等师范学校校长陈宝泉、该校附中主事韩振华、武昌高等师范学校校长张瑄、南京高等师范学校教务主任郭秉文一同赴日本、菲律宾进行教育考察。作为倡议者，黄炎培欣然同行；而蒋维乔亦愿加入，并得到批准。这样，这一民初重要的国外教育考察团由此组成。

这次教育考察，考察团于1917年1月8日由上海出发，11日抵东京，28日结束对日本的考察，于2月3日抵达马尼拉，到26日离开菲律宾，考察时间计一月有半。在考察期间，陈宝泉、韩振华、张瑄、郭秉文将考察的重点放在了师范教育上，而黄炎培和蒋维乔则更注目于职业教育。身历两国，他们深深认识到"日本于职业教育之名词，虽未见十分煊烂，而于实际则励行弗懈。观其全国实业补习学校，多至八千余所，可知其从前之强国政策，得力于军国民教育；而今后之富国政策，将取径于职业教育"；而"斐律宾之职业教育，完全以政府之力设施之，故其组织最完密，而有秩序。……虽普通教育，亦盛含职业教育之意味"。② 基于以上认识，黄炎培、蒋维乔认真地对两国职业教育进行考察、体认，并就有关职业教育问题与日本教育名家交换意见；而郭秉文、陈宝泉等人在重点考察两国师范教育的同时，也对两国的职业教育进行了了解。

---

① 袁希涛：《缘起》，见韩振华、黄炎培、陈宝泉、张瑄、郭秉文、蒋维乔编纂：《考察日本斐律宾教育团纪实》，上海商务印书馆1917年版。
② 黄炎培：《东南洋之新教育（前编）》，上海商务印书馆1918年版，"弁言"。按：该"弁言"置于本书内容前，乃为《东南洋之新教育》总的"弁言"。

从 1 月 11 日抵日至 28 日离日，考察团在日本考察时间为时仅半月有余。其间，黄炎培先后参观了东京共立女子职业学校、东京府立工艺学校、东京高等工业学校、横滨商业学校等，并和东京高等师范学校教授佐佐木吉三郎、东京府立工艺学校教务主任铃木重幸、东京高等工业学校校长阪田贞一及原校长手岛精一等人，就"日本一般教育家对于职业教育之意见"、东京府立工艺学校"与实业界之联络状况""教育与职业联络方法""实业专门教育与职业教育的缓急先后"等问题进行了广泛交流。而在菲律宾的 20 余天，黄炎培等除了参观菲律宾商业学校、中吕宋农业学校、菲律宾工艺学校外，还先后在菲律宾师范学校、普智学校、广东会馆等处作了《职业教育》《提倡爱国之根本在职业教育》《职业道德与智识》等演说。由于当时黄炎培等已在着手联合全国教育界、实业界著名人士计划发起成立中华职业教育社，早在来菲律宾之前，黄炎培就和郭秉文商量，趁这次到菲考察教育之机，为职教社募集经费；所以，在菲律宾，为了得到广大华侨的支持，2 月 22 日，黄炎培特在华侨教育会的饯别会上作了《中华职业教育社之组织》的演讲，并在 26 日于总领事馆召集各侨商，"议捐金于中华职业教育社"。①

关于这次教育考察中的有关情况，考察团成员回国后将之编纂成《考察日本斐律宾教育团纪实》，由上海商务印书馆于 1917 年 9 月出版。书中有全体考察团成员的合影、考察行程图、考察教育机关一览表，及黄炎培《游程日记》《日本斐律宾之职业教育》、蒋维乔《斐律宾之教育行政》《斐律宾之农业教育》《斐律宾之工业教育》《斐律宾之商业教育》、郭秉文《斐律宾学校之编制教授训练》、陈宝泉《日本及斐律宾之社会教育》等文；而黄炎培本人也专门编纂了《东南洋之新教育》前、后编，对这次考察的前后情况作了详细的介绍，并作为"黄炎培考察教育日记"的第四

---

① 黄炎培：《游程日记》，见韩振华、黄炎培、陈宝泉、张渲、郭秉文、蒋维乔编纂：《考察日本斐律宾教育团纪实》，上海商务印书馆 1917 年版，《游程日记》第 10 页。

集，分别由上海商务印书馆于1918年6月和8月出版。

透过《考察日本斐律宾教育团纪实》和《东南洋之新教育》，日本、菲律宾的职业教育发展情况明晰可见。如蒋维乔的《斐律宾之教育行政》《斐律宾之农业教育》《斐律宾之工业教育》《斐律宾之商业教育》，对菲律宾的职业教育分门别类，述之甚详。黄炎培在《日本斐律宾之职业教育》一文中，则介绍了日本东京府立工艺学校的学科"分金属细工科、精密机械科、家具制作科，各四年毕业"；东京共立女子职业学校"其目的在授女子以适切之技艺，并养成其常识与诚实勤勉之美德。其编制分甲部、乙部。甲部内分本科、受验科、高等师范科；乙部内分本科、受验科、家庭科。甲部皆三年卒业，乙部皆二年卒业。甲部各科于裁缝、编物、刺绣、造花四种，令选习二种；乙部各科但令习一种"；菲律宾"自初小起即设职业科，自高小起即分设农、工、商及家事科，中学分设农、工、商、家事等"；菲律宾工艺学校分铁工、木工、建筑、机械画、摩托车、机械预备、航海、测量八科；在"斐岛之中央，设一师范学校，分普通科、工艺科、家事科、体育科。工艺科于通常学科外，课制篮、园艺、木工、竹工、制鞋、制帽、刺绣、花边、缝纫、家事、烹饪等科；家事科于通常学科外，课家事、烹饪、裁缝、各种工艺。此皆职业科教员之所由养成也"。[①] 而《东南洋之新教育》则更是详录了日本东京共立女子职业学校的各科课程开设表、菲律宾小学校职业科各学年课程表以及与铃木重幸、手岛精一等人关于职业教育的谈话内容。

不仅如此，考察团回国后，还在广州、上海、南京、北京等地广泛介绍、宣传日本、菲律宾的职业教育发展情况，并强调在中国实施职业教育的重要性和必要性。如1917年3月3日，黄炎培在广东高等师范学校演说"职业教育"；是月，在江苏省教育会，黄炎培和江苏省立各实业学校校

---

① 黄炎培：《日本斐律宾之职业教育》，见韩振华、黄炎培、陈宝泉、张渲、郭秉文、蒋维乔编纂：《考察日本斐律宾教育团纪实》，上海商务印书馆1917年版，第93—102页。

长、职业介绍部主任就借鉴日本经验讨论学校与实业界联络之方法。4月，江苏省教育会召开"菲律宾职业教育报告会"，请黄炎培、陈宝泉、郭秉文、张渲等人演讲；在会上，郭秉文特别指出，菲律宾的教育"所重者三项：一普通教育，二职业教育，三体育，而职业教育为尤重。……至于职业教育，其目的有二：一辅助教育，二发展经济"。① 陈宝泉回国后曾在北京女子师范学校演讲"菲律宾教育"。在他看来，菲律宾的教育"首重实用"，如女子教育在高等小学校最重家政，而"其所谓之家政者，非只家事一科，又注重烹饪、缝纫、挑花、刺绣、花边等项，均以实用为主"。依菲律宾女子教育发展的特点，陈宝泉对我国教育的现状和改革提出了自己的看法和建议，他说："职业教育在完成人之能力"，但是"至我国之学校，则所学之科学，不论实用无论矣。即手工一科，学数年毕业，不能作技师，又不切实用。社会自社会，学校自学校，求其有功，不亦难哉。夫学校用以改良社会者，是学校为社会设，非学校为学校设也。社会不良，故设学校，毕业生得以解决其生活问题，因而社会而国家俱得以解决其生活问题，故学校应与社会生关系"。②

综上所述，在职业教育引入后，伴随着教育界、实业界对职业教育越来越有力的宣传，以及赴日本、菲律宾教育考察团对职业教育的极力提倡，"职业教育"这一"东方教育辞典向所未载"的名词，在中国也"嚣嚣于口，洋洋于耳"，③ 最终得以萌生，进而为职业教育的进一步发展奠定了坚实的基础。

---

① 《记事：教育会汇志》，载《教育杂志》第9卷第4号，1917年4月。
② 陈宝泉：《菲律宾教育》，载《北京女子高等师范文艺会刊》第1期，1919年6月。
③ 黄炎培：《职业教育实施之希望》，载《教育杂志》第9卷第1号，1917年1月。

第五节　江苏省教育会与民国初年的职业教育

江苏省教育会的前身是清末成立的江苏学会、江苏学务总会和江苏教育总会。

"新政"初期，江苏在两任两江总督刘坤一、张之洞所推行的教育改革基础上，新式教育的发展走在了各省前列，各种新式学堂竞相设立。然而，虽然当时的江苏兴学效果显著，但在教育行政职能上，却既有设于南京的宁提学使，又有设于苏州的苏提学使，二者因共同管理全省学务，故常发生职权上的抵牾。为了规范江苏省教育，当时江苏一些绅士即提议设立一个专门的教育组织，以协调本省教育的发展。

1905年9月，阳湖县（今常州市武进区）绅士恽祖祁首先发起成立了江苏学会。这原本是一个民间的学术文化教育组织，初设时影响并不大，但在当时有着深厚教育基础的江苏省，却吸引了不少关心教育人士的注意。是年11月，张謇、黄炎培、沈恩孚、杨廷栋等人在上海集会，与江苏学会负责人商议在江苏学会的基础上筹建江苏学务总会。12月，他们委托农工商部参议、崇明县（今上海市崇明区）绅士王清穆上《设立江苏学务总会呈》，得到了学部和时任江苏巡抚端方的首肯。之后，学务总会筹组者借鉴上海商务总会的办法，拟定了《江苏学务总会章程》。

《江苏学务总会章程》规定，本学务总会的宗旨为："专事研究本省学务之得失，以图学界之进步，不涉学界外事。"① 具体包括五个方面：注重师范，考求实业，提倡尚武精神，预备地方自治和联络本省学界。并规定，各地方学会会长、地方总董、素有声望之士均可入会；地方绅士凡与学务有关系者，或能担任推广扶助学务者，或兴办工商实业卓有成效者，也可入会；所有会员年龄均须在25岁以上。考虑到交通之便，学会总部设

---

① 《江苏学务总会章程》，见江苏学务总会编：《江苏学务总会文牍》，江苏学务总会光绪三十二年（1906）印行，"初编上"第3页。

于上海。总会成立后，公举张謇为总理。

江苏学务总会的设立虽未受到学部的限制，但学部认为，学会的设立与地方教育发展有密切关系，进而关乎全国教育，应由国家妥议章程，以进行规范划一。所以，1906年7月28日，学部特制定了《各省教育会章程》，规定："教育会为全省所公立，而设在学务公所所在之地者，称某省教育总会"，已开办的教育会也应"一体遵照办理"。① 依此规定，在是年9月的常年大会上，江苏学务总会乃更名为"江苏教育总会"，会所地址仍设在上海，由张謇担任会长。并规定，"总会"除随时查照学部所定的《各省教育会章程》办理外，还应在普及教育、政治教育、实业教育、尚武教育等方面特别注重，并辅助本省教育行政，加强与各省教育总会的联络。

民国成立后，随着政治上的革故鼎新，教育部对教育也进行了一系列除旧布新的改革。1912年9月6日，教育部公布了《教育会规程》，规定："教育会以研究教育事项，力图教育发达为目的"；② 分省教育会、县教育会和城镇乡教育会；主要研究关于学校教育、社会教育和家庭教育等事项。根据《教育会规程》之规定，10月，江苏教育总会更名为江苏省教育会，并在原《江苏教育总会章程》的基础上，新制定了《江苏省教育会章程》，于是月15日颁布。其中规定，江苏省教育会的宗旨为："审民国之前途以定方针"及"审本省之现状以求进步"；③ 主要研究关于学校教育、社会教育和家庭教育等事项，力求教育发达。

江苏省教育会成立后，规定每年8月召开一次常会，每年于常会后召开一次全体职员会，并于每年常会前后及每年1、4、7、10月各举行一次

---

① 朱有瓛、戚名琇、钱曼倩、霍益萍编：《中国近代教育史资料汇编·教育行政机构及教育团体》，上海教育出版社1993年版，第247—248页。
② 朱有瓛、戚名琇、钱曼倩、霍益萍编：《中国近代教育史资料汇编·教育行政机构及教育团体》，上海教育出版社1993年版，第252页。
③ 朱有瓛、戚名琇、钱曼倩、霍益萍编：《中国近代教育史资料汇编·教育行政机构及教育团体》，上海教育出版社1993年版，第281页。

评议员会。另外，每周一举行一次办事员会，每周五举行一次干事员会，并不定期地召开临时会议。1912年—1921年8月，张謇任会长。1921年8月—1923年会长为袁希涛。王同愈、黄炎培则先后任副会长。

作为近代中国成立最早、影响最大的省教育会，江苏学务总会（江苏教育总会、江苏省教育会）在清末民初教育近代化的发展历程中扮演着一个十分重要的角色；特别是在民国成立以后，由于江苏省教育会中的主要领导者如张謇、黄炎培、沈恩孚等均为职业教育的倡导者，故使得其成为推动当时职业教育发展的一支重要力量。

一、创办"职业教育研究会"，专事职业教育研究

早在1905年江苏学会成立时，就将"劝设实业学校，养成农工商实业之才"作为其宗旨之一，并规定入会者须25岁以上，或是"绅士于学务有关系者"，或是"绅士实能担任推广扶助学务者"和"兴办工商实业著有成效者"。① 江苏学务总会成立后，在《江苏学务总会章程》中重申了以上的规定。江苏学务总会更名为江苏教育总会后，特将"注意实业教育，使农工商三业其实力足以助各种机关之发达而立富国之基本"作为其"重要之事项"之一。② 江苏教育总会改称江苏省教育会后，再次重申了这一规定。可见，从创立伊始，江苏学务总会（江苏教育总会、江苏省教育会）即将发展实业教育作为其重要任务。而伴随着职业教育的引入和发展职业教育的要求，江苏省教育会对职业教育的作用亦开始凸显。

组织教育研究机构，推动教育的普及、宣传和研究，乃江苏省教育会的重要任务。早在1906年，江苏教育总会遵"癸卯学制"关于要求各地教育会应"立教育研究会，以求增进学识，选聘讲师定期讲演教育史、教育

---

① 《江苏学会暂定简章》，载《东方杂志》第2年第12期，光绪三十一年（1905）十二月。

② 朱有瓛、戚名琇、钱曼倩、霍益萍编：《中国近代教育史资料汇编·教育行政机构及教育团体》，上海教育出版社1993年版，第272页。

原理、教授法、管理法、教育制度及其他种科学"之规定，即成立了法政研究会，开展政治教育的研究。民国成立后，江苏省教育会又依教育部《教育会规程》关于"教育会为讲求各项学术及开通地方风气，得分设各项研究会"的规定，[①] 设立了各类教育和有关学科研究会，如英文教授研究会（1914 年 9 月）、小学教育研究会（1914 年 10 月）、理科教授研究会（1914 年 11 月）、师范教育研究会（1915 年 1 月）、体育研究会（1915 年 7 月）、幼稚教育研究会（1916 年 5 月）、教育法令研究会（1916 年 7 月）、职业教育研究会（1916 年 9 月）、中学教育研究会（1918 年 8 月）、美术研究会（1918 年 10 月）和通俗教育研究会（1921 年 1 月）等。这其中，以"专事研究各种职业教育之设施以及提倡推广方法"为宗旨而设立的"职业教育研究会"，是当时教育界一个十分引人注目的研究机构。

1915 年 8 月，黄炎培从美国考察教育回国后，深为美国职业教育的蓬勃发展所触动。通过中美教育的比较，他益觉改革中国教育的必要，愈感在中国发展职业教育的急迫。于是，在 1916 年 9 月 12 日，身为江苏省教育会副会长的黄炎培联合沈恩孚、周厚坤、庄俞、郭秉文等发起组织了我国最早的省级职业教育研究机构——"职业教育研究会"，并亲自担任该会主任。根据《职业教育研究会简章》之规定，"研究会"共设职员 15 人，"分司调查、评议及各项干事，由会员互举之"；其主要任务有三："研究关于普通教育范围内设职业科之方法"，"研究关于职业补习教育之设施方法"，"研究关于职业学校之设施方法"；[②] 研究会规定每年召开一次大会，并不定期地召开职员会和研究会；凡"在教育界而有志研究职业教育者及在职业界而有志研究职业教育者均得入会为会员"。初设时，研究会即有会员 148 人，其中包括黄炎培、沈恩孚、江谦、贾丰臻等人。

---

① 朱有瓛、戚名琇、钱曼倩、霍益萍编：《中国近代教育史资料汇编·教育行政机构及教育团体》，上海教育出版社 1993 年版，第 252—253 页。

② 《记事：苏省教育会研究职业教育》，载《教育杂志》第 8 卷第 10 号，1916 年 10 月。

就在职业教育研究会成立前夕，在江苏省教育会第十二次常会间召开的评议员会提出"提倡实施职业教育方法"，规定江苏省教育会今后在职业教育方面应着力："（一）介绍各地已办之职业学校或设有职业科之学校，劝各地办学者前往参观。（二）通告各地拟办职业学校或小学拟设职业科者，将其办法报告本会，以便转知各地，以资取法。（三）由小学教育研究会将小学校设职业科后，其学程及时间若何支配分设，并拟具办法，通告各地。（四）各地有欲设职业学校或小学拟设职业科者，如有疑问，得函告本会，当代为研究，或访问答复。（五）请省立各师范学校斟酌地方状况，于附属小学设职业科，以为模范。（六）请师范学校从速筹划加授农工商科，以预储师资。（七）由本会于明年度设职业学校成绩展览会，请省公署派员评判，择其成绩优异者，厚给该校以奖励金。以后每年举行一次，暂以三年为期。（八）由本会函请省视学随时注意督促，实施职业教育，并就已办之职业学校或设有职业科之小学校，将其状况通知本会。"① 此后，依该"方法"之规定，江苏省教育会以职业教育研究会为中心，开展了多种有关推动职业教育宣传和普及的活动，如关于在普通教育范围内设置职业科的方法和职业补习教育的设施方法等问题的研究。而在各种活动形式中，组织职业教育讲演尤为引人注目。

二、组织职业教育讲演，开展职业教育宣传

讲演是民国初期宣传教育思想、介绍西方教育的重要形式，实际上，也是江苏省教育会的一贯做法。早在 1914 年 8 月，江苏省教育会即请郭秉文演讲"英德法美四国之学制异同"。演讲中，郭秉文谓：现今各国教育共同的注意点，一为课程改良，一为经济问题；"一面普及职业教育，一面使普通学校之儿童知选择自己适宜之职业"；其促进方法，一是考察外国教育，二是调查地方教育，三是用报告以沟通学校与社会之感情，四是

---

① 《记事：苏省教育会研究职业教育》，载《教育杂志》第 8 卷第 10 号，1916 年 10 月。

力谋学校与实际生活之接近。① 1915 年 10 月，江苏省教育会又请黄炎培报告赴美考察教育情形，并介绍美国教育状况。黄炎培对美国教育注重实用的特色给予了充分肯定，并极加赞赏。1917 年 3 月，黄炎培、郭秉文、陈宝泉、蒋维乔等从日本、菲律宾考察教育回国后，江苏省教育会曾多次举行演讲会、报告会，邀请他们介绍考察所得，畅谈感想。如 4 月，江苏省教育会特开"菲律宾职业教育报告会"，请黄炎培、陈宝泉、郭秉文、张謇等人演说。是年 7 月，江苏省教育会还请顾树森讲演"职业教育实施法"，计有各县的学校校长、教职员及教育行政人员 270 余人莅会听讲，"济济多士，会集一堂，互相讨论，洵极一时之盛"；② 演讲毕，并将由该会所制作的两种表格分发给听讲者，请其将本校已办之职业科及拟办之职业科分别填入。

此后，随着对职业教育的内涵和发展职业教育的必要性的认识不断明确和加深，1917 年 8 月，在江苏省教育会第十三次常会上，职业教育更加备受重视，有的提出"职业教育亟宜筹备师资案"，有的提出"规定职业教育先从简易入手案"，还有的提议"速办妇孺医学专修科，扩充女子职业案"。1921 年 11 月《学制系统草案》议决后，江苏省教育会积极投入到对"草案"的评议中，不仅于是年 12 月组成"新学制草案讨论委员会"，而且还在翌年 2 月另组"学程研究会"，分初等教育、中等教育、高等教育、师范教育和职业教育五部，"将各项学程标准讨论完竣，计成新学制、小学校、初级中学、高级中学、高等教育、职业教育学程标准各一册"。③ 另外，江苏省教育会还于 1922 年 8 月发起组织"江苏省职业学校联合会"，"专事研究关于职业学校共同问题"，积极参与"新学制学程研究会"提出

---

① 《记事：江苏省教育会》，载《教育杂志》第 6 卷第 6 号，1914 年 9 月。
② 记者：《江苏省设施职业教育之概况》，载《中华教育界》第 7 卷第 1 期，1918 年 1 月。
③ 朱有瓛、戚名琇、钱曼倩、霍益萍编：《中国近代教育史资料汇编·教育行政机构及教育团体》，上海教育出版社 1993 年版，第 296 页。

的"新学制职业教育学程草案"的讨论。所有这些,对推动"壬戌学制"职业教育制度的确立起到了积极的作用。

三、刊行《教育研究》杂志,促进职业教育探讨

有"会"必有"刊"。因为通过"刊",可以使"会"的宗旨和主张超越时空的局限得以传播和弘扬。江苏省教育会的领导人深谙于此,于是决定创办一份综合性的教育刊物。考虑到教育会乃一研究机构,杂志定名《教育研究》。

作为民初为数不多的研究性教育期刊中的重要一种,《教育研究》被称为当时教育界的重要"良友"。它"以实际研究为主旨,不尚空谈""义取共同研究,不重一家之言"。[1] 从 1913 年 5 月创刊至 1916 年 8 月停刊,共出 28 期。它初为月刊,由时任江苏省立第一师范学校学监、常熟教育会会长王朝阳担任主编,自 1916 年 4 月第 27 期改为季刊后,实行分期委托编辑制。由于是一份研究性的刊物,《教育研究》宗旨"意在征求教育界之新经验、新学理,按期发表,与邦人士共同探讨,以鼓舞全国研究之精神"。[2] 正如张謇在《发刊辞》中所言:"教育之统一,必藉人材;人材之肇兴,端资研究。本会成立既有年矣,前所编著止于文牍,不能得教育之真诠,证社会之心理也。因与诸君子谋根本之计划,议刊是编。"[3] 在这一思想指导下,该刊内容主要分"插画""时论""研究""学说""译著""调查""杂纂""会报"八个方面,材料丰富,学理新颖,特别是在关注当时欧美资本主义发达国家教育发展动态和潮流的同时,非常强调与中小学有关的教育理论和教学方法的研讨。而这其中,宣传和推广黄炎培关于"学校教育采用实用主义"的主张,为其推波助澜,进行理论深化,自然成了《教育研究》的一项重要任务。

---

[1]《教育研究编辑条例》,载《教育研究》第 1 期,1913 年 5 月。
[2] 王朝阳:《记者宣言》,载《教育研究》第 1 期,1913 年 5 月。
[3] 张謇:《发刊辞》,载《教育研究》第 1 期,1913 年 5 月。

1913年8月，时任江苏省教育会副会长的黄炎培撰《学校教育采用实用主义之商榷》一文，江苏省行政公署教育司立即将该文出版单行本，分发本会会员，并寄送各省、县、乡教育会，以"广征意见，以备施行"。10月，《教育杂志》将黄炎培的这一文章主要内容刊出后，立即掀起波澜。黄炎培此文在介绍日本和美国教育制度与方法的基础上，针对当时国内各类学校中特别是普通教育中广泛存在的严重的学用脱节问题，提出自己的疑问和改进意见，进而力倡教育与学生生活、学校与社会实际相联系的实用主义，以与教育界人士商榷。由于教育界对黄炎培这一新的思想观点见仁见智，所以《教育研究》在1913年11月的第7期和12月的第8期相继特别刊登了王朝阳写的《读学校教育采用实用主义商榷书感言》和《学校教育采用实用主义之研究》以及江苏省立第二师范学校附小杨嘉椿作的《我校之施行实用主义》等文，从舆论、理论和实践上，阐发、肯定、支持黄炎培这一新的思想观点的正确性和可行性，认为"学校教育采用实用主义"，其价值和意义乃是"视教育为生活的教育"，并符合民初临时政府教育部所颁《小学校令》中关于小学校"授以生活必须之普通知识"的宗旨，所以是无可非议的。[①]

　　1914年3月，《教育研究》又将黄炎培的《实用主义小学教育法》和《学校教育采用实用主义第二回商榷书》作为"新年号"（临时增刊）出版，再次对黄炎培的这一理论思想进行宣传，以扩大其影响。此后，又先后刊登了黄炎培的《考察皖赣浙教育状况之报告》和《实用主义之真谛与一年间之实施状况》等文，以及黄炎培在1915年8月由美考察回国后，在江苏第二次省教育行政会议讲演会上所作的有关"美国教育状况"的报告。在这些文章中，黄炎培或对其所考察省份的学校中实施实用主义的情形进行介绍，或就教育界未来实行实用主义提出期望，或于美国职业教育的兴盛发展予以赞赏。这些文字，鲜明反映出黄炎培由主张实用主义教育

[①] 王朝阳：《学校教育采用实用主义之研究》，载《教育研究》第8期，1913年12月。

向倡导职业教育的心路历程。

四、出版职业教育书籍，推动职业教育发展

除借助《教育研究》对"学校教育采用实用主义"进行研讨和对美国职业教育进行介绍外，江苏省教育会还出版有关职业教育的理论书籍，对在国内推行职业教育进行有效的理论研究和舆论宣传。

江苏省行政公署教育司 1913 年 8 月出版黄炎培《学校教育采用实用主义之商榷》单行本后，1914 年 3 月和 1915 年 1 月，江苏省教育会又先后出版了杨保恒、黄炎培辑译的《实用主义小学教育法》和黄炎培编制的《小学校实用主义表解》。特别是《实用主义小学教育法》，对实用教育的重要性及其与教师和教学的关系，以及各学科实用教育的实施，都作了较为详细的分析说明，对当时国人了解、认识乃至实施"实用主义"教育产生了重要作用。

1915 年 12 月，江苏省教育会特别制定了《印行教育书籍办法》（5 条）。依此"办法"，江苏省教育会组织、规划、出版了一系列书籍，内容广涉实用主义教育、小学教育理论、学校体操、学校卫生、小学国文、单级教授、教育行政、游戏运动，以及英、美、德、法、日等国教育的介绍等。而其中，于 1916 年至 1917 年印行出版的"实用教育丛书"尤为引人注目。

"实用教育丛书"主要包括《两汉学风》（江谦编辑）、《新教育论》（卫西琴著），《欧美职业教育》（秦翰才、周维城辑译）、《小学工场之设备》（周厚坤、陈有丰辑）、《美利坚之中学》（周维城、黄炎培、秦翰才编辑）、《职业教育设施法纲要》（顾树森编）。由于"学风之盛，断推两汉，其时学者均兼营生计，深合近今职业教育之旨"，[①] 故《两汉学风》被列为"丛书"第一种。《欧美职业教育》原作者为美国泰娄博士，书中叙述欧美主要资本主义强国实业教育、补习学校以及职业教员之养成制度，颇为详

---

① 《江苏省教育会出版书目》，载《新教育》第 1 卷第 5 期，1919 年 8 月。

明，书末并附有美国有关职业学校的课程表，"皆属职业教育设施之实例，颇足资吾国教育界之参考"；① 黄炎培在 1916 年 12 月为该书作的"序"中，对该书极力称赞，认为书中关于职业教育的评议，虽是针对美国而言，但"不啻为吾国言矣"。② 而《职业教育设施法纲要》更被认为是一种"取材简要，说理明显，所述各种方法，悉合本国社会情形"的重要职业教育著作。③ 所有这些书籍的出版，对当时学校教育采用"实用主义"理论的研讨，对国人了解职业教育的内涵和意义都产生了积极的影响。

综上所述，作为中国近代创办最早、影响最大的省级民间教育团体，江苏省教育会在张謇、黄炎培等人的领导下，创办职业教育研究机构，组织职业教育讲演活动，刊行《教育研究》杂志，出版职业教育书籍，在中国职业教育近代化的发展历程中，对推动由"实用主义教育"向"职业教育"的发展、转变，起到了十分重要的作用。

---

① 《江苏省教育会出版书目》，载《新教育》第 1 卷第 5 期，1919 年 8 月。
② 黄炎培：《抱一日记（续）》，载《教育杂志》第 9 卷第 2 期，1917 年 2 月。
③ 《江苏省教育会出版书目》，载《新教育》第 1 卷第 5 期，1919 年 8 月。

第五章　实业教育制度的改革与职业教育制度的确立

适应政体变更而制定的"壬子·癸丑学制",由于制定时过于匆忙、仓促,缺乏对社会、国情、教育发展及学生心理较为深入的研究,故不可避免地存在一定的先天不足。特别是中学以普通教育为原则,专重升学教育,而实业学校由于经费缺乏、设备不周、师资水平低下、实习活动极少等原因,多有"不实",因此,大量不能升学的中学校和实业学校毕业生,毕业后不能适应迅速发展起来的资本主义民族工商业对大批技术工人的需求。随着新文化运动对民主和科学思想的倡导,随着从新式学堂(校)走出来的新式知识分子队伍的日益壮大,以及大批沐浴了"欧风美雨"的留学生(特别是留美学生)回国后对西方先进(或曰新)教育的颂扬和宣传,在教育界,针对"壬子·癸丑学制"施行不久即弊端日现的状况,要求适应社会需要改革学制的呼声越来越高,终于在20世纪10年代末20年代初,汇成了一股强大的学制改革浪潮。这场学制改革浪潮,最终以"壬戌学制"的制颁而告终。这一"新学制",与"旧制"("壬子·癸丑学制")相较,先进之处颇多,而其中,职业教育制度的确立,最为引人注目。

第一节　实业教育制度的改革

在20世纪10年代末20年代初,实业教育制度的改革是职业教育制度确立的前奏，而在实业教育制度改革的过程中，既有全国教育会联合会等教育团体的推动，又有教育部不时制定相关政策进行有效规范，还有留美学生对美国职业教育的引介，及美国教育家杜威、孟禄来华予以的推波助澜，等等。所有这些，为接下来职业教育制度的确立奠定了坚实的理论、舆论和实践基础。

一、全国教育会联合会与实业教育制度的改革

早在1906年9月，遵学部《各省教育会章程》之规定，江苏学务总会更名为江苏教育总会；此后，江西、广西、安徽、山东、河南、福建、湖南等省也相继成立省教育总会。伴随着各省教育总会的成立，越来越多的有识之士认识到教育在国家图强中所居的重要地位，将教育改革视为重要治国之途。于是，为了推动尚处于幼稚阶段的中国新式教育的发展，1911年5月，由江苏教育总会联合广西、安徽、江西等七省教育总会，于上海发起组织成立了"各省教育总会联合会"；该会"以公议关系全国之教育事宜，期于改良进步为目的",① 成立后，在清末，虽曾集会并通过制定有关议案以促进各省教育之进步，但由于清王朝很快覆亡，这些议案自然成为一纸空文，以致各省教育总会联合会在清末所起的作用极为有限。

1912年1月民国成立后，教育被政府视为"立国之命脉，强国之枢机"，众多有识之士认识到其在造就健全国民中的巨大作用，于是在1914年，直隶省教育会乃决定仿清末各省教育总会联合会的形式，发起组织"全国教育会联合会"，以聚集全国富有学识经验的教育家及教育工作者，共同讨论教育改革及发展大计。这使得在清末未及能够充分发挥重要影响的各省教育总会联合会得以通过新的组织形式，开始彰显出其在新的政体下理应起到的非凡作用。

1915年4月20日，在得到教育部的批准后，全国教育会联合会在天

---

① 朱有瓛、戚名琇、钱曼倩、霍益萍编：《中国近代教育史资料汇编·教育行政机构及教育团体》，上海教育出版社1993年版，第181页。

津宣告成立，它"以体察国内教育状况，并应世界趋势，讨论全国教育事宜，共同进行为宗旨"，① 成立后，沿袭清末各省教育总会联合会的传统，每年定期召开会议。据统计，从1915年至1925年，全国教育会联合会共召开过11届年会，"凡全国教育上之大经大法，以及种种教育之实际问题，如新学制、职业教育、义务教育、乡村教育、公民教育、童子军教育等，与夫处置各国退还之庚款问题，靡不由该会研究讨论，建议于政府及各省教育机关，采择施行。其于全国教育，关系甚巨"。② 而这其中，自1915年的第一届年会至1919年的第五届年会，均有相关实业（职业）教育的议案议决通过。

1915年4月23日至5月13日，全国教育会联合会第一届年会于天津召开，来自全国18个省市的51名代表与会。本次会议将实业教育作为审查讨论的一个重要方面。在会议通过的诸多议案中，《实业教育进行计划案》乃最重要的议案之一。

在民国成立之初，"实业救国"依然是当时举国上下的重要呼声，而实业教育对于实业的发展和国计民生的重要性不言而喻。因为民初各省财政困难，于实业学校之设施，多未能锐意增进，致使实业学校的发展十分缓慢，且往往名实不符。有鉴于此，《实业教育进行计划案》特就"各省设立实业学校""各县地方设立实业学校"和"国家扶助实业教育"三个方面，提出了推进实业教育发展的办法。其中建议：各省应暂缓扩充中学，以增筹学款，添办甲种实业学校，以使众多不能升学的中学毕业生分趋于实业教育之途，成为具有经营生计的社会"中坚人物"；在甲种实业学校和中学校两类学校的数量比中，甲种实业学校应不少于十分之三；对已设的甲种实业学校设施等方面未完备者，应优先予以扩充；甲种实业学

---

① 朱有瓛、戚名琇、钱曼倩、霍益萍编：《中国近代教育史资料汇编·教育行政机构及教育团体》，上海教育出版社1993年版，第199页。
② 《教育界消息：行将开幕之全国教联会》，载《教育杂志》第16卷第10号，1924年10月。

校所设学科，应充分考虑地方需要和学生程度等；财力充足的县，应筹设乙种实业学校和实业补习学校，并宜就工厂及农事试验场等地筹设地方实业学校；根据地方需要，毗连数县可联合设立乙种或甲种实业学校；请教育部呈请大总统，从1916年起，酌筹补助实业教育经费，并令国立及各省官立实业场所，酌准实业学校毕业生实地练习。

全国教育会联合会第一届年会后，教育部曾多有振兴实业教育的举措。如1915年9月，教育部令各省视地方情形设立实业教员养成所，以加速造就甲种实业学校教员；11月，通咨各省对所属实业学校就设备、实习两项工作，切实整顿。在教育部的规范下，至1916年，全国的实业教育呈平稳发展之势。

然而，虽然各种实业学校在各省多有设立，但在热河、察哈尔、绥远等土地辽阔、物产丰富的特别区域却暂付阙如，因此，在1916年10月12—25日于北京召开的全国教育会联合会第二届年会上，特通过了《各特别区域应速设实业学校案》，呈送教育部，希望教育部转咨热河、察哈尔、绥远三省，因天然之利，迅速筹设实业学校，以达富国利民之目的。此外，在本届年会上，鉴于自民国成立以来所规定的中学校以"完足普通教育"为原则的宗旨不仅有误，而且在这一宗旨指导下，造成对学生的训练不当，故建议将中学校的办学宗旨由"完足普通教育、造成健全国民"，改为"以完足普通教育为主，而以职业教育预备教育为辅"；其方法是，规定中学校"自第三学年起，就地方情形，酌授职业教科"，"断不宜以极少数人之升学，牺牲多数人之生计"。①

在普通中学校设职业教科，是全国教育会联合会推进实业教育制度改革中的重要建言。1917年3月12日，根据全国教育会联合会所呈建议书，教育部考虑到"近年中学校毕业之升学人数，远不及不升学之人数"，故也认为，中学校"在完足普通教育之时，于不求升学之学生，酌授以裨益

---

① 李桂林、戚名琇、钱曼倩编：《中国近代教育史资料汇编·普通教育》，上海教育出版社1995年版，第811页。

生计之知识技能，自无不可"，于是，特颁布"酌定中学增设第二部办法"（五条），以"草案"形式通行各省、区征求意见。其中规定："中学校自第三学年起，得设第二部"；"中学校第二学年修业生志愿于中学毕业后从事职业者，得入第二部"；"第二部应节减普通学科，视地方情形，加习农业或工业、商业"。①

教育部关于中学得设第二部的计划发出后，虽然各地中学校苦于无所参照，多注意研究此项制度之得失，但也有少数中学新设了职业科。如南京高等师范学校附属中学设立了农、工、商三科；位于天津的直隶第一中学校和南开学校分别设了商业科和商科；而位于常州的江苏省立第五中学则开办了陶业科等。不仅如此，在教育部的政策规范指导下，全国的实业学校也有了一定程度的发展（见表5-1）。

表5-1　1916年8月—1917年7月全国实业学校基本情况表

学校性质		学校数	学生数		毕业生数		教员数	职员数
			男	女	男	女		
甲种实业学校	农业	41	4816	166	1103	27	479	304
	工业	21	3228	208	694	7	380	160
	商业	22	2106	—	507	—	241	122
乙种实业学校	农业	282	11 347	153	1642	15	758	426
	工业	59	1899	1339	347	151	262	124
	商业	100	4827	—	362	—	368	143

资料来源：《第五次全国教育统计表》，载《新教育》第4卷第5期，1922年5月。

不过，虽然实业学校较之民国成立之初有了一定发展，但随着1917年5月中华职业教育社的成立，职业教育的呼声开始日益高涨；在中华职业教育社的倡导下，职业教育已渐渐为越来越多的人所了解，发展职业教

---

① 《记事：教育部酌定中学增设第二部办法》，载《教育杂志》第9卷第4号，1917年4月。

育，取代原来的实业教育，几乎成为教育界、实业界的共识（可参阅第十章的相关内容）。有鉴于此，在1917年10月全国教育会联合会于杭州召开的第三届年会上，特将职业教育列为与义务教育、体育同等重要的三大"紧要问题"之一，并专设"职业教育"组，专门就职业教育在调查、研究的基础上进行讨论。会议制定了《职业教育进行计划案》，呈请教育部，得到了教育部的充分肯定。教育部认为"全国职业教育甫在萌芽，非积极进行无以谋国民生活之发展，非集思广益亦无以谋职业教育之改进"，该"计划案""所拟办法，议多可采"，"当兹职业教育亟待筹设，此项计画颇足示进行标准"，故教育部审核后，稍作增加条文，于1918年6月25日抄录核定，通咨各省区"酌量办理"。[①]

《职业教育进行计划案》明确提出，中小学毕业生无力升学又缺乏生活能力者，和实业学校毕业生中用非所学或闲居无事者，均不知凡几，这些窘状无疑表明：学校与社会不能相适；易言之，即教育与职业不能相宜。而"欲救此弊，惟有提倡职业教育"。[②] 鉴于我国幅员辽阔，情势万殊，"计划案"特提出多种发展职业教育的方法：加强调查和研究，"凡地方特设职业学校或职业补习学校，必先就所在地调查其何种职业最为需要，然后规定职业科目"；重视师资培养，通过"于高等师范学校酌设关于职业教育之专修科"，或在"甲种实业学校及实业专门学校附设实业教员养成所"等方式，培养职业教育师资；"各小学校得附设职业补习科，各地方宜酌设职业补习学校"；考虑到各省女子职业学校设立未多，要求各省区应根据《实业学校令》之规定，参照《实业学校规程》，"从速筹设"办理。[③]

---

① 教育部：《训令第二百六十号》，载《教育公报》第5年第11期，1918年8月。

② 教育部：《训令第二百六十号：附全国教育会联合会职业教育进行计画案》，载《教育公报》第5年第11期，1918年8月。

③ 教育部：《训令第二百六十号：附全国教育会联合会职业教育进行计画案》，载《教育公报》第5年第11期，1918年8月。

1918年10月，全国教育会联合会第四届年会于上海召开。此次大会仍将"职业教育问题"列为讨论的重要内容。在会上，由广东代表金曾澄提出的《提倡职业教育意见书》备受重视，被认为"极有价值"，只是由于上届所议决的《职业教育进行计划案》业经教育部"通令各省区正在预备实施中，毋庸再列议案，……故大会讨论时，众意列入附件"，特别肯定其"精到之处，大足唤起吾国教育者之注意"。① 该"意见书"认为，发展职业教育的必要性，自不待言，但若使职业教育得到很好的实施，必"有四事亟须提前办理"：通过印刷品等形式，大力鼓吹，"使我教育界中人，先明认职业教育为救助今日国民教育之不二方策"；由各省教育会附设一职业教育研究会，在调查清楚各省经济情况的基础上，得出全国社会经济状况，"以为规画职业教育方案之基础"；农、工、商各界若与教育界稍有隔膜，职业教育就无从着手，所以必须沟通农、工、商各界，以为实施职业教育之预备；鉴于职业教育的全面实施尚有时日，所以"须使国家先办职业学校以作模范而为众倡"。② 此外，本届大会还决定将"注重学生毕业后前途"和"职业教育"一同列为下届"紧要问题"。③

此后，1919年10月，在太原召开的第五届年会，又议决了《教育会应联络农工商会以期教育实业并进案》和《普通教育应注重职业科目及实施方法案》。"并进案"再次明确"培养实业专门人才，及职业教育，为目前重要问题"，而要解决学校毕业生的前途等问题，必须加强学校与社会的沟通，使学校与社会融成一片，且"惟有教育会与农工商会从事联络，方可兼筹并顾，以利进行"；而"方法案"鉴于"普通教育各项职业科目之实施方法，尚感缺如"，故特列举小学、中学和师范学校有关职业科

---

① 邰爽秋等选编：《历届教育会议议决案汇编》，上海教育编译馆1935年版，"第四届全国教育会联合会大会议决案"第28页。
② 邰爽秋等选编：《历届教育会议议决案汇编》，上海教育编译馆1935年版，"第四届全国教育会联合会大会议决案"第23—27页。
③ 邰爽秋等选编：《历届教育会议议决案汇编》，上海教育编译馆1935年版，"第四届全国教育会联合会大会议决案"第22页。

"其设备教授练习上种种应注意之点，以为实施方法"。①

二、教育部有关发展实业教育的举措

民国成立后，重视实业教育，作为最高的教育行政机关，教育部不仅在规范、指导实业教育发展中起着重要作用，并与全国教育会联合会对于实业教育制度的改革相适应，不断出台有关推进实业教育发展的举措。

1913年7月，教育部鉴于"实业教育，关系綦重，甲乙两种学校，尤为养成普通实业人才所必需"，②特下令各省都督兼民政长，要求严格执行教育部所规定的实业学校入学转学办法。8月，教育部又公告：凡设立实业学校，均应按照《实业学校规程》的要求，设置本科、预科，以教授"完全之课业，以宏造就"；若避重就轻，不设本科，仅设专修科者，则不予以立案；并再次重申了有关实业学校教员的任职资格。

1914年5月，教育部鉴于商业学校"上以致国富，下以厚民生"，而"吾国商业凋敝已极，非急起直追，不足以促商业之发达"，且"商业学校，程功较速，而需费无多"，故下令各省，"其已经设立处所，自宜整顿维持，力予推广；即未经设立之地，亦应斟酌情势，分别设立"。③

1915年9月，鉴于实业学校的迅速增加，对实业学校的教员，无论在数量上抑或在质量上，都提出了新的要求，教育部乃令各省在各地视地方情形设立实业教员养成所（包括农业教员养成所和工业教员养成所），招收中等学校毕业或同等学力者入学，免费学习四年毕业；这些学生毕业后，将充任甲种实业学校教员，并须在本省服务三年以上。

虽然在民初，全国的实业教育有了较大发展，然而，仓促间设立的这

---

① 璩鑫圭、童富勇、张守智编：《中国近代教育史资料汇编·实业教育 师范教育》，上海教育出版社1994年版，第213页。

② 《记事：教育部咨各省都督兼民政长、民政长请饬所属实行本部所定入学转学办法》，载《中华教育界》1913年8月号，1913年8月。

③ 教育部：《令行各省筹设商业学校》，载《教育杂志》第6卷第4号，1914年7月。

些实业学校，多有其名而无其实。鉴于各地于实业学校"实心整顿筹设完备者，固已不少，而因陋就简、名实不符，亦复所在多有"，①为使所设实业学校不致糜费款项，名实不副，真正起到其应有的作用，1915年11月，教育部特要求各省在办理实业学校时，务必就设备、实习等切实加强；1917年3月，又令各省甲、乙种工业学校应严格遵照《实业学校规程》之规定，设立实习场所。10月15日至11月3日，为总结、讨论民国以来实业教育发展之得失，规范实业教育，教育部特召开了由各省实业学校校长参加的全国实业学校校长会议。这次会议所讨论的内容涉及实业学校的方方面面，通过议案32项，其中有10余项为教育部所采录，如《实业学校普通学科与实业学科联络之方法案》《实业学校宜注重实习使学生确能施诸实用之办法案》《实业学校应与实业界联络俾毕业生得有相当之职业案》《实业学校教员目前应依何法造就之案》《实业学校应互相联络调查教材以求切合地方情形案》《注重实业补习学校以增国民之生活能力案》《振兴实业学校办法案》《确定实业学校经费案》《推广商业学校暂行办法案》《请筹设水产专门学校案》等等。这些议案，或针对实业教育现时之弊端所发，或着眼实业教育未来之发展而定，对实业教育的改革与发展极具借鉴、指导意义。

1918年1月，教育部又通令各省教育厅特设实业教育教材调查员；6月，将上年全国教育会联合会第三届年会议决的《职业教育进行计划案》稍增内容，令京师学务局及各省教育厅酌照办理，不少省份据此制定了本省的"职业教育进行计划"。10月26日至11月13日，"教育部为图专门教育之改善，使各校长交换意见，讨论方法，特开专门以上学校校长会议"于北京，②与会者有教育部、交通部和各专门学校的校长60余人。本次会议预计讨论20个问题，而其中通过的一些议案则涉及了职业教育的一

---

① 教育部：《通咨整顿实业学校办法并乙种各校毕业无庸先期报部》，载《教育杂志》第7卷第12号，1915年12月。
② 教育部：《全国专门以上学校校长会议录》，1919年刊印，第2页。

些实质性问题，如《专门以上各校应如何注重实习，使学生所学确能施诸实用案》《专门以上学校招生对于中学毕业升学各生常有供求不相应之事，应如何统筹兼顾谋调剂之方案》《商业专门学校宜应时势之需要，采取适宜教材案》《请速筹设商船专门学校案》《请推广商业专门学校组织案》《请定商业专门学校学生实习方法案》等。

几乎就在专门以上学校校长会议召开的同时，10月14日至11月2日，为了从理论上探讨在普通中学设置职业科的可行性，教育部在北京召开全国中学校校长会议。会议预行讨论的七个重要问题之一，就是要探讨："中学校毕业学生有志愿升学者，有从事职业者，教授上有无双方并顾之法？"[①] 经过讨论，会议通过了《分设职业科议案》，建议：普通中学的目的以预备升学为主，以预备职业为辅；实行文、实分科制；女子中学应设简易职业科（如技艺科、蚕业科、园艺科、商业科等），以扩充女子职业教育。教育部在认真考虑了该议案的条文后，于翌年4月，下令对现行中学的科目进行变通，规定："嗣后各省、区办理中学校，得因地方特别情形"，对原定科目"酌量增减，并得增减部定各科目之时数"。[②] 5月，又令"各女子中学校自可酌量地方情形，附设女子简易职业科，以资实用"。[③] 随之，全国一些著名中学，如成都高等师范附中，江苏二中、三中、四中、六中和八中，浙江二中，安徽二中、四中，奉天庄河县中学等，纷纷在第一或第二学年设一种或数种职业科，以供学生选择；有些中学虽未明确设立职业科，也多设了有关职业的课程，如江苏一中、江苏女子师范附中、上海中国公学中学部、上海浦东中学、河南二中等。[④]

---

① 教育部：《全国中学校校长会议录》，1919年刊印，第3页。
② 教育部：《咨交通部、各省区中学校应斟酌地方情形酌量增减科目及时间文》，载《教育公报》第6年第6期，1919年6月。
③ 《记事：教育部令各省女子中学校得附设女子简易职业科》，载《教育杂志》第11卷第6号，1919年6月。
④ 谢长法：《中国近代普通中学职业科施设的历史考察》，载《教育与职业》2000年第10期。

教育部有关实业（职业）教育改革的措施、饬令和政策，无疑为实业（职业）教育的进一步发展提供了法律保障。据统计，1919 年，全国有甲种实业学校 125 所，在校学生 15 519 人，毕业学生 2271 人；乙种实业学校 417 所，在校学生 19 650 人，毕业学生 1975 人；女子职业学校 22 所，在校学生 1757 人，毕业学生 173 人；实业教员养成所 4 所，在校学生 233 人。①

三、留美学生和杜威来华对美国职业教育的引介

（一）留美学生对美国职业教育的引介

在中国教育近代化的历程中，留学生发挥了重要而特殊的作用。民国成立后，随着晚清"庚款"留美学生相继回国，和民初留美学生派遣力度的加大，以及政府和国人对留美学生情有独钟，寄予极高的期望，留美学生在教育界作为一个新型的知识分子群体得以形成，并取代留日学生开始在教育界居于主角地位。这些留美学生，对美国先进的教育理论、方法以及教育制度怀有一种特殊的感情；加之就实业教育及其制度言，美国近代化的程度也是远远走在其他国家前列。正是因此，当诸多的留美学生陆续回国后，在借鉴美国新教育以改造中国旧教育的过程中，适应当时国内实业教育的改革和职业教育的兴起形势，不时采取多种方式极力引介美国职业教育。

在留美学生引介美国职业教育的形式中，撰写文章在国内教育期刊上发表是最重要的一种。据不完全统计，这方面的文章主要有：庄泽宣《美国职业教育发展之原因及吾国办职业教育者应研究之问题》（《教育与职业》1918 年 5 月第 6 期）和《纽约城之公立职业学校》（《教育与职业》1919 年 9 月第 14 期），陈霆锐《美国职业教育之最近状况》（《中华教育界》1920 年 4 月第 8 卷第 10 期），何炳松《美国学制述略》（《教育丛刊》

---

① 中国第二历史档案馆编：《中华民国史档案资料汇编》第三辑"教育"，江苏古籍出版社 1991 年版，第 427 页。

1919年12月至1920年6月第1—3集),钟道赞摘译《美国司伯林斐尔达地方的工读学校》(《教育丛刊》1920年12月第4集),邓萃英《美国教育之状况》(《新教育》1922年10月第5卷第3期),等等。在这些文章中,留美学生对美国职业教育给予了极力颂扬。如邓萃英说:"美国自入现世纪初期以来,职业教育之兴味骤加,教育界对于调查国民之职业,及研究实施教育之方法,非常尽力。各种职业教育,次第进行,尤注重于农业、家事等大多数国民所从事之职业,并以职业的教材为学科基础,而发挥其教育的价值。"①

在留美学生对美国职业教育的引介中,除撰写文章发表这一形式外,以留美学生为主的欧美考察教育团所撰的《八年欧美考察教育团报告》和留美学生汪懋祖所著的《美国教育彻览》,是两个重要的载体和媒介。

在20世纪10年代末,鉴于欧美新教育对国人具有极强的吸引力,赴欧美特别是美国考察教育以资借鉴,已渐成教育界的共识。1918年4月,在教育部组织召开的全国高等师范学校校长会议上,北京高师校长陈宝泉、武昌高师校长张渲、南京高师校长郭秉文、广东高师校长金曾澄等人建议于翌年同赴美国考察教育,得到教育部的批准;10月,全国教育会联合会第四届年会特议决通过了《各省区每年派员考察国外教育案》,提出"每年由省区选派富有教育经验现居教育重要职务人员,周历文明先进各国,考察最新教育办法,俾回国后赞画本省区教育之进行"。② 是年冬,教育部准全国教育会联合会之提议,行文各省考察外国教育。因此,1919年11月初,当教育部组成欧美考察教育团时,成员中除有张彭春、袁希涛、陈宝泉、金曾澄等部派代表外,还有江苏、甘肃两省派的考察员,计13人。11月25日,考察团成员乘"中国号"启程。

是次考察在美国横贯东西,考察涉及美国教育的方方面面。考察团于

---

① 邓萃英:《美国教育之状况》,载《新教育》第5卷第3期,1922年10月。
② 邰爽秋等选编:《历届教育会议议决案汇编》,上海教育编译馆1935年版,"第四届全国教育会联合会大会议决案"第6页。

1920年4月底结束考察陆续回国后,将考察结果于1920年9月以《八年欧美考察教育团报告》为名,由上海商务印书馆出版。该报告书凡十章,其中涉及美国教育行政、大学及专门学校、师范教育、中学教育、小学教育、职业教育及职业研究、体育、社会教育等。在"职业教育及职业研究"中,则从"美国职业教育之经过""职业指导""职业教员之训练""女子职业教育""补习教育"和"黑人职业教育"等六个方面进行概括介绍和说明。除此之外,陈宝泉还在美搜集有关美国职业教育的印刷品,回国后整理成文,刊登在国内的教育期刊上。

《美国教育彻览》为北京高等师范学校教员汪懋祖在留美时根据对美国教育的考察所写,1922年7月由上海中华书局出版,被认为是当时叙述美国教育状况最详密的名著。该书共九章,分别为:美国教育进化考,现行学制系统,教育行政系统,教师问题及师范教育,师范实习教授之组织及其行政,公民教育,职业教育,乡村教育和健康教育。在"职业教育"一章中,就美国"职业学校之设施"(分农业教育、工业教育、商业教育和家事教育说明其设备、课程等情况)、"职业指导"(包括目的、方法、性质、历史及趋势)、"职业教师问题"、"补习教育"等方面进行了较详细的说明。

《美国教育彻览》和《八年欧美考察教育团报告》对美国教育(包括职业教育)的介绍,可谓相互补充,相得益彰。正如陈宝泉在为《美国教育彻览》所作的"序言"中所言:"予等报告(按:指《八年欧美考察教育团报告》)成于旅行航海之中,大体略存,搜辑未备。归国后团员各任教育界职务,非特于所编报告不能互相讨论,多所发明,即求如在纽约市时,终日快聚,商量教育,亦已恍如隔世矣。今汪君编《美国教育彻览》成,出稿相示并属弁言,快读一过,恍如复现旧游,其所论述皆予等目经身历而未能详记者。……予等所编报告得此精确之证明,亦可略增声价矣。"①

(二) 杜威来华对美国职业教育的引介

杜威 (John Dewey, 1859—1952), 美国实用主义哲学的代表人物之一, 也是美国实用主义教育理论的创始人, 饮誉世界的教育家。1919年4月至1921年7月, 杜威应邀来华讲学。其间, 他极力宣传实用主义教育理论, 并在他的中国学生胡适、蒋梦麟、陶行知等人的极力宣传、促使下, 使实用主义教育理论被奉为圭臬, 成为当时中国教育改革的指针。不仅如此, 杜威在华期间, 还不时地介绍美国的职业教育, 剖析、倡导职业教育, 并希望职业教育能够在中国得到广泛实践, 取得重要的发展。

杜威虽说对职业教育没有专门的著作, 但却有过相当的研究。早在1900—1917年美国开展的有关职业教育的大辩论中, 杜威就曾写了《教育中的文化与工业》《当前工业教育运动中的某些危险》《教育中的文化与专业主义》等有关职业教育的文章; 在1916年出版的名著《民主主义与教育》一书中, 更专辟一章——"教育与职业", 对职业教育的一些基本问题发表了自己的见解; 1918年1月, 他还写了《世界大战后的职业教育》一文, 发表于《中西部职业教育协会报告》第4号。正是因为杜威对职业教育的清晰认识和深深钟情, 在来华后, 他多次发表演讲, 宣传、倡议职业教育, 从理论上阐明实施职业教育的重要性和必要性。

1920年5月29日, 杜威在中华职业教育社讲演《职业教育之精义》; 翌日, 又在职教社讲演《职业教育与劳动问题》; 6月2日, 在沪江大学讲演《普通教育与职业教育之关系》。在这些演讲中, 杜威对职业教育的重要性、含义、实施方法等, 均进行了说明。

在杜威看来, 无论什么人, 都应当有一种职业; 有了职业, 才能够发展自己的才能, 从而对社会有所贡献。正因为此, 他说, 职业教育在今天"是最切要的了"。

---

① 陈宝泉:《〈美国教育彻览〉序言》, 见汪懋祖:《美国教育彻览》, 上海中华书局1922年版。

杜威言曰，职业教育的含义有广、狭两义。广义的职业教育就是"要把普通教育来改造一番，使一切普通学校中科目，渐渐和社会的实际生活接近，两方面生出密切的关系"，即"使普通学校成为职业化"；而狭义的职业教育"就是要使这职业学校的学生，学到一种智识，练成一种技能，可和社会生出一种更密切的关系"。① 而在中国提倡、实施职业教育，首先应当"先有一个大计划"，而这个"大计划"的一个重要方面，就是补习教育；其次，应该将实业教育的范围扩大一些，其方式"就在乎改良中国现在的学徒制，使一般学徒得到更有用的智识，养成更熟练的技能"；第三，"应该提倡一种新式的学校"，这种"新式的学校，要使一方面是学校，一方面是工场商铺，两者衔接"。②

除杜威本人外，陪同杜威来华的他的夫人（Alice C. Dewey）和女儿（Evelyn Dewey）在华期间所作的有关讲演中，也对职业教育特别是女子职业教育给予了一定的提倡。

总之，当时杜威来华对实用主义教育理论的宣传和对职业教育的倡导，使人们对职业教育有了更多的了解和认识。正如黄炎培所言："杜威博士之来华，其所提倡之主义不啻与吾人以最有力之证明，……博士其世界之福星哉……敬告国人，吾社向所提倡之主义，今后其可无庸疑骇。"③

第二节　职业教育制度的确立

随着民初"壬子·癸丑学制"在实施中不断暴露出的诸多问题，经过教育界对学制改革的理论探讨，借鉴欧美国家特别是美国"新教育"的精神，制订适应中国社会和教育发展需要、符合世界教育发展趋势的新学

---

① 杜威：《职业教育之精义》，见袁刚、孙家祥、任丙强编：《民治主义与现代社会——杜威在华讲演集》，北京大学出版社2004年版，第584页。
② 杜威：《职业教育之精义》，见袁刚、孙家祥、任丙强编：《民治主义与现代社会——杜威在华讲演集》，北京大学出版社2004年版，第584—585页。
③ 黄炎培：《我之最近感想》，载《教育与职业》第14期，1919年9月。

制,已经势在必行。而在新的学校教育制度的建立中,改革原来的实业教育制度,建立现代的职业教育制度,不仅是一项备受瞩目的改革,更是职业教育发展的重要体现。

一、《学制系统草案》关于职业教育的规定

1919年10月全国教育会联合会第五届年会后,学制改革进入了真正的实践时期。除了全国教育会联合会在1920年10月至11月的第六届年会上继续就学制改革进行讨论外,教育界时有关于改革学制的评议。这些批评和建议,较之以往更为具体,更有针对性,且多有涉及职业教育的内容。

如1919年,顾树森就认为,现行学制的四大缺点之一,就是正系多而旁系少,职业教育尤为不足,致使整个学制既脱离社会现实,又落后于社会需要。1920年,朱叔源更提出改革学制的八条建议,其中两条为：延长中学教育修业年限,采用分科制或选科制,使不能升学的毕业生,可从事相当职业；多设职业学校和实业补习学校,以适应社会需要。1921年10月,由北京高等师范学校编辑的《教育丛刊》辟第2卷第5集为"学制研究号",刊登了多名教育界专家所撰写的学制改革文论。如邓萃英《学制改革案》,程时煃《四二制的学校系统》,汪懋祖《改革学制要求之一斑》,钟道赞《中国实业教育改善之商榷》,庄泽宣《改革学制的建议》,王文培《改革学制的第一步》等。在这些文论中,他们几乎一致地主张,必须对现行的实业教育制度进行改革,建立新的职业教育制度。

如汪懋祖认为,"现在甲种实业学校,应改称中等实业学校,乙种实业学校,应改称职业学校或徒弟学校",且"各城镇应调查本地方职业需要,设一职业学校,或称徒弟学校,……不收学膳费,毕业后应按其在校修业年数,派在学校工作场内服务,一如工商业徒弟之制"；而"中等实业学校专为培养中等专门技师,如森林、商船、机织、电气等项,中学职

业科目宜从普通，如统计、会计、书记等科"。① 程时煁则鉴于"现行学制病于正统学校太多，旁系学校太少，致生种种流弊"，虽然有甲乙种实业学校之设，但"因学科组织过于划一及笼统，学生不能得一业之精，乃不适于实际之生活"，提出了一个"二四制"的职业教育系统：设立与高级小学相当的乙种职业学校和与初级中学相当的甲种职业学校，学习年限分别为两年和四年。邓萃英主张："职业学校，为国民学校毕业生不能入中学校或师范学校者入之；职业学校设科及年限均依地方特别情形随时更定，各地方不必一律，同校中前后年亦无须一致；经济充裕教育发达省份，亦得设职业教育强迫制度；职业学校并应为年长失学者附设夜校补习职工教育。"②

1921年10月27日至11月7日，全国教育会联合会第七届年会在广州召开。这次会议的中心议题，就是讨论学制改革问题。会议共收到广东、黑龙江、甘肃等11个省教育会所提学制改革议案11件，经过广泛讨论，最后以广东案为根据，与其他各案相比较，于11月7日议决了一个新的学校系统，即《学制系统草案》。该"草案"将学校系统分为三段，即初等教育段、中等教育段和高等教育段。其中，初等教育段为六年，统称小学校，前四年为义务教育年限。中等教育段采"三三制"，分初、高两级，不过，"有宜于'四二制'或'二四制'者，得酌量变通之"；③ 中等教育采用选科制，可设职业科和师范科。大学修业年限为四到六年，设单科者亦可以大学称之；大学不设预科，大学毕业生可入不定年限的研究院。另外，"草案"还规定，"为推行职业教育计，得于高级中学职业科内附设职业教员养成科"。④

---

① 汪懋祖：《改革学制要求之一斑》，载《教育丛刊》（北京高师）第2卷第5集，1921年10月。
② 邓萃英：《学制改革案》，载《教育丛刊》（北京高师）第2卷第5集，1921年10月。
③ 《学制系统草案》，载《新教育》第4卷第2期，1922年1月。
④ 《学制系统草案》，载《新教育》第4卷第2期，1922年1月。

《学制系统草案》的议决，标志着自新文化运动后兴起的这场学制改革运动迈出了关键性的一步；而其中关于中学教育的改革，特别是规定中等教育采用选科制，高级中学可设农、工、商、师范等职业科，较之"壬子·癸丑学制"较少顾及学生个性，无疑是一大进步，故尤为引人注目。

二、对《学制系统草案》关于职业教育的评议

1921年11月，《学制系统草案》议决后，全国教育会联合会一方面"将此项草案，连同各省区原案，及比较表，汇印函寄各省区教育会、各高等教育机关，征求意见"，并请各省区教育会及教育行政机关组织讨论会，详尽讨论；另一方面，充分发挥各相关媒体的舆论和宣传作用，"将本草案函寄全国各报馆、各教育杂志社，请其披露，广征意见"；此外，希望各省区对草案加以讨论后，如若认为可行，"应各邀集相当人员，拟订各级课程草案及实施方法"。① 全国教育会联合会希望各省区将有关意见于1922年2月底前反馈上来，以便在第八届年会上进行广泛讨论，作进一步修改。

在全国教育会联合会的号召下，在对《学制系统草案》审视基础上的讨论之风迅速在全国掀起，不少省的教育会或教育厅纷纷组织对"草案"的讨论会。如1921年12月，江苏省教育厅就召开《学制系统草案》讨论会。与此同时，对"草案"的评议汹涌如潮。而这，除了诸多"专攻教育之士"不时撰写的相关文字外，更突出地反映在一些报刊（特别是教育刊物）所辟的"学制专号"上。据不完全统计，从《学制系统草案》议决到1922年11月，有关的"学制专号"主要有：1922年1月7日，《时事新报》副刊《学灯》辟"新学制研究号"；是月，由留美学生主办的《新教育》定第4卷第2期为"学制研究号"；2月，被公认为"研究职业教育之唯一参考书"的《教育与职业》紧随其后，辟第33期为"新学制职业教育

---

① 《第七届全国教育会联合会议学制系统草案之进行方法》，载《新教育》第4卷第2期，1922年1月。

研究号";5月,《教育杂志》第 14 卷号外出版,为"学制课程研究号";7月,《中等教育》第 3 期设为"新学制课程大纲号"。

以上这些"学制专号",集中刊登了大量国内教育界硕彦对"草案"的建设性和批评性意见。如《新教育》上刊登的陶行知《我们对于新学制草案应持之态度》《评新学制草案标准》,胡适《对于新学制的感想》,廖世承《新学制与中等教育》,袁希涛《新学制草案与各国学制之比较》,沈恩孚《准备施行新学制之意见》,陶孟和《论学制系统》;《教育与职业》上刊登的,除中华职业教育社于 1921 年 1 月 7 日发出"函征《学制系统草案》关于职业教育的意见"后,所征得之《对于新学制草案职业教育一部分的意见书》(包括王舜成、陈浚介、李廉方、潘文安、潘吟阁、章钦亮、季云、陆规亮、刘宪等人的意见)外,还刊登了过探先《对于新学制草案职业教育(农科)一部分的意见》,邹秉文《吾国新学制与此后之农业教育》,王舜成《对于新学制草案实行后甲种农工商学校改革之意见》《对于新学制草案实行后乙种农工商学校改革之意见》,郑辟疆《新学制实行时之甲乙种农业学校》,廖世承《中学校与职业教育》,杨卫玉《初级中学与职业教育》;《教育杂志》上刊登的李石岑《新学制草案评议》,黄炎培《我对于新学制的希望》,庄启《对于新学制系统表之意见》,俞子夷《新学制系统草案应修正的几个要点》,舒新城《对于新学制草案本身的讨论》,程时煃《对于新学制之概评》,余家菊《进一步讨论学制》。无疑,这些评议文论,涉及学制"草案"的方方面面。这其中,对"草案"中有关职业教育的评议是一项十分重要的内容。有关职业教育的评议,主要集中于以下两个方面。

第一,对"草案"加强职业教育给予肯定,对职业教育的发展提出切实建议。如沈恩孚说,"适应社会之需要,当以注重职业教育为急务",①所以,"草案"加强职业教育是十分正确的。陶行知也说:"草案""一面

---

① 沈恩孚:《准备施行新学制之意见》,载《新教育》第 4 卷第 2 期,1922 年 1 月。

使职业教育的年限可以大加活动,一面将中学教育分为高初两级,总共加到六年,此举很可庆贺。因为职业教育最要留伸缩的余地,而专门事业的基础的中学教育四年,确是不够的。既有了六年来做专门事业的基础和较高职业的准备,又使难易不同的和程度较浅的职业教育可以伸缩他的年限,真是一举两得。"①

值得指出的是,虽然教育界人士对"草案"中有关职业教育的规定给予了充分肯定,但他们并不是盲目地恭谀,而是实事求是,采取研究的态度,也指出了它的不足,并提出了进一步改进的建议。

如沈恩孚说,职业学校的教材和课程,"应由实施某种职业教育者,随其所需要而定之",不可以有预定的标准,而应"各有其标准"。② 而袁希涛则认为,虽然"本草案所定之职业教育,自一二年至五六年,极为伸缩活动",乃是一大优点,但他同时建议:"本草案之排列次序,亦宜活看。如一年期之职业科,不必定在初等教育以上之第一年;其二年期之职业科,亦不能定在初等教育以上之第一第二年。"再者,职业教育"不徒年期应活动,即其修习时间,所宜活动是也"。③

第二,赞扬中学设置职业科,因其顾全升学与职业预备。中等教育的改革,是"草案"最具特色、最成功、最有价值之处,被视为"草案"的精华所在。廖世承即言:"新学制中最有精彩的,是中等教育一段。"④ 黄炎培也说:"本案之精神,全在中等教育段,所谓纵横活动是也。"⑤ 而其

---

① 陶知行:《中国建设新学制的历史》,载《新教育》第 4 卷第 2 期,1922 年 1 月。

② 沈恩孚:《准备施行新学制之意见》,载《新教育》第 4 卷第 2 期,1922 年 1 月。

③ 袁希涛:《新学制草案与各国学制之比较》,载《新教育》第 4 卷第 2 期,1922 年 1 月。

④ 廖世承:《关于新学制一个紧急的问题》,载《新教育》第 5 卷第 4 期,1922 年 11 月。

⑤ 黄炎培:《我对于新学制的希望》,载《教育杂志》第 14 卷"号外",1922 年 5 月。

"纵横活动"的重要体现之一,就是在中学设立灵活多样的职业科,兼顾中学升学和就业的双重功能。对此,廖世承就评曰:过去的学制"中学校与职业学校完全分立,仿佛各有各的系统……因此,中学校的课程,弄成非驴非马,既不合于升学,又不合于谋生;职业学校的课程,也不能适应社会需要",而"自新学制草案成立,那个缺憾,方才有弥补的希望"。所以,中学开设职业科,"为一种适应时势的办法,也为我国现时所必不可少"。① 庄泽宣则说:"中等教育可设一年至五年的职业科,我不但赞同,并且更为积极的主张。"② 李石岑更赞说,"中等教育段所以有价值",就是因其"能兼顾升学与职业预备",此也可谓新学制草案的四大优点之一。③

在赞扬《学制系统草案》开设职业科,倡导中学应当升学教育和职业教育并重方面,舒新城可谓是其中最为典型的一个代表。

舒新城(1893—1960),字心怡,号遁庵,湖南溆浦人。他不仅是我国近代著名的出版家和教育史学家,也是中学教育家。民国初年,他曾先后在兑泽中学、湖南省立一中任教;20世纪20年代初,又担任上海中国公学中学部主任、东南大学附中研究股主任等职。其间,他不仅积极投身于当时的中学教育改革运动,在中国公学中学部和东南大学附中开展道尔顿制的实验,而且在《教育杂志》《中等教育》上发表了多篇有关中学教育改革的论文。如《教育杂志》上的《中学学制问题》(1922年1月第14卷第1号)、《中学校课程的研究》(1922年5月第14卷"号外"),《中等教育》上的《道尔顿制与中等教育》(1923年3月第2卷第1期)、《中学生的将来》(1924年8月第3卷第3期)等。这些文章对当时的中学教育目的、课程设置、教学方法、学制改革等,从理论上进行了深入研究。而其中,他关于中学应兼顾升学教育和职业教育,倡导增设职业科,加强中

---

① 廖世承:《中学校与职业教育》,载《教育与职业》第33期,1922年2月。
② 庄泽宣:《读新学制草案》,载《广东省教育会杂志》第2卷第2号,1922年2月。
③ 李石岑:《新学制草案评议》,载《教育杂志》第14卷"号外",1922年5月。

学职业教育的理念，十分引人注目。

在舒新城看来，中学教育仍属精英教育，接受了中学教育的"这少数人在社会上所负的责任很大，不仅个人要具有良好公民的资格，并且要于各种职业的活动中能作领袖人物，指导群众"；"中等教育底目的在养成社会上各种职业活动的领袖人物"。① 基于此认识，舒新城认为，"中学学制实有改革之必要"，不仅要延长修业年限，"注重学科制"，而且更应实行分科之制，"兼顾升学预备与职业教育"。② 因为，一方面，"人之个性至不齐一"，需要、兴趣也有差异，加之，"学生因个人家境之关系，有毕业后须升学者，有毕业后即须谋生者，倘只有升学预备，将置要求职业之学生于何地？故于中学教育能适合学生个性与社会需要，均不可不顾及职业教育"；另一方面，虽然受数千年望"士"的影响，家长多希望自己在中学就读的孩子升学深造，但事实上，最终真正能升学者尚不到百分之四十，百分之六十以上的中学生要在社会上谋取职业。所以，就现实情况来看，"中学校于升学预备之外，也有职业教育之要求"。③ 其办法，一方面以学科制代替学年制，渐减普通科，渐增职业科，因为中学的职业科，自然也是职业教育的一部分；同时，延长中学修业年限至五年，给予学生以相当的生活技能训练，为其将来就业作准备。

1921年11月，当《学制系统草案》议决的消息传到上海的第二天，舒新城立即在《时事新报》上发表了《评全国教育联合会议决改革学制系统草案》一文，认为，这次学制改革，"中等教育之采用选科制，与中学校延长为六年，于后三年分科，把职业教育升学预备都能顾到"，乃是自己"所认为最满意者"。④ 1922年3月，他在《对于新学制草案本身的讨

---

① 舒新城：《道尔顿制与中等教育》，载《中等教育》第2卷第1期，1923年3月。
② 舒新城：《中学学制问题》，载《教育杂志》第14卷第1号，1922年1月。
③ 舒新城：《中学学制问题》，载《教育杂志》第14卷第1号，1922年1月。
④ 舒新城：《对于新学制草案本身的讨论》，载《教育杂志》第14卷"号外"，1922年5月。

论》中，再次申明了自己的这一观点："我素主张中学校应当兼顾升学预备与职业教育……高级中学即照本案所规定有职业、师范、普通，渐减普通渐增职业诸科；要适应学生个性，满足社会需要，自当采用选科制。"①正是由于倡导加强中学职业教育，舒新城认为，在中学的课程上应当普通教育和职业教育两方面均有顾及，并亲自拟定了高级中学农、工、商科以及农业预备科、商业预备科的课程表。

以上对《学制系统草案》关于职业教育的评议，无疑为下一步有关职业教育内容的学制改革奠定了坚实的理论基础。不过，还应指出的是，在教育界对《学制系统草案》开展评议之时，1922年7月，全国职业学校联合会也召开"临时会"，极力开展对职业教育的讨论（参阅本节第四部分的有关内容），而一些省份则不时地按照"草案"的精神，开展职业教育的有关改革和实验。

如1921年12月8日和1922年2月24日，江苏省教育厅先后两次召集全省学校及教育行政人员举行学制草案讨论会，其中对职业教育多有涉及。1922年2月11日，广东省教育会召开新学制实施研究会，40余人出席了会议，分小学、初级中学、高级中学和职业教育进行了研究。奉天省决定从1922年起改定学制系统，其中规定："职业学校县市区均得设之，为养成国民独立生活必需之技能并发展地方人工天产供世界之利用，毕业年限一年至五年，以学科之难易为标准，科目视该地物产及需要定之"；②同时，还制定了《小学校附设职业科暂行规程》《职业学校暂行规程》《职业科教员养成所暂行规程》《职业学校教员暂行养成特别办法》《学校附设实习园林场所暂行规程》等有关职业教育规章。其中，在《职业学校暂行规程》中规定："职业学校收受高级小学毕业生，以养成国民独立生活或合力经营必需之技能，并发展地方人工天产供世界之利用为本旨"，分农、

---

① 舒新城：《对于新学制草案本身的讨论》，载《教育杂志》第14卷"号外"，1922年5月。
② 《奉天新学制系统案》，载《山东教育月刊》第2卷第1号，1923年1月。

工、商等科职业学校,并可根据特殊物产及需要设特殊科目的职业学校;根据设立的经费来源,职业学校可分别命名为省、县、市区或私立职业学校;并可视地方情形和女子所宜设女子职业学校。① 1922年8月17日,江苏省教育会又通告全省各职业学校发起组织成立了"江苏省职业学校联合会","专事研究关于职业学校共同问题",规定"凡男女子职业学校、甲乙种农工商业学校,以及其他含有职业教育性质之学校,或普通学校附设职业科者,皆得加入本会"。② 当天举行的成立大会,共有由各校推举的来自全省13个县24个职业学校的代表参加,会议议决了本会章程,并讨论了江苏新学制学程研究会提出的新学制职业教育学程草案。显然,这些改革和实验,为学制有关职业教育内容的进一步改革,提供了重要的实践基础。

三、孟禄的来华教育调查与职业教育制度的倡导

孟禄(Paul Monroe,1869—1947),美国教育家,曾任哥伦比亚大学师范学院院长。1913年至1941年间,孟禄曾十余次来华,与中国教育的发展有着密切关系。特别是在20世纪20年代初,他应邀到中国进行教育调查,由于时值职业教育在中国渐成为一重要教育思潮而得以蓬勃发展之际,孟禄通过对当时中国职业学校的调查,及其对中国职业教育所提出的批评性、建设性意见,如增强职业学校与社会的联络,增加中学职业课程,培养学生职业能力等,在中国职业教育制度确立过程中留下了深深的痕迹。

(一) 主要调查活动

1921年9月5日,孟禄应实际教育调查社同仁之邀来华进行教育调查,一直到翌年1月7日离华,计四个月之久。实际教育调查社是1921年8月由黄炎培、张一麟、范源濂、严修、梁启超、张謇、袁希涛、郭秉文、

---

① 《奉天新学制系统案》,载《山东教育月刊》第2卷第1号,1923年1月。
② 《江苏职业学校联合会成立会》,载《申报》1922年8月18日,第10版。

张伯苓、蒋梦麟、陈宝泉、金邦正、邓萃英、凌冰等人,专为孟禄这次来华进行教育调查而组织的一个办事机构,它取"从事实上调查,作实地的研究,以为实行改良的基础"①之意。社址设在北京高等师范学校教育科的实际教育调查社,乃是孟禄是次教育调查的指挥部。

孟禄此番中国之行,足迹遍及9省18市,调查参观学校及教育机构200余处,发表演讲60余场。由于孟禄此次来华的目的,是希望通过实际调查,发现中国教育存在的弊端和问题,并以调查结果和欧美教育发展的事实为依据,对中国教育进行建设性的批评,提出改进意见,以使中国教育日臻进步,故在实际教育调查社的安排、组织下,参观、调查各地学校成为孟禄来华期间的一项重要任务。

作为中等教育专家,孟禄对实业教育和职业教育有着较为深入的研究、认识和见解。早在1913年,孟禄借考察菲律宾教育之机,短暂来到中国,其间在参观了江苏省的中小学后,就敦劝时任江苏省教育司司长的黄炎培注意实业教育。1914年,在他出版的名著《中等教育原理》一书中,特别列有专章对职业教育进行论述。因此,是次来华调查教育,孟禄"特别注意于职业教育一项"。②孟禄在华参观、调查的职业学校主要有：1921年9月7日,在上海参观中华职业学校；9月24日,在北京参观女子职业学校；10月3日,在保定参观直隶农业专门学校和直隶甲种工业学校；10月8日,在太原参观山西农业学校；10月14日,在开封参观河南甲种商业学校；10月20日,在南京参观女子职业学校；11月1日,在广州参观农业专门学校；11月10日,在广州参观广东岭东甲种商业学校；11月14日和11月15日,在福州分别参观甲种农业学校和女子职业学校；11月23日和11月24日,在杭州分别参观公立工业专门学校和女子职业学校；11月26日,在无锡参观县立乙种实业学校；11月29日,在济南参观山东省

---

① 王卓然编纂：《中国教育一瞥录》,上海商务印书馆1923年版,第5页。
② 陶知行、陈宝泉、胡适编：《孟禄的中国教育讨论》,上海中华书局1922年印行,第78页。

立模范职业学校和省立女子职业学校；12月7日，在唐山参观路矿学校；12月9日，在无锡参观水产学校，等等。

在参观、调查各职业学校的同时，孟禄常有针对性地就中国职业教育的问题进行讲演，或发表议论，或畅言感想；并不时与当地政界或教育界人士开教育谈话会、讨论会。如1921年9月6—7日，孟禄与中国教育界著名人士30余人分别在上海商科大学和江苏省教育会开谈话会，讨论中国学制改革问题；10月30—31日，在广州与参加全国教育会联合会第七届年会的各省代表共35人讨论学术问题；12月19—21日，在北京参加由实际教育调查社组织的有教育界70余人参加的大型讨论会；1922年1月5日，在江苏省教育会与江苏教育界人士讨论中国的职业教育问题……在这些谈话会和讨论会中，关于职业教育的讨论是一个重要方面。所以说，孟禄此次来华，在对中国教育的方方面面进行调查的基础上，虽然举凡对教育行政、教育经费、科学教育、男女同校、教师问题等方面均有重要的改良意见，但其关于中国职业教育的批评和改良建议实为其中一个重要方面。

（二）对职业教育制度的倡导

孟禄这次来华进行教育调查，对中国职业教育的贡献主要有以下两个方面。

第一，主张职业学校与社会相联络乃解决中国职业教育问题的关键所在。

在孟禄看来，中国实业教育的发展还相当落后，而中国最需要的教育恰恰又是"谋生产的教育，为生活的教育"。[①] 所以，他将在中国发展职业教育视为解决未来中国经济问题的一种有效途径。1921年9月8日，刚刚莅临中国的孟禄，在上海商、学各界为他举行的欢迎会上，特讲演《教育与实业之关系》，倡言："教育之发达与否，与工商界有密切之关系也。

---

① 汤茂如：《孟禄看的得意的学校》，载《新教育》第4卷第4期，1922年4月。

……实业进步,即增进人类之幸福,不得不有相当之报酬;故除受平常教育外,并须受职业教育,以期人胜万物,而人人有职业,人人负责任。观于目下中国教育情形,则亟须使实业界与教育界联络沟通。"① 基于这一认识,孟禄强调,职业学校的学生应当到工厂或商店去实习。所以,在参观、调查中国各地的职业学校时,孟禄要看工业学校的学生是否在工厂实习做工,学生制造的产品是否切合本地的需要;商业学校的学生是否到各商店和银行实习;农业学校的学生是否和乡村的农民有密切的联络,帮助农民解决一些生产困难等。

在职业教育中,孟禄尤重工业教育,视之为关乎职业教育发展的重要问题。在调查中,他对一些工业学校仅仅注重教学生使用机器且投入大量经费的状况颇不满意,认为这样"殊无可取"之处。在他所调查的工业学校中,仅有北京香山慈幼院和杭州工业学校让他"尚觉满意"。因为香山慈幼院所设的皮鞋、照相、玩具、瓷器四种专业,均"适应社会之需要";② 而杭州工业学校所办的修理工厂以及拔丝、花纹、造纸、制革、油脂等工厂,"设备颇合应用,而学生实习的时间又多"。③

通过调查,孟禄总结道,中国的职业教育问题多多,特别是在职业学校中,过于偏重书本知识和教师的讲义。像一些矿业学校,讲测量学时,没有仪器去进行实地测验;这种不测验而仅进行书本知识的讲授,是不会有好的效果的。有鉴于此,他认为,办职业学校必须符合如下标准:"(一)须受过职业教育的人,更能谋有利益的生活,谋这种生活的能力,总须比未受过职业教育的时候高些。不然,谁又肯来受这种教育?(二)职业学校所造的物件,当有普遍的销路。(三)学习职业的历程,必须有教育上的价值。不然,工厂中也可学种种技能,又何必进学校去学?(四)各种制造的方法和手续,要时时改良,总要比老的方法好。如果不及老的

---

① 孟禄:《教育与实业之关系》,载《新教育》第 4 卷第 4 期,1922 年 4 月。
② 程昌祺编辑:《孟禄教育调查讨论录》,北京新知书社 1922 年版,第 32 页。
③ 汤茂如:《孟禄看的得意的学校》,载《新教育》第 4 卷第 4 期,1922 年 4 月。

方法好,又如何能算是职业教育?"① 而对于问题尤多的工业教育,孟禄认为要改良"工业教育应改良工业学校",而其原则有三:"学校应预备于学生毕业后可谋生活胜于工业教育者","工业学校应令学生所造物品可以畅销于社会","应有教育之价值,如无价值,则可于工厂学之"。② 总之,在孟禄看来,"中国的职业教育,可不必用机器的职业教育,却要用手艺的职业教育";③ 易言之,办职业教育必须坚持一个基本原则,这就是:"使职业学校与社会联络。"④

第二,增加中学职业课程,培养学生职业能力。

针对当时中国中学在以传授普通知识和预备升学宗旨下弊端丛生的现实情况,孟禄主张中国应仿照美国,在普通中学设置职业科,以解决中学生毕业即失业这一实际问题。在孟禄看来,中学毕业生因不能够全部升学,在中学实行分科制,可以使学生根据自己的个性有选择地学习,从而使他们具有从事相应职业的能力,以便将来自谋生计。1921年9月6—7日,当他应上海教育界之请,在上海商科大学和江苏省教育会讨论学制改革时,即说,在改革学制时,必须抱定两大要义:一是"须定夺教育成绩标准,俾各种教育事业,有所依据";二是"须多留活动余地,俾社会得以施诸实验而臻完善"。⑤

1921年10月,孟禄被邀参加全国教育会联合会第七届年会,在和与会各省代表开谈话会时,他又建议,正在进行的学制改革,在保留有效率的实业学校的同时,必须加大普通中学课程改革的力度,除了开设语文、数学、科学等基本的文化知识课外,还必须开设各种职业教育的社会科

---

① 《孟禄的中国教育讨论》,载《新教育》第4卷第4期,1922年4月。
② 程昌祺编辑:《孟禄教育调查讨论录》,北京新知书社1922年版,第31—32页。
③ 《孟禄的中国教育讨论》,载《新教育》第4卷第4期,1922年4月。
④ 王卓然编纂:《中国教育一瞥录》,上海商务印书馆1923年版,第58页。
⑤ 孟禄:《对于学制改进方面之意见数则》,载《新教育》第4卷第4期,1922年4月。

目。11月,全国教育会联合会议决通过了《学制系统草案》后,孟禄立即写了《论中国新学制草案》,并于离华回国后作《评新学制草案》一文,寄回中国。在两文中,孟禄对"草案"中关于在小学、初中斟酌地方需要设置职业性质课程的规定十分赞赏,认为"课程种类多而又有渐进之便";特别是对"草案"关于高级中学课程的规定,更认为"根本的课程分文艺组、科学组、农业组、商业组、工业组","有的是职业准备的性质,有的是专门准备的性质,学生可以随意选……既可以应付地方特别情形,又可以顺应学生的个性与兴趣",乃是"活动的便利"。① 此外,孟禄还奉告中国的职业教育专家对农村的职业教育尤应注重,言道:"如何使乡下人利用农隙或冬天多赚些钱使他们得到丰裕的生活,更是职业教育家的责任。所以职业教育,不但要为城里人打算,更要为乡下人打算。"②

20世纪20年代初,孟禄的中国教育调查乃近代中美教育交流史上的一件盛事。在这次教育调查中,孟禄以务实的态度、科学的眼光,对中国职业教育存在的问题直言不讳地进行了针砭、批评,并提出了建设性的改良意见,对指导当时中国职业教育改革的方向,确立职业教育在学制中的地位,都有着重要的作用。

四、中华教育改进社与职业教育制度的确立

中华教育改进社是1921年12月由"新教育共进社"、《新教育》杂志社和"实际教育调查社"联合改组而成。早在1918年12月,由江苏省教育会联合北京大学、南京高等师范学校、暨南学校及中华职业教育社计五大教育团体,共同发起组织了中华新教育社;翌年1月,该社改称中华新教育共进社后,于2月创办了《新教育》杂志(月刊)。③ 该刊主干(编

---

① 孟禄:《论中国新学制草案》,载《新教育》第4卷第2期,1922年1月。
② 《孟禄的中国教育讨论》,载《新教育》第4卷第4期,1922年4月。
③ 由中华新教育共进社1919年2月创办的《新教育》月刊,1921年12月改由中华教育改进社主办。出版至1925年10月,之后停刊;共出11卷,计53期。是20世纪20年代影响最大的教育刊物之一。

初为蒋梦麟，发行后，与《新潮》《新青年》《每周评论》等共同成为"销路均渐兴旺"的期刊。

1922年1月，自第4卷第2期起，因蒋梦麟赴美参加华盛顿国际会议，故公推东南大学教育科主任陶行知担任主干（编）。陶任主干后，《新教育》在"养成健全的个人，创造进化的社会"的宗旨指导下，不仅致力于"宣传教育思潮，讨论教育问题，提倡教育事业，传布教育消息"等活动，而且实行分科编辑办法；在所设的十六个编辑组中，特设职业教育组，王文培、过探先、黄炎培、顾树森、邹秉文等为编辑员。在1922年11月"新学制"颁布前，《新教育》刊登了一系列有关职业教育的理论和介绍国内外职业教育发展状况的文章。如邹秉文的《吾国乙种农业学校之现状及改进方法》（1921年1月第3卷第1期）和《对于吾国甲种农业学校宗旨办法之怀疑》（1921年5月第3卷第3期），黄炎培的《民国十年之职业教育》（1922年1月第4卷第2期），等等。1921年12月21日，在孟禄结束对中国教育调查的前夕，中华新教育共进社、《新教育》杂志社和实际教育调查社的代表云集京师，召开讨论会。出席讨论会的人员主要有：北京高等师范学校校长李建勋，北京大学校长蔡元培（谭熙鸿代表），南开大学校长张伯苓，江苏省教育会会长袁希涛，以及南京高等师范学校教育科主任陶行知等，共72人。在这次会议上，通过了由陈宝泉、李建勋、马叙伦、朱经农、陶行知等人起草的《中华教育改进社简章》（草案），决定将中华新教育共进社、《新教育》杂志社和实际教育调查社合并组成全国性教育团体，即中华教育改进社。

中华教育改进社推举蔡元培、范源濂、张伯苓、袁希涛、李建勋、黄炎培、汪精卫、郭秉文、熊希龄九人为董事，孟禄、梁启超、严修、张一麟、李石曾五人为名誉董事，陶行知为首任主任干事。改进社以"调查教育实况，研究教育学术，力谋教育进行为宗旨"；规定其主要社务有："通信或实地调查各种教育状况""依据实际问题研究解决方法""辅助个人或机关对于教育之实施或改进事项""编译关于教育之书报""提倡教育事业之发展及学术之研究""其他关于教育改进事项";① 决定总事务所设于京师，下设教育行政、高等教育、中等教育、初等教育、成人教育、幼稚教育、义务教育、乡村教育、师范教育、职业教育、女子教育、农业教育、工业教育、商业教育、医学教育、童子军教育、公民教育、科学教育、国际教育、生物学教学、数学教学等32个专门委员会。

在各专门委员会中，由黄炎培、邹秉文分任正、副主任，钟道赞担任书记的职业教育委员会，是规模较大的一个专门委员会。该委员会在成立之初，即有32名委员；规定其任务是"与中华职业教育社协作，聘请专家讲演教育，并指导职业教育事业"；方法主要包括："（一）经费：由本社与中华职业教育社担任筹募。（二）讲员：物色各国著名专家。（三）讲员职务：甲，巡行讲演，唤起国人注意。乙，担任教授，造就专门人材。丙，实际调查职业教育状况，指导改良。"② 在这些任务和方法的规导下，职业教育专门委员会成为改进社推进职业教育制度确立的主导力量。

中华教育改进社成立之时，规定每年暑假期间召开全体大会（即年会）一次，召集全国各地教育代表会聚一堂，开展教育研究，并依实际讨论所得，提出有关发展与改进教育的种种议案，以供教育部采择。从1922年到1925年，改进社先后举行四届年会，③ 而这其中，1922年的第一届年会对职业教育制度的确立产生了积极的影响。

1922年7月，中华教育改进社考虑到山东乃中国传统文化圣地，而正是山东问题引发的五四运动，有力促进了教育思潮的演进，且济南又是津浦铁路的要站，具有重要的地理位置，所以决定于济南召开第一届年会。这届年会从3日至8日历时6天，计有18个省（区）47个都市的300余

---

① 《中华教育改进社简章》，载《北京大学日刊》第941号，1922年1月23日。
② 《中华教育改进社年会中之职业教育组》，载《教育与职业》第48期，1923年9月。
③ 1922年7月，第一届年会于济南举行；1923年8月，第二届年会于北京举行；1924年7月，第三届年会于南京举行；1925年8月，第四届年会于太原举行；1926年因北伐战争发生，该年的年会没能按计划举行。此后，改进社的年会活动遂告停止。

名代表与会,其中包括蔡元培、梁启超、胡适、江庸、黄炎培、汤尔和、陶行知等文化界、教育界的名人和要人。会议讨论的问题主要是学制、教授方法和教育经费三个方面,共收到议案 207 件,在分组会议上议决并由大会通过的有 122 件。

在这次会议上,职业教育组由黄炎培任主席。会议期间,计开会五次。与会人员认为,在职业学校学程和行政机关中添设职业教育专科、职业指导与介绍、职业补习以及女子职业教育,均为时下职业教育至为重要的问题,故在讨论的数十项议案中,通过了九项职业教育议案,其中有《编造全国职业教育统计案》《各种职业团体筹款设立职业学校案》《组织职业学校学程标准案》《省教育行政机关应设职业教育科并置专科视学员案》《推广女子职业教育案》《推广工人工徒职业教育补习案》等。除职业教育组外,女子教育组也极力号召女子职业教育的推进,通过了《筹办家事补习教育案》等(参见第六章第三节的有关内容)。这些议案,每案除说明意义、内容外,还列出具体推行办法,十分详尽,对当时职业教育制度的确立有着重要的意义。

值得指出的是,在中华教育改进社第一届年会召开之时,全国职业学校联合会也于改进社年会期间,自 7 月 4 日至 7 日,在济南召开临时会。

全国职业学校联合会于 1921 年 8 月 17 日由中华职业教育社发起成立于上海,它以"专门研究职业学校共同之问题"为宗旨。这次"临时会",以"使有所论列,易与全国教育界同志相互商榷"为目的,① 计有来自农商部、中华职业教育社和江苏、直隶、山西、河北、福建、安徽、湖南等 11 个省区的 43 个机关和职业学校的 60 余名代表与会。其间,先后与中华教育改进社职业教育组召开联合审查会四次。其中,临时会议议决提案七件,分别是:《请求政府筹定专款提倡补助全国职业教育案》(呈大总统、国务院、教育部),《省县应酌量画定职业教育经费案》(呈教育部),《职

---

① 《全国职业学校联合会在济南开临时会记事》,载《教育与职业》第 37 期,1922 年 8 月。

业学校宜交换生徒实习以资互助案》(披露)、《职业学校教科书应采用语体文案》(通告与会各校)、《各省设立职业学校联合会分会案》(通告各省区及与会各学校)、《下届职业学校展览会地点案》(待接洽)、《女子职业教育学科设置案》(通告各地女子职业学校)。

另外,会议移交全国农业讨论会三件议案中有《我国提倡职业教育应先特别注重初级农业教育及乡村职业学校案》;在移交职业学校学程委员会的五项议案中,有《职业学校学程编制标准案》《新学制实行后改革甲乙种实业学校之商榷案》《拟请讨论各职业学校教本图书及教材教具如何组织编制案》和《女子职业教育学科设置案》。会议同时决定将全国职业学校联合会更名为"中华职业学校联合会",继续推进全国职业学校的规划和发展;并制定简章,规定"凡男女职业学校甲乙种农工商业学校以及其他含有职业教育性质之学校或普通学校附设职业科者皆得加入",每年于职教社年会时开常会一次。① 会后,联合会还于7月8日假济南商埠商会开茶话会,请当地名人和教育界人士讨论职业教育,到会者有黄炎培、蔡元培、张一麐等40余人。在会上,黄炎培介绍了中华职业教育社的现状及全国职业教育的发展情形,大家均表示对职业教育将竭力赞助。所有这些,对促进当时全国大规模职教运动的开展,特别是对职业教育在学制中地位的确立,都起到了重要作用。

五、《学校系统改革案》与职业教育制度的确立

1922年9月20日,教育部召开学制会议,进一步讨论学制改革问题。会议在《学制系统草案》的基础上,议定通过了《学校系统改革案》。10月11日,全国教育会联合会在济南召开第八届年会。这次会议的一个重要议题,就是讨论学制改革。会议最终广泛吸取教育界对于《学制系统草案》的有关意见和建议,参照学制会议所制定的《学校系统改革案》,集

---

① 《中华职业学校联合会简章》,载《教育与职业》第37期,1922年8月。

思广益,择善而从,制定了一个新的更完备的《学校系统改革案》。11月1日,北洋政府以"大总统令"公布了该"改革案",是为"壬戌学制",相较于"壬子·癸丑学制",也称"新学制"。

"壬戌学制"在诸多方面都有了新的改革,特别是它第一次确立了职业教育在学制上的法律地位。它规定:"小学课程得于较高年级,斟酌地方情形,增置职业准备之教育";"初级中学施行普通教育,但得视地方需要,兼设各种职业科";"高级中学分普通、农、工、商、师范、家事等科",酌量地方情形,单设一科,或兼设数科;"依旧制设立之甲种实业学校,酌改为职业学校,或高级中学农、工、商等科","依旧制设立之乙种实业学校,酌改为职业学校";"职业学校之期限及程度,得酌量各地方实际需要情形定之";"为推广职业教育计,得于相当学校内酌设职业教员养成科";"大学校及专门学校得附设专修科,修业年限不等",招收志愿修习某种学术或职业且有相当程度者入学肄业。①

可见,"新学制"在职业教育方面共有六种形式:小学校高年级的职业预备教育,初级中学兼设的职业科,高级中学兼设的职业科,职业学校,大学及专门学校附设的职业专修科,以及补习学校的职业科。

至此,经过民初近十年教育界、实业界众多人士的努力,职业教育终于形成了一个完整的制度体系,取得了法律上的地位。

---

① 《学制系统改革案》,载《政府公报》第2393号,1922年11月2日。

第六章　职业教育的发展

"新学制"颁布后，各省市遵"新学制"关于职业教育的有关规定和要求，采取各种措施，加大了发展职业教育的力度；而同时，广大教育界、实业界的有识之士，也并没有因为职业教育的地位在学校教育系统中得以确立，而停止对它的舆论宣传、理论探讨和实践追求。所有这些，都有力地推动了"新学制"颁布后职业教育的发展。

第一节　"新学制"下各省市发展职业教育的新举措

由于"新学制"要求各省区就地方财政、教育、人才、学校沿革等，确定准备期间，拟定施行标准，因此，在"新学制"颁布后，不仅绝大多数省份依"新学制"之规定将旧制省立甲种农业、工业、商业等学校改为省立职业学校，加大了对职业教育发展的支持力度，而且多制定了实施新学制的办法、标准或计划，对职业教育的发展进行规划和指导。

河南省在1922年11月"新学制"颁行之初，即召集本省有学识和有教育经验者组成"职业教育委员会"，作为研究、指导全省职业教育的总组织机构，"凡关于地方状况之调查，学科及教材之编制，设施办法之研究，与其他指导进行事宜"，均由该会办理。[①] 同时，该省教育厅厅长凌冰

---

① 《河南制定职业教育计划案》，载《新教育》第6卷第3期，1923年3月。

还请黄炎培前赴河南规划全省职业教育的推行。于是,黄炎培应邀赴开封与凌冰晤商,并在调查开封及郑州等地的省立各实业学校情况的基础上,拟定了《草拟河南职业教育进行计划》,对职业教育的行政机关及各类职业教育的设施、方式等作了较为明确的说明。

江苏省对于职业教育,夙所注重,不仅省教育厅设有职业教育视察员,省教育会设有职业学校联合会,且社址位于上海的中华职业教育社,一向对该省的职业教育发展予以特别关注。1923 年 1 月 21—23 日,鉴于加强教育与实业联络的重要和必要,乃采纳省教育会副会长暨中华职业教育社办事部主任黄炎培的建议,召开教育实业行政联合会。是次会议通过了多件关于整顿、改进本省教育和实业的提案,其中有关职业教育最重要的为"根据本省地方状况、就平日调查研究所得"所制定的《江苏职业教育计划案》。该"计划案"不仅提出由江苏省教育会及中华职业教育社会同作为全省职业教育的总机关,担负计划职业教育的专职任务,而且要求应根据"新学制"对于职业教育所作范围的规定,明确各类职业教育宗旨,"一切设施依之以行"。① 此外,"计划案"还制定了各类职业教育推行的方针。如农业教育"采系统计划""定分区制度";工业教育提倡"机械工业"与"手工业";商业教育以"正式商业教育"与"商业补习教育"并进;女子家事教育注重"设科"与"传习"问题,等等。② 不久,江苏省施行新学制行政委员会又拟定了《施行新学制标准草案》,规定"依旧制设立之甲种实业学校""从民国十二年度起依照新学制学程标准招收一年级生","依旧制设立之乙种实业学校应于相当时期内改为职业学校"。③

1924 年初,以"为桑梓服务,以大义见责"的态度出任江苏省教育厅厅长的蒋维乔,为了使江苏教育有序发展,"于已成事业,当为有计划之维持;于未举事业,当为有限制之增益。外则察社会之情势,以足供需求

---

① 《江苏制定职业教育计划案》,载《新教育》第 6 卷第 3 期,1923 年 3 月。
② 黄炎培:《江苏职业教育计划案》,载《教育与职业》第 42 期,1923 年 2 月。
③ 《江苏省施行新学制标准》,载《中等教育》第 2 卷第 2 期,1923 年 6 月。

而止；内则量财力之状况，以力求经济为归"，乃精心谋划，呕心指导，亲自拟定了《江苏省立学校今后五年概画》，对江苏省的中学校、师范学校、职业学校、专门学校未来几年的发展提出了新的设想，"于苏省教育前途，颇关重要"。其中对江苏的"农业学校""水产学校""女子蚕业学校"和"商业学校"等各种职业学校的发展作了详细的分析；对"专门学校"中涉及职业教育者，也着力筹划，要求充实其内容，"一方谋高等人材之养成，一方谋中等职业之发展，其下复附设职工班，俾成一系"；并特别就南京工业专门学校和苏州工业专门学校的设科、招生、学费等作了规定。①

安徽省在"新学制"颁布后，决定除旧布新，于1923年2月1日至3日，特召集省内外教育专家组织召开"安徽省实施新学制讨论会"。参加会议的有：中华职业教育社办事部主任黄炎培，教育部普通教育司司长陈宝泉，东南大学农科主任邹秉文，东南大学教授兼附中主任廖世承，东南大学教授兼江苏一中校长陆殿扬，东南大学教授兼预科主任孙洪芬，中华教育改进社主任干事陶行知，北京高师教授张小涵，东南大学教授韩安，安徽女子职业学校校长李寅恭等，共计24人。在这次会议上，黄炎培、邹秉文和韩安拟的《安徽实行新学制后之农业教育办法》，李寅恭拟的《本省农业教育议案》，以及省教育会提出的《实行新学制建议案》等，对安徽省职业教育的推行具有重要指导意义。会议并通过了《改进安徽职业教育办法案》《施行新学制之普通原则》《各县小学校实施新学制标准》《中学教育案》《师范教育案》《改进安徽农业教育办法案》《高等教育案》等。其中在《改进安徽职业教育办法案》中，规定职业教育所应包括的机关有：旧制甲种农、工、商业学校，旧制乙种农、工、商业学校，男女各种职业学校、工艺学校、工读学校、职工学校及各种职业传习所、讲习所等，高级中学农、工、商、家事科及初级中学职业科，小学校各种职业预

---

① 蒋维乔：《江苏省立学校今后五年概画》，载《山东教育月刊》第3卷第9号，1924年9月。

备科，各种职业补习学校或职业补习科，各种职业科教员养成机关，慈善性质或感化性质之各种习艺机关。并特别指出："大学农工商矿科或农工商矿等专门学校，虽未定在职业教育范围之内，亦应谋绝对联络办法"；建议由教育行政部门会集于各种职业教育有学识和经验者，共同组织研究、指导全省职业教育的总机关——职业教育委员会，以办理开展地方学科调查及职业教育的相关教学、研究事宜。另外，会议还对农业教育、工业教育、商业教育和女子职业教育等的改进办法作了明确说明。

山东省教育厅于1923年1月召开施行新学制研究会成立会，在历时两周的会议期间，通过了《山东省施行新学制研究会规程》和各种议案16项，其中《改旧制甲种农业学校为高级中学案》和《设立职业教员养成科案》等，对山东省职业教育的发展多有谋划。如《设立职业教员养成科案》中认为，虽然山东的职业教育机关数量仅次于江苏，达110所，但民生凋敝，盗匪充斥，究其原因，"大半皆由于职业师资太缺乏，及职业科目不适当之过"。而救急之法，应按《学校系统改革案》之规定，"于相当学校内酌设职业教员养成科，以便培养师资。并于此科未设之前，先行派员切实调查本省各地职业之种类，何种职业适应于人民生活，即设立何种科目，确实研究，将来教授学生毕业后，自无社会不需要之弊。……职业教员养成科之设立，诚属刻不容缓之举"。①

浙江省规定，本省新学制的实施准备期间为1922年11月11日至1923年11月10日，并由省教育行政研究会议议决了《施行新学制标准案》和《施行新学制省立各校改组办法案》。其中规定："职业教育，亟应注重"，省立中学校的初级中学，除施行普通教育外，得视地方需要，兼设各种职业科，收受小学毕业生；旧制省立甲种农业、蚕业、商业、水产学校，应一律改为省立职业学校，称省立农业学校、省立蚕业学校、省立商业学校、省立水产学校，"其公立工业专门学校附设之甲种工业学校，

---

① 《山东施行新学制研究会议决案》，载《山东教育月刊》第2卷第2号，1923年2月。

应改为公立工业学校，附设职业科"；各县 30 余处县立及私立乙种农、蚕、商业学校，应一律改为县立或私立农业学校、蚕业学校、商业学校；各职业学校，从 1923 年度起，"应照新学制招收新生，其修业年限及程度，得酌量各地方需要情形而定之"，并从 1924 年度起，酌设职业教员养成科。①

1923 年 7 月，福建省省立各种实业学校的校长和教员特组织"福建职业教育研究会"，督促本省政府施行新学制；不久，省教育厅组织了新学制实施讨论会，并于 8 月开会讨论实施新学制的有关问题，其中对于职业教育的实施多有规定。

四川省在"新学制"颁行后，于 1923 年 12 月召开新学制讨论会，共有 80 余名省内外学校的校长、省视学等与会，就如何使新学制的施行合于四川省教育的现状，详加讨论。此后，又规定了职业教育发展的四项标准："职业教育，侧重特别技能，务切实用，免去空谈理论之弊"；"职业学校，非经费充裕，并确能设置完备之实习场所者，不能成立"；"职业学校之科目，务以适合各地方之需要标准"；"职业各科，修业之年限，就各科性质斟定之，不必为划一之规定"。② 同时要求，全省除将旧制甲种实业学校斟酌地方情形改为职业学校或高级中学农工商科，乙种实业学校于相当时期内一律改组外，并筹设省立、联合县立以及县立职业学校。另外，决定通过派学生赴国内外大规模的实习场所学习，以备职业学校师资之选。

江西省自"新学制"颁布后，即讨论实施办法，而教育厅并设立"实施新学制研究委员会"，集本省教育界人士于一堂，从事研究。特别是，该省在编成的"实施新学制计划"中，对职业教育规划颇周。如规定将本省原第二甲种工业学校改为窑业职业学校，将校址移至景德镇；女子职业

---

① 《浙省施行新学制标准》，载《新教育》第 6 卷第 3 期，1923 年 3 月；《浙江省立各校改组办法》，载《山东教育月刊》第 2 卷第 6 号，1923 年 6 月。
② 《四川省职业教育之新希望》，载《山东教育月刊》第 3 卷第 7、8 号，1924 年 8 月。

学校增加纺织科一班；暂缓设立商业专门学校，拟将来设立商业职业学校一所，等等。此外，该省教育会多次发起组织了实施新学制讨论会，议决各种议案，由教育厅备作参考，其中包括1925年议决的《推广职业教育案》。

贵州省认为，"新学制"强调"注意生活教育"是十分正确的，因为，"当兹生计艰难物力昂贵时代，非具有生活所必需之知识技能，断难生存于世界，故职业教育实为当今急务"。有鉴于本省职业学校数量寥寥，"虽各属高级小学亦有教授农商各课者，然钟点无多，且不注重实习，毕业后除少数有力升学者不计外，其余能就所学以谋生活者，恒不多觏"，故决定"嗣后各高小校学科课程以及学校设施，均须趋重实业方面，体察地方情形，授以农林工商必需之知识及浅近工艺艺能；不但钟点加多，即国文算学理科等项，亦宜择对于实业有关者授之，以适切儿童他日入社会之实际生活。……庶毕业后不能升学者有职业可归，不致养成无数游民"。①

广西省1924年8月召集本省教育界人士开施行新学制讨论会，议定了《广西施行新学制标准》，规定小学校得酌设补习科及职业补习科（年限不超过一年），原有的甲种和乙种实业学校，一律改为职业学校，其改组办法，应视地方情形定之。

山西省于1924年5月召集省垣各机关、学校人员召开新学制实施讨论会，制定了《实施新学制标准》，规定"依旧制设立之甲种实业学校，应改设职业学校"；② 1924年8月，又拟定了《实施新学制办法》，规定"职业学校每学级四十人以内"，"暂收旧制高小毕业生"。③

陕西省于1923年初拟定了职业教育分期进行计划；1925年，又设立了职业教育委员会，将全省划分为20区，每区各置督察员一人，负责调查

---

① 《黔粤及奉天最近教育状况》，载《山东教育月刊》第3卷第7、8号，1924年8月。
② 《山西之新学制实施标准》，载《教育与人生》第35期，1924年6月16日。
③ 《晋省实施新学制办法》，载《山东教育月刊》第3卷第7、8号，1924年9月。

指导，以促进本省职业教育的发展。

1925年4月，绥远省教育厅举行行政会议，通过《推广绥远职业教育案》。是年，直隶制定《全省职业教育计划》（8条），规定各县须筹措专款，开办职业学校，并加强职业师资的培养等。

另外，随着职业学校的不断增多（如1918年教育部调查全国职业学校为400余所，1922年即达830余所），职业教员的需求骤增，有鉴于此，一些教育机构也设立了职业教员培养机关。如北京高等师范学校，早在1920年就开办了职业教员养成科；1922年又添设职工专修科，该专修科两年毕业，分木工建筑和金工机械两科，除伦理学、心理学、教育学、教授法、学校制度、学校经营、工场管理法、职业教育、数学、英文、国文、手工、图画为两科通习外，木工建筑科还要专习应用力学、建筑学、建筑图，金工机械科则要专习热力学、机械学、机械图，并注重实习。

第二节　教育社团对职业教育发展的推动

伴随着职业教育在学制上地位的确立，对职业教育的理论探讨更是如火如荼。这其中，教育团体仍旧发挥着主力军的作用。如中华职业教育社在历年的年会上，均有有关职业教育的议案通过（参见第十章相关内容）；成立于1921年8月的全国职业学校联合会在1922年至1926年每年举行的年会上，就职业学校的实习、机关认定以及科目设置等重要问题进行了研究，并通过了《请求政府筹定专款提倡补助职业教育案》《划定职业教育经费案》《职业学校课程标准案》等。不过，在所有的教育团体中，全国"教育联合会与中华教育改进社为全国教育界之最大团体，其议案常足以表示教育思潮之倾向"。[①] 像"新学制"颁布前一样，全国教育会联合会和中华教育改进社对职业教育的推动，仍主要是通过其年会来实现的，故在

---

① 舒新城：《民国十四年中国教育指南》，上海商务印书馆1926年版，"凡例"第2页。

此仍以其年会的召开来说明其对职业教育发展的推动。另外，鉴于中华职业教育社对《新学制职业科课程标准》制定的特殊作用，也专于此述之。

一、全国教育会联合会

1923年10月22日至11月5日，全国教育会联合会于昆明召开第九届年会，会议共通过议案30件，其中包括《请各省区教育实业官厅积极提倡职业教育并确定计划指拨专款组设全省区总机关案》，该案要求各省区："应就地利所宜，经济力所及，通盘筹划"，确定一个具体、系统的计划；教育、实业机关联合组织职业教育行政机关或职业教育委员会，专办本省的职业教育事务，并拨出职业教育经费，独立保管，专款专用；"请专家分任各种职业教育指导员，前往各县职业学校及职业教育机关，观察指导"；各中等学校应注重并立即试行职业指导；利用暑假召集教育行政人员和办理职业教育者召开职业教育研究会，加强对职业教育的深入研究，并请国内外职业教育专家，到会作有系统的讲演和讨论。①

1924年10月15日，全国教育会联合会第十届年会在开封召开，来自14个省区的35名代表与会，议决议案40余件，其中鉴于多数省区一年多来仍没有组织专门的职业教育机构，特通过了《催促各省区按照上届议决成案组织全省区职业教育总管机关案》，要求各省区"速组织全省区职业教育总管机关，专司职业教育之筹画、调查、指导、监督，使各省区职业教育，均得达有统系之设施，而克尽量发展。庶地无弃货，国鲜游民，奸盗之风，自可渐息"。② 此外，会议还通过了《女子学校应斟酌地方情形速加课职业科以增进生活能力案》和《女子教育应特别注重家事实习案》（详见本章第三节）；考虑到职业学校"纯以养成技术精巧、艰苦耐劳及有

---

① 邰爽秋等选编：《历届教育会议议决案汇编》，上海教育编译馆1935年版，"第九届全国教育会联合会议决案"第12—14页。

② 邰爽秋等选编：《历届教育会议议决案汇编》，上海教育编译馆1935年版，"第十届全国教育会联合会议决案"第3页。

智识之职工为原则",通过了《职业学校宜注重实习案》;基于我国"职业教育方在萌芽,欲为根本之解决,设非广储师资,实不足以谋扩张,而期推广",通过了《各省区宜斟酌地方需要设小学职业教员养成所案》,等等。所有这些议案,多数得到了教育部的肯定,并通行各省区切实遵照办理,故对当时职业教育的发展,起到了一定的促进作用。

第十届年会后,由于全国教育会联合会协助政府推进职业教育的工作大部分移于中华职业教育社开展,以致年会基本再没有关于职业教育的议案通过,其对职业教育发展的推动作用,也就大大减弱。如1925年10月14—27日在长沙召开的第十一届年会上,计通过议案34件,但无一是关于职业教育的。

二、中华教育改进社

1923年8月20—26日,中华教育改进社于北京召开第二届年会,与会会员578人,议决通过议案109件。其中,职业教育组(黄炎培为主任)通过议案7件:《促进各县职业教育案》《平民学校注重简单工艺案》《提倡军队职业教育案》《请调查全国需要职业指导国外求学方针案》《我国职业学校宜特设商店案》《教育行政机关应设专科办理职业教育案》《本社应与中华职业教育社协作聘请专家讲演职业教育并指导职业教育事业案》。另外,女子教育组(朱其慧为主任)还通过了《推广女子职业教育办法案》。

1924年7月3日,中华教育改进社第三届年会于南京东南大学召开,职业教育组又通过7项议案:《请本社与中华职业教育社合作,实行调查全国职业案》,《请本社心理测验委员会编制测验,为实施指导之资料案》,《请本社致函各省师范学校及各大学教育科,添设职业指导专科案》(除照本案进行外,并分函全国教育会联合会"新学制课程起草委员会",于起草课程时酌量加职业指导),《请本社与中华职业教育社合作,继续提倡职业指导案》(以原案邀请中华职业教育社办理),《提倡西北职业教育案》(推举刘湛恩、马鹤天二人会同其他团体,参照本案及中华职业教育社

《西北各省区职业教育推行案》，切实设法实施），《本国应亟设法广储职业师资案》，《联络统一地方教育、实业各机关及工商团体，取互助精神，共促职业教育进行案》。

1925年8月17—23日，中华教育改进社第四届年会在太原召开。在会议上，职业教育组通过的议案计5项：《请各省初级中学采行职业指导案》《调查各地平民生活状况，实施职业补习教育》《组织职业介绍部案》《创设职业指导所，兼办推销出品介绍案》和《创设女子商业学校，以推广女子职业案》。

三、中华职业教育社与《新学制职业科课程标准》的制定

中华职业教育社在中国职业教育发展的历史上作用非凡，故第十章将专章述之；不过，鉴于《新学制职业科课程标准》是"新学制"颁布后由全国教育会联合会委托中华职业教育社制定的，且《新学制职业科课程标准》在"新学制"制定后意义特殊，所以对于职教社的这一贡献，于此专门说明。

早在1922年5月，全国职业学校联合会在上海开会，其间，中华职业学校和如皋乙种工业学校等，即提出职业学校的课程未能尽合需要，提议拟定"新学制职业教育课程"，编制"职业课程标准草案"。7月，中华教育改进社第一届年会于济南召开，职业学校联合会会员咸集，鉴于制定新学制职业教育课程事关大体，联合会乃举19所职业学校共同草拟"职业课程标准"，并由中华职业学校校长顾树森负责完成。但后因集会不易，且顾树森于这年10月赴欧考察教育，此事搁浅。

"新学制"颁布后，在1923年11月3日，全国教育会联合会第九届年会议决通过《续组委员会草拟新学制师范及职业科课程标准案》，组织"新学制师范及职业科课程标准起草委员会"，拟定有关课程标准，寄各省区征求意见，限六个月告竣。经大会选举，袁希涛、段育华、金曾澄、王希禹、黄炎培为委员。其中，《新学制职业科课程标准》委托中华职业教

育社负责编订。对此"任务",职教社认为责无旁贷。于是,推朱经农、邹秉文、王舜成、黄伯樵、赵师复、杨卫玉为委员,与联合会诸委员分工合作。

至1924年3月,"标准"共成四案,即付《教育与人生》公布,以广泛征求意见;是年5月告竣后,又复函各专家征求意见,并拟报告全国教育会联合会第十届年会。此后,委员会又多次召开会议,对"标准"进行修正。其中,在9月25—26日及10月3日召开的第七次、第八次会议中,与会委员袁希涛、段育华、黄炎培、朱经农等参考各专家的意见,就"职业课程标准"作了修正;并议决"总说明",其中言曰:"职业教育应依各地各业之特殊状况分别规定课程",目前的"标准",因"仅由一部分专家根据其试验或研究之结果草拟,以供参考,实施时仍宜由当局自行酌定",待"由全国职业学校联合会议决,调查全国职业学校现行课程,邀请专家汇合研究,俟有结果,容再刊布"。① 鉴于"新学制"中职业教育部分,实包括"高级中学职业科""初级中学职业科""职业学校""大学职业专修科"和"小学职业预备科"等,"委员会"议决:"先假定为三个阶段:以收容四年小学毕业而已届受职业教育年龄者为第一阶段;以收容六年小学毕业者为第二阶段;以收容初级中学毕业者为第三阶段。每阶段应于农、工、商、家事各科中提出主要的分科(或不分);每主要的分科应假定最短修业年限及其修业终了后之资格,再于各分科草拟科目(包括实习)及毕业程度标准。"②

1925年2月,经过长时间的广泛讨论,《新学制职业科课程标准》终于定本,乃决定发行;3月,审定告竣后,职教社特辟《教育与职业》第33期为"新学制职业教育研究号";4月,《新学制职业科课程标准》由中

---

① 《课程标准起草委员会之议案》,载《教育与人生》第2卷第52期,1924年10月13日。

② 中华职业教育社:《新学制职业科课程标准序》,载《教育与人生》第2卷第55期,1924年11月3日。

华职业教育社出版，包括"农业科课程"两种，"工业科课程"十种，"商业科课程"三种，"家事科课程"一种。分别是：《农业科课程标准（一）》（过探先草拟），《农业科课程标准（二）》（王舜成草拟）；《工业科课程标准（一）——机械科》（黄伯樵草拟，培伦子修订），《工业科课程标准（二）——电气科》（黄伯樵草拟，培伦子修订），《工业科课程标准（三）——市政工程科》（黄伯樵草拟），《工业科课程标准（四）——土木工程科》（刘勋麟草拟，万特克修订），《工业科课程标准（五）——木工科》（徐复旦草拟），《工业科课程标准（六）——藤竹工科》（郭养元草拟，高寿田修订），《工业科课程标准（七）——染织科》（俞星枢、刘勋麟草拟，陈镜豪、虞卜磐修订），《工业科课程标准（八）——应用化学科》（黄伯樵、刘勋麟草拟），《工业科课程标准（九）——教育用品科》（黄伯樵草拟），《工业科课程标准（十）——印刷科》（黄伯樵草拟）；《商业科课程标准（一）》（马宪成草拟，朱经农修订），《商业科课程标准（二）》（赵师复草拟，朱经农修订），《商业科课程标准（三）》（潘文安、潘吟阁草拟）；《家事科课程标准》（杨卫玉草拟，李寅恭修订）。此外，还有"各级各科职业学校学程年限图"一种。至此，《新学制职业科课程标准》得以完成制定。

"新学制"颁布后，伴随着各省市发展职业教育所采取的新举措和各教育社团对职业教育发展的推动，职业教育得到了较快的发展。中华职业教育社对于全国的职业教育机关，基本每年均有调查统计，并进行公布。据该社1922年的调查，该年4月，全国各种职业学校计822所，其中江苏142所，山东111所，河南71所，山西60所，湖南52所，直隶45所，安徽44所，浙江41所，云南40所，湖北36所，陕西26所，福建23所，广东21所，江西20所，黑龙江19所，京兆16所，奉天15所，广西10所，四川9所，甘肃8所，贵州7所，吉林5所，绥远1所。[①] 而到1925

[①]《全国各种职业学校分布在各省区比较表》，载《教育与职业》第37期，1922年8月。

年，职教社所统计的该年全国职业教育机关已达1548所。其中，职业学校（包括旧制甲乙种实业学校）1006所，职业传习所及讲习所167所，设有职业科的中学42所，设有职业准备的小学41所，设有职业科的大学及专门学校77所，职业补习学校及补习科86所，职业教师养成机关8所，实业机关附设职业教育18所，慈善性质及感化性质的职业教育机关99所，军队职业教育机关4所；就省区分布言：江苏322所，山东144所，山西140所，湖南107所，河南105所，京兆98所，直隶96所，湖北81所，浙江55所，奉天53所，安徽、云南各48所，四川40所，福建、陕西各37所，广东34所，江西28所，黑龙江20所，吉林15所，广西12所，甘肃、绥远各9所，贵州7所，青海2所，察哈尔1所。[①] 可以说，职业教育的发展达到了有史以来的最盛期。

第三节 女子职业学校的发展

女子职业教育是职业教育的重要组成部分。在20世纪10年代至20年代，随着民主、平等思想渐入人心，女子接受学校教育的机会不断扩大，且在职业教育思潮的推动和影响下，女子职业教育也得到了较快发展。而在女子职业教育的发展中，女子职业学校十分引人注目，虽然在发展过程中，存在着数量过少、质量低下、所设科目过于单一等问题，但却在相当程度上冲击了传统的教育观念，推动了女子的自主和独立，极大地促进了妇女解放。

一、从自发到规范：民国初年的女子职业学校

民国成立后，随着政治上的革故鼎新，人们的思想观念也发生了巨大变化，特别是反对男尊女卑，主张男女平等，号召妇女解放，成为一股思

[①] 《全国职业教育机关之统计》，载《山东教育月刊》第4卷第11、12号，1925年12月。

潮,澎湃于中华大地。应该说,要使女子获得完全解放,取得男女平权,其途径可谓至多,但首先且最根本的,是必须使她们摆脱昔日依附于男子的境况,取得经济上的独立;而要使她们在经济上取得独立的地位,就必须使她们学得一技之长,以在社会上谋取职业,具有谋生的机会和能力,并和男子共同担负起家庭及国家建设的重任。

但是,事实上,民国肇创之初,女子尚远远没有获得经济独立。以女工数量为例,在当时,各省的人数就极少。据农商部统计,1912年,各省工厂中的女工,江苏省人数最多,为6.7万余人,浙江、湖南各2万人左右,山东、四川、江西、福建8000余人,广东、湖北4000余人,直隶2000余人,河南、云南1000余人,其他的省均不及1000人。[1] 针对这种情况,当时,一些有识之士积极主张发展女子实业,以之为女子获得自立、自由的重要途径。在他们看来,"女子不能于生计界自由活动,非特不能自立,且遗累男子处甚多。是以女子欲谋自由,不得不于工艺界自寻生活"。[2] 在他们的倡导下,女子工艺厂、女子蚕业讲习所、女子缝纫社等名称各异的妇女实业机构时有建立。而同时,也有不少有识之士号召设立女子职业学校,将之视为谋女子自立和经济独立、获得最终解放的前提条件。他们认为:"女学之兴,即女子职业之先声。有常识然后有专职,有专职然后能自立,能自立然后能立人。……今使人尽能致身于自立之域,则生利者日多,分利者日少,造福社会何可量哉!"[3]

在倡导设立女子职业学校的呼声中,一些思想先进的知识女性开始自发地创办女子职业学校。如1912年2月,林宗雪拟募资开办女子蚕桑学校,得到了孙中山的肯定,认为其"募资设校,热诚可嘉"。4月,中央女

---

[1] 马恩绍:《女子宜广习各项工艺说》,载《妇女杂志》第1卷第1号,1915年1月。

[2] 马恩绍:《女子宜广习各项工艺说》,载《妇女杂志》第1卷第1号,1915年1月。

[3] 吴峥嵘:《女子职业造福社会论》,载《妇女杂志》第1卷第1号,1915年1月。

子工艺厂创办中央女子工艺学堂,"以切实应用科学,造就女子专门技术,得入厂扩张工艺,以维社会经济,亦可有自立能力,以维个人身家为宗旨";该校最初招"无嗜好无家事牵累又身体强健而天足"的13—30岁的女子百名入校肄习,开设学科计有十二门:养蚕、制丝、纺织、染色、裁缝、编物、雕刻、刺绣、国文、算学、方言和化妆。① 7月,由上海汪赵润、费配元、陆震坤等人于1912年5月发起成立的中华女子实业进行会创设了暑假工艺实习所,它以培养手工传习所教员为目的,开设了机器、裁缝、西衣、刺绣、扎花、刺果、图画、算学等课程。9月,江苏吴县女子蚕业学校和江苏省立女子蚕业学校设立。是年,李静珊在江苏武进设女子职业学校并组织女子职业团,"为年长失学之女子辟生计,求自立;设缝纫专科,承制苏、沪、宁、常、镇、锡军警学生制服"。② 1913年1月,浙江嘉兴的谢雪组建女子实业学校,"分本科一,染织、邮电、商业、蚕桑、美术等专科五,速成科一",速成科试办一学期后,"成绩优美,管理周密,课程完善,社会莫不叹赏";之后,又添招染织专科,"报名者异常踊跃",被时人赞曰:"诚中国第一为女子谋自立之专门学校也。"③ 2月,朱剑霞等又创办女子慈善工艺学校,其宗旨在"专收一般无业之女子,寓慈善于教育,俾其学成后有所谋图,而生计不致断绝"。④

由于当时政府并没有关于女子职业学校创设的规令,所以1913年8月之前的女子职业学校可谓是自发性质的。然而,随着"壬子·癸丑学制"以男女平等思想为指导,主张男女接受平等的教育,并在其中的《实业学

---

① 全国妇联妇女运动历史研究室编:《中国近代妇女运动历史资料(1840—1918)》,中国妇女出版社1991年版,第634页。
② 《兴办女子职业教育之先进李静珊女士》,载《教育与职业》第41期,1923年1月。
③ 全国妇联妇女运动历史研究室编:《中国近代妇女运动历史资料(1840—1918)》,中国妇女出版社1991年版,第643—644页。
④ 全国妇联妇女运动历史研究室编:《中国近代妇女运动历史资料(1840—1918)》,中国妇女出版社1991年版,第644页。

校令》中规定:"女子职业学校,得就地方情形与其性质所宜,参照各项实业学校规程办理",① 女子职业学校的开办取得了合法地位。

之后,伴随着民主与科学思潮的激荡,兴办女子职业学校的呼声愈来愈强,一些省份遵照《实业学校令》之规定,时有创设女子职业学校之举。如1914年3月和8月,江苏省先后设立了省立女子蚕业学校和如皋县立女子职业学校;10月,湖北省设立了省立女子职业学校;另外,是年,云南在昆明设立女子职业学校,四川设立女子工艺传习所和女子蚕业讲习所。1915年1月和5月,江苏又有松江县立松筠女子职业学校和无锡市立女子职业学校先后立案;3月,福建省设立了私立泉山女子职业学校。据统计,到1915年底,全国共有女子职业学校14所,其中江苏5所,福建3所,京师、浙江、江西、湖南、湖北、陕西均为1所,计有学生1169人,当年毕业学生364人。② 1916年1月,陕西省于省立女子师范学校中附设女子职业学校;2月,江苏省武进县私立女子职业学校和江西省私立女子职业学校均告成立。此后,在1917年1月和5月,又先后有私立闽南女子染织学校、衡阳私立组能女子职业学校和山东省立女子职业学校、湖南私立养能女子职业学校先后被批准立案。

与女子职业学校的设立相伴随,一些教育家、实业家纷纷从不同的角度来阐述发展女子职业教育的重要性和必要性。如1913年5月,陆费逵在《女子教育问题》一文中也说:"何人不赖适宜之职业以生活?""女子不能全恃男子赡养,当择己所能任之职业任之。"基于这一认识,他主张,应该"以妻之教育,母之教育,适宜职业之教育,为女子教育之主义";女子除了接受如何为人妻、为人母的教育外,还应当为她们"设女子师范学校,女子裁缝、刺绣、蚕业、图画、音乐等学校,期可以习一业以生

---

① 教育部:《实业学校令》,载《教育杂志》第5卷第6号,1913年9月。
② 《本部行政纪要乙编(普通教育)》,载《教育公报》第3年第8期,1916年8月。

活"。① 侯鸿鉴则认为："职业教育为今日女子谋生活、求自立之要需，设使所学者与社会格不相联，则出校后，不能在社会有生存能力，得一种职业以自存。即对于家庭，仍多惭德；对于社会，犹属赘瘤。此女子所以必需肄习职业教育之说也。"②

不仅如此，针对当时女子职业教育概念不明、内涵不清的问题，一些教育家还试图从理论上对女子职业教育加以分析探讨。如在侯鸿鉴看来，"职业教育者，入何种学校学习何种课程，预备毕业后在社会方面及家庭方面，均足谋独立自营之生活者是也"。基于这一认识，他提醒人们"不可仅认裁缝、手工、造花、编物、刺绣外皆非女子职业教育也，……女子之实际生活教育，即女子职业教育也"。具体而言，包括家事（烹饪、园艺、缝纫、洗涤、簿记、珠算等）、保育、师范、医学（主要是产科、内科和小儿科等）、看护、女红（如编物、造花、摘棉、线结、绒结等）和蚕桑七个方面的内容。他断言，如果"提倡女子职业教育者，苟能于此加之意焉，则职业教育不求诸高深远大，即求诸浅近简单而易于实行者，所谓不务其名，务其实也"。③

二、职业教育思潮下女子职业学校的发展

第一次世界大战之前，欧美国家对职业教育格外重视，女子职业教育有了较快发展，相较而言，中国的女子职业教育尚处于"襁褓"之中。然而，自1917年5月中华职业教育社成立后，随着其对女子职业教育的极力倡导，接受女子职业学校教育的学生数量较两年前有了一定的增加。据教育部"第五次全国教育统计"，1917年7月，全国女子职业学校学生数已达1866人，其中湖南1005人，云南260人，江苏207人，浙江136人，

---

① 陆费逵：《女子教育问题》，载《中华教育界》1913年5月号，1913年5月。
② 侯鸿鉴：《今后之女子教育》，载《教育杂志》第9卷第3号，1917年3月。
③ 侯鸿鉴：《论女子职业教育之实际》，载《中华教育界》第6卷第3期，1917年3月。

福建97人，山东91人，黑龙江70人；而当时全国实业学校男生数为28 223人，女生已占接受实业教育学生总数的6.20%。① 此后，伴随着职业教育思潮的兴起和渐趋高涨，女子职业教育也受到政府、实业界特别是教育界的广泛重视，女子职业学校日渐发展。

1917年10月，全国教育会联合会在杭州召开第三届年会，大会通过的《职业教育进行计划案》规定"女子小学校可附设家事及其他职业实习科"，并且鉴于"各省女子职业学校多未设立"，号召各省区根据《实业学校令》之规定，从速筹设女子职业学校。之后，又有数所女子职业学校设立。如湖南私立吴氏务本女子职业学校（1917年11月）、湖北私立和衷女子职业学校（1917年12月）等。至这年年底，全国女子职业学校已达20所，其中江苏7所，湖南4所，福建3所，湖北2所，京师、山东、江西、陕西均为1所，在校学生1719人，当年毕业学生230人。② 1918年2月和6月，又有奉天铁岭县立女子乙种蚕业学校和湖北省立女子蚕业讲习所先后设立。

由于师资、设备等方面的限制，与招收男子的职业学校相比，当时女子职业学校的发展十分缓慢，且集中于少数省份。有鉴于此，教育界在号召大力发展职业教育的同时，对女子职业教育时有倡导。如杨卫玉依据美国女职员众多，"小学教员之数，女子超出于男子，而商店之打字、场厂之书记，女子又占其半"的现实，和日本"女子职业之发展亦蒸蒸日上，铁道、电局、工场、商店、学校等，几无处不有筭香鬓影"的状况，极力号召学习东西洋国家，设立女子家事科。③ 贾丰臻则认为，"女子家庭之职业，无有过于家政者，若烹饪、裁缝、洗涤、看护、养育诸大端，非有素养者不克当之"；他并从多方面论述了女子接受职业教育的重要作用："诚

---

① 程谪凡编：《中国现代女子教育史》，上海中华书局1936年印行，第215页。
② 中国第二历史档案馆编：《中华民国史档案资料汇编》第三辑"教育"，江苏古籍出版社1991年版，第413—414页。
③ 杨鄂联：《家事教授革新之研究》，载《教育杂志》第10卷第1号，1918年1月。

能使女子注意于职业教育,则除关系自身以外,异日影响于儿童者必不少";甚至断言:"诚能注意于女子之职业教育,则千百年之沉疴或可减哉!"①

由于全国女子职业学校发展相对比较迟缓,1918年10月,全国中学校校长会议议决通过了《女子中学应附设简易职业科并须扩充女子职业案》,该案提出:"欲扩充女子职业,必从教育入手。"而由于女子职业学校为数甚少,所以,可借鉴日本在高等女学校中附设实科的方法,在女子中学校中设置简易的技艺科、蚕业科、园艺科、商业科等。1919年5月,教育部同意了该案所请,咨各省区的"女子中学校自可酌量地方情形,附设女子简易职业科,以资实用"。② 与此同时,教育部鉴于家事为女子中学校最重要的科目,故在是年5月,又令"各省女子中学校应注重家事实习"。而当年的全国教育会联合会第五届年会在议决通过的《普通教育应注重职业科目及实施方法案》中,对于女子教育中关于家事、园艺、手工、缝纫等科的设备、教授、练习等方面,也作了较为明确的规定。此后,由于欧美发达资本主义国家从事职业的女子越来越多,及其所带来的巨大启示,一些有识之士深刻认识到,在中国,占人口半数的女子无自食之能,衣食咸仰给于他人,这不仅是男女不平等的具体体现,也是造成当时社会生计困难的重要原因。所以,如何让广大女子谋取职业,进而在社会上取得经济地位,成为妇女解放的一个重要问题。越来越多的人开始认定,妇女问题虽多,但总而言之,就是经济不独立;妇女在社会上的地位,随着其经济状况而变动。而"要使女子能自立,……先要有职业;要有职业,先要有学问;要有学问,自然应当先受教育"。③

---

① 贾丰臻:《说女子职业教育之必要》,载《教育杂志》第10卷第3号,1918年3月。
② 教育部:《咨各省区为女子中学校可附设简易职业科文》,载《教育公报》第6年第7期,1919年7月。
③ 李纫秋:《"少年中国"的女子该怎样》,载《少年中国》第1年第4号,1919年10月。

随着女子职业教育越来越受到提倡、重视和规范,不仅一些省份开始遵照教育部之令在女子中学校中添设了职业科,而且女子职业学校也加快了发展的步伐。就前者而言,如1920年4月,黑龙江省立女子中学校就附设简易职业科,选择抽丝、花边、发网等"手工及其他科目,足以自谋生活者,短期造就,俾贫寒女子均得养成应用之知识技能",并制定本校的《附设简易职业科简章》。该"简章"规定:简易职业科"以教授女子实用之技能及必要之学科为宗旨""以各项应用手工为主要科目,修身、国文、算术为普通科目,唱歌、体操为随意科目""学生以年在十四岁以上、二十二岁以下之女子品行端正者为合格",定额50名。① 就后者来说,虽然由于一些女子职业学校因师资、设备等不副而停办,致使1919年全国女子职业学校只有22所(其中湖南6所,江苏5所,福建和湖北各3所,奉天、山东、江西、浙江、陕西均为1所),较1917年仅增加2所;② 但到1921年,女子职业学校就增至44所;③ 至1922年2月,更激增至76所。④ 表6-1是这76所女子职业学校的基本情况。

表6-1　1922年2月全国女子职业学校概况表

省别 \ 校别	农业	工业	商业	职业	补习	师范职业	合计
江苏	1	1		14	4		20
浙江	1			2	1		4
安徽	1			1	2	2	6
江西				2			2

---

① 璩鑫圭、童富勇、张守智编:《中国近代教育史资料汇编·实业教育　师范教育》,上海教育出版社1994年版,第400—401页。
② 中国第二历史档案馆编:《中华民国史档案资料汇编》第三辑"教育",江苏古籍出版社1991年版,第415—425页。
③ 黄炎培:《民国十年之职业教育》,载《新教育》第4卷第2期,1922年1月。
④ 杨鄂联:《中国女子职业教育之经过及现况》,载《教育与职业》第35期,1922年4月。

续表

省别\校别	农业	工业	商业	职业	补习	师范职业	合计
湖北				3			3
湖南	1		1	16			18
直隶	1	1		3			5
山东	2			1	1		4
陕西				1			1
广东		1		1			2
福建	1			4			5
广西				1	1		2
云南				2			2
贵州				1			1
奉天	1						1

资料来源：杨鄂联，《中国女子职业教育之经过及现况》，载《教育与职业》第35期，1922年4月。

在女子职业学校得到较为迅速发展的同时，一些教育团体如中华职业教育社、中华教育改进社、全国职业学校联合会、全国教育会联合会等也对女子职业教育予以特别关注，积极推动其发展。

中华职业教育社自1917年5月成立后，即对女子职业教育极力倡导；不久，还成立了女子职业教育委员会，专门开展对女子职业教育的号召、倡导、研究与推广，并合办镇江女子职业学校和南京女子职业传习所，以为女子职业教育之实验。

1922年7月，在中华教育改进社于济南召开的第一届年会上，女子职业教育被视为最重要的问题之一。与会者认为，"我国女子职业教育不及男子十分之一，实一大问题；且家事教育为女子所特有，而各地均不甚发达"，鉴此，该社职业教育组议决通过了《推广女子职业教育案》，其中规定了推广办法四条："（1）添设女子职业学校；（2）各地职业学校宜并设女子职业科；（3）请各省筹专款送女子赴国外学习专门职业；（4）请设立女子职业专门学校，并就大学校于女子高等职业有关之各科内兼收女生。"[1] 并提出宜"筹办女子职业补习科"，认为，由于民生穷困，女子生计日蹙，所以，为了使年长失学的妇女和无力向学的平民女子具有赖以自立的生活技能，各省立女子师范学校的附属小学或地方小学应因地制宜，依需要筹办女子职业补习班；而女子高级中学，无论是否男女同校，除设文理科预备升学外，还应增设新闻、邮电、美术、商业、法政等专科，以养成社会所需的专门职业人才，进而推广女子生计，增进社会经济。

除职业教育组外，女子教育组也极力号召、推进女子职业教育。在其通过的《筹办家事补习教育案》中认为，"我国职业教育尚在萌芽时代，而女子职业尤属幼稚，以是女子经济独立问题难得圆满的解决。推厥原因有二端：（甲）设立女子职业学校未有系统的规定；（乙）办理女子职业学校缺乏相当的师资"。因此，只有设立女子职业学校，招收毕业于小学校的女生入学肄业，如此"使家庭知有选择职业之观念，使学生坚其服习职业之意志。在办理学校者，亦可彻底养成女子之职业"。至于所设科目，可根据地方需要和经济状况，于蚕桑、缝织、刺绣、美术、商业、银行、工业等适合于女子等科中"酌量支配，庶于地方有适应环境之利，于办事无削足适履之虞"。然而，大量设立初级女子职业学校后，"所需师资，必感缺乏，若同时设立甲种学校，则于事实上、经济上均有所难能"，故可于"现有女子师范添设职业选科，以为造成初级职业学校之师资"。[2]

当时，在济南召开临时会的全国职业学校联合会还议决通过了《女子职业教育学科设置案》，通告各地女子职业学校。该案除阐述了女子在选

---

[1] 《中华教育改进社第一次年会分组会议纪录：职业教育组》，载《新教育》第5卷第3期，1922年10月。
[2] 《中华教育改进社第一次年会分组会议纪录：女子教育组》，载《新教育》第5卷第3期，1922年10月。

择职业时，应综合考虑本人、家庭和社会等方面的情况外，还提出，女子职业学校在设置科目时，应当遵循四项标准："有条理有统系之职业""富有审美的工作之职业""切于日常应用而有助于独立生活之职业""在社会事业上有相当之价值与需用之职业"。① 所有这些，都在相当程度上推动了女子职业教育的发展。

据中华教育改进社的调查，1922—1923年度，全国甲种实业学校学生总数为20 360人，其中女生1452人，占总数的7.13%；全国乙种实业学校学生总数20 467人，其中女生1757人，占总数的8.58%。具体见表6-2。

表6-2 1922—1923年度女子职业学校一览表

省区	甲种实业学校			乙种实业学校		
	男女生总数	女生数	女生所占%	男女生总数	女生数	女生所占%
京兆及京师	1100	617	56.09			
奉天				541	26	4.81
山东	1436	80	5.57	4207	58	1.38
江苏	2809	337	12.00	3106	691	22.25
江西	1058	123	11.63	293	104	35.49
福建				639	290	45.38
浙江	1774	135	7.61	1114	92	8.26
湖北	970	160	16.49	659	120	18.21
湖南				1017	350	34.41
陕西				646	26	4.02
总数	20 360	1452	7.13	20 467	1757	8.58

资料来源：中华教育改进社编辑，《中国教育统计概览》，上海商务印书馆1924年版，第35、53页；仅有男生数没有女生的省份没有列入。

---

① 《全国职业学校联合会临时会议决各案》，载《教育与职业》第37期，1922年8月。

1922年11月，随着女子职业教育在学制上地位的确立，大学男女同校自1918年实现后，接受大学教育的女子不断增多，① 教育界对不甚发达的女子职业教育愈益予以提倡。人们认为，由于女子职业学校"即在教授妇女以职业上及劳动上的智识，技术上的熟练，以及妇女怎样去谋独立生活的方法；在启发妇女的思想上，在使妇女获得经济的独立的方法上，又在使妇女预备一种反抗的抵抗力上，以及对于妇女不分贫富老幼一律加以收容上"，这些都使得女子职业学校独具特色，并具有特有的价值，所以"惟愿这类学校的发达和进步，以便促成妇女真正解放的成功"。② 1923年1月，中华教育改进社女子教育委员会北京地区委员朱其慧、刘吴卓生、杨袁昌英共同起草的《改进中国女子教育之计划》也提出："中等教育为人才教育之基础及职业教育之最要时期，我们为谋女子生计独立起见，应在各地提倡女子职业学校及女子初级中学。"③ 正因此，当时，不少教育团体在号召发展职业教育的同时，对于女子职业教育，也给予更加积极的倡导。

如1923年4月，在江苏教育实业行政联合会第二届大会上，该会职业教育委员会即提议《筹办省立女子职业学校》，建议在南京设立省立女子职业学校一所。10月，中华职业教育社决定于北京、天津、南京、苏州、上海、杭州、青岛等地设立女子征求团，分请女界有关知名人士专事介绍女社员，以所收社费或捐款专门作为倡办女子职业教育之用。当时，像朱其慧、张默君、李玛利、胡彬夏等均分别被商请作为北京、南京、青岛等地的负责人。由于她们有的曾经办理女子职业学校卓有成绩，有的对于女子职业教育夙抱提倡之热心，所以，通过她们得力的宣传，增进了人们对

---

① 据统计，1923年4月，男女同校的大学女生至少122人；到1925年，至少达973人（俞庆棠：《三十五年来中国之女子教育》，见庄俞、贺圣鼐编辑：《最近三十五年之中国教育》，上海商务印书馆1931年版，"卷上"第206页）。

② 易家钺：《妇女职业问题》，上海泰东图书局1922年版，第129—130页。

③ 朱其慧、刘吴卓生、杨袁昌英：《改进中国女子教育之计划》，载《新教育》第6卷第2期，1923年2月。

于女子职业教育的认识和关注。1924年10月，鉴于"女子职业学校为数不多，只能解决一小部分女子之生活问题，而置大多数女子生活于不顾，殊非所宜"，全国教育会联合会第十届年会特通过了《女子学校应斟酌地方情形速加课职业科以增进生活能力案》，要求各省区"亟宜就普通女子教育，斟酌地方情形，加课各种职业科目"，以达到培养女子生活技能的目的。其方法包括："女子中小学校应斟酌地方情形，择职业科目之一种，定为必修科"；"都市女子学校，应注重商业科"；① 同时，鉴于"女生对于家事一科，往往视为故事，日常之劳动事务既多不屑为，而己身之一切服用，复力求侈华，迨毕业之后，所学既不适用，妇职又不能修"，并通过了《女子教育应特别注重家事实习案》。该案规定"女生宜自组团体轮流司烹饪之事"，"日常应用之衣服，女生必亲自缝纫"，"斋舍之洒扫，衣服之洗濯，女生须自行工作"，"家庭卫生、家庭簿记等，宜切实练习"，"关于家事科之实习场所，应由学校量力，为较完备之设备"，等等。②

除江苏教育实业行政联合会、中华职业教育社、全国教育会联合会外，中华教育改进社在1923年、1924年和1925年的三届年会中，还分别通过了《推广女子职业教育办法案》《女子中等学校均应设家事科，尤宜注重儿童学案》和《创设女子商业学校以推广女子职业案》。而一些省份在制定或确立本省职业教育的发展规划或计划中，也往往将"女子职业教育"作为一个重要的方面。如1923年2月，安徽省在《改进安徽职业教育办法案》中就规定，对于女子职业教育，遵"新学制"的规定，添办师范科，以养成各地传授女子职业的人才；鉴于本省仅有一所女子职业学校，"似非男女教育机会均等之道"，故决定"俟财力稍充，必当添设专校"。③ 所有这些，对"壬戌学制"颁布后女子职业教育的发展都起到了积极作

---

① 《第十届全国教联会通过之议案一览》，载《山东教育月刊》第3卷第11、12号，1924年12月。

② 邰爽秋等选编：《历届教育会议议决案汇编》，上海教育编译馆1935年版，"第十届全国教育会联合会议决案"第13页。

③ 《改进安徽职业教育办法案》，载《新教育》第6卷第3期，1923年3月。

用。据统计，至 1926 年，女生占职业学校中的学生比例上升到 18.76%。①

三、女子职业学校在发展中的问题

民国成立后，经过十余年的发展，到 20 世纪 20 年代中期，作为一种特殊的教育形式，女子职业学校已十分引人注目。这些女子职业学校在发展中，既有成绩，也呈现出"物成之初"不可避免的问题。

就成绩言，像嘉兴乙种女子职业学校，设本科和专修科，该校"主旨在养成专一技能，为生活独立之基础，十八岁以下，有国民学校毕业程度之学生入本科，年长失学者入专修科"，毕业学生"多数在各女校担任职业方面之教授"；福建省立女子职业学校，设刺绣、造花、抽丝、花边和预备等科，其中"刺绣一科，最博社会欢迎，每年出品，供不应求"，所有各科毕业学生"就学校教职员及工厂技师者约十之二，余多自营职业"；浙江女子蚕业讲习所，设蚕业本科，"该校对于当地社会，颇有佳影响，所出之丝，尤为厂家所欢迎"，毕业学生"十之七服务于本省各县并为苏皖各省延往办蚕丝事业，十之三任学校教职"；如皋县立女子职业学校，设花边、刺绣、贴绒、西画四科，毕业学生"颇能自营生活"；江苏省立女子蚕业学校，毕业学生"或自营蚕业或任蚕业教员及技术员，或任小学教员"，"对于当地蚕业，颇有影响"；武进县立女子职业学校设女子职业教师养成科、绣工科、缝纫科，"该校绣工出品，颇受社会所欢迎"，毕业生"任各地女子职业教师者为多"。②

就问题来说，则主要集中在三个方面。

第一，学校数量过少。

女子职业教育在清末已初现端倪，民国成立后，特别是职教社设立

---

① 《全国中等以上学校之教职员及学生之男女百分数表》，载《教育杂志》第 19 卷第 10 号，1927 年 10 月。

② 《国内女子职业学校现况》，载《教育杂志》第 14 卷第 3 号，1922 年 3 月。

后，虽经教育界不少有识之士对职业教育不遗余力地奔走呼号，但女子职业学校的发展仍是步履维艰。到民国成立后的第 11 个年头，全国仅有 70 余所女子职业学校，虽然"以吾国现在政治的影响，金融的奇窘，有此成绩，进步不可算迟"，①但对一个拥有 4 亿人口、2 万万女同胞的泱泱大国来说，显然是寥若晨星。造成这种状况的原因，除了当时政府重视不够外，还在于：虽然说"女子若有了独立性的职业，便有了独立的经济。经济既能独立，虽不说社交公开，自然会社交公开；虽不说婚姻自由，自然会婚姻自由"，②也就是说，当女子与男子获得了平等的职业，即获得了完全的经济独立后，也就获得了彻底的解放和自由，且当时确也有不少有识之士将女子职业学校的兴办和女子进入职业学校肄业视为男女平等的先决问题和妇女解放的重要标志。但是，由于传统上根深蒂固的男性中心主义的影响，不少男子情愿自己担负起家庭沉重的经济负担，也不愿让女子去社会上谋取职业。一些男子虽不反对女子接受教育，但他们更多的是将女子接受教育视为一种"时尚"，这种"时尚"或认为女子受了教育可以更好地从事家政，做相夫教子的贤妻良母，或觉得妻子读书知书识礼，更能为丈夫挣面子、增光彩。另一方面，由于当时能接受女子职业教育的多为中产以上社会阶层家庭的女子，而在这一阶层的一些家庭看来，宁愿让这些新时代的知识女性充当"高级花瓶"，也不愿她们抛头露面，置身职场，与男子在一起共同工作。加之，当时社会上种种对女子从业的歧视现象，除小学教师外，其他涉及农、工、商方面的职业，多被视为男子之专利。所有这一切，使得不少女子从职业学校走出后，在最终获得从业机会的过程中，举步维艰，历尽艰辛，而这在一定程度上也阻碍了女子职业学校的发展。

---

① 杨鄂联：《中国女子职业教育之经过及现况》，载《教育与职业》第 35 期，1922 年 4 月。
② 陈问涛：《提倡独立性的女子职业》，载《妇女杂志》第 7 卷第 8 号，1921 年 8 月。

第二,过于注重家事,且学校质量低下。

第一次世界大战后,在欧美不少资本主义发达国家看来,国家的实力肇于家庭,于是家事教育被作为女子职业教育的一项重要内容,备受重视。受中国传统"男子主外,女子主内"的古训和东西洋国家女子学校"莫不以家事为必须科"的深刻影响,人们认为,"人群之组成社会,惟赖分业尽职,而男主乎外女主乎内,又为天然之倾向。故女子之处理家事,为其天职,亦为其惟一之生活问题,……不设女子教育则已,如设女子教育,家事决不可忽",① 因此,当时一些女子职业学校多将家事科作为必设科目。

值得指出的是,家事科的设立,虽然根本原因是因其最切近于女子的生活,但当时在女子职业学校广设家事科,也决不是仅为培养量米造饭的贤妻良母,更是为了造成将来能支配家政、改进社会的职业女性。但由于学校数量少,不少省仅有一校,使得一些欲入职业学校求学的女子跋涉艰难。不仅如此,这些为数不多的女子职业学校,还多设备缺乏,师资不足,学校人数较少。如1921年,江苏私立女子职业中学校"每年需费七千元,而收入仅二三千元,实有入不敷出之痛苦"。②

第三,所设科目过于单一。

当时女子职业学校所设科目多系蚕丝、染织、刺绣、手工、缝纫、裤织、藤草编等,尤其是刺绣、缝纫两科,十校中有九校设置,而普通的园艺、医学、看护、产科、洗衣、剪发等,则根本没有,这从表6-3的"主要女子职业学校一览表"中明晰可见。

---

① 杨鄂联:《家事教授革新之研究》,载《教育杂志》第10卷第1号,1918年1月。
② 王振之:《报告江苏私立女子职业中学校概况》,载《教育与职业》第27期,1921年8月。

表 6-3　主要女子职业学校一览表

省别	校别	科别	地点	职员	教员	现有学生 班数	现有学生 人数	毕业学生	立案年月
奉天	铁岭县立女子乙种蚕业学校	蚕科	县城	1	2	1	26		1918.2
山东	省立女子职业学校	花边科、发网科	省城	4	5	2	58	19	1917.5
江苏	省立女子蚕业学校	蚕科	省城	15	15	6	188	49	1914.3
江苏	如皋县立女子职业学校	刺绣科、染织科、裁缝科	县城	3	5	4	46		1914.8
江苏	无锡市立女子职业学校	刺绣科、缝纫科	县城	1	12	8	186	40	1915.5
江苏	武进私立女子职业学校	刺绣科、缝纫科	县城	2	4	6	99		1916.2
江苏	松江私立松筠女子职业学校	刺绣科、缝纫科	松江	3	9	7	172	15	1915.1
江西	省立女子职业学校	蚕桑科、美术科	省城	4	18	4	104	13	
福建	省立女子职业学校	刺绣科、造花科	省城	9	27	4	161	32	1914.7
福建	私立泉山女子职业学校	刺绣科、造花科	省城	5	13	5	95		1915.3
福建	私立闽南女子染织学校	染织科	省城	6	9	3	34	5	1917.1
浙江	省立女子蚕业讲习所	蚕科	省城	5	14	2	92		1918.6
湖北	省立女子职业学校	蚕丝科、缝纫科	省城	6	24	2	60		1914.10
湖北	私立和衷女子职业学校	刺绣科、缝纫科	省城	4	7	1	30		1917.12
湖北	振坤女子职业学校		省城	3	5	1	30		1919.11

续表

省别	校别	科别	地点	职员	教员	现有学生 班数	现有学生 人数	毕业学生	立案年月
湖南	衡阳私立组能女子职业学校	刺绣科、缝纫科	县城	6	10	4	102		1917.1
	平江县立启明女子职业学校	缝纫科、织染科	县城	5	8	4	32		1919.5
	私立养能女子职业学校	刺绣科、缝纫科、编物科	长沙	5	11	3	75		1917.5
	平江私立吴氏务本女子职业学校	蚕科	长涛乡	2	6				1917.11
	私立涵德女子职业学校	刺绣科、缝纫科	长沙	5	16	3	95		1919.4
	崇德女子职业学校	缝纫科				2	46		1919.10
陕西	省立女子师范附设女子职业学校	裁缝科、手工科	省城	3	8	2	26		1916.1

资料来源：欧阳祖经，《中国之女子教育》，载《教育丛刊》（北京高师）第4卷第3集，1923年6月。

不可否认，这些女子职业学校在设置中，有的还是考虑到了地方需要。如山东省立女子职业学校之所以设花边、发网科，即是因为"此为该省出产品大宗，均销外国"。虽然因第一次世界大战的影响，利率低落，"然每工竭一日之力，尚可赢钱三百文，于贫女生计不无裨益，各科均定半年毕业，重实用不重学理"；① 但是，由于这些女子职业学校所设科目过于单一，还是为教育界多所訾议。如杨卫玉说，刺绣、缝纫不是不要推广，但依女子的能力和将来社会的需要，女子职业绝非狭义的，所以女子职业教育必须进行"改革扩张"。他建议："要有大规模的女子职业学校做全国的中心，设科要完

---

① 《民国六年视察普通学校报告选录》，教育部1918年刊行，第261—262页。

备，研究要充足，方法要新颖，推广要迅速"；"要有合地方情形和社会需要的特种女子职业学校"；"设科的范围要广，如家事科、交通科、新闻科、商业科、学校管理科、看护科、行政管理科等"。① 李寅恭等人也倡导，应该"就地方之需要，为科目之选择；视科目之难易，定时期之长短"。② 1924年10月，全国教育会联合会第十届年会通过《女子学校应斟酌地方情形速加课职业科以增进生活能力案》，要求各省区"亟宜就普通女子教育，斟酌地方情形，加课各种职业科目"，实与此密切相关。

民初的女子职业学校虽然数量较少，问题较多，但它在当时却十分引人注目。特别是，随着女子职业教育渐为人们重视且不断发展，到20世纪20年代，女子职业教育成为职业教育中一个必不可少的组成部分，不仅出现了促进女子职业教育发展的组织，而且还出版了女子职业教育的有关著作，③ 1928年5月，全国教育会议也通过了相关的女子职业教育议案，女子职业学校的发展已经是大势所趋。诸多的女子通过接受女子职业学校的教育，获得了一技之长，成为职业女性；由职业生活，改变了受束缚的角色，取得了独立地位。而在这些独立的新知识女性的影响下，越来越多的深受传统思想束缚的女子，冲破封建礼教的堤防，步出闺阁，走向社会，不仅极大地改变了自身的社会地位，而且有力地推动了妇女解放。

---

① 杨鄂联：《中国女子职业教育之经过及现况》，载《教育与职业》第35期，1922年4月。
② 李寅恭、张绍南：《中国女子职业教育近况报告》，载《山东教育月刊》第3卷第5、6号，1924年6月。
③ 1923年6月，段碧江著《新女子职业教育》由上海中华书局发行出版，蔡元培序曰："近日提倡女子职业教育者固有其人，而实心实力办理此事者尚寡。……段碧江先生创办务本女子甲种职业学校，辛苦支持，成绩卓著。乃复以对于女子职业教育之意见，勒为是编。"

第七章　国民政府全面抗战前的职业教育

1927年4月至1937年7月，是中国职业教育近代化历程中一个十分重要的阶段。在这一时期，鉴于日益发展的国家建设对各种专门人才的需求，政府将有关实科人才的培养放在了突出地位，不仅制定了一系列有关职业教育发展的政策，而且加强职业教育立法，厉行职业教育发展措施，完善职业教育发展规划。所有这一切，使得职业教育在学校的类别、层次及数量上都有了长足的进步和发展。

第一节　强化职业教育发展理念，制定职业教育发展政策

1927年4月，国民政府定都南京后，政局相对较为稳定，对教育的发展较为重视；而鉴于日益发展的国家建设对各种专门人才的需求，又将职业教育置于十分重要的地位，极力强化职业教育的发展理念，并制定了以实科人才的培养为中心的一系列有关职业教育发展政策。

一、全国教育会议与职业教育政策的初定

1928年5月15日至28日，作为全国最高教育行政机关和学术研究机构的大学院于南京召开全国教育会议。这一在国民政府成立后的首次全国性的教育会议，也即"第一次全国教育会议"。出席会议的有各省区市的代表、各机关代表、大学院选聘的专家和大学院当然出席者及大学委员会

列席委员共80余人,可谓荟萃了当时全国教育界之硕彦。会议在号召"教育独立"的背景下,强调教育"应提倡劳动,运用科学的方法,增进生产的技能",故与会多数人员认为,原先所提出并实施的"党化教育"不仅显得空泛,且"党化"二字也过于露骨,遂决定以"三民主义教育"代替"党化教育",并通过了《三民主义教育宗旨说明书》。该"说明书"特别提出了实施三民主义教育的15项原则,而其第9项即为"推广职业教育"。

虽然《三民主义教育宗旨说明书》最终未获国民政府批准,但是次会议"推广职业教育"的趋向还是得到了初显,可以说,初步确定了职业教育的发展政策。这些政策,不仅反映在"戊辰学制"的规定中,也体现于有关职业教育的议案里。

在这次大会上,根据"壬戌学制"施行几年来的利弊得失,通过了修正的《中华民国学校系统案》,制定了一个新的学制,即后来所称的"戊辰学制"。该学制阐明的原则有六:"根据本国实情,适应民主需要,增高教育效率,谋个性之发展,使教育易于普及,留地方伸缩可能。"像"壬戌学制"一样,"戊辰学制"继续对于职业教育予以关注和加强。如规定:"小学校课程于较高年级,斟酌地方情形,增设职业准备学科";"初级中学施行普通教育,但得视地方需要,兼设各种职业科";"农、工、商、师范等科,得单独设立为高级职业中学校,修业年限,以三年为原则";"为推广职业教育计划,得于相当学校内附设职业师资科。"[①] 这些有关职业教育的规定,在1937年抗日战争全面爆发前,与其他相关的职业教育政策一道,共同推进着职业教育的发展。

除"戊辰学制"有关职业教育的政策规定外,另一反映"推广职业教育"趋向的,是此次会议一系列职业教育议案的通过。

在这次全国教育会议上,通过了有关职业教育的议案近十项,如《请规定职业教育在学制上的地位》要求,在学制系统中明确标示职业教育的

---

① 中国第二历史档案馆编:《中华民国史档案资料汇编》第五辑第一编"教育",江苏古籍出版社1994年版,第9—11页。

范围。《请推行职业教育案》指出，举办职业教育乃当务之急，主张各有关机关应次第分别设立各种职业学校，以应时代需要。《设立职业学校案》提出，职业学校得单独设立，并以应地方需要及利用其环境与生产为原则；职业学校以传授直接生产之技能为限，故其教育方针，以实地工作为主、班级授课为辅，使学生毕业后，能具有一定技术工作能力；学校应尽可能收录贫寒子弟，减轻求学费用；学生毕业年限，视各校性质和培养学生应达到的程度由各校决定。《请切实整顿全国各级工商学校以致实用案》要求，各级工商学校应提高课程标准，严行毕业考试，并务必注重学生实习，不得空谈学理。《全国农林教育计划案》提出，各省区应多设农林实习学校及农林传习所，使农民可得实用的农林科学知识。《请促军事当局提倡军队职业教育案》认为，若能使全国之军队皆习于农、工，则可使之知国家对人群之大义；施行军队职业教育，"教之使自养是已。……无事，则为农为工，为有职业之公民；有事，则返于兵，而为干城之心腹"。[①]《推行平民女子职业教育案》要求，由中央政府通令各县，广设平民女子职业学校，在设立时应注意各地经济情形、社会需要和妇女状况，并限定一门主科，以求技能娴熟。

全国教育会议作为国民政府成立后的首次全国性的教育会议，意义非凡。它对当时的各项教育问题如教育行政与经费、普通教育、社会教育、高等教育、军事教育、体育、职业教育、科学教育、艺术教育、出版物、私立学校等均有议决，而初步确立职业教育发展政策则又是这次会议较为引人注目的一项成果。1928年5月28日，《全国教育会议宣言》再次申明本次会议对职业教育的重视和政策："我们确认中小学教育，均应以培养生产技能为中心；惟各省区市县应于可能的范围内，单独设立特种职业学校，专授直接生产的技能。至于职业学校的设置，以适应地方需要及利用其环境为原则；注重实习，增加技能的熟练，并施行职业指导，为青年升

[①] 中华民国大学院编：《全国教育会议报告》，上海商务印书馆1928年版，第526页。

学或择业的补助。"① 这一职业教育发展政策，为国民政府在20世纪30年代教育政策明显向职业教育倾斜确立了最初的基础。

二、三民主义教育宗旨下的职业教育政策

1929年3月，中国国民党第三次全国代表大会召开，会议认为："过去教育之弊害：一为学校教育与人民之实际生活分离。教育之设计，不为大多数不能升学之青年着想，徒提高其生活之欲望，而无实际能力以应之，结果使受教育之国民，增加个人生活之苦痛，以酿社会之不安。二为教育之功用不能养成身心健全之份子，使在国家社会之集合体中，发生健全份子之功用，以扶植社会之生存。三为各级教育偏注于高玄浅薄之理论，未能以实用科学促生产之发展，以裕国民之生计。四为教育制度与设施缺乏中心主义，只模袭流行之学说，随人流转，不知教育之真义应为绵延民族之生命。"② 为根除以上弊端，会议决定此后"各级教育机关设施、各种教育机关的设备和各种教育科目，都是以实现三民主义为目的"。

在这次会议讨论有关教育问题的基础上，4月26日，国民政府正式公布了《中华民国教育宗旨及其实施方针》，其中规定："中华民国之教育，根据三民主义，以充实人民生活、扶植社会生存、发展国民生计、延续民族生命为目的，务期民族独立，民权普遍，民生发展，以促进世界大同。"为指导该教育宗旨的具体实施，还附有这一宗旨的实施方针八条，其中规定有：

> （一）各级学校之三民主义之教育，应与全体课程及课外作业相贯连，以史地教科阐明民族之真谛；以集团生活训练民权主义之运用；以各种生产劳动的实习，培养实行民生主义之基础；务使智识道

---

① 《全国教育会议宣言》，载《大学院公报》第1年第7期，1928年7月。
② 教育部教育年鉴编纂委员会编：《第二次中国教育年鉴》，上海商务印书馆1948年版，"第一编"，"第一章"第2页。

德，融会贯通于三民主义之下，以收笃信力行之效。

（二）普通教育，须根据孙总理遗教，以陶融儿童及青年"忠孝仁爱信义和平"之国民道德，并养成国民之生活技能，增进国民生产能力为主要目的。

……

（四）大学及专门教育，必须注重实用科学，充实学科内容，养成专门知识技能，并切实陶融为国家社会服务之健全品格。①

《中华民国教育宗旨及其实施方针》为当时教育的发展指出了方向。在这一"教育宗旨和实施方针"指导下，为了达到"民生发展""注重实用科学""养成专门知识技能"等目标，发展职业教育的政策必然会得到一定程度的彰显。

早在1928年10月3日，国民党中央政治会议批准蔡元培辞去大学院院长一职，特任蒋梦麟继任大学院院长；10月23日，国民政府下令改大学院为教育部，翌日特任蒋梦麟为教育部部长。

教育部恢复成立后，采取多种措施发展职业教育。如1929年9月10日，出于整顿公私立农、工、商业专门学校起见，令改为专科学校；11月27日，又"训令"："至各地方现有之职业学校，应仍照旧办理，由省市教育行政机关，视其固有之成绩若何，加以策励或整顿，不得任意改为专科学校，以重学制而免分歧。"②

1930年4月15—23日，蒋梦麟在南京主持召开了第二次全国教育会议，参加这次会议的包括各省教育厅厅长、各市教育局局长、各国立大学校长及有关专家106人。在这次会议召开前的1929年10月，由教育部延

---

① 宋恩荣、章咸编：《中华民国教育法规选编》，江苏教育出版社2005年版，第35—36页。
② 教育部参事处编：《现行重要教育法令汇编》，教育部1930年印行，"学校教育"第19页。

聘蔡元培、褚民谊、陶行知、俞子夷、顾树森、欧元怀、孟宪承、钟荣光、杨杏佛、秉志等专家组成"教育方案编制委员会"。"委员会"于1929年10月14日召开第一次会议，并聘请教育名宿多人，"遵照中央决议，根据《中华民国教育宗旨及其实施方针》，并中央历届关于教育的决议"，分11个组进行起草，之后经十数次会议讨论，于1930年3月最终编制成整顿和发展全国教育的《改进全国教育方案》。这一经第二次全国教育会议讨论、审议通过的"方案"，被时人称为"今后二十年间我国施行教育的具体计划"。① 第二次全国教育会议结束后，上海《申报》记者特将这一"方案"撮其要点，编为《第二次全国教育会议之回顾》，登诸报端，《教育部公报》进行了连载；而且教育部还专门印制了单行本，以达广为传布之目的。

《改进全国教育方案》计分十章：实施义务教育计划，实施成年补习教育计划，筹设各级各种师资训练机关计划，改进初等教育计划，改进中等教育计划，改进高等教育计划，改进社会教育计划，改进并发展华侨教育计划，实施蒙藏教育计划，确定教育经费计划及全方案经费概算。由于该方案强调"在各级各类的教育内，都注重科学实际，培养生产能力，养成职业技能"，故对职业教育多有新的政策规定。

如在其中的"改进中等教育计划"中规定，每市或县应设立一所职业学校；"职业科高级中学或各种职业学校学生，都应注重实地练习"，其方法，或可在学校附设的工厂、商店、农场中进行，或"就附近工厂、商店、农场实习"；"校中附设工厂、商店、农场者，设备务求完善而切实用，应规定学生每日有若干时间实习"；"实习要项，不但注重习作，并且兼重组织管理经营等事"；"利用校外工厂、商店、农场实习者，应将学生分为若干组轮流派往"。而为了保证职业教育发展的师资需求，在"筹设各级各种师资训练机关计划"中特定有"职业科师资训练办法"，规定

---

① 教育部教育方案编制委员会编制：《改进全国教育方案》，教育部1930年印行，"前言"。

"师范大学及大学教育学院得招收大学农、工、商各科毕业生，予以一年的师范训练，毕业以后，得充当高中职业科或职业学校教员"；师范专修科可招收专科学校毕业生或有三年以上实际经验的高中职业科毕业生，予以一年的师范训练，以充任初中程度的职业科目教员；"师范学校或高中师范科得招收职业学校或高中农、工、商科毕业生有相当经验的，予以一年的师范训练，使充小学程度的职业补习学校或补习班的教员"。此外，在"改进社会教育计划"中，还就"农工商职业补习教育"的原则、种类、编制及学科时间、行政大要、师资的训练办法、校舍设备、经费等作了详细的规定。① 凡此种种都表明，在国民政府成立之后，适应经济建设的需要，政府加强职业教育以培养多种实用专门人才的决心，发展职业教育的政策已经得以初步彰显。

第二节　确定职业教育指导方针，规范职业教育发展方向

随着发展职业教育的政策得以彰显，加强职业教育的发展力度势在必行。到20世纪30年代初，国民政府采取了一系列方式，确定职业教育指导方针，不断规范职业教育发展。

一、限制普通中学设立的规定

由于长期军阀混战，加之连年天灾，使得在国民政府成立之初，农村经济凋敝，满目疮痍，民不聊生，当时即便是中产之家也难以供给子女肄业大学教育，能够接受中等教育在一定程度上成了众多学子追求的终极目标。② 由于大部分青年趋于中学，加之办理中学相对较易，所以"省市则竞办高中，县市则竞办初中，甚至县以下各区亦有创办中学之举，而私人

---

① 教育部：《改进全国教育方案》，见杜元载主编：《革命文献》第54辑，台北"中央"文物供应社1971年版，第73—253页。
② 在国民政府时期，中等教育包括普通中学、师范学校和职业学校三类学校。

之办学者，几若舍中学外无学校可办"；① 相应地，办理职业学校须有充足、完善的设备，学生方有实习的机会，因而较之办理普通中学要困难得多。据1929年的《全国中等教育概况统计》，在中等教育中，每个高级中学生需经费数126元，初级中学生77元，师范生110元，而职业学校的学生则需155元。② 由此，造成当时中学众多，而职业学校却数量较少，且多办理不善的情况。据统计，1930年，全国有初级中学1320所，高级中学554所，而职业学校仅有272所，其中有85所还属于附设于中学或师范学校之内者；该年度全国公私立中等教育机构中，计有学生514 609人，而其中职业学校学生仅有34 852人，占6.77%，普通中学（含初中）学生数则为396 948人，占接受中等教育总人数的77.14%。③

普通中学门庭若市，这一不少人看来的"教育发达"现象，实为一种不当的畸形发展，被教育界人士称为当时"社会上最危险之问题也"。④ 因为它不仅导致职业学校的发展更为举步维艰，而且仓促间设立起来的众多公、私立中学，由于多存在经费匮乏、校舍狭小、设备简陋、师资不合格等问题，所以多数营养不良，有其名而无其实。结果，大批中学生毕业后，"以无生产技能之训练，无由从事于各种职业，而又自视过高，不能如小学毕业生尚可择就一业，进退彷徨，莫知所适。普通中学遂为世所诟病"。⑤ 如时任教育部普通教育司司长的顾树森即如此批评曰："现在实际情形，高初级中学兼设各种职业科者，绝无仅有；而独立之职业学校，更寥若晨星。即旧有之甲乙种实业学校改为职业学校者，亦甚少。所以大多

---

① 《教育界消息：教部注重职业教育之通令》，载《教育杂志》第23卷第5号，1931年5月。

② 转引自钟鲁斋：《关于吾国教育改进的疑问与讨论》，载《民族》第3卷第4期，1935年4月。

③ 《十九年度全国中等教育统计》，载《申报》1934年3月28日，第14版。

④ 顾树森：《最近一年之普通教育》，见《时事年刊》（1930—1931），上海大东书局1931年版。

⑤ 《教育界消息：教部注重职业教育之通令》，载《教育杂志》第23卷第5号，1931年5月。

数小学毕业生,不问将来将升学与否,一律升入中学,致毕业后,不能得有一艺之长以谋生活,结果成为高等游民。"①

有鉴于此,1931年4月2日,教育部令各省市,从该年度起:普通中学过多而职业学校过少者,应暂不添办高中普通科及初中,而酌量情形添办初级农、工科职业学校,各县立中学也应逐渐改组为职业学校或乡村师范学校;各普通中学应一律添设职业科或附设职业科;各新设职业学校或中学附设的职业科,应宽筹经费,充实设备,切实养成学生的劳动习惯及生产技能,并增加经费扩充旧有的各级职业学校;"各县市及私人呈请设立普通中学者,应分别督促或劝令改办农工等科职业学校,惟该县市距离省立中学地点,确系过远,经核明实有必要时,亦得酌准设立";各省市厅局"应遵照上列纲领,参酌地方情形,拟具实施办法",迅速"呈报到部,以凭审核"。② 普通中学限制设立之规定,无疑会在一定程度上促进职业学校的创办。

二、制定实施职业教育的方法

为了更好地推广职业教育,教育部在20世纪30年代初,还拟定了一系列实施职业教育的方法。

1931年4月2日,也就是限制普通中学设立规定颁布的同日,教育部颁布《职业教育设计委员会规程》,决定设立"职业教育设计委员会"。"委员会"由教育部的有关人员、职业教育专家(3人)、实业家(3人)和与职业教育有关的实业部、铁道部、财政部、交通部等的代表(7人)共同组成,具体任务有七:拟订推广职业教育办法,拟订职业学校设置办法,拟订职业学校实习办法,拟订推广职业学校毕业生出路办法,拟订中

---

① 顾树森:《最近一年之普通教育》,见《时事年刊》(1930—1931),上海大东书局1931年版。

② 《教部极力提倡职业教育》,载《教育行政周报》第2卷第16号,1931年4月。

小学中职业指导办法,调查各地实施职业教育情形,讨论其他关于职业教育事项。① 6月24日,教育部聘江恒源、陈选善、许炳堃、穆藕初、王志莘、吴蕴初为委员,组成"职业教育设计委员会"。而在此前的6月15日,国民党第三届中央执行委员会临时全体会议通过了《确定教育实施趋向办法》,规定今后应"尽量增设职业学校及各种职业补习学校,职业教育之制度科目,应使富有弹性,并接近附有之经济情况;私人筹设职业学校者,国家应特别奖励之"。② 9月1日,教育部职业教育设计委员会召开第一次会议,讨论培养各级职业学校师资办法、职业学校设置标准、职业学校设科标准和职业学校实习办法,以及中小学职业指导办法等问题。10月,修正通过的"中华民国教育宗旨"更进一步提出,普通教育也应养成国民之生活技能,以增进国民生产能力。

1932年12月,国民党第四届中央执行委员会第三次全体会议议决了《确立教育目标与改革教育制度案》,有鉴于在中学设立职业科不仅职业技能未能得以充分培养,而且也严重影响了普通中学的教育质量,致最终谋生、升学之目的均不能达到,教育部乃决定取消在普通中学设置职业科的规定,令职业学校单独设立,自成系统,以专门培养青年生活之技能,使其能自主生产,更好地为社会服务。

在教育部看来,普通中学、师范学校、职业学校合并设立这一制度,使得中等教育"系统混淆,目的分歧,其结果,中学教育固无从发展,而师范教育与职业教育,亦流于空泛。已往经验,显然可考。过去主张并设之理,以为中学并设职业科目,可使中学生具有职业技能,不致难于谋生;中学并设师范科目,可使中学生兼习师范学科,便于小学师资之养成。但按诸实际,中学生之程度,反日即降低,职业技能未有充分之培养,师范学科未有专业之训练,而中学生应注重之基本教学,反不能严

---

① 教育部:《职业教育设计委员会规程》,载《教育部公报》第3卷第13期,1931年4月。
② 教育部编:《职业教育法令汇编》,上海商务印书馆1935年版,第5—6页。

格，结果谋生、任教与求学三者，均不能自全。……故至少限度，必须将师范教育与职业教育完全划出于中学之外，使初中兼为师范教育与职业教育之预备，高中则与初中切实衔接，以养成健全之国民兼作升学之预备，如此则中学教育之完整目的，仍得贯彻"。①

不仅如此，教育部还公布了实施生产教育的办法六条，其中规定："各省市应尽量扩充职业学校，私人捐资兴学亦由省教育厅或市教育局劝其设立职业学校；私人办理有成绩之职业学校，由公家予以补助；公私立中学，成绩不佳或地方无此需要者，一律改办职业学校"；"职业学校应注重生产技能、劳动习惯，不必规定同样毕业年限，不必分农工商等科，应就地方之需要，注重专科单设"；"职业学校以不收费为原则，俾贫寒子弟，有入学之机会"；"高级职业学校，注重专门技能，训练必须与实习场所打成一片，而不仅为书本或理论教育"；"高级职业学校，应由教育部视察各省需要，斟酌缓急，逐渐添设"。②

三、推进职业教育发展的措施

伴随着教育部推进职业教育政策的出台，各地方政府纷纷制定本省市的有关推进职业教育发展的办法和措施。

如1931年6月，湖南省制定了《整理职业学校办法》，规定职业学校包括招收初中以上毕业生及其同等学力的高级农工商职业学校，招收高小毕业生及其同等学力的职业学校，和招收初小毕业生及其同等学力的简易职业学校，并具体规定了三类学校最低的开办经费；各级职业学校应设置工厂，注重学生勤劳工作；各级职业学校的学生从事生产作业的时间，不得少于文字教学的时间；非确有从事生产的能力，不得毕业。

---

① 朱家骅：《九个月来教育部整理全国教育之说明》，载《教育部公报》第4卷第49、50期，1932年12月。
② 转引自赵演：《现阶段中国教育鸟瞰及其改进趋势》，载《教育杂志》第24卷第1号，1934年9月。

7月，福建省教育厅聘全省各职业学校校长及建设厅有关之机关代表等组成该省的"职业教育设计委员会"，并召开"委员会"会议，对于职业学校的办理原则、职业学校或职业科设立标准、职业学校基本学科规定以及职业教育的实施步骤等均有议决。其中在"职业教育实施步骤"中，要求："（一）宽筹经费：1. 省职业教育经费自二十一年度（1932年）起，应递年增加占全省经费之百分之五，至百分之二十五为止；2. 县职业教育经费自二十年度（1931年）起，就全县教育经费额内，划出最低限度百分之十以充之。""（二）养成师资：创办职业教育师资养成所，培植全省各校现在与最近将来所需师资。"另外要求采取各种途径促进职业教育，如加强职业教育宣传，通过各地慈善事业办理职业教育，组织职业教育研究团体，并加强与外省职业教育团体的联络，等等。①

8月2日，以研究调查女子职业教育为宗旨的全国女子职业学校联合会成立。9月12日，教育部鉴于"实施职业教育，关系国计民生，至为重大，而各级职业学校所定课程、教材暨实习办法，是否合于社会需要，与职教前途、学生出路，尤有重大关系"，故要求各省市在一两个月内，将所属公私立各级职业学校课程、教材暨实习办法，送部备核；② 9月20日，河南省教育厅组织河南职业教育设计委员会，议决《职业教育方案》；9月25日，教育部又认为，"欲增加生产，必先增加关于生产之技能，而灌输此项技能于民众者，莫如各种职业补习学校"，故制定《各省市职业补习学校概况》问卷，令各省市两个月内填好，呈部考核；③ 10月，广东省教育厅订定《职业补习学校办法》，令发各县市遵行；是年，广西省在今后的施政纲领中规定职业教育应注重农业及改进原有工业。

1932年2月，贵州省教育厅颁布《职业教育实施办法》；6月，广西省

---

① 《福建省职业教育设计委员会会议要案报告》，载《教育部公报》第3卷第35期，1931年9月。
② 《教育部训令：第1532号》，载《教育部公报》第3卷第36期，1931年9月。
③ 《教育部训令：第1603号》，载《教育部公报》第3卷第37期，1931年9月。

公布了《广西省立女子中学校改办职业学校办法大纲》,要求自 1932 年上学期始,省立女中一律停止招收普通科学生,改招简易、幼稚师范班和家政班、染织科、商科等。是年,江苏省教育厅也制定了《实施江苏职业教育办法》,要求:增加小学高级职业科;"宽筹经费,添设初级职业学校,或于初中内,增设职业科";"各教育局,应组织职业指导所,联络地方职业机关,随时提倡指导";由各县教育局拟定详细的分年实施实业计划。①

1933 年 4 月,安徽省立各中等职业学校与省立各建设机关拟定合作办法,通令施行。6 月,四川省为改善川东南教育,拟定《改进各县教育计划》,特侧重职业教育;浙江省教育厅拟定《部颁中小学师范学校职业学校各规程实施办法》,通令全省中等学校一致遵行。是年,江苏省制定《改进江苏中等学校职业教育初步办法》。

以上所有这些推进职业教育的措施,对规范当时各地职业教育的发展,起到了重要作用。

四、"国联教育考察团"与"赴欧考察教育团"对职业教育发展的建言

1931 年 5 月,国际联盟行政院开会时,中国政府曾提出一份关于中国"改革计划的准备与实施"的报告,请求"国联"有关专门的机关给予协作、支持。是月 19 日,国际联盟行政院会议通过决议,决定由国际文化合作委员会的执行机关——国际文化合作社委派一考察团前往中国,"从事研究中国国家教育之现状,及中国古代文明所特有之传统文化,并准备建议最适宜之方案"。②

国际文化合作委员会专家考察团(时称"国际教育考察团")最初由 5 位教育专家组成。他们是:柏林大学教授、前普鲁士教育部部长柏刻

---

① 江苏省教育厅:《实施江苏职业教育办法》,载《江苏教育》第 2 卷第 5 期,1933 年 5 月。
② 国联教育考察团团员:《中国教育之改进》,上海国立编译馆 1932 年版,第 1—2 页。

(C. H. Becker)，波兰教育部初等教育司司长法尔斯基（M. Falski）教授，法兰西大学教授郎吉梵（P. Langevin），伦敦大学政治经济学院教授叨尼（R. H. Tawney）；另外，国际秘书长窝尔忒兹（Frank P. Walters）负责协助考察团的工作。考察团到中国后，又有国际教育电影社的撒狄（Baron A. Sardi）和国际文化合作社社长波内（M. Henri Bonnet）二人加入了考察团的工作。

1931年8月底，考察团从瑞士日内瓦出发，9月30日抵达上海。此后在为时3个月的时间里，考察团先后对南京、天津、北平、河北定县、杭州、无锡、苏州、镇江、广州等地进行教育考察。他们首先通过调阅大量文献资料，详尽了解当地的经济、历史、地理、人口、教育乃至文化传统等方面的情况；在此基础上，参观各大中小学校、教育行政机关和民间教育机构，并通过召开座谈会的方式征求政府官员和教育界人士对教育的看法。考察团往往在结束一地的考察后，当即发表意见，提出改革方案。这些意见和方案最后汇编成一份名为 *The Reorganisation of Educationin in China* 的英文报告书，1932年12月，上海国立编译馆特将这一报告书译成中文出版，名曰《中国教育之改进》。

《中国教育之改进》在论述中国教育整体发展情况的基础上，分别指出了中国小学教育、中学教育、职业教育、大学教育以及成人教育存在的问题，并就各类教育分别提出具体的改革建议。如关于"职业教育"，报告书反复阐明"中国教育应更切实际，尤应趋重职业教育与专门教育"。[①] 故"除非教育部得有证明……此后不得再设仅有普通科之高级中学"；"所有足以发展中等教育之人力与财力，应集中于增设注重实际课程之中学"；"教育部应限令一切高级中学，于一定期间内，证明其对于举办职业课程已有完善之设备，否则撤销其立案"；"仅增设职业科高级中学，犹嫌不足，一切中学，无论为高中或初中，其课程与教学方法必须较前更与实际

---

① 国联教育考察团团员：《中国教育之改进》，上海国立编译馆1932年版，第135页。

生活相关联,即将来预备升学之学生所习之课程,亦应如此"。① 虽然考察团认为发展职业教育需要更多的款项,因为经费与人才的缺乏,在中国要使职业教育得到更好的发展,也"实有许多困难",但他们还是坚信并预言,中国的职业教育"可得到极为满意之成绩"。②

国际教育考察团的中国之行对当时中国的职业教育进行了有效的把脉,并提出了中肯的建议。而与此同时,为了更好地借鉴国外职业教育的发展经验,教育部还专门组织考察团赴欧考察教育(包括职业教育)。

早在国际教育考察团在华时,即向国民政府教育部建议,选派人员前往欧洲考察教育,以为改进中国教育之借镜。经过认真计划和准备,1932年8月5日,教育部派程其保(团长)、杨廉、郭有守、李熙谋、厉家祥等5人赴欧洲考察教育,历时半载,对波兰、丹麦、德国、法国、英国、意大利、奥地利、俄国、瑞士等九国的教育状况进行了较为详细的考察。1933年4月,考察团返国,携回有关"教育书籍""教育书样本""儿童成绩""图表""仪器样式"等诸多考察所得的资料。由于5人分别考察不同类型的教育,所以,他们回国后分别据各自所考察教育的经过,就初等教育、中等教育、高等教育、社会教育和职业教育整理成"报告"。

如李熙谋考察职业教育,他不仅于4月24日在教育部纪念周报告《欧洲职业教育概况》,而且更将考察经过编著成《教育部赴欧教育考察团职业教育报告书》,于1933年12月由教育部出版发行,1934年1月至4月《申报》又对之进行了连载。该"报告书"计分四章。第一章,引言:述欧洲职业教育发达之原因;第二章,欧洲各国职业教育之现状:详细叙述所考察的波兰、德国、法国、英国、意大利、奥地利和俄国职业教育的基本情况;第三章,欧洲各国职业教育之特点:从各国职业学校之统属与视

---

① 国联教育考察团团员:《中国教育之改进》,上海国立编译馆1932年版,第115—116页。
② 国联教育考察团团员:《中国教育之改进》,上海国立编译馆1932年版,第124页。

学制度，强迫补习教育，艺徒制度，农业教育的推广，学校与实业界的联络，普通学科与职业教育，设备与基本训练，英国之工艺学院及国家凭证考试，经费来源，就业指导等方面分别加以分析说明；第四章，中国职业教育问题：包括中国职业教育的过去与现在，中国职业教育未来的各种问题等。通过报告书，人们得以对欧洲主要发达国家职业教育一览无余，进而采撷其长。1934年1月和1934年2月的《江西教育旬刊》第5、6期和第7、8期，又以《教育部专员赴欧考察职业教育报告》为名，对《教育部赴欧教育考察团职业教育报告书》进行了选录刊载。另外，1934年2月，李熙谋还在《湖北教育月刊》第1卷第6期发表《欧洲职业教育的特点与中国职业教育问题》一文；1935年3月，他又将"报告书"第二章的主要内容，以《欧洲各国职业教育之现状》为名，刊于《湖北教育月刊》第2卷第4期。所有这些，对当时教育界特别是职业教育界更好地认识中国职业教育发展的实际，借鉴欧洲国家职业教育发展之经验，使中国职业教育的发展走上正确的发展道路，都具有积极的影响。

五、《职业学校法》等法规的颁布

确立职业学校的独立地位无疑十分必要，然而，由于当时国家产业不发达，国民经济不繁荣，总体而言，中国的职业教育尚处在初级阶段，职业学校为数尚少。据统计，1931年，全国有职业学校266所，学生40 393人；1932年为265所，学生38 015人，较之1931年，不增反减。[①] 有鉴于此，时人认为，必须在加大职业教育发展力度、增加职业教育经费、鼓励职业学校设置的同时，吸取以往职业教育发展中的一些教训。如制度未善，与中学混合设置，使职业教育无从发展；多采分科之制，一校数科，分门别类，致无一科有良好成绩。另外，还应加强对职业学校快速设置发展中新出现问题的研讨。如可考虑职业学校单科设置，不嫌其细而务求其

---

① 教育部教育年鉴编纂委员会编：《第二次中国教育年鉴》，上海商务印书馆1948年版，第十四编，"教育统计"第32页。

专,使其益臻切实;设立时,应顾及社会需要,使学校与社会互相应和,并注意适应地方需要使其因地制宜;办理中应随时与社会上的各种职业密切联络;注重加强实习工作,合理安排教学和实习的内容与设备的分配;严密加强学生的职业道德修养和公民常识训练。

然而,要更好地解决这些问题,必须通过较为明确、严密的法律来规范。于是,从1932年底到1933年9月,国民政府及教育部制颁了几部重要的职业教育法规。主要是:1932年12月17日,国民政府公布的《职业学校法》。1933年3月18日,教育部据《职业学校法》制定的《职业学校规程》(同年8月1日起施行)。4月10日,教育部又颁发了《各省市施行中小学师范学校职业学校四种规程时应特别注意之事项》,要求"职业学校应单独设置,各省市原设于省市立中学内之各种职业科,应自下学年起,斟酌情形,将职业科以外学生并归其他中学,改为职业学校";职业学校设科、命名、修业年限、学费等均应依《职业学校规程》有关规定执行;各县市务须尽量设置初级职业学校,各县市应鼓励私人、社团、工厂、商店、农场等职业机关设立职业学校;充实职业学校的实习场所内容,其实习作品应注重实用;"聘请教员,必须注重技能与经验,并得尽量聘用职业界技术人员"。[①] 此后,教育部还先后起草了《职业教育设施原则及标准》和《职业学校学生实习标准》,并于9月6日公布了《职业补习学校规程》等。所有这些法规的颁布,在相当程度上使得职业学校的设立得到了政策上的明确指导。而在以上所有的职业教育法规中,最引人注目的无疑是《职业学校法》的颁布和《职业学校规程》的制定,二者对职业学校作了全方位的规定。

(一)职业学校的入学资格与培养目标

依《职业学校法》和《职业学校规程》之规定:职业学校的培养目标为"培养青年生活之知识与生产之技能"。具体实施的训练有六种:锻炼

---

① 教育部编订:《中学教育法令汇编》,上海商务印书馆1935年版,第72—73页。

强健体格，陶融公民道德，养成劳动习惯，充实职业知能，增进职业道德，启发创业精神。职业学校分初级职业学校和高级职业学校两种。入初级职业学校者，"须曾在小学毕业或具有相当程度，年在十二足岁至十八岁者"（修业年限1—3年）；入高级职业学校者，须"曾在初级中学毕业或具有相当程度，年在十五足岁至二十二岁者"（修业年限3年），也可"曾在小学毕业或具有相当程度，年在十二足岁至二十岁者"（修业年限5或6年）。初级职业学校"授与青年较简易之生产知识与技能，以养成其从事职业之能力"；高级职业学校"授与青年较高深之生产知识与技能，以养成其实际生产及管理能力，并培养其向上研究之基础"。[1]

（二）职业学校的科目

初级职业学校以县立和市立为原则，高级职业学校以省或直隶于行政院的市设立为原则。由省市或县设立者，为省立、市立或县立职业学校；由两县以上合设者，为县联立职业学校；私人或团体设立者，为私立职业学校。职业学校的科目依农业、工业、商业、家事及其他视地方需要酌量设立的职业设相应不同的科目。不同级别的职业学校每科也分设不同的科目。如初级职业学校商业科设有普通商业、簿记、会计、速记、打字、广告等；高级职业学校商业科则设银行、簿记、会计、文书、速记、保险、汇兑、运输等。初级职业学校家事科设有烹饪、洗濯、造花、缝纫、刺绣、理发、育婴、佣工等；高级职业学校家事科则设缝纫、刺绣、护士、助产等。各级职业学校的具体教学科目和课程标准，由教育部另行规定。

（三）职业学校的师资

职业学校设校长一人，并由校长呈请主管教育行政机关核准后，聘为专任教员。其中，包括普通学科教员和职业学科教员两类。初、高级职业学校职业学科教员除均"须品格健全，对于所任教科有专长学识"外，高级职业学校的还需具备以下资格之一："职业师资训练机关毕业后，有一

---

[1] 教育部编：《职业教育法令汇编》，上海商务印书馆1935年版，第30—34页。

年以上之职业经验者","国内外大学专科学校、专门学校或高等师范专修科毕业后,有二年以上之职业经验者","有专门之职业技能,曾任职业机关相当职务四年以上著有成绩者";初级职业学校的需具以下资格之一:"具有高级职业学校教员规定资格之一者","国内外大学专科学校、专门学校或高等师范专修科毕业后有一年以上之职业经验者","高级职业学校或与高级职业学校程度相当学校毕业后有二年以上之职业经验著有成绩者"。① 另外,各学校均设教导主任、训育主任和实习主任各1人;学级较多的职业学校得分设教务、训育主任各1人,设科较多的可设事务主任1人;兼设数科者得设科主任若干人。各主任均由专任教员兼任。

(四)关于职业学校的管理规定

职业学校不收学费。省市立、县市立和联立职业学校分别由省市款、县市款和联立各县县款支给;而私立职业学校的经费则由校董会支给。职业学校宜选择适宜所设学科的地点。如各项工业职业学校应设在是项职业可资发展及改良的地方,或富有是项职业的原料可供制造,或有是项工厂可供实习;各项农业职业学校应设在农村;而各项商业职业学校则应设在商业较繁盛的都市;其他各科职业学校的校址也均以适合所设学科的环境而便于实习为原则。职业学校必须具备教室、实验室(包括仪器、药品、标本等室)、实验场所、营业及推广部合作社、货样及成绩陈列室、运动场及体育器械室、图书室等可供教学、训练、实习和生活的场所。

(五)关于职业学校的实习规定

实习是职业学校重要的教学环节,各科教学均"应以先实习后讲授为原则",以便于学生更好、更快地理解知识、掌握技能。实习的场所视环境和实际情形或由学校自设农场、工厂、商店,或由学校与同性质的农场、工厂、商店等联络合作,供给学生实习场所,或由学校指定广大场所,学生自行计划、组织、经营、耕种、收获,等等。实习时间以每次3

---

① 教育部编:《职业教育法令汇编》,上海商务印书馆1935年版,第51页。

至 4 小时为度。方式有个别实习、分组实习和共同实习等多种。实习前应预定工作方案，依方案次第实施，并对实习的经过进行记录。

《职业学校法》和《职业学校规程》是 20 世纪 30 年代初最重要的职业教育法令，它们和当时其他的职业教育法令一起，对进一步完善职业教育制度，规范职业教育发展，指示职业教育方向，都起到了重要作用。

第三节 厉行职业教育发展措施，保障职业教育合理发展

20 世纪 30 年代初，国民政府为发展职业教育，曾采取多种形式以确定职业教育的指导方针。如限制普通中学的设立，拟定实施职业教育的方法，派员赴欧洲进行职业教育考察，颁布《职业学校法》等。所有这些，对规范职业教育的发展方向起到了重要作用。然而，要使职业教育真正得到有序、有效地推行，取得预期的目标和成绩，还必须在诸多细节上做更为细致的工作。因此，从 1933 年 9 月至 1934 年 12 月，在一年多的时间里，教育部加大了对职业教育的管理力度，采取了一系列规划职业教育发展的措施，以切实保障职业教育的合理发展。

一、颁发规范职业教育发展的规章和文件

1933 年 9 月，教育部修正了各司的分科规程，决定将原来的普通教育司由两科改为三科，将职业教育从第一科中划出，由另设的第三科对之进行专门管理，并由教育部督学、著名职业教育专家钟道赞任科长。之后，教育部明显加强了对职业教育的管理力度，其突出表现之一就是，从 1933 年 9 月至 10 月，短短一个月内，先后制定并颁发了《各省市中等学校设置及经费支配办法》《各省市推行职业教育程序》《各省市职业学校职业学科师资登记检定及训练办法大纲》《职业学校各科教学科目及时数概要》等多种有关规章和文件。

如前所述，为了改变普通中学数量过多、职业学校数量过少这一中等

教育发展的畸形问题，1931年4月，教育部曾颁令限制普通中学的发展，鼓励设立职业学校。虽然这一政策取得了一定成效，但要真正推动职业教育的发展，增进职业教育的效率，经费无疑是首要问题。而实际上的情况却是，当时本来就捉襟见肘的教育经费用于职业教育上的更如杯水车薪。据统计，1930年，全国中学共1874所（其中初中1320所），有学生396 948人（其中初中217 867人），职业学校272所，有学生34 852人；是年，全国中等学校岁入经费48 871 494元，其中中学经费为35 424 566元（内初中14 670 188元），占72.49%，职业学校4 989 463元，占10.21%；全国中等学校岁出经费为48 713 057元，其中中学经费35 331 921元（内初中14 791 711元），占72.53%，职业学校4 961 996元，占10.19%。① 另据统计，1933年，全国中等教育经费计16 188 660元，其中初级中学6 289 644元，占38.85%；高级中学2 179 783元，占13.46%；初级职业学校1 643 202元，占10.15%；高级职业学校901 508元，占5.57%。②

可见，职业学校经费在整个中等教育经费中所占比例过小。事实上，长期以来，与中学校、师范学校相比，职业学校的经费在中等教育中确实一直处于"老三"的位置。钟道赞就曾一针见血地指出，在1933年9月之前，"吾国中等教育之趋势"，"华北偏重师范，中学次之，职业又次之；华南、华中偏重中学，师范次之，职业又次之；边远省份，则中学、师范俱无显著之表现，职业更无论矣"。③ 有鉴于此，当时教育界已经深深感到，纠正、改变这种中等教育经费投入上的畸形，实乃保障职业教育发展和职业学校质量的首要而根本性的问题。

1933年9月21日，教育部颁布了《各省市中等学校设置及经费支配办法》，规定各省市对于中等教育经费的分配至1937年应达到：职业学校

---

① 《十九年度全国中等教育统计》，载《申报》1934年3月28日，第14版。
② 教育部统计室编：《中华民国二十二、二十三年度全国教育经费统计》，1937年印行，第20页。
③ 钟道赞：《华北五省市之职业教育》，载《中华教育界》第23卷第3期，1935年9月。

不低于35％，师范学校约占25％，中学约占40％。为达此标准，要求从1934年起，"各省市对于中等教育之新增经费，应尽先充作职业及师范学校经费，其未能增加者，应就原有经费，逐年缩减中学经费之相当额数，以供扩充职业教育及师范教育之用"；各省市要据此于1933年底前详拟概要方案，并于1934年2月底前将1934年度的详细实施方案呈部审核；各省市对于私立中学应从严考查，"除对于设备及办理不良者，认真予以取缔外，并应督促改办职业学校或职业补习学校"，以期到1937年时，"私立中学与私立职业两种学校达到平均发展之状态"。①

《各省市中等学校设置及经费支配办法》颁发后，各地反响强烈，反应迅速。全国绝大部分省市均斟酌本省市经费情形，确定分年改革方案；在编制中等教育经费预算时，按照部定职业学校经费至1937年应达35％的原则，缩减中学经费，移作添办职业学校；并逐渐减少普通中学，改办职业学校或职业科。而为了更好地对各地在开办职业学校中给予指导和帮助，教育部又制颁了数项有关职业教育的文件。

10月3日，教育部首先颁发了《各省市推行职业教育程序》，提示各地职业学校的科目设置种类，应注意于改良当地旧有的手工业，并利用当地已有的企业或原料发展新工业；重申各省市职业学校经费至1937年至少占中等教育经费35％的规定，要求各省市"须规定逐年递增办法，使如期达到此项标准"。设置职业学校时，"在区镇方面，应注重设立职业补习学校；在县市方面，应注重设立职业补习学校及初级职业学校；在省市方面，应注重设立初级职业学校及高级职业学校"。各省市应对设备简陋的职业学校"设法充实"，督促各地"酌就原有公私立中学改办职业学校或职业补习学校"。②

鉴于《各省市中等学校设置及经费支配办法》颁发后，职业学校必会日渐增设，对职业学校师资的数量和质量都会有较大的需求和较高的要

---

① 教育部编：《职业教育法令汇编》，上海商务印书馆1935年版，第128—129页。
② 教育部编：《职业教育法令汇编》，上海商务印书馆1935年版，第130—131页。

求，教育部在《各省市推行职业教育程序》颁发的同时，特制定了《各省市职业学校职业学科师资登记检定及训练办法大纲》，规定：职业学科的师资分高级职业学校职业科师资和初级职业学校及职业补习学校职业科师资；各省市教育厅局应对本省市各级职业学校所需要的职业学科师资的种类，分别进行登记、检定及训练；"凡国内外专科以上学校毕业后具有二年以上之职业经验者，或职业界高级技术人员，继续任职四年以上者，得请求登记，充当甲种职业学科师资"；"凡高级职业学校、甲种实业学校或高级中学农工商科毕业后具有二年以上之职业经验者，或职业界中级技术人员继续任职四年以上者，得请求登记充当乙种职业学科师资"。[1]

10月11日，教育部又公布了《职业学校各科教学科目及时数概要》，其中规定："初级职业学校招收小学毕业生或具有相当程度者，修业年限一年至三年，必要时得缩短之"；"高级职业学校招收初中毕业生及三年毕业之初级职业学校学生，或具有相当学力者，修业期限三年"；招收小学毕业生或具有同等学力者的高级职业学校修业年限为五年；"概要"并对这三类职业学校的设科宗旨、学生入学年龄、修业年限、教学时数及科目设置等作了十分详尽的说明与规定。其中，初级职业学校的科目设置，关于农业者有：普通农作，蚕桑，森林，畜牧，园艺，农产制造；关于工业者有：藤柳竹工，编造，木工，钣金工，油漆工，皮革工，电镀，简易机械工，简易电机，电科装置及修理，钟表修理，汽车驾驶或修理，摄影，印刷，制图，漂染，丝织，棉织，毛织，陶瓷，简易化学工业；关于商业者有：普通商业，簿记，打字；关于家事者有：缝纫，刺绣，理发，育婴。高级职业学校的科目设置，关于农业者有：农艺，森林，蚕桑，畜牧，水产，园艺，农村合作；关于工业者有：机械，电机，应用化学，漂染，丝织，棉织，毛织，土木，建筑，测量，雕塑；关于商业者有：银行簿记，会计，保险，汇兑，文书，商业广告，运输；关于家事者有：缝

---

[1] 教育部编：《职业教育法令汇编》，上海商务印书馆1935年版，第132页。

纫，刺绣，看护，助产，普通家事。①

另外，为了规范私立职业学校的发展，10月19日，教育部在《修正私立学校规程》中又对私人开办高级职业学校（包括高级农业、工业、商业职业学校和家事学校）的开办费和经常费作了要求，规定：初级职业学校须"有确定之资产或资金，其租息足以维持其每年经常费者，或另有其他确定收入，足以维持其每年经常费者"；在设备方面，须"有自置或拨用之校舍、相当之校地、运动场、理科实验室、实习场所、标本、仪器、图书、校具各项者"。②

与教育部颁发有关的规章、文件相适应，多数省市在遵照《各省市中等学校设置及经费支配办法》之规定，拟定并呈报本地教育发展详细实施方案的同时，还不时制颁有关职业教育的地方法令。如1933年10月，江苏省鉴于本省职业教育进展缓慢，"农村衰落，生计凋敝，职业教育非改弦更张，不足以养成一般人民生活技能，而自立于社会"，制定了《江苏省改进中等学校职业教育初步办法》；③ 安徽省制定《改进职业教育办法》，预定四项原则，其中强调根据过去历史、社会需要及校舍现状，来决定省立学校的分布地点；福建省推定省立五所职业学校，共同起草完成了《福建省职业学校课程标准草案》，等等。

然而，法令和规章只是形式上的规定，怎样才能使有关的规章和文件真正落到实处？各省市究竟贯彻得如何？各地职业教育的开展究竟成效如何？在开展中会出现哪些问题？采取什么样的措施加以解决？对于这些问题，除了需要更为细致、有针对性的课程设置和完善有效的设备保障外，也有赖于行政方面的检查和督促，以便更好地进行指导与计划。因此，教

---

① 教育部编：《职业教育法令汇编》，上海商务印书馆1935年版，第155—197页。
② 教育部参事处编辑：《教育法令汇编》第1辑，上海商务印书馆1936年版，第348页。
③ 《订发改进江苏中等学校职业教育初步办法》，载《江苏教育》第2卷第10期，1933年10月。

育部在派出相关人员对全国一些省市进行视察、督导的同时（有关教育部派员视察、督导各地职业教育的情况，详见本节第二部分的内容），针对各地职业学校的课程、教材乃至授课时数极不统一、有碍发展的事实，在《职业学校各科教学科目及时数概要》公布后，从1933年11月起，特向国内各著名职业学校征集各校现行的各科课程大纲和设备概要等情况，并委托有关专家和卓有成绩的学校编订制成了统一的《职业学校各科教材大纲、课程表、设备概要汇编》。该"汇编"计四册，由于所含科目甚多，先后在1934年6月和1935年8月刊行出版。"汇编"的"例言"写道："职业学校种类繁多，内容复杂，且科学知识，日新月异，研究发明，日有进展，殊不易确定一永久适合之课程标准。至设备方面，更时常有新工具及器械之发明，尤不能呆板规定，以故步自封……此次所颁各科课程表、教材大纲暨设备概要，系就征集所得，分别整理，悉照原稿付印。其目的，在供各省市实施之参考。至各科内容互有出入之处，可依照地方情形及经济能力，酌量采择。"[①] 虽然《职业学校各科教材大纲、课程表、设备概要汇编》由于涉及科目繁多，内容有点冗杂，但它的制成使各地的职业学校在保留一定自由选择度的前提下，有了一个可以参照、依据的范本和标准。可以说，它和此前所颁发的几种职业教育规章构成了一套相对完整的系统文件，共同规范、指导着当时职业教育的发展。

二、对国内职业教育的视察与督导

自1931年4月教育部限制普通中学的设立并加大职业学校的设置力度后，曾拟定了一系列实施职业教育的方法，颁布了《职业学校法》等法规，各省也采取了相应的推进职业教育发展的措施。特别是1933年9月以后，为保障职业教育发展的合理性，教育部又订定《各省市中等学校设置及经费支配办法》，以确定职业学校经费所占中等教育经费之比例，矫正

---

① 《职业学校各科教材大纲、课程表、设备概要汇编》（第一册），教育部1934年印行，"例言"。

过去偏重普通中学之弊；规定《各省市推行职业教育程序》，以确定职业教育实施步骤；制定《各省市职业学校职业学科师资登记检定及训练办法大纲》，以期改善师资；颁行《职业学校各科教学科目及时数概要》与《职业学校各科教材大纲、课程表、设备概要汇编》，以示教学标准。然而，这些措施各地落实情况如何？特别是各省市在发展职业教育的过程中还存在有哪些问题？如何有针对性、有的放矢地加以改进？教育部认为，必须进行实地的切实视察和督导，才能明了、解决这些问题，使职业教育走上健康的发展道路。

实际上，教育部于各省市职业教育的视察与督导是与对职业教育的措施规范、法令保障同步进行的。早在1933年4月，教育部即派督学钟道赞视察湖北教育并督促该省就职业教育加以推进。然而，全面而专门地对各省市职业教育进行考察、督导，则是在1933年9月《各省市中等学校设置及经费支配办法》公布后的1934年间进行的。是年，教育部先后派督学钟道赞、戴夏、顾兆麟和专员孙国封等人对上海、浙江、江西、湖北、福建、广东、湖南、北平、河北、河南、山东、青岛、山西等省市的职业教育进行了视察。视察人员就各省市职业教育的发展进行了认真的考察、分析，在视察中及时提出问题，希求改进。如1934年1月8日，教育部请本部专员李熙谋报告视察皖、赣两省教育情形，李熙谋指出，由于两省的职业教育设备不充足，设科偏重形式，且缺乏富有实际经验的教员，致使像安徽蚌埠第七职业学校、芜湖第二职业学校、江西第一职业学校等的毕业生多出路不畅，不少学非所用，当了普通小学教员；"救济之法，一面要注重改良旧有工业及地方出产固有之工业，一面对于现有教员充实其实用经验"。① 再如，当1934年教育部官员视察山西教育发现职业学校经费占中等教育经费尚不足10%时，即刻提出，除国民师范学校应逐年停办及工业专科学校附中、商业专科学校附中一律改办为职业学校外，农业专科学

---

① 《教育消息：李熙谋视察皖赣教育之报告》，载《申报》1934年1月10日，第14版。

校附中应停止招生，以节余之款移作职业学校经费。

不仅如此，考察官员还分别撰写了各省（市）职业教育视察报告，呈送教育部。这些视察报告，多就这些省（市）职业教育的基本发展情况和普遍存在的问题进行归纳分析，并就各省（市）一些主要职业学校的情况进行甄别、说明，有针对性地、详细地指出其不足，同时提出需要改进的意见。在视察人员将"报告书"呈达教育部后，教育部则以"训令"的形式下发各省市，并将有关报告书内容在《教育部公报》上刊出。而一些省份为重视起见，也将之刊于本省有关的教育刊物上（如钟道赞所撰的《视察湖北省教育总报告》刊于《湖北教育月刊》1933年9月创刊号），相关部门及教育部并出版单行本（如1933年，教育部就曾印行了《教育部督学视察河南省教育报告》；1934年，湖北教育厅编审委员会编辑出版了《教育部督学视察湖北教育总报告》；1936年6月，教育部更将1934年和1935年间对各省市职业教育的考察报告编辑成册，取名《视察各省市职业教育报告》，由上海商务印书馆出版发行）。

各省市的职业教育视察报告，其最有价值之处是指出了各省市职业教育存在的问题和不足，并指明了今后需要整顿的内容和改进的方向。由于这些"视察报告"乃是通过专家亲自考察所得，所以其所指出的问题，真实性毋庸置疑，所提建议也颇为中肯、合理。下面，仅将其中数省市职业教育视察报告里所提出的问题与建议胪列于下，由此可见一斑。

湖北：1933年4月，教育部督促检查该省教育，认为其职业教育问题多多。如各职业学校中各科的修业年限均为三年，过于划一；名为职业学校，但升学空气浓厚，与职业教育的本质不符；各校各科的设置，往往不能顾及社会需要；多数学校与社会联系不够；各校实习场所每因设备不周，敷衍从事，未能与校外职业机关如工务局、纱厂、银行等设法联络，以资实习；等等。基于以上问题，教育部特提出以下建议：各校应多办年限短的职业班，以使贫寒青年男女有学习生活技能的机会；省立男女职业学校和市立职业学校应通盘筹划，尽量利用各校优良设备，发展各校特长;限制普通中学和师范学校的添设,尽量扩充职业教育与乡村教育;等等。① 此后,该省据教育部的建议进行了整顿,经过一年,"大致渐见进步"。但是,在1934年教育部视察之后,认为在许多方面仍存在问题,并提出了一系列整改意见。如设科方面:应根据本省产业及社会需要状况,由教育厅统筹规划,"规定学校分布区域及应设科目数量,务使供求相应;设备方面:全省各校尚多简陋,原有各工科职业设备,应迅行设法充实,新设省区立农科职校,更应切实注意完备,并应联络职业界多予学生实习机会;课程方面:应遵照部颁各科教材大纲,力求切合实用,矫正空言提高之积弊"。②

湖南:"职业教育缺乏研究推进之组织,如限于经费未能恢复以前设立之职业教育委员会,可由教育厅约集教育界热心人士及专门技术人才共组咨询设计之团体,以资策进";"省立职业学校校长及职业科主任教员,与省外实业界联络之机会太少,应由教育厅轮派前往上海、广州各工厂及职业学校为有计划之参观考察,以资借镜";③ 同时,虽然仅长沙一地有关缝纫、刺绣、编织、打字、簿记等私立职业补习学校即达19所,关于音乐、艺术性质的传习机关也有13处之多,但却"大抵设备简陋,教学无方,且间有徒挂校牌而无学生与教室者,亦有校址时常迁徙"。④

广东:视察人员认为,该省的职业教育尚不十分发达,特别是由于该省建设事业方兴未艾,急需大量专业人才,因此,要求该省"除现有公私立各种职业学校,仍须督责办理完善,推行计划仍须按期实现外,现有县立各种初级职业学校,为数寥寥,且成绩亦极平常。应由厅参酌各地产业状况,妥定设校标准,严督各县,分别设置";一些职业学校的名称,尚

---

① 钟道赞:《视察湖北省教育总报告》,载《湖北教育月刊》创刊号,1933年9月。
② 《湖北省职业教育视察报告要点》,载《教育部公报》第7卷第31、32期,1935年8月。
③ 教育部编辑:《视察各省市职业教育报告》,上海商务印书馆1936年版,第19页。
④ 教育部编辑:《视察各省市职业教育报告》,上海商务印书馆1936年版,第21页。

存在不符合教育部有关章程规定的现象，甚至有些沿用以前旧称，"均应从速遵照规程，分别改正"；公立各职业学校虽然设备方面有一定基础，但仍有继续充实的必要。①

福建："现有各项职业学校之设置未足适应需要，应酌量实情，一面依照部颁标准，以省款多行设置，一面督促各县市及各私立中学筹设或改办"；现有的省立职业学校，多设科庞杂，应根据地方需要，进行整顿，集中办理；"少数职业学校课程，对于学科与实习之分配，核与部颁标准不无差异，应遵照改正，切实履行"。②

北平市：1934年度和1935年度的实施职业教育方案，"迄未遵令呈核"，"亟应遵照前今各令，切实办理，以期如限达到部定中等学校设置及经费支配标准"。③

山西：该省职业教育向极幼稚，虽然自1934年拟定职业教育扩充办法后渐有起色，但由于时值该省不遗余力进行经济建设之时，所以教育部经过视察认为，该省的职业教育仍须加大发展力度。如要"津贴省外大学或学院之晋籍学生，毕业后充当本省职业学校师资"；国民师范改办成多种职业学校后，应联合合作机关相关人员，组成教学训育研究委员会，"一面革除旧式徒弟制度之积弊，一面实施经济有效的管教方法"；地方的妇女职业教育，"应会同县政研究委员会，就各县多办改良女子织布业之补习教育机关"；等等。④

山东：一般的职业学校设备，尚欠充实，学生的职业技能，亦未娴

---

① 教育部：《令广东省教育厅：为发本部督学戴夏、专员孙国封视察该省职业教育报告仰遵办具报由》，载《教育部公报》第7卷第27、28期，1935年7月。

② 教育部：《令福建省教育厅：为令发本部督学戴夏、专员孙国封视察该省职业教育，应行改进各点，仰遵办具报由》，载《教育部公报》第7卷第25、26期，1935年6月。

③ 教育部：《令北平市社会局：为令发视察该市职校报告摘要仰遵办具报由》，载《教育部公报》第7卷第27、28期，1935年7月。

④ 钟道赞：《视察山西省职业教育报告摘要》，载《教育部公报》第7卷第23、24期，1935年6月。

熟，亟应设法改善；所定中等学校经费的支配，与部定标准相去甚远，应设法移拨；同时由省里拨发专款，作为充实各职业学校内容之用。

江西：教育部对江西省职业教育发展满意之处颇多，认为其"所拟改进职校计划，亦属切实允当"；于工商各科"设备则逐年增加，校务则日见进境，各校新设科目颇多可观……其私立职校，虽处所无多，设置简易，但其坚苦卓绝之精神，亦有可取"。但同时也指出：一些职业学校所设的应用化学科设备不充足，且与地方需要不相适应，加之该学科较难办理，所以嗣后应改设为其他适宜的学科；省立工商等职业学校、实习工厂及商店大多缺乏流动资本，应由教育厅协助实施向银行贷款办法；等等。①

浙江：全省职业教育经费仅占中等教育经费的14%，进展迟缓，应努力推行，增加经费，如期依限达到部定标准；众多的商业学校成绩平平；女子职业教育不够发达，应着力提倡家事教育；对于建设厅、财政厅、教育厅分别办理的职业学校应统筹规划，拟定整体方案，避免叠床架屋之弊；设法恢复与渔业密切相关的高级水产职业学校；各职业学校的实习设备，多欠完善，应即分别充实。

上海市：教育部认为上海作为国内通商大埠，职业教育未能取得显著成绩，与其地位极不相称，故要求：限制设置大量供过于求、出路不佳的商科学校，此后，非至必要时不得再行添设；由于绝大多数商科学校设备简陋，仅事书本讲授，缺乏实际应用，故要求各校应尽力充实内容，加强对实际问题的研究，并增加学生实习机会；鉴于除同济大学附设高级工业职业学校和中华职业学校外，工科学校设备均较简易，故要求尽力改进扩充；考虑到全市尚无一家事教育机关，令务本女中拟具附设家事职业科计划，限期实现。

各省市针对教育部所提出的本省市职业教育的欠缺及应改进各点多有整改意见。如1934年12月，湖北省即拟定了《扩充职教三年计划》，计分

---

① 《江西省职业学校视察报告要点》，载《教育部公报》第7卷第31、32期，1935年8月。

"改进原则"与"实施办法"两个方面。"改进原则"计十条,其中规定:"职业学校之设置,以学校所在地之社会经济、生产原料及教育情况为根据";"职业学校必设有完善设备,尤须注重实习场所之充分设施";"职业教育经费,遵部颁各省市中等学校设置及支配经费标准办法,至少须占中等教育经费百分之三十五(包括职业补习学校),并逐年递增";"职业学校课程时间之支配,以实习占百分之五十,职业课程占百分之三十,其他基本学科占百分之二十为原则"。①

而针对视察的情况,教育部也不时发布命令,令各省市加强对职业教育的整改。如1934年2月初,教育部鉴于职业学校师资缺乏,而多数省份又没有能够按照《各省市职业学校职业学科师资登记检定及训练办法大纲》拟具计划,培养优良师资,故要求各省除迅速办理职业师资登记检定外,参照本省"前呈中等学校设置及经费支配标准办法中之扩充职业教育计划,将今后五年内所需高初级各科职业学校师资之数量,分别切实估计,限文到十日内",呈送到教育部,以便教育部明了各地实际需要和具体情况,以"统筹补救办法"。② 1934年底,教育部又令各省市:对于1935年度"应行扩充之职业教育经费预算与所占中等教育经费之比率,暨职业学校校数之增减,设科之分配,设备师资之改善,以及对于县市立或私立职业学校之整理与改进等等,应迅即拟具详细方案",限期呈报。③ 可见,教育部对各省市职业教育的视察、督导,对及时规范、保障当时职业教育的发展起到了重要作用。

---

① 《教育消息:鄂教厅拟定职教计划》,载《申报》1934年12月11日,第14版。
② 《教部令各厅局呈报扩充职业教育计划》,载《申报》1934年2月13日,"号外"第4版。
③ 青岛市教育局:《为呈覆本市二十四年度职业教育改进方案伏乞鉴核示遵由》,载《青岛教育》第3卷第4期,1935年10月。

三、全国职业学校及中小学劳作科成绩品展览会暨全国职业教育会议的举办

(一) 全国职业学校及中小学劳作科成绩品展览会

颁发职业教育法令，考察、督导各地职业教育实施，无疑对职业教育的合理发展有重要的指导作用。但由于人力及时间限制，教育部分派的专员不可能作普遍详密的视察，对于教学中的实际成绩更难作深入细致的了解。因此，为检阅全国职业学校办理情形及学生实习成绩，并使各省市间相互观摩、取长补短，进一步促进全国职业教育课程之实施，达到改进全国职业教育与劳作教育之目的，1934 年 12 月 1 日至 12 日，教育部在南京考试院举行了全国职业学校及中小学劳作科成绩品展览会。[①]

依教育部《二十三年全国职业学校及中小学劳作科成绩品展览办法》，先由各省市在本省预展。故此次展览会所有展品均系先由各地学校选择优良出品，通过各省市分别举行的预展会展出后择优选出；计有 31 个省市 1530 余个机构（包括师范学校、中学校和小学校，其中有 169 所职业学校）的 29 800 余件展品参展，包括金工、木工、竹工、石工、黏土工、蜡工、纸工、雕刻、漆品、陶器、刺绣、编织以及各种教具、标本等。参观本次展览会的人员达十余万人次，除南京市外，各省市县教育机关多有组团或推派代表前来参观者。由于展览会的主要目的在"比较"与"改进"，"互相观摩，共知策励"，故根据教育部的要求，参观者就展览品"能否代表平时一般成绩而非临时特别制作之品"，"能显示科学的技术"，"具有实用价值，足以表现学校作业与社会生产之合一"三方面，进行悉心体察。大会特印有批评用纸，供参观者提出批评意见。

在评定方法上，由教育部聘请专家及职业学校各科专家、中小学劳作科富有经验的教师，先就大体观察所得作综合的评价，再分类分省审核评

[①] 会期原定十日，嗣因参观者众多，复延期两天。

判，概述其优劣所在，作为今后改进职业教育和劳作教育的指导方针。评判委员会主任委员由著名职业教育专家顾树森担任，评判委员有杨振声、庄泽宣、邹树文、章之汶、魏元光、刘勋麟、姜丹书、卢恩绪等17人。最终，在由教育部印行的长达万言的《二十三年全国职业学校及中小学劳作科成绩品展览会总评判报告》中，不仅对职业学校的成绩进行了总评估，而且对职业学校农业科、机械科、土木科、染织科、应用化学科、商科、缝纫刺绣科等的成绩也分别作了评判。其中指出："各省市职业学校出品，大都均能切于实用，且与实际商品，无甚差别"；"农业及农事成绩，数量太少"。关于机械科和商科的成绩分别如此评曰："吾国提倡职业教育，为时尚短，而职校机械科能得如此成绩，实堪惊异。然较之机械进步之各国出品，则犹瞠乎其后。欲求不落人后，亟应注意下列各点：学校方面，切实养成学生职业平等之观念，并训练学生对于自己所学，必须十分信仰，且抱终身从事之决心；……学生之实习，不求其速成，但须养成其精密之习惯。"商业学校"为数极少，即在举国公认为商业中心之上海市，其商业学校之成绩，反在其他各省市之下，实为遗憾。查商业学校之成绩，可供吾人观察者，厥为会计、统计、打字、广告四种而已"，而各省市对于这四种学科，"虽各有点缀，而成绩优良者，实属少数……商业成绩之低落，实为不可掩饰之事实"。① 1936年1月，教育部又选择制作精良、足为各省市作品代表者计343件，编辑成册，名曰《全国职业学校及中小学劳作科成绩品展览会各省市代表作品集》，由上海商务印书馆出版发行，作为各学校今后教学实习之参考，以资观摩，益求精进。

（二）全国职业教育会议

由于派到一些省市视察职业教育的专家反映各地推行职业教育困难重重，实施中不时出现种种问题，加之，一些省市对所颁布的有关职业教育法令，尚有疑义，1934年12月7—9日，教育部在全国职业学校及中小学

---

① 《二十三年全国职业学校及中小学劳作科成绩品展览会总评判报告》，载《陕西教育月刊》第4期，1935年4月。

劳作科成绩品展览会期间，特召集各省市教育行政机关主管职业教育人员，并函请全国经济委员会、建设委员会、实业部、交通部、全国学术工作咨询处各派代表，召开全国职业教育会议。

是次会议计有江苏、浙江、上海、北平等30个省市的代表和教育部部聘专家计70余人与会。在会上，由教育部及各省市代表根据职业教育的实施情况，提出问题，共同研讨，以求改进全国职业教育之方针，并谋解决办法。最后，共议决职业教育议案14件，它们是：《关于职业教育行政人员案》《关于职业教育经费案》《关于职业教育法令案》《关于高级职业学校附设短期训练班案》《关于职业学校设科整理案》《关于推行农业职业教育案》《高级职业学校学生，实习多关时令，集中军训，发生困难，拟请免除集中军训案》《关于视察及整理职业学校案》《关于职业学校奖励及补助案》《关于职业学校师资及待遇案》《关于职业学校毕业生出路问题案》《关于职业学校课程案》《推广职业补习教育案》《中小学应厉行职业指导案》。

其中，在《关于职业教育经费案》中规定："各省市已有预定之计划，分年实现部定标准，经部核定者，在限期内，应切实推行"；"各省市中尚未有预定实现部定标准之计划者，应从速订定，呈部核定，依照实施"；"各省市对于职业学校新增之经费，应尽先充实现有职业学校之设备，次及增设职业学校"；"各省市如有特殊困难，经教育部查明属实者，得量予展缓完成标准之日期，但以一年或二年为限"；"各省市实现部定标准时，由教育部查核其达到之程度或特殊之困难，酌量情形予以补助"；"请教育部建议中央，从二十四年度（按：1935年）起，每年筹拨三百万至五百万元，作为补助各省市职业教育之用"。①

在《关于职业学校设科整理案》中则规定，"各省市教育厅局，应从速设置职业教育设计委员会，负调查、研究、推行之责"。其任务包括：

---

① 《全国职业教育会议汇录》，载《中华教育界》第22卷第8期，1935年2月。

"调查本省市产业状况、职业种类及各界需要之人才";"对于各省市现有公私立职业学校之设科,应详细调查有无偏缺情形,是否与需要相应,各科毕业生是否就业便利,如所设科目与其需要不相应,如何施行合理统制,改设他科";"对于今后公私立职业学校,添设科别,应制定具体计划,令行实施";"各省市今后推行职业教育",应订定三项标准:"多设职业补习学校及初级职业学校","高级职业之设置,以单业及每业设一校为原则","关于商业职业学校之设置须予以限制"。另外在《关于职业学校师资及待遇案》中规定:"高级职业学校师资训练,应由中央主办";"初级职业学校师资训练,以各省市主办为原则";"举行职业师资登记,调查曾受有专业训练之师资,以便介绍"。[①]

第四节 完善职业教育发展规划,促进职业教育快速发展

一、完善职业教育发展的规划和政策

从 1933 年 9 月到 1934 年底,教育部通过颁发有关职业教育法令、规章,对国内职业教育开展视察和督导,以及举办全国职业学校及中小学劳作科成绩品展览会,召开全国职业教育讨论会等,一系列厉行职业教育发展的措施,在相当程度上保障并促进了职业教育的合理发展。其突出表现之一就是,绝大多数省市增建了新的职业学校,职业学校的数量有所增加。如湖北省教育厅在 1934 年上半年的工作概述中特别提出"筹增职业学校计划":"将职业教育经费逐年增加,将原有省立普通中学渐次改办职业学校,务期于三年内,全省普通中学及职业学校均各占中等学校百分之四十,职业教育经费至少占中等教育经费百分之三十五,各县每县至少设职业学校一所。若因经费困难不能单独设立,亦应附设职业班,其原有之初

[①] 《全国职业教育会议汇录》,载《中华教育界》第 22 卷第 8 期,1935 年 2 月。

级中学应逐渐改为初级职业学校,今后私立中学之设立,应以职业学校为限,已办之私立中学,亦尽量督促改办职业学校。"① 广东省在 1933—1934 年间,一年之内,先后于茂名、顺德、梅县创设第一、二、三农业学校,于广州创设第一职业学校;在省立第四中学添设工科;而各县的公私立中学添设农科、制纸科及一般的职业科者,也为数不少。福建省在 1933—1934 年新办 5 所县立初级职业学校和 3 所私立初级职业学校,职业学校总数由 1933 年的 17 所增加到 1934 年的 24 所。② 表 7-1 是教育部统计报告的 1931—1934 年全国职业学校的发展情况。

表 7-1　1931—1934 年全国职业学校基本情况表

年度	学校数	班级数	学生数	毕业生数	教职员数	岁出经费数（元）
1931	266	1485	40 393	9015	6114	5 182 191
1932	265	1431	38 015	8268	6095	5 602 899
1933	312	1591	42 532	8824	6757	6 542 968
1934	352	1715	46 355	11 764	7089	6 989 936

资料来源：教育部教育年鉴编纂委员会编,《第二次中国教育年鉴》,上海商务书馆 1948 年版,第十四编,"教育统计"第 33—43 页。

然而,虽然全国职业学校在数量上有了一定发展,但总体而言,距教育部对职业教育发展的要求尚有不小的距离。以职业学校的经费为例,虽然不少省市"挖肉补疮",缩减普通中学经费移作职业学校之用,使得职业教育经费有所增加,但除少数省市达到要求外,绝大多数省市距《各省市中等学校设置及经费支配办法》所规定的 35％的比例要求尚有较大差距。如湖北省：1933 年,职业学校经费占中等教育经费总数的 18.07％；③

---

① 邬予先:《湖北中等教育现状及其问题》,载《湖北教育月刊》第 2 卷第 1 期,1934 年 10 月。
② 《福建中等教育沿革》,见杜元载主编:《革命文献》第 57 辑,台北"中央"文物供应社 1971 年版,第 387 页。
③ 邬予先:《湖北中等教育现状及其问题》,载《湖北教育月刊》第 2 卷第 1 期,1934 年 10 月。

江苏省：1933年和1934年，职业学校经费分别占中等教育经费的19.27%和25.31%；①河北省：1933年职业学校经费占全省中等教育经费的6.9%，到1934年，通过采取裁减过量的师范班级将余款移充职业学校之用等措施，预计至1937年达25%。至1935年，全国职业学校经费仍仅占中等教育经费总数的9.59%，只有湖南（43.9%）和江西（36.6%）达到了35%的要求。表7-2是1934年度全国一些省市职业学校经费数额及其所占中等教育经费百分比的情况。

表7-2 1934年度全国部分省市职业学校经费额及其所占中等教育经费比情况表

省市	金额（元）	百分比	省市	金额（元）	百分比
安徽	390 917	29.5%	陕西	7132	14%
江西	366 275	29%	山西	24 151	3%
福建	224 539	29%	察哈尔	64 146	26.2%
山东	154 688	10%	宁夏	30 000	33%
浙江	339 102	20.67%	绥远	33 480	10%
广东	421 008	25.6%	云南	60 573	8.4%
四川	184 900	31.3%	南京	19 920	24%
湖南	682 028	36.1%	青岛	38 958	15.42%
河南	146 612	12%	威海卫	12 300	38%

资料来源：钟道赞，《一九三六年中国职业教育之检讨》，载《教育杂志》第27卷第2号，1937年2月。

由于不少省市职业学校经费距35%的标准尚有较大距离，而且不少职业学校由于仓促设立，"设备之未充实，师资之未适当，教学之未尽有效，训练之未合标准，及出品之未臻上乘，毕业生之出路艰难……种种

---

① 周佛海：《江苏教育最近之动向》，载《江苏教育》第5卷第5、6期，1936年6月。

困难之问题，固不一而足也"。① 加之，教育部派赴各地的视察人员总体认为，"各地职业学校，内容均欠充实，而关于学生之精神训练、学科教材、实习项目等多与职业界之实际需要未尽吻合"，② 所以，从 1935 年始，教育部根据 1934 年全国职业教育的整体发展情况，并充分考虑全国职业教育讨论会的意见，对职业教育的发展规划和政策作了进一步改进和完善。

1935 年 1 月，教育部依据全国职业教育讨论会所议决各案，要求各省市今后推广职业教育，应依三项标准："多设职业补习学校及初级职业学校"；"高级职业学校之设置，以单业及每业设一校为原则"；"关于商业职业学校之设置，除商业补习学校外，应予以限制"。③ 6 月 3 日，教育部再次颁布《各省市职业学校应改进之事项》，从职业学校行政和教学实习两方面作了具体要求。其中规定，学校行政应改进者有六："各省市职业学校之设科，每因本地某种人才特多之故，设置过量同性质科目，显与社会需要不符，应予限制"；"各职业学校经常费，多未能遵照《职业学校规程》第十九条之规定，以致添聘技术师资，购置实习设备，均感困难，应即设法提高"；"各职业学校之实习设备，多未充实，致学生未得充分之实习，其技术经验不足以应用，此后各省市扩充职业学校经费时，应暂缓扩充班级，尽先充实内容，以收实效"；"各职业学校实习学科教员待遇，多按教授时数计算，因此学校为减轻经费支出起见，每将实习时数减少，此影响于学生学业者颇巨，应即参照各地情形将实习与讲授时数之待遇，予以合理之调剂"；"各职业学校职业学科教员，往往囿于见闻，无进修机会，致妨碍教学上之改善，应由学校规定假期轮流参观考察办法，以求进步"；"各职业学校利用现有设备，附设职业补习学校，于人才经济两方均

---

① 钟道赞：《一九三六年中国职业教育之检讨》，载《教育杂志》第 27 卷第 2 号，1937 年 2 月。
② 江苏省教育厅：《令发职业学校设置顾问委员会办法》，载《江苏教育》第 5 卷第 5、6 期，1936 年 6 月。
③ 教育部编：《职业教育法令汇编》，上海商务印书馆 1935 年版，第 142 页。

有裨益,各省市应切实遵办"。① 6月28日和8月1日,教育部又先后公布了修正的《职业学校规程》和《短期职业训练班暂行办法》。10月,教育部在所制定的1935年度(从1935年7月至1936年6月)的行政计划中,确定的关于职业学校的事项主要包括:调查1935年度全国职业教育概况;编印1934年度全国职业教育概况;继续视察各省市职业教育,并编印视察报告第二册;编订《各类职业学校课程表、教学大纲及设备概要》第五册;调查公立护士及助产职业学校概况,并限期办理私立护士及助产职业学校立案;拟定中学、师范劳作师资及职业学校师资训练班办法,等等。11月,国民党第五次全国代表大会宣言议决案中再次对职业教育竭力提倡,规定,今后"中等教育之方针,在中等职业教育与中等师范教育方面,应力谋数量之扩充;在普通中学方面,应注意素质之改善"。② 在以上政策的调整指导下,职业教育有了新的发展。

二、政策调整下职业教育的新发展

由于教育部从1935年起对职业教育的发展规划和政策作了新的调整、改进与完善,自1935年起,特别是在1936—1937年上半年间,职业教育呈现出新的发展特点。

(一)职业学校数量继续增长

1935年后,各省市在教育部有关政策的规范要求下,采取多种措施,增加职业教育经费,致力于各类职业学校的增设,而对于普通中学则重在求质的改善,不作量的扩充。如贵州省,1935年在原停办的农业学校原址开办省立初级职业学校一所,先后开设森林科和畜牧科;同年,将大定县中、天柱县中、独山县中、黄平第二县中改办为初级职业学校,对该年度

---

① 教育部编:《职业教育法令汇编》,上海商务印书馆1935年版,第144—145页。
② 转引自朱子爽编著:《中国国民党教育政策》,重庆国民图书出版社1941年印行,第126页。

开办的职业班,每班由省教育厅补助 800 元,1936 年度给予补助费 1200 元,开办费 600 元。① 河北省,在 1933 年,职业教育经费仅占中等教育经费总额的 7% 左右,1935 年,通过增设工业职业学校及女子职业学校,并增加职业学校经费六七万元,使职业学校经费占中等教育经费的比例提高到了 20% 强。江西省,在省立上饶中学附设造纸科;在省立大庾中学停招中学班,改设简易化工科;省立吉安中学则停招高中普通科,分别添设土木建筑科。

在增加职业教育经费、增设职业学校和职业科时,不少省份多注意考虑职业学校的特殊性,强调设校、设科力求与地方生产相适应。如福建省,自 1935 年始,职业学校的变更以适应地方生产情形和采取建教合作办法为原则,故在瓷业重地德化开办陶瓷学校;在出产茶叶的福安办农业学校,设置茶叶科;在宜于森林的南平办农业职业学校;至于各县立的职业学校,也视其地方情形,分别办理。陕西省,在 1935 年,按照全省天然富源及主要生产物分配状况,拟定专门区域设立相应的职业学校,如考虑到延安地区适于垦牧,乃筹设农林垦牧职业学校。广东省,同样制定了分区设置职业学校办法,鉴于汕头出海较近,交通便利,1935 年乃于该地设立省立汕头高级水产职业学校一所。河南省,于 1936 年 5 月聘请专家组成"职业教育委员会",并制定了《河南生产教育改进计划》,规定,继续扩充省立高级职业学校,并变更方式,办理工场式或农场式的职工传习学校,借以训练实际生产人才;专办县初级职业学校,并于乡村师范学校内开办职业班;为培养文书科职业人才,特设立私立高级文书科职业学校 1 所。

在教育部有关政策规范和要求下,在各地方诸项相关措施保障下,1935—1936 年间,全国的职业学校数量、学生人数等均有较大增长。据统计,1936 年度,全国职业学校共有 494 所(公立 302 所,私立 192 所),教职员共有 8645 人(公立学校 5460 人,私立学校 3185 人),学生共有

---

① 叶元龙:《贵州的教育》,载《教育杂志》第 26 卷第 7 号,1936 年 7 月。

36 822 人（公立学校有 14 346 人，私立学校有 22 476 人）；在 494 所学校中，高、初合设的职业学校有 45 所（公立 32 所，私立 13 所），高级职业学校 191 所（公立 95 所，私立 96 所），初级职业学校 258 所（公立 175 所，私立 83 所）；这其中，江苏 61 所（公立 28 所，私立 33 所），湖南 42 所（公立 18 所，私立 24 所），四川 40 所（公立 26 所，私立 14 所），河南 38 所（公立 37 所，私立 1 所），辽宁 35 所（公立 32 所，私立 3 所），广东 32 所（公立 16 所，私立 16 所），福建 25 所（公立 10 所，私立 15 所），湖北 24 所（公立 14 所，私立 10 所），安徽 23 所（公立 17 所，私立 6 所），上海 21 所（公立 4 所，私立 17 所），浙江 20 所（公立 11 所，私立 9 所），江西 18 所（公立 9 所，私立 9 所），河北 17 所（公立 8 所，私立 9 所），北平 13 所（公立 3 所，私立 10 所），云南 12 所（均为公立），山西 11 所（公立 9 所，私立 2 所），山东 9 所（公立 6 所，私立 3 所），陕西 8 所（公立 7 所，私立 1 所），贵州 6 所（均为公立），天津 6 所（公立 1 所，私立 5 所），广西 5 所（公立 4 所，私立 1 所），南京 5 所（公立 3 所，私立 2 所），绥远 4 所（公立 3 所，私立 1 所），甘肃 4 所（均为公立），吉林 3 所（公立 2 所，私立 1 所），青海、黑龙江、察哈尔、宁夏各有公立 2 所，热河、青岛、威海卫和东特区各有公立 1 所。① 不仅如此，而且至 1936 年，相当部分省市职业学校经费的数额所占中等教育经费的比例已经接近甚至超过了部定标准要求（见表 7-3）。

表 7-3　1936 年度全国部分省市职业学校经费额及其所占中等教育经费比情况表

省市 \ 经费	金额（元）	百分比	省市 \ 经费	金额（元）	百分比
安徽	670 731	38.91%	湖北	245 232	28%
江西	503 925	46.7%	察哈尔	88 376	34%

---

① 教育部编纂：《职业教育人员手册》，行政院 1941 年出版，附录："全国职业学校概况"。

续表

省市\经费	金额（元）	百分比	省市\经费	金额（元）	百分比
山东	230 001	15%	绥远	58 587	36%
浙江	371 664	26.44%	云南	310 000	45%
湖南	603 851	43.91%	南京	76 704	29.8%
河南	259 280	23.77%	青岛	85 255	31.08%

资料来源：钟道赞，《一九三六年中国职业教育之检讨》，载《教育杂志》第27卷第2号，1937年2月。

（二）补助优良职业学校

1936年初，教育部决定，从是年度起，将国民政府拨给改进全国生产教育经费的85万元，加上庚款每年补助职业教育的经费，计约100万元，一分为三：一是筹设国立中央工业职业学校，约占全部经费的40%；二是补助全国公私立优良职业学校，占40%余；三是训练职业教育师资，占10%余。

6月30日，教育部在呈奉行政院核准的《改进中等职业教育办法大纲》这一规范职业教育发展的指导性文件中，就补助各省市公私立优良职业学校作了相关规定："为谋各省市生产教育之进展"，在1936年和1937年度，由教育部继续督促各省市教育行政机关，遵照1933年9月教育部关于《各省市中等学校设置及经费支配办法》的规定，扩充中等职业教育经费在各自省市中等教育经费总预算内所占的份额，以期至1937年底达到预定标准；从1936年起，教育部将在南京和其他适当的地点，逐年筹设1所或2所规模较大、设备充实的模范中等职业学校，"其设科以各地方所不易举办之学科，或确能开发当地原料与改进当地固有职业与企业之学科为主要标准"；从1936年度起，教育部将对各省市优良的公私立中等职业学校予以补助。①

为了使这项工作更有效地得以实施，7月1日，教育部特依照《改进中等职业教育办法大纲》，制定了《补助公私立优良职业学校办法》。其中规定，补助的范围应是办理优良且经费困难的公立和已立案的私立职业学校，每年对各省市补助1—3校；补助费的分配：农、工两科的职业学校占每年补助费总额的70%，商业和家事职业学校则占30%；补助费的用途：主要用以扩充职业科的实习和研究设备，特殊情形下，经教育部核准，可以其中的20%作为添设职业科主要科学技术人员之用；各省市"原定之公立及补助私立职业学校充实设备经费，不得因已受中央补助费而予以减缩"；由教育部组织"中等职业学校补助费审查委员会，审核决定""补助费之给予"。教育部同时要求，1936年7月底前，各省市应将附有"申请补助之详细理由""申请学校之经费收支概况""申请学校之教学与设备概况"等内容的"申请补助书"呈送教育部审核。②

10月，经审核，教育部从各省市报送申请补助的60余所学校中，核定了50所准予补助（其中工业科学校28所，农业科学校12所，商业科学校3所，女子家事科学校5所），涉及24个省市。其中，江苏3所，上海2所，云南2所，北平1所，安徽3所，浙江3所，广东1所，湖南4所，江西3所，福建3所，甘肃3所，山东3所，河北3所，山西3所，湖北3所，察哈尔1所，陕西1所，四川1所，绥远2所，贵州1所；补助总金额为43万元。③

将补助金额划拨各省市后，各省市对优良职业学校补助费如何分配补助使用，原则上悉凭各省市教育行政机关的意见，并以教育部督学的视察

---

① 《教部确定二十五年度职业教育经费》，载《教与学》第2卷第2期，1936年8月。

② 《补助优良职业学校办法》，载《全国学术工作咨询处月刊》第2卷第7期，1936年7月。

③ 《教部补助优良职校：政院核准四十三万》，载《申报》1936年10月16日，第10版。

结果为依据。但为了从宏观上加以指导和规范，教育部也特组织"审查委员会"，将各受补助学校的申请补助书分别进行审查，同时规定各校领受补助费应行注意事项，要求"补助费限定用于设备"，"应将补助费集中办理特定事业"等。① 一些省市为用好这部分专项经费，特地作了周密规划。如江苏省就曾专门组织"中等职业学校补助费审查委员会"，将教育部核准补助的本省各学校的"申请补助书"分别审查，议决应补助学校及补助经费数目；最终确定补助江苏省立上海中学职业部15 000元，江苏省立宿迁玻璃科职业学校15 000元，江苏省立宜兴农林科职业学校6000元；同时并规定：接受补助的学校必须将补助费限定用于设备，"各校原预算，不能因有补助费而缩减或将原有设备费移用；补助费应慎重支用并力求撙节"，并"应专款专储，不能与经常费混用或移用"。②

1937年上半年，受抗战形势的影响，教育部又决定从该年起侧重于对机械科职业学校的设备补充进行补助，农业学校次之。是年，经核准补助学校53所（其中，工业科45校，农业及其他科8校）。1938年，由于全面抗战爆发，虽然这一政策仍在实施，但当年仅补助15所学校（以工业科学校居多），且补助费总额仅14万元。

（三）筹设国立职业学校

鉴于各省市增设的职业学校大多经费匮乏，条件简陋，于是，教育部决定在督促改进的同时，从1936年起筹设国立职业学校，以示楷模。主要包括：

1. 国立中央工业职业学校

1936年，鉴于国难严重，国民政府认为，要更好地抗战，必须振兴工业，于是在是年7月，成立国立中央工业职业学校筹备会，魏元光任筹备主任委员。11月，明确四点目的："造就中级技术人才，以增加社会生产

---

① 《职校领取补助费应注意事项》，载《教育与职业》第181期，1937年1月。
② 《订发改进江苏中等学校职业教育初步办法》，载《江苏教育》第2卷第10期，1933年10月。

能力，发展农村工业"；"适应环境需要，以改进地方原有工业"；"矫正现有职业教育之弱点，以增进职业教育效能"；"转移社会对职业教育之心理，以推行职业教育"。① 同时，决定开办费为 100 万元（该年度国家预算内的生产教育费为 85 万元，其中 35 万元为该校开办费；另外，中英庚款董事会补助该校 25 万元），强调建筑以简单实用为原则，教育方针侧重实习，并注重技术训练。②

1937 年 7 月，学校在南京正式开办，是年秋正式招生，校长为魏元光。在当年公布的《国立中央工业职业学校招生简章》中规定，其宗旨为"造就优良中级技术人才，以增加社会生产能力，改进地方原有职业"；暂开设机械工程、土木工程、电机工程和化学工程四科，修业年限均为 4 年；该年度招生学额计 150 人，其中机械工程科、土木工程科、电机工程科均为 40 人，化学工程科 30 人；考生"须在公立或已备案之私立初级中学或同等学校毕业者（本届暂不招收女生）"，年龄在 15—22 岁以内；考试科目为公民、国文、英文、数学（算术、代数、平面几何）、理化、口试。③ 7 月 7 日抗战全面爆发后，学校于 10 月 15 日勉力开学；不久，为避战火，先后迁至湖北宜昌和四川万县；1938 年秋，又迁至重庆。④

2. 国立中央高级护士职业学校和国立中央高级助产职业学校

护士职业学校和助产职业学校的设立在战前一直为国民政府所重视。早在 1929 年春，国立北平高级助产职业学校即告成立；1932 年和 1933 年，又先后有国立中央高级护士职业学校和国立中央高级助产职业学校在

---

① 转引自魏元光：《中央工校概况》，载《教育与职业》第 194 期，1941 年 4 月。
② 《教部积极筹办中央工业职校》，载《中央日报》1936 年 11 月 15 日，第 2 张第 4 版。
③ 《国立中央工业职业学校招生简章》，载《私立岭南大学校报》第 9 卷第 20 期，1937 年 6 月。
④ 学校迁渝后，鉴于抗战对高级技术人才的需求，学校乃请准于 1940 年秋起，增设专科，学制五年。课程则理论与实用并重，以造就既有高深理论基础，又有熟练生产技术的人才。

南京成立。

1935年2月12日和7月31日，有鉴于各地助产学校和护士学校日众，教育部先后制定了《高级护士职业学校暂行通则》和《高级助产职业学校暂行通则》，对高级护士职业学校和高级助产职业学校的设学宗旨、入学资格、开设科目及教学实习时数等作了详细规定；其间，在4月19日，鉴于各省市在所报的"职业学校概况调查表"中，多未将护士职业学校列入，且各省市公私立医院附设的护士职业学校多未能照章办理，教育部特颁令，限私立护士职业学校于6月底前立案办理。8月16日，教育部成立了护士教育专门委员会和助产教育专门委员会，拟订护士、助产教育计划，编审护士、助产学校课程教材及设备标准，审查护士、助产学校立案事项等。10月7日，教育部又公布《高级助产职业学校课程标准》。随着这些相关法令的公布和相关机构的成立，为进一步加大对护士和助产人才的培养，1936年，将原附设于卫生署中央医院的国立中央高级护士及高级助产职业学校一分为二，改归教育部直辖，经费单列。其中，国立中央高级护士职业学校在全面抗战爆发初随中央医院迁至长沙，1938年再由长沙迁至贵阳，后又迁重庆；国立中央高级助产职业学校则先由南京迁至安庆，1938年再由安庆迁至重庆。

除国立中央工业职业学校、国立中央高级护士职业学校和国立中央高级助产职业学校外，1937年，教育部还设立了国立贵阳医学院高级医事职业科，招收助产及护士学校学生入学肄业。另外，早在1931年即已成立的国立第一助产学校和国立同济大学附设高级工业职业学校仍一直在勉力举办。

（四）提高职业学校师资水平

发展职业教育，兴办职业学校，良好而充足的师资是重要的前提和条件。因此，早在1930年4月第二次全国教育会议通过的《改进全国教育方案》中，专就"职业科师资训练办法"作了规定，对当时职业学校的师资给予了重要保障。

然而，在1933年9月《各省市中等学校设置及经费支配办法》颁布后，职业学校的师资又立时捉襟见肘起来。因为，虽然该"办法"使各地中学教育的畸形发展在一定程度上得到了矫正，职业教育也有新的进展，但随着职业学校设立渐多，绝大多数省市佥现优秀教师缺乏之问题。据时人统计，在当时职业学校的师资中，超过半数的为高中或师范学校毕业。这部分教师，有的有一定文化知识，但专业技能缺乏；有的有一定专业技能，但文化知识水平低下；知能双优者寥若晨星。有鉴于此，1935年4月，教育部通令，各省市应根据本地推行职业教育的计划，对今后五年内职业学校各科师资的需求数量进行估计，并分别呈报。从各地呈报的情况看，总计需要师资3629人。当时不少省份职业学校师资的缺口甚大。像江西需要农、工、商、家事科教师145人；福建需要农科100人，工科70人，家事科40人；云南需要农、工、商各科教师720人；河南需要农林、蚕桑科教师528人，工科458人，商科66人。① 所以，加强对职业学校师资的统筹十分必要，也十分迫切。

为加强对职业学校师资的统筹，提高职业学校师资水平，1936年6月，教育部决定举办职业学校教员暑期讲习会。其中，农业职业学校教员暑期讲习会，由教育部会同中央农业实验所、中央大学农学院、金陵大学农学院共同筹备；由各省市公私立农业职业学校每校选派专任教员1—2人参加；讲习分为农艺和蚕桑两组，讲师均由国内外农业专家担任。工业职业学校教员暑期讲习会，由教育部利用上海私立雷氏德工艺专科学校的设备和人才，委托该校办理；由各省市公私立工业职业学校每校选派1—2人参加；讲习分机械、土木、应用化学三组进行。讲习会的举办，对提高和改进两类职业学校教员的知识技能起到了一定作用。

（五）注重商科职业学校

商业学校是职业学校的一种，但在1933年10月《职业学校各科教学

---

① 《各省市今后需要各科职业师资数》，载《教育与职业》第165期，1935年5月。

科目及时数概要》公布后，一些地方在设立公私立职业学校时，却没有能够依据并考虑地方需要斟酌筹设，反而因为商业学校举办较易，从而因陋就简大量设立。所以，1935年1月，教育部曾明令各省市除商业补习学校外，对于商科职业学校的设置，应予以限制。有鉴于"商科职校举凡设备、学科、实习事项，均应力求完善，对于职业界实际需要情形，更应深切研究，确定教学方案，俾学生有实在之学识经验，毕业后可得相当职务"，① 11月26日，教育部特颁布《办理商科职业学校意见》（10条），要求各地在开办商科职业学校时，对于其设备、学科、实习等方面均应力求完善，以保证教学质量。教育部同时颁发"各省市商科职业学校应行注意各点"，要求：学校商店必须充实营业内容与货品种类，力谋对外营业，以增加练习便利；集中训练学生的打字技术；会计簿记的教学应尽量搜集实际材料；各校必须设置规模完备的商品研究室，搜集中外货物样品陈列并比较之；多方鼓励学生自行组织商店，以养成经营企业的精神，等等。

（六）加强建教合作

鉴于当时不少职业学校的学生所学知识技能不能适应当时社会实际工作的需要，致学生毕业后为职业界所诉。究其原因，教育部认为，固与职业学校的教学课程、学习设备等未臻完善有关，但"校外实习机会之缺少，学生不能与职业界有充分之接触，实为最大之症结"。② 而欲求改善，除需要"提高学校经费标准、充实设备外，亟应联络职业界，沟通供求意见，俾供训导教学之参考"。③ 为此，国民政府决定由行政院令行各部会署各省市政府，分咨全国经济委员会等转饬所属公私立农、工、商、卫生、

---

① 福建省教育厅：《奉教育部令办理商科职业学校应行注意各点仰遵照》，载《福建教育》第2卷第5期，1936年5月。
② 《教部订定职业学校与建设机关协作大纲》，载《中华教育界》第23卷第11期，1936年5月。
③ 江苏省教育厅：《令发职业学校设置顾问委员会办法》，载《江苏教育》第5卷第5、6期，1936年6月。

交通等建设机关,尽量容许同性质的职业学校学生到该部门进行实习。同时,教育部在1936年3月26日又颁发了《职业学校与建设机关协作大纲》,规定"各职业学校,应与实业机关商定学生实习详细计划及工作程序,尤应力谋校外实习与学校所受训练有密切联络之关系",并对学生在校外实习的对象、时间、评定方式等作了说明和要求。[①]

《职业学校与建设机关协作大纲》颁发后,不少地方在建教合作方面加大了探讨和实践的力度,注重学校的教学与社会上各种公私实业机关的联络,以期职业教育与社会事业相互适应,协同并进。如福建省长乐及南平农业职业学校与省立农场合作,德化陶瓷职业学校与省立陶瓷改良场合作等;江苏省宜兴农林学校与省林务局合作建设苗圃,苏州农业学校、女子蚕业学校与地方合作育蚕,苏州工业学校与大生纱厂合作整理布匹并代省土地局办理测量班,女子蚕业学校制丝工场代各丝厂制丝,等等。

(七)继续推行职业补习教育

在教育部看来,虽然各省市对职业教育的推行"略具基础",但对职业补习教育并没有引起足够重视。虽然1933年9月教育部就公布了《职业补习学校规程》,令各地加强对职业补习教育的推进,然而,一年多过去了,"各省市对于此项教育设施,尚少切实之注意"。有鉴于此,1935年4月,教育部再颁修订的《职业补习学校规程》,并于8月公布了《短期职业训练班暂行办法》,以训练有关业务的技术人员。其中规定,凡高级职业学校和专科学校、各行政机关及私人或团体均可附设或办理;训练期限3—15个月,视职业性质而定;课程以技术学科为限,训练期满发给某项技术学科学业成绩证明书。

《短期职业训练班暂行办法》公布后,不少省市加强了推行职业补习教育的力度。如江西省即订定《各职业学校附设职业补习班办法》,利用省立职业学校原有师资与设备附设职业补习班,使一些从事相关职业的人

---

① 《教部订定职业学校与建设机关协作大纲》,载《中华教育界》第23卷第11期,1936年5月。

员，于业余时间，补授本业所必需的知识技能，借以提高其工作效率，并进而改善其生活。1936年，该省省立工业专科学校即附设泥木工补习班，省立女子职业学校附设妇女缝纫补习班，并取得了相当成绩。

1937年2月5日，教育部认为，虽然一些省市加大了推行职业补习教育的力度，但"对于已从事职业之职工与学徒，亟应补充其职业上应具之知识技能，以增加工作效率；对于志愿从事职业者，授以职业之知识技能，使得服务之机会"，①故特颁发《各省市推行职业补习教育办法大纲》（13条），要求各省市要遵照"大纲"，切实推行职业补习教育，并拟具详细实施办法。大纲规定：大学与农工商等专科学校、职业学校、乡村师范学校以及中学师范之有特殊劳作设备的学校，均应利用其原有的设备和人才，尽力办理与学校设科性质相同的各项职业补习学校、高级职业科目补习班或短期职业训练班；各业职业团体，均应与职业学校及其他相当的学校合作，利用学校设备，举办与本业有关的职业补习学校或职业训练班；各级学校附设的职业补习学校科目除应与学校设科性质相同外，还应切实注意当地需要；各级学校办理职业补习学校或职业训练班的经费，以就原有预算撙节开支为原则，职业团体办理职业补习学校或职业训练班，其经费则由该团体自行筹措。②

（八）强化对职业学校的督查与管理

为使各地办理职业教育、开设各类职业学校能有序且有效地推进，在1935—1937年间，特别是1936年3月至1937年3月这一年的时间里，教育部还不时地制定相关政策，强化对职业学校的督查和管理。

1935年，鉴于各地职业学校多自行编辑讲义，内容详略不一，互有短长，教育部决定征集国内办理时间较长且成绩较优的公私立职业学校所编

---

① 教育部：《令直辖各机关：为令发各省市推行职业补习教育办法大纲由》，载《教育部公报》第9卷第7、8期，1937年2月。

② 教育部：《各省市推行职业补习教育办法大纲》，载《全国学术工作咨询处月刊》第3卷第2期，1937年2月。

的讲义，对之加以审核，供各校相互选用。

1936年3月6日，教育部通令各省市教育厅局，应将发展职业教育作为本年度的中心工作，在编造该年度教育经费预算时，应着力增加职业教育经费，按上年度比额竭力扩充，依照限期使职业学校经费达到占中等教育经费35％的标准。

与之相适应，4月27日，教育部又下令，"各职业学校为谋增进训练效率，适应实际需要起见"，应设置"学校顾问委员会"。顾问委员会由学校聘请与学校同性质的农工商各界专家或领袖5—7人组成。为明确委员会的职责，教育部特制定了一份《职业学校设置顾问委员会办法》，令各省转饬所属各公私立职业学校遵照执行。该"办法"规定，顾问委员会的任务有五："（一）关于学生之服务道德及精神训练事项；（二）关于职业学科教材之审核及选择事项；（三）关于学生校内外实习之指导及接洽事项；（四）关于毕业学生之就业事项；（五）关于其他学校设施之建设事项。"①

10月3日，教育部又认为，虽然此前不时派员对各地职业学校的办理状况进行考察和视察，但"各省市主管教育行政机关，对于考核学校办理成绩，尚无一致之具体标准，可资查考"，故特发布《考查职业学校办理成绩应注意要项》，令各省市遵照执行。② 10月5日，教育部又订定《考查职业学校成绩要项》，统一考核职业学校的办理成绩。"要项"规定考查项目有二：一为行政设施，包括校长、教员的资格和经历是否符合规定，收费是否符合要求，经费、实习场所、设备及学生条件是否合格等；二为教学训练，包括讲课实习时间、讲义、课本、实习方式是否合理等。

1937年3月20日，鉴于"各省市职业学校毕业生之服务状况，对于

---

① 江苏省教育厅：《令发职业学校设置顾问委员会办法》，载《江苏教育》第5卷第5、6期，1936年6月。
② 教育部：《令各省市教育行政机关，为令发考查职业学校办理成绩应注意要项由》，载《教育部公报》第8卷第41、42期，1936年10月。

推行职业教育整个计划，关系极巨"，①教育部制颁了《全国职业学校最近三年毕业生调查表式及调查要项》表，要求各学校对学生的服务机关、现任职务、就业和升学情况等进行填报，并说明：毕业生现任职务或升学情况与原学习的学科有无关系？关系多大？毕业生就业的方式如何？各种就业方式所占比例多大？毕业生赋闲人数及百分比如何？等等。3月24日，教育部又公布了《二十六年度职业教育中应注意各点》，要求凡是职业学校经费没有达到所占中等教育经费35％标准的省市，亟应拟定具体方案；已达到或超过的省市，"除应选择设科切合地方需要之学校，特别充实设备，改善教学，用作各该省市之模楷，表现职业教育之精神外"，并应注意设科对发展地方产业或企业是否有密切关系；按照《职业学校与建设机关协作大纲》的要求，切实厉行建教合作，使学校的设置与兴办建设事业发生密切联系，以谋教育与生产事业的彻底合作；分别添置学校各项机件或设备，以充实学校内容，并尤应注意优良师资的选择；指导毕业生就业，并随时监督各校进行情况；开展分科视察，通过实际指导，以谋质的改进。②

1927至1937年的十年，是中国职业教育发展史上十分重要的一个时期。在这一时期，就总体上而言，由于国民政府采取了种种措施，使得职业教育取得了一定的成绩，从而为抗日战争全面爆发后职业教育的勉力发展奠定了重要基础。然而，也应看到，职业教育的问题仍非常之多。如就职业学校本身而言，设备之未充实，师资之不适当，教学之未尽有效，训练之未合标准，以及毕业生出路之不畅，种种问题，不一而足。

那么，是何种原因使得在全面抗战前，虽然国民政府重视职业教育，而职业教育本身却未能取得长足进步呢？当然，国民政府的政治腐败与经

---

① 教育部：《令直辖各机关：为调查全国职业学校毕业生服务状况制定表式及要项应如限填报由》，载《教育部公报》第9卷第13、14期，1937年4月。
② 《二十六年度职业教育中应注意各点》，载《教育杂志》第27卷第5号，1937年5月。

济萧条乃根本原因，但如果政府在出台有关加强职业教育的一系列政策规定时，不是简单地发号施令，而是根据实际情况，采取相应的具体措施，并将有限的职业教育经费用于适当、切要之处，使职业教育不仅在量的方面有所长进，更在质的方面（如教学科目的调整、教学设备的补充、师资的慎选与培训、毕业生的就业指导等）有更大的改进，使职业学校传授的知识技术以及培养的人才更能适应地方的社会需要，也许会产生所期望的甚至意想不到的效果。

第八章　全面抗战时期的职业教育

抗日战争全面爆发后，随着沿江、沿海各重要城市的相继沦陷，包括职业学校在内的设于这些城市的学校遂备受摧残，大量校舍变为废墟。然而，鉴于中等教育承上启下的重要地位和职业教育在战时的重要特殊作用，适应战争的要求，国民政府采取了多种措施，极力维护职业教育于不坠，使之虽处于烽火连天之中，而弦歌不绝。

第一节　全面抗战时期的职业教育政策

抗战全面爆发后，满足战争的需要，制定适应新的形势要求的职业教育政策，加强发展职业教育，以培养各种技术人才，已是势所必然。

1938年4月，在国民党临时全国代表大会通过的《中国国民党抗战建国纲领》中规定："训练各种专门技术人员，与以适当之分配，以应抗战需要。"不久，教育部又订定《战时各级教育实施方案纲要》，规定"职业学校教育应为发展生产事业之教育，以注重公民道德与职业道德之陶冶，劳动习惯之养成，职业知能之增进，创造精神之启发，俾养成各种职业界中等创业及技术人才为目的"。职业学校分初级职业学校和高级职业学校两种，前者"应以县或一地方现有职业之改良与应创立之职业为施教计划之根据"，所以应注重各种短期职业训练班及各种职业补习学校的设置，使无力升学的学生和工厂、商店的职工（员），以及农村的广大青年，得利用余暇时间，补习有关职业的知识技能和公民常识；后者则"应视一省职业之需要，为施教计划之根据，专招收各县初中毕业生之不能升学者入之，以造就农工商各业中之中级技术人才"。[①] 同时，要求各省应视省区的大小和需要，划分为若干中学区、师范学校区和职业学校区，分别设置省立各高级中等学校，以为各县初中毕业生升学之所。此外，教育部还决定今后应积极推行建教合作计划，一方面约请、召集中央有关经济建设各机关，如财政部、经济部、交通部、内政部、军政部等，组织中央建教合作委员会，共同商订建教合作办法；另一方面，中央建教合作委员会对于各方所需要专门人才的种类和数量，应作详密的调查，以供教育部参考。

与国民政府有关加强职业教育的政策相适应，一些教育团体极力为战时职业教育的发展出谋划策，指点迷津。

如1938年11月，中华职业教育社办事部主任江恒源以国民参政会参议员的名义，向国民参政会一届二次会议提案，认为职业教育之所以发展不尽如人意，除了社会上人们普遍存在的"重文""重官""重升学"等观念的影响外，还有职业教育界本身的一些因素。如对职业师资的培养不够重视，缺乏适当的教育机关专负其责；往往从狭义上来理解职教，以为办理职业教育，就是设立职业学校，对于职业补习教育和职业指导，未能特别加以注意；职业学校在设科前缺少充分调查，以致常不适应地方需要；在办理职业教育时，没有能够与实业界密切联络；等等。为此，江恒源建议，职业教育的开展应该坚持七项原则，其中主要有："职业教育，原是包括职业学校教育、职业补习教育、职业指导三项，此三项务必同时并重"；"职业教育师资，必须从速征集，加紧培养"；"切实调查统计职业界各项人才需要与供给之实况，藉定设立职校及校内设科之方针"；"生产教育以外之职业，关系人民生活，亦多重要，务必利用短期训练方法，助其改进"；"实施职业教育，除技术训练外，务必同时注意到一般文化教育、

---

① 中国第二历史档案馆编：《中华民国史档案资料汇编》第五辑第二编"教育"，江苏古籍出版社1997年版，第23页。

政治教育、服务道德训练"。① 江恒源代表职教社所提的职业教育实施方案建议，得到了会议的认可，不仅其七项原则经会议议决通过，并另加三条："适应目前社会需要，对于女子职业教育，应特别注重"；"适应目前需要，应特别注重提倡艺徒制度中职业训练之改进"；"在抗战期间，尤须特别注重对于难民之职业训练、指导及介绍，及其与后方工厂垦殖区之联系"。②

再如，1942年8月5—6日，全国职业教育讨论会在中断了四年之后，第十六届会议于重庆特假国立中央工业专科职业学校举行。来自各省市教育厅局、各级职业学校计29个单位的代表和全国各地的职业教育专家共50余人参加了会议。会议集中讨论并通过了中华职业教育社新修订的《职业教育设施纲领》；该"纲领"最早由职教社在1922年5月拟订，此后在1924年7月、1926年10月、1928年7月和1931年7月曾四次修订，目的是改进职业教育理论，确立新的设施原则，以适应不断发展的时代需要。此次修订的"纲领"包括"职业教育设施的原则""职业教育设施的方式"和"职业教育设施标准"，计三大部分。其中在"职业教育设施的原则"中规定：职业教育乃是"用教育方法使人人依其个性尽其对国家民族及人群之义务，同时获得生活的能力和乐趣"；职业教育的目的乃是"为个人谋生之准备（使无业者有业，有业者乐业）""为个人服务社会之准备""为国家及世界增进生产力之准备"。③

抗战时期的职业教育政策，为职业教育的发展确立了方向。在这些政策的指导下，适应抗战的需要，国民政府采取了多种发展职业教育的措施，从而使职业教育呈现出新的特征。

---

① 中华职业教育社：《抗战建国时期中之职业教育实施方案》，载《建国教育》第1期，1938年11月。
② 中华职业教育社：《抗战建国时期中之职业教育设施方案》，载《建国教育》第1期，1938年11月。
③ 中华职业教育社：《职业教育设施纲领》，载《教育与职业》第197期，1943年1月。

第二节 发展初等职业教育，推动职业教育多元化

一、创设县市初级实用职业学校，实行职业学校分区设立制度

抗战全面爆发后，鉴于对大量初级技术人才的需求，加之人力、物力和财力的限制，教育部将初级职业学校的创办视为一项重要任务。1938年7月5日，教育部颁发了《创设县市初级实用职业学校实施办法》，"谋养成实用技术人员，以解决一县人民食、衣、住、行，日常生活必需之供给"；鉴于川、滇、黔、桂、陕、甘等大后方各省乃为抗战提供资源的主要省份，且以往教育基础异常薄弱，故令这些省的教育厅先会同本省建设厅、民政厅，在调查各县市主要工农业经济及日用品产销供求实际情况的基础上，依照所需，指定一县或数县创办一种以生产机关为依托、合作办理的初级实用职业学校，培养实用技术人员，"俟战事平定后，再由其他各省分别先后普遍推行"。该办法规定：在教学形式上，"学校除切实训练学生知识技能外，并应充分培养其自力经营能力，俾毕业后可在社会独立发展"。① 因此，学理讲解应与实习实训并重，且实习至少占50%；在学科设置上，各地应因地制宜设置农艺、农产制造、畜殖、纺织、应用化学、木工、机工、土木、印刷等科，各科修业年限为1—3年；另外，该办法对初级实用职业学校的组织机构及其经费也作了明确规定。为了给予提倡，教育部还规定，贵州、广西、甘肃、宁夏、青海等一些边远地区的初级职业学校，其开办经费和第一年的经常费，全由国库承担；四川酿造、陶业、制革，江西制糖、制茶、造纸、编织，云南铁工、纺织，西康农艺等，其相关的实用职业学校，则由国民政府酌给一部分经费协助设立。

分区设学是抗战最初几年中发展教育的一项重要措施，主要在中等教

---

① 教育部：《创设县市初级实用职业学校实施办法》，载《教育部公报》第10卷第7期，1938年7月。

育中进行，曾被认为是当时中等教育的中心工作。所谓分区设学，就是每一行政督察区，根据经济、交通、人口等状况合理划分区域，设置中等学校的一种办学形式。

1938年11月，国民政府就曾实行分区辅导职业教育制度，将陕、甘、宁、青、川、康、云、贵、桂九省分成西北、西南和川康三大职业教育区。1939年2月15日，鉴于过去各省中等学校的设置多集中于省会或交通便利的城市，致使各省不同地区的教育多有畸形发展，为改善各省市职业学校的教学和实习，更好地造就中级优秀技术人员，教育部又公布了《各省市实施分区辅导职业学校办法大纲》（10条），令各省市依本省市有关职业、物产、交通、文化及已设或拟设各职业学校分布情形，划分成若干职业学校区，每区必须于近一两年内设立高级职业学校1所，初级职业学校2—3所；并规定，凡每年有200名以上小学毕业生的县，应单独或会同邻县合办初级实用职业学校。为了保证职业学校的普及，1942年，教育部又明令部分省市在该年度教育经费预算中，职业学校教育经费总额必须达到中等教育经费总额的35%。

教育部《各省市实施分区辅导职业学校办法大纲》公布后，不少省份先后采取措施，对本省职业教育的发展进行重新规划。

如四川省于1939年4月，召集各有关机关代表、各中等职业学校校长和所聘请的专家数十人举行会议，讨论关于农业和工业职业学校的改进问题，并成立了建教合作委员会和职业学校辅导委员会。会议决定，将全省划分为成都、重庆、万县、宜宾、南充等五个职业学校区，一方面充实现有的40余所职业学校，另一方面就各地环境及现实需要酌量增设。

福建省拟定职业教育发展"五年计划"，拟自1940年1月至1944年，尽量增设初级职业学校，预计五年内，全省初级农业、工业、商业、家事、水产等职业学校及各类职业补习学校可达100所，以县立、私立为主。同时在1940年4月制定的《职业教育实施方案》中规定"本方案系以划分职业学校辅导区，谋各地职业学校之合理分布，并辅导各种职业教育之发展为主要方针";其实施办法为,将全省分九个职业学校辅导区,每一辅导区内设立1所规模完备的高级职业学校,并期于五年内达到每两县设1所初级职业学校。①

1941年,湖南省制定《湖南省立各职业学校三十年分区设学情形与二十九年分区设学计划比较表》。根据该表,湖南的十个行政督察区,相应划分为十个职业学校区,分别设十所省立职业学校;其中,除省立第六、八、九、十职业学校为新办外,其余的省立第一、二、三、四、五和七职业学校,分别由省立高级工业职业学校、省立高级商业职业学校、省立桂阳初级职业学校、省立长沙高级农业学校、省立常德初级职业学校、省立临时初级职业学校和省立零陵初级职业学校改办。

安徽省依本省九区划分职业学校区,同时根据教育部"省办高级、县办初级"的原则,分区设置。其中,省立职业学校,计在第二区设有霍邱初级农业职业学校、立煌工业职业学校和立煌商业职业学校;第三区设有第一临时职业学校;第七区设有徽州农业职业学校。县立职业学校,在第一区设有潜山县立农业职业学校;第二区设有立煌县立初级农业职业学校。私立职业学校,第一区设有澉行初级农业职业学校、宏实初级职业学校;第六区设有静安初级纺织科职业学校。

不过,值得指出的是,由于战争形势丕变,实际上在后方的一些省份,尚可依照省内职业、物产、交通、文化等分布情形,划分若干职业学校区,而很快沦为敌占区或接近战区的省份,即便制定有一定的计划,也多未能实施。

二、国立中学增设职业科

在全面抗战初期,鉴于战区各省的中等学校相继停闭,大量青年失学后退至大后方,从1937年底,教育部乃在后方各省筹设国立中等学校,以

---

① 《闽教育厅订定中学教育与职业教育方案》,载《中华基督教教育季刊》第16卷第2期,1940年6月。

资收容、施教。据统计，自 1938 年春至 1942 年，先后设国立中学 30 所，国立师范学校 11 所，国立职业学校 7 所，计收容学生 5 万余人。就职业学校学生的收容来看，除职业学校外，在国立中学增设职业科也是收容学生的一条重要途径。

在全面抗战前，教育部在限制普通中学的设立，增加职业学校设置的同时，就曾令各普通中学应一律添设职业科目或附设职业科；然而，各省实际的执行情况并不好。抗战全面爆发后，为加大对职业学校学生的收容力度，1938 年 7 月，教育部在所颁布的《国立中学规程》中规定："教育部为谋战区省市立中学教职员工及公私立中等学校继续施教与受教起见，特暂设国立中学若干所收容战区公私立中学及师范学校男女学生，必要时亦得收职业学校学生。"12 月 26 日，教育部又颁发了《国立中学增设职业科办法》，规定"凡国立中学未设职业科或虽设科而学生不多者，均应依照本办法，筹划设置或充实内容"；"职业科训练目标，以培养学生有一技之长，足以参加社会生产工作，或独立经营"；对各国立中学设置的职业科，明确要求"以不需多量及特殊设备而切合于地方或抗战建国之需要者为限"。如学校附近有生产或国防建设机关的，就与之密切联络，设置相关的职业学科；否则，也应就农工商生产经济方面斟酌设置有关职业科，如农业科目中的作物、养殖、蚕桑、酿造，工业科目中的手工艺、简易金工、棉织、竹木用具制造，商科中的簿记、会计、打字、文书等。1940 年 2 月，教育部颁布《修订中学课程标准》，规定初中选习职业科，高中自第三学年起酌设商业簿记、会计、统计、应用文书、打字、农艺等简易职业科。

此外，1941 年 12 月，教育部还颁发了《大学各学院、独立学院及专科学校附设中小学或职业学校暂行办法大纲》，规定公私立大学、农工医商学院或各独立学院，经教育部核定后，设立职业学校；专科学校也要依据有关规定，附设高职部。这一规定，对加大职业学校学生的收容力度也起到了一定的作用。

三、创设国立职业学校

1938年秋季，原国立中央工业职业学校迁到重庆沙坪坝后，先后开办无线电、机械、测绘短期训练班，学校在"勤慎公忠"的校训指导下，坚持学生专业理论知识的提升和实践经验的积累，同时注重培养学生崇实、尚勤、刻苦的优良品质。1940年秋增设专科后，改名国立中央工业专科职业学校，仍设机械工程、电机工程、土木工程、化学工程等科。后随着学生的增多，校舍不敷使用，加之为避敌机轰炸，又于巴县童家溪成立分校（1946年秋并入本部）。1944年秋，又于专科部增办机械、电机工程两班，于职业部增办建筑工程、航机工程两科。

除国立中央工业专科职业学校外，在战时，为收容战区学生，教育部又设有数所国立职业学校。如1940年，于重庆设国立四川造纸印刷科职业学校；1941年，于西康汉源和会理分别设立国立西康初级实用职业学校和国立金江初级实用职业学校；1942年，于四川犍为设立国立清溪职业学校；1943年，于四川合川设立国立四川水产职业学校；1945年，于重庆设立国立高级农业职业学校、国立高级机械职业学校和国立商业职业学校。①

此外，为尽快开发边地的生产事业，使这些地区的教育与经济得以同步发展，以服务于抗战，还在一些边疆地区设立了多所国立初级实用职业学校。主要有：国立青海初级实用职业学校，设于青海贵德；国立宁夏初级实用职业学校，设于宁夏省垣；国立拉卜楞初级职业学校，设于甘肃夏河；国立松潘初级实用职业学校，设于四川松潘。这些学校，均注重畜牧、卫生两科，招收小学毕业生入学肄业，修业年限为三年。②

---

① 教育部教育年鉴编纂委员会编：《第二次中国教育年鉴》，上海商务印书馆1948年版，第八编，"职业教育"第16—25页。

② 教育部教育年鉴编纂委员会编：《第二次中国教育年鉴》，上海商务印书馆1948年版，第十编，"边疆教育"第23—24页。

四、举办职业和技术人员训练班

（一）短期职业训练班的举办

全面抗战开始后，虽然广泛设立了初级职业学校，但是，仍有技术人员缺乏之虞，有鉴于此，从1938年起，教育部为培养各项中级技术人员起见，乃决定举办短期职业训练班。训练班除由各省市酌量办理外，主要由教育部指定一些公私立职业学校办理。训练班训练期限为一年至一年半；凡参加训练班的学员，不收学费，且食宿免费。据统计，1938年，短期职业训练班有4班150人；1939年有36班1300余人；1940年有22班800余人。① 这些学员，所学涉及诸多学科，如机械、土木、测绘、汽车驾驶、应用化学、印刷、染织、农产、制造、蚕丝、助产、护士、药剂、会计，等等。表8-1是1940年职业训练班的基本情况。

表8-1　1940年举办职业训练班基本情况表

学校	科别	班数	学生数
四川省立南充蚕桑职业学校	蚕桑	1	40
国立西北农学院附设高级农业职业学校	蚕牧	1	40
广西省立平乐初级实用职业学校	制糖、合作指导	各1	80
私立金陵大学理学院	电焊	1	40
陕西省立榆林工业职业学校	制革、毛织	各1	80
陕西省立三原初级工业职业学校	染织	1	40
陕西私立西北高级机械科职业学校	汽车修理及驾驶	1	40
江西省立南昌工业职业学校	印刷	1	40
国立四川造纸印刷科职业学校	印刷	1	40
教育部小工艺训练班	教具仪器	1	40
四川省立重庆高级商业职业学校	会计	1	40

---

① 中国国民党中央执行委员会宣传部编印：《四年来之教育与文化》，教育部1941年印行，第35页。

续表

学校	科别	班数	学生数
私立中华职业学校	会计	1	40
私立大公职业学校	会计	1	40
国立药学专科学校	调剂	1	40
江西省立医学专科学校	护产	1	40
国立贵阳医学院、国立中央高级护士职业学校	合办护产	1	40
重庆私立仁济高级护士职业学校	护产	1	40
教育部医药教育委员会与卫生署	合办护产	3	120
合计		22	880

资料来源：教育部编，《教育部工作报告》，1941年刊，第23—24页。

此后，教育部每年都定期举办短期职业训练班。其中，在1945年7月教育部订定的《短期职业训练班实施办法》中，规定各高级职业学校及专科学校、各地方政府、各行政机关、私人或私人团体均可举办短期职业训练班，以训练社会需要的某项技术人才；短期职业训练班招收的学员为初、高级中学毕业生，或具有同等学力者，训练期限为三个月到一年。

（二）技术人员的训练

早在1937年秋，鉴于各种技术人员不敷应用，国民政府特令各地办理较好的10余所职业学校，依其设科，分别设置土木、测量、电工、电讯、机械、汽车等短期训练班。遗憾的是，由于受战事影响，这些学校大部分内迁，故计划多未能得以实施。到1938—1939年间，国民政府利用重庆的有关职业学校，办理了机械、电讯、药剂、汽车驾驶等短期训练班。

1939年，为培养机械、电机中级技术人员，国民政府指定国立中央工业职业学校等九校，依其设备和容量，分别设置中等机械技术科12班，电机科8班，每班50人，共1000人，招收初中毕业生，予以4年的训练。其中，国立中央工业职业学校办理机械科两班、电机科两班，国立同济大学附设高级工业职业学校办理机械科两班，湖南省立长沙高级工业职业学校办理机械科一班、电机科两班,福建省立高级工业职业学校办理机械科一班、电机科两班,四川省立成都高级工业职业学校办理机械科一班、电机科两班,江西省立工业专科学校高级职业部办理机械科一班,贵州省立安顺初级实用职业学校办理机械科一班,私立中华职业学校办理机械科两班,私立大公职业学校办理机械科一班。该培训费用均由中央负担,且预计办理五年,培养中等机械电机技术人才5000名。

1940年1月,为培植机械、电机工程师人才,教育部又指定中央大学、西南联大、中山大学、武汉大学、浙江大学、湖南大学、广西大学、西北工学院、交通大学增设机械系和电机系各一班;同济大学、厦门大学、四川省立重庆大学、浙江省立英士大学增设机电系;私立金陵大学设电机系一班。其中,机械系和电机系每班40人,机电系每班60人,共计23班1000人。该项训练招收高中毕业生,训练时间为四年,且预计办理五年。

7月20日,为了在今后五年内迅速造就各级机械、电机技术人员以应抗战需要,教育部特按照行政院颁发的《训练技术人员计划大纲》的要求,订定《指定职业学校设置中等机械电机技术科办法大纲》,要求国立中央工业专科职业学校、国立同济大学附设高级工业职业学校、湖南省立第一临时中学分校(即前省立长沙高级工业职业学校)、福建省立高级工业职业学校、四川省立成都高级工业职业学校、江西省立工业专科学校高级职业部、贵州省立安顺初级实用职业学校、私立中华职业学校和私立大公职业学校,自1940学年度起,在原有应设班级以外,特别增设中等机械电机技术科,招收初中或同等学校毕业、年龄在16—20岁的体格健全、品性纯正的学生(限男生),予以三年训练,并分派各工厂实习一年;其目的,乃是通过这些机电人才的培养和训练,奠定国家的工业人才基础。

第三节 制定各种奖励措施,保障职业教育顺利发展

为了保证、促进职业教育的正常、顺利发展,在全面抗战时期,教育

部等机构颁布了一系列有关奖励法令，采取了一系列有关保障措施。

一、加强职业教育师资建设

抗战全面爆发后，各行各业的发展对各种专业人才的需求激增，一些职业学校的教师纷纷改行，他们或进工厂，或入机关，或开商店，以获得好一些的生活，由此导致各地职业学校师资不足，特别是优秀教师严重缺乏。

为了稳定职业教育的师资队伍，保证职业教育的正常发展，在战时，教育部曾采取多种措施，试图加强职业学校的师资建设。如1938年，曾举办川、滇、黔三省农业教员暑期讲习会，并指定江苏、四川两省的教育学院及大夏大学等训练初级职业学校师资；1939年，又办理西北、西南及川、康等省的农林、畜牧、土木、机械、应用化学、染织、助产、护士等科的讲习讨论会，指定金陵大学等分办农艺、园艺、机械等师资科，培养高级职业学校教员。

1940年5月9日，教育部再次发布命令曰，虽然从1936年起，教育部即利用暑假分期召集农工职业学校校长、主任和教员办理讲习讨论会，以灌输新知识，但是，"惟参加人数多寡不一，程度亦至舛错，加以时间短促，研习探讨，均感不足；而各种教师之从事进修，对于所任学科教学实习之改善，关系至巨，不容漠视"，① 故决定制颁《奖励职业学校职业学科教员进修暂行办法》。该"办法"规定：每年设甲、乙两种进修奖学金，名额计40名；本年度先就农、工两科职业学校实施；由教育部资助派送国内外专科以上学校毕业、曾继续担任公立或已立案的私立高、初级职业学校职业学科专任教员三年以上，且有所成绩者，至学校研究机关或事业机关进行为期半年或一年的进修；进修期满后，这些教员必须回原校服务至少两年的时间；若无故中途停止进修或不回原校服务者，须退还奖学金。同时，教育部还颁布了《津贴职业学校专科教员及导工薪给暂行办法》，

---

① 教育部：《第14045号训令》，载《浙江教育月刊》第3卷第1期，1940年7月。

规定自 1940 年至 1941 年，分别给予工、农科职业学校专科教员及导工和商科、家事科职业学校专科教员一定名额和数额的津贴。稍后，教育部在《国立职业学校职业科目教职员补助金办法》中又明确规定：职业学校教员薪俸较普通初、高中教员提高 30%—40%。

1941 年 6 月，为推进职业教育的发展，教育部又公布了《奖励农工商业团体办理职业学校、职业训练班及职业补习学校办法》（7 条），对农工商团体设立的职业学校、职业训练班或职业补习学校中成绩优良者给予补助或奖励，以用作充实设备、奖励教员之用。7 月，教育部颁布《职业学校校长教员参观考察办法》，要求职业学校的校长和教员要定期考察当地及附近产业资源、交通及工商业实际情形，参观本省生产事业试验推广机关工作实施情形，参观各地职业学校、职业补习学校及训练班教学设备情形，调查各地职业学校毕业生服务状况及产业界供求情形，以增进教学效能。

1943 年 4 月 9 日，"为奖助职业学校优良技术教员及导工使能安心服务起见"，教育部又决定对"公立及已立案之私立职业学校职业学科专任教员及实习工厂农场导工"进行奖助，规定本年度奖助名额：工科教员 220 名，农科教员 140 名，商科及家事科教员 80 名，医科教员 80 名，导工 210 名；奖助金额：专任教员每人每年 800 元，导工 400 元。[①]

10 月 12 日，教育部"为谋技术训练之推进，适应社会现况，安定职业学科教职员之服务，并罗致优秀技术师资起见"，又制定《国立职业学校职业科目教职员补助金办法》，规定：给予包括各职业学校和国立中学职业部校长、各主任、技术人员、职员及学科教员、导工在内的职业科目教职员月工资数的 20%—50%的补助金。[②] 而为了鼓励青少年报考职业学

[①] 教育部：《职业学校专科员工技术奖助金暂行办法》，载《教育部公报》第 15 卷第 4 期，1943 年 4 月。
[②] 教育部：《国立职业学校职业科目教职员补助金办法》，载《教育部公报》第 15 卷第 10 期，1943 年 10 月。

校，保证职业学校招生上的数量和质量，早在 1941 年，教育部就曾通令，各公立职业学校除一律免收学费外，公费生名额至少达总数的 30%；到 1944 年，又规定农、工、医科学生享受公费的比例为 80%，商科学生为 40%。

除此之外，教育部并令在一些师范学院附设职业师资科，招收专科学校毕业生，授以一年的专业训练；期满考试及格且经教育部复核无疑者，由院校授予毕业证书，并由教育部给予职业学校职业学科教员资格证明书。

二、编订教学指导文件，奖励教材编写出版

（一）教学指导文件的编订

自 1939 年 10 月 11 日制颁《高、初级农业职业学校各科教学科目及每周教学时数表》后，至 1940 年 3 月，教育部先后制定了高级职业学校农艺科的农具学课程标准一种；森林科的树木学、地质与土壤、造林学、森林保护、森林经理、森林管理及林业法规、行道树、林政学、森林利用学、林产制造学等课程标准十一种；畜牧科的家畜饲养学、畜产制造学、家畜鉴别学、家畜解剖学、家畜生理学、遗传学及家畜育种学等课程标准六种。高级农业职业学校计作物学（农艺、园艺、农产制造、畜牧四科适用）、动物学（农艺、蚕桑、畜牧三科适用）、气象学大意（农艺、园艺、蚕桑、森林四科适用）、农业土木大意（农艺、园艺两科适用）、土壤及肥料（农艺、园艺、畜牧、蚕桑四科适用）、农学大意（畜牧、蚕桑两科适用）、造林学、测量学、畜牧学九种，先行公布并转饬所属各公私立高级农业职业学校遵照执行。7 月，又制定了高级农业学校农艺科的农业经营学课程标准一种；园艺科的果树园艺学、蔬菜园艺学、造园学、园艺品利用等课程标准四种；蚕桑科的桑树病虫害学、养蚕学、栽桑学、制丝学、生丝检查、蚕业经营及蚕业法规等课程标准六种；高级农业职业学校各科共同适用的课程标准蚕桑学、园艺学和农业经济学三种。

此外，自教育部颁布《商业各科职业学校教学科目及每周教学时数表》后，1940年4月6日，教育部又颁发了"高级普通商业科、高级会计科、高级统计科、高级银行科、高级文书科、初级普通商业科、初级簿记科等的课程标准"，令各省遵照执行。

（二）教材编写出版的奖励

由于在全面抗战前，职业学校教科书普遍存在内容简单、范围狭窄等问题，而抗战全面爆发后，社会各界又多注重于宣传刊物的发行和战时读物等的出版，对教科书少有关心；加之，战争所造成的印刷困难、交通不便等因素，导致全面抗战最初几年中，职业学校教科书不仅奇缺，而且多有脱离社会实际之弊，不少职业学校甚至出现了教员无书可教、学生无书可读的窘状。因此，尽快编写出优秀的职教学科教科书，以解决职业学校不断增加与职教学科教科书数量紧缺、质量不良的矛盾，已是迫在眉睫。[①]

1940年，教育部组织"职业学校教科用书审查委员会"，将已出版的书籍或现时各校使用的讲义，予以审查付印；不久，又指定国立中央工业专科职业学校、同济大学附设高级工业职业学校和中华职业学校根据业已颁布的"课程标准"，分别编订有关工业各科的教科书；另外，设置"农业职业学校教科用书编辑委员会"，筹划农科教学用书。

1942年5月，教育部"为推进技术教育奖励研究编译及供给各类职业学校需用教材起见"，颁布了《奖励编译职业技术教材暂行办法》，对编译的高、初级职业学校和职业补习学校的教材，凡经教育部审查认为优良可用者，视编译教材的内容和需要情形，给予甲、乙、丙三种奖励金：甲种1000—3000元，乙种500—1000元，丙种100—500元；"凡各地职业学校教职员，生产建设技术及研究机关工作人员，大学、专科学校教授、讲师、高年级学生，以及其他对于某种技术有研究者，所自编或翻译之各种职业技术教材，均得适用本办法申请奖励"；"奖励编译之教材除作教本者

---

① 谢长法：《抗战时期及战后职业教育的演进》，载《教育与职业》2002年第7期。

外,并包括其他适于职业学校学生应用之参考书、手册、图表及教授挂图等类"。① 在这一奖励政策下,先后有农、工业技术教材数十种付梓,并编印了"职业指导丛刊",供中学及补习学校学生阅读,另出版了一批有关职业教育发展概况和技术指导的书籍。所有这些,都对职业教育的正常发展起到了积极的作用。

第四节 推行职业补习教育,加强建教合作实施

一、职业补习教育的推行

1938年4月,《战时各级教育实施方案纲要》规定,"为谋教育行政与国防及生产建设事业之沟通与合作,应实施建教合作办法,并尽量推行职业补习教育,使各种职业之各级干部人员均有充分之供给,俾生产机构,早日完成"。依此规定,1939年7月,教育部通令各省市推行职业补习教育,其具体实施办法仿照1936年教育部颁行的《各省市推行职业补习教育办法大纲》。需要指出的是,在抗战期间,职业补习教育的推行,不仅有赖于有关职业学校,也通过公私营企业、农场等来完成。

如前所述,在1941年6月,教育部曾颁布《奖励农工商业团体办理职业学校、职业训练班及职业补习学校办法》,对农工商业团体设立职业补习学校给予补助、奖励或褒奖。同年8月,教育部又会同农林部、经济部合颁了《公私营工厂矿场农场推行职业补习教育并利用设备供给职业学校学生实习办法纲要》,以谋增进工、矿、农各业职工的知识技能、工作效率,并改善其生活。该"纲要"规定,凡公私营工厂、矿场职工人数在500人以上,农场职工人数在300人以上,一年内应一律开设职业补习学校;人数在200人以上者,应督饬办理或联合数厂办理;人数在200人以

---

① 《奖励编译职业技术教材暂行办法》,载《安徽教育月刊》第2卷第5、6期,1942年12月。

下者,由附近的教育机关办理巡回职业补习班,定期分赴各厂(场)训练;各工厂、矿(农)场附设的职业补习学校或职业训练班,以教育本厂(场)职员艺徒为主,必要时,也可招收附近正从事或拟从事工、矿、农务的成人或青年学习。

除通过公、私营企业、农场等来实施职业补习教育外,教育部还限令、要求大学农工商等专科学校、职业学校利用原有的设备、人才,尽力办理各项职业补习教育。1943年7月,教育部又将原《补习学校规程》和《职业补习学校规程》合并成新的《补习学校规程》,规定:补习学校分普通和职业两种形式,各分初、中、高三级;补习学校每一学科教学总时数不得少于同级正式学校课程标准总时数的1/3,每科修业时间不得少于两个月。1944年4月,教育部又制定了《推行职业补习教育办法》(5条),令各省市开展职业补习教育宣传活动,要求各省市的公私立职业学校限期单独或联合举办职业补习教育;督促工厂、农场等附办或联办职业补习学校;并详细考察已设立的职业补习学校,予以调整、奖励或补助。同年,国民政府还正式颁布了《补习学校法》,这样,职业补习学校取得了和其他职业学校同等的地位。

二、建教合作的实施

在推行职业补习教育的同时,国民政府极力加强建教合作的组织与实施。早在1936年3月,教育部就曾颁布《职业学校与建设机关协作大纲》,鼓励建教合作,但实际运作效果却不佳。全面抗战爆发后,为了用生产技能补学校理论之不足,使理论与生产相联系,切实提高职业教育的质量,国民政府极力倡导、加强建教合作。在抗战时期,建教合作主要是通过中央建教合作委员会来组织和实施的。

为了对建教合作进行组织和领导,"促进教育与建设事业之联络,沟通供求需要,增加教育功能起见",1938年8月29日,教育部会同内政、军政、财政、经济、交通等部,及航空委员会,共同组成中央建教合作委员会，由教育部政务次长顾毓琇①任主任委员，吴俊升、顾树森、吴承洛、何清儒等 25 人为委员；12 月 8 日，中央建教合作委员会又设立"中央建教合作委员会专门技术工作咨询处"，简称"中央专门技术工作咨询处"；另成立由王文山、徐名材、吴承洛、吴俊升、钟道赞、黄龙先和顾树森等 7 人担任委员组成的中央建教合作委员会专门技术人员审查委员会，并要求省教育厅会同相应的行政产业机构，组成省一级的建教合作委员会，负责调查全国及各地所需专门人才的种类与数量，呈给教育部，以供职业学校等设立科系、选择教材、进行实习研究及筹划毕业生服务的重要参考。1941 年 1 月，教育部会同农林部共同商定了《农林技术机关与农林教育机关联系与合作办法大纲》《农林建教合作实施办法大纲》等建教合作文件；8 月，教育部又与农林部、经济部联合颁布了《公私营工厂矿场农场推行职业补习教育并利用设备供给职业学校学生实习办法大纲》，其中再次重申各公私营厂（场）应遵照 1936 年教育部颁发的《职业学校与建设机关协作大纲》的有关规定，给职业学校提供实习场所，加强合作。

在全面抗战时期的建教合作方面，中央建教合作委员会的领导产生了十分重要的作用。该委员会在顾毓琇的领导下，从 1938 年 11 月到 1941 年 9 月，计召开会议 16 次。在顾毓琇看来，"建教合作经纬万端，而其要不外促进建设与教育两方之联络：消极方面，研求如何袪除互不相谋各行其是之现象；积极方面，探讨事业与人才合理调节之方案，冀以树立最经济最有效之近代化行政，俾抗建大业之得早日观成"。② 正因为此，在中央建

---

① 顾毓琇（1902—2002），字一樵，江苏无锡人，我国近代著名的科学家和教育家，电机工程和航空工程的奠基人，同时，也是一位才华横溢的艺术家，我国现代话剧的先驱者之一。在百年的传奇人生中，顾毓琇于诸多领域均取得了非凡的成就。这其中，在近代中国，他矢志"科学救国""教育救国"，孜孜于教育追求，先后任教于浙江大学、中央大学、清华大学，并任教育部政务次长、中央大学校长、上海市教育局局长等职，对近代中国教育的发展作出了重要贡献。主要著作有：《中国科学化问题》《战时教育救济》《中国的文艺复兴》《战时教育的回忆》等。

② 顾毓琇：《〈三年来之建教合作〉引言》，见中央建教合作委员会编纂：《三年来之建教合作》，重庆 1941 年版。

教合作委员会所召开的历次会议通过的议案中，有关要求职业学校适应社会发展形势，以及加强与建设机关合作的议案占相当部分。主要的有：《在抗战建国时期内各职业学校之设科与训练方法应如何调整以谋切合需要案》《职业学校学生之实习应如何与国防及生产建设机关实行联络案》《各职业学校毕业生之服务应如何统制分配案》《陕甘宁青川康云贵桂各省推进农工职业教育计划案》《各级工业教育机关应与就近军需工业机关密切联络案》《各级农工教育应如何密切联系以增进效能案》《实施农工业建教合作以利生产案》《督促公营工厂利用设备训练技术人员案》《为增加生产改进职业请政府规定办法劝令国内公立私立各工厂农场尽力所能及利用设备供给实习以期增设职业教育机关养成大量技术人员适应国家需要案》《敦促各省市从速成立建教合作委员会及专门技术工作咨询处案》《增强中央与地方建教合作工作联系案》等。与此同时，一些省的建教合作委员会在成立后也制颁了有关的组织管理文件。如《江西省建教合作委员会组织规程》（1939年2月），《四川省建教合作委员会组织规程》（1939年4月），《贵州省建教合作委员会组织规程》（1939年6月），《浙江省建教合作委员会组织规程》（1939年7月），《甘肃省建教合作委员会组织规程》（1939年9月），《河北省建教合作委员会组织简则》（1941年2月），《察哈尔省建教合作委员会组织大纲》（1941年3月），《广西省建教合作委员会组织大纲》（1941年3月）。

全面抗战时期种种发展职业教育的措施，促使这一时期职业教育较之前发生了较大变化：内地一些省份的职业教育发展得到加强，职业学校的教学及实习设备得到充实，职业学校中农、工等科所占比重增大，私立职业学校数量增多，职业学校的学生入学水平也有所提高。表8-2是这一时期职业学校发展的基本情况。

表 8-2 1937—1945 年职业学校发展概况统计表

年度	学校数（单位：所）			班级数（单位：个）			学生数（单位：人）			教职员数（单位：人）		
	小计	高初合设	高级职校	初级职校	小计	高级职校	初级职校	小计	高级职校	初级职校	小计	高初合设	高级职校	初级职校

年度	小计	高初合设	高级职校	初级职校	小计	高级职校	初级职校	小计	高级职校	初级职校	小计	高初合设	高级职校	初级职校
1937	292	40	103	149	1206	471	735	31 592	12 337	19 255	4844	1329	1564	1951
1938	256	38	79	139	1240	549	691	31 897	13 480	18 417	4619	1124	1595	1900
1939	287	49	96	142	1313	608	705	38 977	17 287	21 690	4811	1057	1911	1843
1940	332	55	122	155	1568	784	784	47 503	21 543	25 960	6278	1477	2680	2121
1941	344	63	130	151	1709	875	834	51 557	24 264	27 293	6933	1737	3067	2129
1942	359	72	132	155	1988	1041	947	61 009	28 399	32 610	8159	2212	3504	2443
1943	384	78	147	159	2212	1133	1079	67 929	30 631	37 298	9057	2430	3997	2630
1944	424	92	175	157	2496	1349	1147	76 010	35 735	40 275	9811	2886	4427	2498
1945	576	146	229	201	3530	2022	1508	102 030	48 194	53 836	13 991	4654	6116	3221

资料来源：教育部教育年鉴编纂委员会编：《第二次中国教育年鉴》，上海商务印书馆 1948 年版，第十四编，"教育统计"第 33—42 页。

第九章　战后职业教育的演进

抗战胜利后，由于长期战争对中国造成了不可估量的巨大损失，如何在短期内使国家迅速恢复元气，尽快走上有序发展的轨道，是一个十分现实的问题。而当时，虽然建国之道千绪万端，但循以其序，又必须以人才为关键，"以教育为第一"，特别是职业教育更被人视为当时"建国之基础"。因此，国民政府教育部先后公布了一系列职业教育法令，采取了一些发展职业教育的措施，以规范、指导、促进职业教育的发展，加快经济建设人才的培养。在国民政府教育部的规范和一些教育团体的努力下，在抗战胜利后的初期，职业教育仍得到了一定的发展。

第一节　"建国以教育为第一""以职业教育为基础"

一、社会建设有赖于职业教育

虽然在战后，"建国必成"已是众口一词，但征诸事实，外货充斥，百业凋敝，民不聊生，"人民的灾害缺少救济，物资的损失未能补偿，经济的生活不能安定，交通的破坏未能恢复"。所有这些，都成为当时"建国的障碍"。[①]

[①] 何清儒：《战后中国的职业教育》，载《教育杂志》第32卷第1号，1947年7月。

那么，何以解决这些问题，扫除建国的障碍呢？无疑，首先是必须有大量的建设人才。据蒋介石《中国之命运》估计，在实业计划方面，战后最初十年，仅铁路、公路、空运、水利、机车、自动车、电力、矿冶、港埠、电信、商船、居室、纺织、化工食品、卫生、机械、印刷等部门所需的干部人才就达 2 705 500 人。所需的这大量人才，无疑对教育提出了巨大要求。所以，在战后建设中，国人多认为"建国以教育为第一"。但是，由于所需人才数量巨大，加之新的形势对人才提出了新的要求，仅仅依靠大学和专科学校不克胜任，因此，必须将发展职业教育置于极其重要的地位。通过职业教育，一方面培养所需的大量中级技术人才，一方面对战时遭到巨大破坏的基础较好的纺织、运输、采矿等在职人才加强训练；同时，加快培养因建设事业扩大所要求的诸多种类的新式急需人才。

总之，在战后，增加职业学校数量，扩大职业学校规模，以有效地开展社会建设，几乎成为人们的共识。就连哥伦比亚大学师范学院国际学会出版的1944年教育年鉴——《联合国战时教育改造》之"中国"章中也认为，在战后，中国教育无论采取何种政策，"必须特重手的训练，不可再如过去之重精神训练。换言之，职业教育必须扩展，如商科及各专科学校应大量增设"。①

二、职业学校的岌岌可危之境

（一）职业学校数量减少

战后，无数校舍成为一片瓦砾，满目疮痍。据教育部调查："苏、鲁、晋、豫、冀、粤、闽、湘、鄂、赣、皖、浙、桂、热、察、绥等十六省及京沪平津青岛五市，专科以上学校三十所，几全数遭受损毁；中等学校二千六百七十六所，损毁一千八百六十一；小（学）校廿万六千七百○四所，毁损十一万八千六百六十三所。复员期间，关于校舍之修建，设备之

---

① 杜维涛译：《中国战时教育之改造》，载《教育通讯》（复刊）第 2 卷第 1 期，1946 年 9 月。

补充，在在均需巨款。"① 就职业学校来说，虽然在战争期间有近五分之一迁入内地，免遭浩劫，但至 1944 年，全国的职业学校也仅有 370 所；1945 年 1 月，仅有 424 所。不仅如此，职业学校的学生人数也呈锐减之势。1945 年 1 月，全国职业学校的学生数为 76 010 人；② 而且，这些为数不多的学生在地域的分布上相当不均衡，一些原来处于沦陷区的省市及边远省份，学生人数尤少。据 1947 年 11 月《大公报》刊发的统计："全上海职业学校，已立案的有二十七校，有三千九百九十人，比全市二十四岁以下青年总数八十三万九千余人，每二百人中仅一个受职业教育训练。"③ 上海情况尚且如此，其他地区可想而知。如 1945 年，山东仅有省立职业学校 1 所 7 个班级，计 350 人；④ 1946 年，青海省仅设有西宁职业学校 1 所，共 7 班 168 名学生。⑤ 随着战争的结束，要求入学的学生人数激增，数量不敷的职业学校显然不能满足青年学生的入学要求，于是，必然形成一种"学荒"现象。

（二）职业学校质量堪忧

受长期战争的影响，在抗战胜利之初，大多数职业学校不仅校址无着，校舍无落，而且实习工场及设备也多随战火化为灰烬。虽然战时在大后方曾建立了一批职业学校，但这些学校的设置更多地乃属临时措施，且受经济条件的限制，大都因陋就简，勉力维持。因此，当时，就职业学校本身而言，办学经费短绌，优秀教师难聘，教科用书匮乏，学生程度低下。可以说，全面抗战前职业教育的短暂风光已荡然无存。下面有关 1946

---

① 《各地教育复员经费甚感困难》，载《教育通讯》（复刊）第 1 卷第 1 期，1946 年 3 月。

② 《全国中等学校最近统计》，载《教育通讯》（复刊）第 1 卷第 5 期，1946 年 5 月。

③ 转引自杨卫玉、孙运仁：《对于今后中国职业教育的建议》，载《教育杂志》第 33 卷第 3 号，1948 年 3 月。

④ 李之：《山东省教育复员概况》，载《教育通讯》（复刊）第 1 卷第 8 期，1946 年 6 月。

⑤ 《青海教育近况》，载《教育通讯》（复刊）第 1 卷第 6 期，1946 年 5 月。

年间浙江省职业教育的一则介绍,可使我们以见一斑:

> 省县立及私立职业学校为数无多,职业学校区迄未划定。现有学校为省立者六,县立者四,私立者九,计共十九校。
>
> 省立职校多无校舍,如杭州蚕丝织校之古荡原校舍,被毁一空,暂假西湖护国寺及黄龙洞为临时校舍。省立杭州高级工业职校,则暂借松木场弥陀寺及西湖郭庄为临时校舍,且在松木场之校舍,与军队争持,迄犹未决。省立宁波高级工业职校原在宁波之校舍,及省立高级商业职校原在杭州之校舍,均已片瓦不存,一则滞留临海之大田村,一则暂假杭州绸业会馆及弥勒寺为临时校舍。省立杭州高级医事职校,甫于二十九年在临海成立,现暂假杭州玉泉寺上课。以言各省立职业学校之设备,原有者在战后荡焉无存,新设者未有若何购置,职业学校云云,仅名义而已。
>
> 战前原有之省立杭州高级农业职校、省立金华农业实验职校及省立水产职业学校,均在停顿中。
>
> 私立大陆测量职校,战前成绩尚佳,战后杭州之校舍全毁,暂留金华待救济,幸大部珍贵设备,如经纬仪等,迄犹保全勿失。①

(三)职业学校学生"毕业即失业"的恐慌依然严重

战后,由于产业不发达,许多职业学校的学生毕业后无法在社会上谋得生计,长期以来存在的职业学校学生"毕业即失业"的恐慌依然十分严重。时任福建协和大学农业教育学系主任兼教务长的檀仁梅即对此批评道:"我国当前的教育在数量上既然不足,在内容上又是不合,真是糟之又糟。譬如一面在提倡职业教育,另一面职业学校的毕业生无出路。原定农业职业学校的毕业生应充中级农业干部人才,事实上既无中级农业干部

---

① 程宽正:《浙江省教育复员之现况》,载《教育通讯》(复刊)第1卷第11期,1946年8月。

的职业可就，又不予以充任农村小学教师的方便，结果职业学校的毕业等于失业，言之痛心。"① 而即便是少量的就业者，也往往学非所用。正如当时人们所评："商科毕业的，进银行、直接税局、货物税局……彼辈新出青菜淡饭之地，一跃此畸形权贵之门，耳濡目染，遂为恶劣之环境所同化，光头亮脚，乐而忘形；农业职校毕业之学生，相率转入农业机关之办事员，丧失青年自奋改良农业之实际生活，而终身为一个小小的非生产的'农官'。"②

三、有关战后职业教育发展的建议

抗战胜利后，针对当时社会及时代发展的要求，特别是国家建设的实际情况，众多的教育家和有识之士开始为职业教育的发展建言献策。

在有关的建议中，有的主张对职业教育作总的规划。如湖南省教育厅厅长王凤喈即建议：政府对战后的职业教育应作出一个"全盘计划"，该计划并宜于与全国实业发展计划相配合。他举例说："如某地拟设立某一类大规模之工厂，即应于该地设一该类大规模之职业学校，其实习工场以及指导实习的技师，均由厂方担任，庶收建教合一之效。而学生一切的费用，均由政府负担，并按其实习成绩，酌予补助其家用，以示政府提倡职业教育之至意。"③

有的主张中学教育必须兼顾职业教育问题。如时任中央大学心理研究所兼心理系主任的萧孝嵘即言，时下中等教育多半以升学为目标，"实在不适合于现实的情状"，应重新考虑这一目标的可行性，"至少在初级中学的阶段中就应当注意到职业教育的问题"。④

---

① 檀仁梅：《战后教育的展望》，载《教育杂志》第 32 卷第 2 号，1947 年 8 月。
② 欧元怀：《教育危言》，载《教育杂志》第 33 卷第 1 号，1948 年 1 月。
③ 王凤喈：《战后中国教育问题述要》，载《教育杂志》第 32 卷第 2 号，1947 年 8 月。
④ 萧孝嵘：《战后的教育建设与心理建设》，载《教育杂志》第 32 卷第 2 号，1947 年 8 月。

也有的主张加强建教合作。在他们看来,职业教育不仅是科学,也是技术,所以应该使职业教育真正与生产合一,甚至融于生产部门之中,这样的职业教育才是活的教育。如工业学科必须与工厂合作,或由学校附设工厂,或由工厂附设学校;农业学科必须有生产农场;商业学科必须有公司或银行供学生实习;医科则必须有附设的医院;等等。檀仁梅可谓是这种观点的代表。他认为,大量职业学校学生毕业后即失业的原因主要是"建教不配合":负责建设的人员宁可自办短期训练班,而负责教育者则不考虑所培养的人才是否适合社会的需要,为办教育而办教育,学生是否有出路则置之不顾。因此,他建议,今后的教育应多研究地方建设需要,"允许各省各县各乡各市按照实际的建设需要来兴办学校,政府只予以专门的指导,而不施以法令的束缚";否则,"职业教育尽管提倡,职业人才大量培植,而建设未兴,英雄无用武之地,徒多办职业学校有何益"?①

还有的建议要改革农工商各项职业教育,"使能确实替代中国固有的家族制及徒弟制的职业训练,使每一个学生,为个人为社会都有很好的出路"。②

更有的着眼于改良职业教育本身,超越狭隘的学校化形式,强调"使职业教育社会化",利用各种各样的方式向广大民众进行广泛的职业教育。如时任中华职业教育社总干事杨卫玉和中华职业教育社专任研究员孙运仁就这样说:我国职业教育提倡推行了几十年,但一般民众的职业生活并没有得到改进,虽然政治、经济等是根本原因,但职业教育不能深入民间,也是其中重要的影响因素。因此,他们建议,今后职业教育应扩大范围,从小学到大学都应该职业教育化,"打破普通教育与职业教育的分野与对立,使职业教育的实施不局限特别划出的一隅而融化到全部教育领域中去";同时,为了改进国民职业素质,必须"特别加强"职业指导事业,

---

① 檀仁梅:《战后教育的展望》,载《教育杂志》第32卷第2号,1947年8月。
② 刘百川:《学生的来路与去路》,载《教育通讯》(复刊)第2卷第4期,1946年10月。

除"专设的职业指导所外,如民众教育馆等社教机关亦应设置职业指导部"。①

在战后对职业教育发展和改革所提的建议中,中华职业教育社副总干事兼职业教育研究所所长何清儒的意见很有代表性。1947年7月,他在《战后中国的职业教育》中,提出了自己独特的看法。②

首先,关于职业教育应取的方针:

第一,"增加职业学校种类数量"。因为随着战后建设事业类别增多,范围扩大,所需的人才种类和数量也必然大增,而原有为数不多的职业学校在战时因战事破坏,或停办,或缩减规模,若"以减少数量的职业学校,应付增加的需要,如何能配合?所以不但原有的数量要恢复,并且要尽量地增设校数,多添科目,无论政府、团体或私人,都要努力"。

第二,"扩大职业补习教育的范围"。鉴于战后大批建设人才不能依靠"长期培养"而需赖于"短期训练"的现实状况,何清儒提出,必须"利用短期的训练应付急切的需要"。在他看来,"职业补习教育即是有伸缩性的简短训练"。考虑到以往施行的职业补习教育范围过狭,他建议,战后的职业补习教育,应尽量按照时代的需要,增设科目、种类,如金工、木工、机械、电器、汽车修理、无线电、纺织等。

第三,"提倡在职职业训练实施"。这主要是考虑到,在战后,大量的专门建设人才需要补充,技术需要改进和训练。在何清儒看来,虽然这种训练的责任应由各种事业机关承担,"但是关于实施的组织,以及教材教法的研究,还是在职业教育范围以内",故而,"负责职业教育的,对于这种职业训练,应尽量提倡"。

第四,"推广职业指导介绍工作"。何清儒说,在战后,由于就业和转

---

① 杨卫玉、孙运仁:《对于今后中国职业教育的建议》,载《教育杂志》第33卷第3号,1948年3月。
② 何清儒:《战后中国的职业教育》,载《教育杂志》第32卷第1号,1947年7月。

业问题特别严重，职业指导工作尤显重要，而且，只有"指导与介绍工作同训练工作并进，才能增进训练的应用效率"，所以，无论是在职业训练以前和以后，"都应施行个别的职业指导，以促进个人的福利，增加工作效率"。

其次，关于职业教育成功的条件：

第一，"技术的研究"。因为职业教育是专门教育，如何选取学生，编制教材，教授学习，都需要技术，且应根据职业的种类性质有所不同，"没有科学的研究，不可能有可靠的根据"，自然也不可能收到良好的效果。因此，何清儒提出，战后的职业教育，应该加强对于职业的调查分析，教材的搜集编辑，教法的研究试验，以及测验的编制试行等方面的研究。

第二，"人才的训练"。由于职业教育是一种专门的教育，实施职业教育非普通人才所能胜任。"负责职业教育行政的，必须明了职业教育的原理；担任职业教育教学的，必须对所教授的学科，在理论与技术上，有切实的训练；实施职业指导的，对于职业心理及职业内容，要有充足的知识。"有鉴于此，何清儒建议："战后的高等教育机关，或学术团体，对于职业教育的人才，应加紧补充。"

第三，"物质的充实"。因为职业教育不仅需要日常的经费开支，而且"在教学上，需要各种科目的实习设备，在指导上需要各种性能的测验工具"，因此，在战后，政府和私人应集中更多的财力来发展职业教育。

第二节　战后职业教育的发展概况

在战后，国民政府及教育部发展职业教育的举措可谓甚多。举凡恢复、增设国立职业学校；由各级职业学校大量举办农、工、医各科职业班以培养中级建设人才；举办农、工、商、医各种短期训练班；拨款补助充实各职业学校的教学实习设备；与经济部会商订颁《工业职业学校利用工厂实习办法》；令饬国立编译馆编辑职业学校教材；令电驻外各大使请尽量搜集新近各国所出版的技术教材和规章法令；鼓励实业、职业团体或私人创设职业学校；重视发展护士助产职业教育等，而其中，又以以下三个方面为要。

一、恢复、增设国立职业学校

在全面抗战期间，鉴于中东部一些省市先后沦陷，且当时省教育经费尚未由国民政府统筹，若由某省负他省学生教育之责，殊多困难，因此，先后由教育部设立五十余所国立中等学校作为保存国家中等教育元气、鼓励员生内迁的一种临时性措施。

抗战胜利后，对于国立中等学校的处理乃是十分急切的问题。经教育部提请教育善后委员会议议决：国立中等学校之复员，按照《修正国立中学暂行规程》的规定，仍以交由原在省份办理为原则；其设于后方省份者，为充实后方省份教育计，即交由原在省份办理；其有特殊情形者，暂仍国立，另由教育部决定设校地点；边远省份，为人力财力所限，一时不能多设优良中学，原设之国立中学，仍暂继续办理；国立职业学校及师范学校，因实验关系及环境需要，分别仍留在原省或迁至适当省份继续办理，暂仍国立；国立中等学校员生愿还乡者，概予以还乡及受教之便利。根据以上决议，经研究，在抗战胜利之初，在继续设立绥远中学、湟川中学、河西中学等七所国立中学和国立成达师范、国立陇东师范等四所国立师范的同时，鉴于战后对职业学校需求的增多和发展职业教育的呼声日高，教育部决定在恢复发展原有国立职业学校的同时，在主要地区增设国立职业学校，以树立示范，保障建设人才的培养。

（一）恢复国立职业学校

1945年9月，教育部在重庆江北设国立高级农业职业学校。1946年1月1日，国立海事职业学校于武昌成立，由刘开坤任校长，学校设驾驶、轮机、港埠管理等科，以解决复员时期海事人员极度缺乏的问题。1946年初，又恢复抗战期间业已停办的国立北平高级助产职业学校，改称国立北平第一助产职业学校（1947年1月9日，教育部令该校改为原名国立北平高级助产职业学校）。同时，于北平恢复国立北平高级工业职业学校，派留欧博士陈光熙为校长，学校设机械、电机、矿冶三科，以培养并开发华北所需的大量工业人才。8月，鉴于国立高级农业职业学校原校址"因陋就简，尚少基础"，乃利用江苏士绅所捐平原沃地四千亩将该校迁设南通，"作永久完整之建设，藉谋培养机械化科学化农业工作之技术人才，并作改进各省农业职业教育之示范设施"，①且改名为"国立南通高级农业职业学校"。这样，在1946年，继续设立的国立职业学校计有：中央工业专科职业学校、中央高级助产职业学校、西南中山高级工业职业学校、中央高级护士职业学校、国立南通高级农业职业学校和海事职业学校等。

（二）增设国立职业学校

在恢复、整顿、重建原有国立职业学校的同时，教育部又设立了一批新的国立职业学校。

1946年，考虑到战时在四川、江西等地筹设的两所国立造纸印刷科职业学校设备简陋，而印刷事业又与教育文化关系至巨，于是，教育部决定在南京另行筹设国立高级印刷职业学校一所（1947年3月成立），初设印刷及照相制版的两科；本年秋，为谋推进蚕丝职业教育起见，又在浙江吴兴设立国立湖州高级蚕丝职业学校；同年，又以前上海中法国立工学院院址及其设备为基础，筹设国立上海高级机械科职业学校，由夏述虞为校长。② 1947年，教育部鉴于"水产教育不但为造就渔业生产技术人才之设施，且有培养水上操作人员、防御敌人侵渔、维护海权之重要作用"，故

---

① 《最近职业教育重要设施》，载《教育通讯》（复刊）第1卷第5期，1946年5月。

② 《教部在上海筹设高级机械科职业学校》，载《教育与职业》第201期，1946年12月。

决定于上海吴淞创设国立高级水产职业学校;①"鉴于陶瓷为我国特产,而水泥与玻璃尤为现代建设及电气化工之重要材料,为谋增培此项技术人员计",决定设立高级窑业职业学校,② 1947 年秋开始招生。

随着国立职业学校的恢复,特别是国立职业学校的增设,在战后的最初几年,国立职业学校增长迅速。据教育部统计,在 1946 学年第一学期,国立职业学校计 32 所(含国立边疆职业学校 7 所和国立专科以上学校附设职业学校 13 所)。其中,国立高级职业学校达 28 所,计 191 个班级,有教职员 978 人,学生 4811 人;国立初级职业学校 4 所,计 31 个班级,有教职员 149 人,学生 892 人。③ 而在 1946 学年第二学期的 33 所国立职业学校中,高级职业学校计 27 所 192 班,教职员 890 人,学生 4687 人。其中,高级农业职业学校 5 所 33 班,教职员 198 人,学生 780 人;高级工业职业学校 9 所 92 班,教职员 314 人,学生 2813 人;海事职业学校 1 所 4 班,教职员 47 人,学生 160 人;高级医事职业学校 12 所 58 班,教职员 298 人,学生 845 人;其他 5 班,教职员 33 人,学生 89 人。初级职业学校计 6 所 27 班,教职员 130 人,学生 744 人。其中,农业职业学校 6 所 18 班,教职员 130 人,学生 513 人;工业班级 6 个,学生 169 人;医事班级 2 个,学生 44 人;其他班级 1 个,学生 18 人。④

在大力创设职业学校的同时,有鉴于国立职业学校在培养技术人才、担负研究实验任务方面有重要的示范作用,教育部为使各国立职业学校真正起到楷模作用,1947 年 10 月,颁布《提示国立各职业学校应行注意之点》。其中特别提出:"新生入学后,应特加训练,使之认识职校之旨趣与

---

① 《国立高级水产职业学校积极筹备中》,载《教育通讯》(复刊)第 2 卷第 12 期,1947 年 2 月。
② 《派郑仁筹设国立高级窑业职校》,载《教育通讯》(复刊)第 2 卷第 12 期,1947 年 2 月。
③ 教育部统计处:《三十五年度第一学期国立中等学校概况》,载《教育通讯》(复刊)第 4 卷第 7 期,1947 年 12 月。
④ 《国立中等学校概况》,载《教育通讯》(复刊)第 4 卷第 10 期,1948 年 1 月。

将来之责任";"课程应遵照规定办理,教学进度及授课实况等,应有详细记录,备作考核";"学生课业练习,如教学练习、制图等,应切实按期详加评阅";"学生实习工作,应照规定进行,不得藉词减少或停顿";"平时训练中,对于培养服务精神一点,尤应特予注意";"工作成绩物品等,应规划酌予举行展览,或供校内之观摩,或为联系及策进地方其他职校暨产业界之活动。附近大规模之场厂等,并应酌量介绍,指导学生前往参观考察";"实习设备,应善为保管运用,并应规划办理生产工作,将计划专案报核"。①

此外,在战后,不少国立高等学校还附设开办了职业学校或职业科,其中主要有:国立同济大学医学院附设高级护士职业学校,国立河南大学附设高级护士职业学校,国立山东大学附设高级护士职业学校,国立江苏医学院附设高级护士职业学校,国立上海医学院附设高级护士职业学校,国立贵阳医学院附设高级护士助产职业学校,国立沈阳医学院附设高级护士助产职业学校,国立河南大学附设高级助产职业学校,国立药学专科学校附设高级药剂职业科,国立高级戏剧专科学校附设职业科,国立中央大学附设医事检验职业科,国立同济大学医学院附设医事检验职业科,国立上海医学院附设检验职业科。

二、增设地方职业学校,发展地方职业教育

(一)各省市的发展措施

由于各省市原有的职业学校在战时多遭破坏,教育部乃决定筹拨专款,按各省市的实际需要,多则五六千万元,少则一两千万元,予以补助,以推进各地职业学校迅速复员,或作为增设新的职业学校之用。如

---

① 《最近教育动态:职教 边教》,载《中华教育界》(复刊)第1卷第11期,1947年11月。

1946年，教育部拨发给广东省用以充实职业学校设备的费用为两千两百万元。①

不过，值得指出的是，教育部在颁发有关命令时，常常会考虑到各地的具体情况，提出有针对性的建议。如1946年11月，教育部曾督促浙江省除恢复原有的水产职业学校外，并饬迅速着手筹办应用化学、纺织、造纸、海事及家事等职业学校。对南京市，则要求其在近期内筹设办理建筑、土木二科及机械、电机二科的工业职业学校各1所，办理会计、统计、文书等科的商业职业学校1所，办理园艺及农产制造等科的农业职业学校1所，办理普通家事科及缝纫、刺绣等科的家事职业学校1所。对上海市，鉴于其为远东巨埠，船舶工业至为重要，故要求迅速设法就现有造船厂及船坞内筹设船工科职业学校1所；将原有的工业职业学校优先予以扩充，土木及纺织二科分设两校；设立护士助产职业学校，并密切与市立医院的联系。

在教育部的建议下，不少省份对职业学校的复员表现出积极的态度。如浙江省专门组织推广职业教育委员会，着手办理相关事宜。江西省按照省内各地实际情形及地方特产情况，决定不同种类职业学校的设置地点；并暂定：每一行政区各设农业及医科职业学校一所，工业职业学校则就赣东、西、南、北、中各设1所，商业及家事职业学校，设于省会，海事水产职业学校，则就九江、湖口间设立。西康省为发展职业教育起见，特将全省划分为六个职教区。台湾省自光复后职业教育就得以逐步发展，在1946年下半学期，各职业学校均已照常招生。上海市教育局决定，1947年中等教育方面的中心工作是扩充职业教育，决定增设高级护士职业学校、船工职业学校、水产职业学校、农业职业学校、中等商业学校等6所。湖南省有鉴于"本省公私立各职业学校战时损失至为惨重，各校实习设备

---

① 本刊特约通讯员：《三十五年度之广东教育》，载《教育通讯》（复刊）第3卷第1期，1947年3月。

大多破坏无余,又各校实习消耗费预算亦过于短绌,不足以供实习之用,以故各校对于实习教学甚少成绩,此种情形若不力加改善,将见职业教育徒托空谈,影响建国工作至深且巨",故特拟定了《加强省属公私立中等职业学校实习办法》,决定由省政府予以补助省县(市)立各职业学校和私立各职业学校所需实习费,规定从1947年起,分期充实各中等职业学校的实习设备,到1950年,各校实习设备均应达到部颁各类职业学校设备标准。湖南省的此项办法受到了教育部的肯定,教育部认为"各省市职业学校实习事宜虽经一再督促,大部分以设备及实习材料等仍多欠缺,致未易推进",故特将湖南省的"办法"抄发各省,令各省市参酌办理。[1]

(二) 教育部的宏观推进

教育部在饬令各省市职业教育复员、增设职业学校的同时,也采取多种措施从宏观上严密督促、规范、指导各省市职业教育的推进,以保证各地的职业教育真正得到发展。

如1946年11月21日,教育部电令各省(市)教育厅(局),职业教育在培养国防及经济建设技术人才、发展民生中至为重要,为谋今后加强推行、切实办理起见,应迅将"三十六年度各该省市职业教育推行及改进计划妥拟,连同本年职业教育设施概况及三十六年度预定各类职业学校增校增班计划等……于本年底前专案呈部核夺为要"。[2] 是月,教育部又要求各省市将1946年间所受教育部补助恢复及充实的公私立职业学校的办理情形,拟定表式,详细具报,俾凭考核;"其中特注意于厅局转拨款日期,及各地领款后是否迅速办理"。1947年10月30日,教育部又订定《卅七年度各省市教育工作计划编制要点》,颁发各省市教育厅(局),要求迅行编订1948年教育工作计划暨经费预算,限半个月内呈教育部并分报本省

---

[1] 教育部:《抄发湖南省加强省属公私立中等职业学校实习办法仰参酌办理》,载《教育部公报》第19卷第3期,1947年3月。
[2] 教育部:《电令拟定卅六年度职业教育推行及改进计划呈核》,载《教育部公报》第18卷第11、12期,1946年12月。

（市）政府。在"编制要点"的有关"职业教育"方面，要求："按照职教分区增设各类职业学校及班级，增培经济建设人才，并督促各县筹设初级实用职业学校，推行职业补习教育"；"策动实业机关及职业团体举办职业学校或职业训练班，并增设班级培养各项建设人才"；"充实各职业学校教学实习设备并增进教学实习效率"；"提高职业技术师资薪津，改善职业生公费待遇，加强建教合作，以谋学生实习服务就业之便利，并谋整个职教之开展"。①

与此同时，教育部为加强及改进各省农业职业教育，又颁发了《各省市改进农业教育要点》（10 条），其中规定：农业职业学校"以造就现代农业生产技术人才及农业经营与推广人才为目标"；各省市要按照需要缓急程度，设置农业职业学校，订定分期分年调整及设校计划；各厅局应订定有效办法，对各农业职业学校的教学实习设备宽筹经费；等等。② 鉴于众多学校均未能依照以前颁发的农业职业学校最低设备标准办理，教育部特将以前订定的"设备标准"重行抄发，并新制定了《推行农业教育注意事项》（6 条），令各省市遵办。其中要求各省市详细调查辖境内公私立各农业职业学校现有设备情形，并依照各校现状，拟定分期充实完成最低需要教学实习设备办法；与建设行政机关及研究机关洽商，统筹供发种子私畜苗木等，藉充各农校实习农场之用。③

此外，教育部在颁令给予地方职业教育发展以指导、规范的同时，还派出视察人员，赴各地实地考察，一方面供教育部宏观决策、推进各省职业教育参考，一方面冀发现各地实施中的问题，以提出建设性的改进意见。如 1947 年，教育部督学在视察了贵州省的教育情形后，认为该省"职

---

① 教育部：《卅七年度各省市教育工作计划编制要点》，载《教育部公报》第 19 卷第 11 期，1947 年 11 月。
② 《教部颁布各省市改进农业教育要点》，载《教育与职业》第 203 期，1947 年 12 月。
③ 《农校设备最低标准教部订颁注意事项》，载《教育与职业》第 203 期，1947 年 12 月。

业学校数量太少，设备亦欠完善，亟应设法予以扩充"。① 视察甘肃省后，认为省立高级助产职业学校"图书仪器及产科器械设备尚欠充实，应予拨款购置；该校校舍教室狭小，产院拥挤，饭堂厕所相连，应予扩充并加改善；初中一、二年级班级应予结束，改办高级助产班级"。省立兰州农业职业学校"农场设备应加充实，造林工作亦须积极注意；各科学生有每班仅三人者，殊不经济，应予设法改善；各科教学时数编排尚欠合理；各种簿册尚欠完备，应予改进"。私立西北护士职业学校"未能按时开学，一切设施过于简陋；校舍设备应加充实，并筹足固定基金，以符法令；校务方面应设教导主任一人，协助校长，以增效能"。② 视察广西省后，认为"各职业学校事业费过少，应予设法增拨，并令利用设备增加生产以补助实习费用之不足"。③ 视察安徽省后，认为省立芜湖高级商业职业学校"管训严密，办理尚有成绩，惟设备欠缺，无打字机，应予设法充实"；芜湖私立内思职业学校"机械设备尚充实，惟组织编制悉应遵照《职业学校规程》办理，校长应有实际权责，不能徒负名义"。④

进入1948年后，教育部对于职业教育的宏观推进措施进一步加强。

1月，教育部颁行发展中等教育的整个计划，其中对职业学校作出如下规定："（一）各省市职业学校区未划分者应迅速划定，过去因战事影响临时划分，需要调整者，应迅予调整。（二）各省市设置职业教育科目，除遵照《中国之命运》中指示需要者外，并大量设置有关生活补习教育之各种职业班（如缝纫、理发、木工等），最低限度达到训练已受毕国民教

---

① 教育部：《令贵州省教育厅：据本部督学呈报卅六年上期视察该省教育情形合将应行改进各点仰切实遵办由》，载《教育部公报》第20卷第2期，1948年2月。
② 教育部：《令甘肃省教育厅：据本部督学呈送视察该省教育报告合将应行改进各点令饬遵办由》，载《教育部公报》第20卷第2期，1948年2月。
③ 教育部：《令广西省教育厅：据本部督学呈报视察该省教育情形令将应行改进及奖惩事项切实遵办由》，载《教育部公报》第20卷第2期，1948年2月。
④ 教育部：《令安徽省教育厅：据本部督学呈报视察该省教育情形令将应行改进奖惩事项遵照办理由》，载《教育部公报》第20卷第2期，1948年2月。

育数量之百分之十。（三）各省市无职业学校区，应就各该区生产情形，设立配合产业所需各种科目之初高级职业学校。（四）各省市应督促县市设置初级实用职业学校，并策动规模较大之公私营工厂、农场、商业同业公会，设立职业校班。（五）全国职业学校设校增班之程序，为配合师资培养及经济情况，应于五年内拟增加职业学校班级一万班，每班以五十人计，约训练受职业教育学生五十万名。"①

3月，为"推进中等职业教育，培养中级技术人才适应建国需要"，教育部特制定了《推进中等职业学校计划》（12条），其中规定：中等职业学校的教育"以培养经济建设人才，实行民生主义，发展地方产业，完成国民经济建设为目标"；中等职业教育分农业、工业、商业、海事、医事、家事六大类，每类中再按需要分科办理；中等职业学校的设置依照各省市内职业、物产、交通、文化情形划分职业学校区，分区设置所需要的各类职业学校；各省市应订定分年或分期筹设职业学校计划；普遍策动奖励实业机关或职业团体办理职业学校或职业训练班；"中央在主要地区设置各类国立职业学校，作为推行策动之机构"；"积极编著各种职业技术教材，包含教本、参考书、挂图、手册等"；"积极充实各职业学校教学实习设备"；举办职业技术师资训练；改善职业学校学生的待遇；举行职业学校成绩展览会；举行国内职业界实况之调查；"加强建教合作"；等等。②

7月19日，教育部通饬各省对于职业教育经费应切实依照规定标准比率办理。原文略谓："本部于二十二年（按：1933年）颁行《各省市中等学校设置及经费支配办法标准》，内规定职业学校经费，不得低于总额35%……今后中等学校教育经费，仍应依照前颁比率标准办理"；并向即将召开的国民大会提案议决"扩充职业学校，增加职业教育经费"，"提出

---

① 《发展全国中等教育，教部颁行整个计划》，载《四川教育通讯》第34期，1948年2月。
② 教育部：《推进中等职业学校计划》，载《教育通讯》（复刊）第5卷第2期，1948年3月。

相当数字指为扩充职业教育之专款,绝对不得变相移用"。①

9月27日,教育部又颁发了《中等以上学校经费标准表》,其中规定:高级农业职业学校的开办费为五万元,每年经常费三万元;高级工业职业学校的开办费为八万元,每年经常费四万元;高级商业职业学校的开办费为四万元,每年经常费二万元;家事学校的开办费为四万五千元,每年经常费二万元;"高级护士职业学校及高级助产职业学校开办费及每年经常费,比照家事学校办理"。②

抗战后教育部对职业教育采取的种种宏观推进措施,无疑表明了当时教育部规范、发展职业教育的决心。但由于国民党政府的腐朽统治,加之它的很快灭亡,使得这些措施大多未及实施,因此所起的作用极其有限。

三、鼓励、保障私立职业学校的创设与发展

(一)鼓励私立职业学校的创设

1946年4月3日,教育部"为谋推广培养中级经济建设人才,策动实业机关或职业团体办理职业学校或职业训练班起见",特制定《实业机关或职业团体办理职业学校或职业训练班奖励办法》,规定实业机关或职业团体办理职业学校或职业训练班,可依照教育部颁行的《修正职业学校规程》《短期职业训练班实施办法》及其他有关教育法令办理;其所办理的职业学校,可称为"某某机关或团体附设高级或初级某科(或某业)职业学校",职业训练班可称为"某某机关或团体某某职业训练班"。若实业机关或职业团体办理职业学校或职业训练班获准教育部备案设立,将由教育部派员视察;若成绩优良,可获得以下一项或数项奖励:"一、核给补助费;二、核给教职员奖助金;三、核给学生公费名额;四、核发经费指办

---

① 教育部:《电饬对于职业教育经费应切实依照前颁标准比率办理由》,载《教育部公报》第20卷第8期,1948年8月。

② 教育部:《中等以上学校经费标准表》,载《教育通讯》(复刊)第6卷第4期,1948年10月。

职业班级；五、奖励其机关团体主管人员。"① 同时，教育部还颁发了《省市实业机关及职业团体调查表》，要求各省市注明有关农、工、医、海事等方面之机关团体业务概况，并写明其主要设备及技术人员概况，是否举办过职业校（班），最近有无举办职业校（班）的规划，等等；10月25日，鉴于一些省市的"调查表"或未填送，或"填送内容亦多略而不详，而于策动附办职业学校或职业训练班一点则更少成果"，故教育部遵照行政院关于"经建人才之培养应继续加紧推进"的饬令，再次通令各省市"所有前颁机关团体奖励办法自应切实推行"，"详为规划办理"，并将1946年度的办理情况于1947年1月底报送教育部审核。

1947年7月9日，教育部为促进并简化私立职业学校的备案手续起见，又颁布《私立职业学校立案备案补充办法》（6条），以奖励各省市创设私立职业学校。该办法规定，今后凡创设各种私立职业学校，除依法先呈准董事会立案及依照《私立学校规程》办理外，并得依照该项"补充办法"请求从宽核准。"补充办法"计有六项："（一）利用医院旧校舍校具及教学实习设备者，准予折价，无庸另筹建筑设备基金；（二）合理之教会、公会、医院、工厂、农场负担学校经常费者，准减低其应具经常费现款金额之半数；（三）私立职校基金，以存入国家银行为原则；（四）战前已办立案备案手续，战时未向敌伪政府备案者，不必重办立案手续；（五）已开办尚未立案备案者，准将校董会及学校立案备案表册同时呈核；（六）尚未立案各校，应即转饬一律限制三十六年底前办理立案手续。"②

在以上"办法"和要求规范下，不少相关机构开始办理职业学校。如1947年，广州中央医院附设护士职业学校，中国工程师学会广州分会举办天佑高级工业职业学校；1948年，重庆兵工厂办理一年职业学校，徐州华

---

① 教育部：《实业机关或职业团体办理职业学校或职业训练班奖励办法》，载《教育部公报》第18卷第4期，1946年4月。
② 《最近教育动态：职教 侨教 边教》，载《中华教育界》（复刊）第1卷第9期，1947年9月。

安煤矿公司附设初级工业职业学校；等等。

（二）保障私立职业学校的发展

在鼓励私立职业学校创设的同时，教育部还不时加强对私立职业学校的管理。这其中，规定私立职业学校的设校经费以限制滥设、防止流弊，是最为重要的一个方面。

1947年2月5日，鉴于"近年以来物价高涨，经费情形变动甚剧，机关学校各项经费均有增加，而私立各级学校之开办及经常各费迄未另定数额，致各级教育行政机关审核私立学校立案时标准不一，疑难丛生"，教育部特按照经济情形订定《中等以上学校开办费及每年经常费最低数额表》，规定高级农业、工业、商业职业学校及家事学校的开办费分别为：两亿元、两亿三千万元、一亿三千万元和一亿八千万元；每年经常费为：一亿二千万元、一亿六千万元、八千万元和八千万元。[①] 1947年10月，随着物价迅速上涨，原定的最低经费保障标准已经失去意义，故教育部重新规定了私立职业学校的设校经费标准额度。其中，高级农业、工业、商业职业学校及家事学校的开办费分别为：五亿元、八亿元、四亿元和四亿五千万元；每年经常费为：三亿元、四亿元、二亿元和二亿元。[②] 然而，又不及半年，在1948年3月，由于物价继续飞涨，教育部再次修正了"私立中等以上学校开办费及每年经常费最低数额"，规定高级农业、工业、商业职业学校及家事学校的开办费分别为：五十亿元、八十亿元、四十亿元和四十五亿元；每年经常费为：三十亿元、四十亿元、二十亿元和二十亿元；并要求"高级护士职业学校及高级助产职业学校开办费及每年经常费比照家事学校办理"。[③] 8月，鉴于私立初级职业学校办学经费向无规定，

---

① 教育部：《令发中等以上学校开办费及每年经常费最低数额表》，载《教育部公报》第19卷第2期，1947年2月。

② 《私立学校设校经费提高》，载《教育通讯》（复刊）第4卷第5期，1947年11月。

③ 《私立中等以上学校开办费及经常费提高十万倍》，载《教育通讯》（复刊）第5卷第4期，1948年4月。

致使办学及视察双方均有未便之处，教育部乃通令各省市：私立初级职业学校的开办费及经常费标准比照私立初中办理，即建筑费二十亿，设备费十五亿，每年经常费二十亿；如属工业、农业两类职业学校，则其附属的工厂、农场设备及开办费另加，应达到高级职校的三分之二。①

以上有关对私立职业学校办学经费的规定，无疑在一定程度上反映了教育部对私立职业学校管理的决心。但是，自1948年6月份，由于"物价指数已超过（战前的）百余万倍"，所以，这些管理规定对保障私立职业学校发展所起的作用实际上十分有限。

战后所采取的有关保障职业教育的措施，使职业教育得到了一定程度的发展。据统计，1945年，职业学校为576所，1946年则增至724所；学生数量也由102 030人增至137 040人。不过，需要指出的是，战后职业学校之所以短期内在数量上有较大增加，与沦陷区一些职业学校的恢复及东北三省收复暨台湾光复后，大批职业训练场所改设为职业学校有相当关系。特别是，由于国民党挑起新的内战，1947年后，国民政府已风雨飘摇，一些职业教育法令和措施根本未及施行。所以，对抗战后职业教育的"回光返照"，应予以清醒、客观、理智地认识和分析。

---

① 《私立初级职校经费比照私立初中标准》，载《教育通讯》（复刊）第6卷第1期，1948年9月。

第十章　中华职业教育社与职业教育

作为近代中国第一个倡导、宣传、研究、实践职业教育的全国性的教育团体，中华职业教育社在整个民国时期，特别是在抗日战争全面爆发前的 20 年间，其同仁团结一致，怀抱"教育救国""职教救国"的信念，致力于介绍西方职业教育的经验，探索职业教育的相关理论，寻求中国职业教育发展的模式，开展职业指导运动，有力地推进了职业教育近代化的发展。①

第一节　中华职业教育社的成立与中华职业学校的创办

一、中华职业教育社的成立

在第四章曾述及，早在菲律宾考察期间，黄炎培等人就开始筹备中华职业教育社的成立事宜。考察回国后，鉴于条件已经成熟，1917 年 5 月 6 日，"中华职业教育社"成立大会于上海西门外林荫路江苏省教育会召开，并暂借江苏省教育会会所为社址。参与发起者除来自教育界的黄炎培、蔡元培、严修、范源濂、袁希涛、陈宝泉、张伯苓、周诒春、蒋维乔、邓萃英、顾树森、郭秉文等个中翘楚外，还有来自实业界、出版界乃至政界的

---

①　开展职业指导运动是职教社所推行的职业教育事业的一项重要内容，关于职教社在近代中国对职业指导的宣传、研究和推行，将在第十二章阐述，本章不赘。

著名人士，像伍廷芳、唐绍仪、汤化龙、王正廷、张元济、陆费逵、史量才、穆藕初、余日章，以及尚在美留学的蒋梦麟等，计48人。虽然他们所受教育背景不同，甚至学术思想也有分歧，但却对职业教育怀有共同的情结、期盼和希冀。7月15日和7月20日，《东方杂志》第14卷第7号和《教育杂志》第9卷第7号先后刊发了其中44名发起人共同署名的《中华职业教育社宣言书》及"组织大纲"（"章程"）。

在职教社同仁看来："本社之立，同人鉴于方今吾国最重要最困难问题，无过于生计；根本解决，惟有沟通教育与职业。同人认此为救国家救社会唯一方法，故于本社之立，矢愿相与终始之。"因此，"宣言书"中特规定，职教社以"推广职业教育""改良职业教育""改良普通教育，为适于职业之准备"为目的，规定其所办事业有：调查，研究，劝导，指示，讲演，出版，表扬，通讯答问，设立职业学校，设立教育博物院，组织职业介绍部。其中，"调查"包括调查现行教育及职业界的状况；调查社会各业供求及学校毕业生的状况；调查各地已办职业教育的状况。"劝导"是指"劝政府使注意促办职业教育；劝导社会有力者倡办职业学校；劝普通学校之堪以兼办职业教育者，务注意办理并指导之；劝职业学校之有须改良其教育方法者，务注意改良并指导之；劝导学生与学生父兄，凡青年力不能升学者，速受职业教育；劝导社会，咸注意职业教育"等等。[①] 可见，"宣言书"既是这些有志的发起人基于中国教育弊端所作的理性概括，更是他们借鉴西方国家教育发展经验为民族强盛所开的救国之方。

职教社每年征求社员，以罗致研究职业教育的同志。按照规定，"凡有正当职业之个人，及农工商业或教育团体，愿研究并提倡职业教育者，得以社员二人以上之介绍，并经审查及格后为本社社员"；"凡现任职业学

---

① 黄炎培等：《中华职业教育社组织大纲》，载《东方杂志》第14卷第7号，1917年7月。

校教职员，得依其志愿自由加入本社，不必经介绍手续"。①

职教社无论是理论研究抑或是实践推展，经费是一个十分现实的关键问题。为解决经费无着的窘状，由会员捐款自然被视为一种重要形式。职教社的社员最初仅限个人，分普通、特别和永久三种，区别即在于缴费之多少；凡一年交会费 2 元为普通社员，一年交 20 元为特别社员，一次捐 200 元以上者为永久特别社员。② 1923 年 5 月，增设团体会员，亦分普通、特别和永久三类；1926 年 5 月，又取消特别社员。③

除社员外，最初职教社还有一种赞助员，也分三类：一次纳捐者为临时赞助员，每年纳捐有定额者为常年赞助员，一次纳捐二百元以上者为永久赞助员。④ 关于社员的权利，在职教社的"组织大纲"中明确规定："凡社员皆有参与会集研究、通信研究，并领受定期出版物或本社特别赠与临时出版物之权。"⑤

职教社成立后，社员不断增多。为联络情谊，扩张事业，1917 年 12 月，决定在社员较多的城市设通讯处；1926 年，改设分社。据统计，从 1917 年到 1927 年，历年的个人普通社员、特别社员和永久特别社员人数

---

① 转引自江恒源：《十六年来之中华职业教育社》，载《教育与职业》第 146 期，1933 年 7 月。

② 除社员会费外，在成立后最初几年，职教社还积极寻求社会各界的经济支持。据统计，1917—1919 年间，有 39 家企业和个人向职教社捐款 69 730 元；1921 年，有 13 家企业、商店及个人捐款 25 466 元，南洋华侨捐款 14 750 元；特别是华侨领袖陈嘉庚从 1918 年到 1922 年，每年向职教社捐新加坡银 2000 元，五年计 10 000 元。另外，实业界巨子聂云台、徐静仁、穆湘瑶、穆藕初、简照南等，也捐金颇多；钱新之、陈光甫、朱葆三、荣德生、史量才等，也给予职教社诸多的经济赞助。

③ 1928 年，职教社修订章程，规定社员除普通社员和永久社员外，"凡于职业教育有专门研究或对于职业教育有实在之赞助者，由社员提出，经评议会通过，请为本社特约社员"。1932 年，第十二届社员大会上又曾将普通社员分为甲、乙两种，甲种岁纳社费 5 元，乙种岁纳 2 元。

④ 江恒源：《十六年来之中华职业教育社》，载《教育与职业》第 146 期，1933 年 7 月。

⑤ 《上海中华职业教育社志》编纂委员会编：《上海中华职业教育社志》，上海古籍出版社 2007 年版，第 52 页。

分别为：1917 年，545 人，204 人，37 人；1918 年，1071 人，271 人，87 人；1919 年，2527 人，340 人，133 人；1920 年，2602 人，347 人，136 人；1921 年，3975 人，546 人，246 人；1922 年，4685 人，608 人，268 人；1923 年，5211 人，661 人，274 人；1924 年，5134 人，727 人，276 人；1925 年，5637 人，732 人，276 人；1926 年，6039 人，732 人，291 人；1927 年，6186 人，732 人，297 人。从 1923 年到 1927 年，历年的团体普通社员、特别社员和永久特别社员分别为：1923 年，35 个，31 个，8 个；1924 年，48 个，40 个，12 个；1925 年，57 个，43 个，12 个；1926 年，73 个，43 个，23 个；1927 年，76 个，43 个，23 个。①

社员大会是职教社的最高权力机关。职教社最初成立时，推举聂云台、张元济、史量才、王正廷、杨廷栋、郭秉文、沈恩孚、朱少屏、黄炎培等 9 人，组成临时干事会综理社务，并推定沈恩孚为临时主任；不久，决定由特别及永久特别社员互选议事员，组成议事部。1917 年 7 月 15 日，选举蔡元培、沈恩孚、郭秉文、贾丰臻、杨廷栋、袁希涛、史量才、穆藕初、张元济、王正廷、朱少屏、吴馨等 12 人为议事员；7 月 29 日，议事部成立，同时取消临时干事会，并公推黄炎培为办事部主任，沈恩孚为基金保管员。至 1926 年 5 月，改议事部为评议部，并另设董事部，由全体社员选举董事，为名誉职，组成董事会；同时，设评议员，也为名誉职。②

1926 年底，由于受时局影响，江苏省教育会停止活动，是年 12 月，中华职业教育社迁至上海法租界辣斐德路办公，之后又在华龙路购地建筑新舍，1930 年落成。

---

① 孙起孟：《中华职业教育社之过去及现在》，见《中华职业教育社第二十四周年纪念刊》，中华职业教育社 1941 年刊印，第 8 页。

② 1943 年春，职教社又将董事会及评议会改称理事会和监事会，并由全体社员选举了第一届理事会理事和监事会监事，三年为一任期，推选钱新之为理事长；同时，办事部主任改称总干事，推选杨卫玉为总干事。

二、中华职业学校的创办

中华职业教育社成立后,即将设立职业学校、职业补习学校、在中学分设职业科等视为实践职业教育的重要途径;加之,职教社成立之初,适值中国民族工商业得到快速发展的时期,特别是职教社的主要活动区域江苏、浙江等地,乃中国民族工商业最为集中的地区;民族工商业的发展不仅对广大社会创设职业学校提出了要求,而且其在经济上也对职教社给予了有力的支持,一定程度上为职教社推行职业教育提供了经济基础。而在最初几年职教社的办学活动中,中华职业学校作为职教社实验职业教育的基地,尤为引人注目。

中华职业学校动议于1917年9月,决定开办于1918年5月15日。1918年5月职教社制定的《中华职业学校设立之旨趣》这样写道:"同人鉴于我国今日教育之弊病在为学不足以致用,而学生之积习尤在鄙视劳动而不屑为,致毕业于学校而失业于社会者比比。根本解决,惟在提倡职业教育,以沟通教育与职业。虽然,空言寡效,欲举例以示人,不可无实施机关,故特设此职业学校。"① 可见,创办学校的目的,就是通过实践职业教育,探索职业学校在培养适应社会发展的人才方面的新途径,进而为各地树立典范,提供经验。考虑到"上海为通商巨埠,工厂林立,商店栉比,实业机关需才甚殷,苟无相当学校为之特别训练,恐难得适宜之人才,即实业亦未易有发达之希望",故学校地点设于职教社所在地上海。②

从创立到1952年,中华职业学校共存在34年之久。其中在1927年前,先后有三位职业教育专家任主任(校长)之职:1918年7月,顾树森任主任;1922年10月,顾树森因为赴欧考察职业教育,由黄伯樵继任;

---

① 中华职业教育社:《中华职业学校设立之旨趣》,载《教育与职业》第7期,1918年6月。
② 中华职业教育社:《中华职业学校设立之旨趣》,载《教育与职业》第7期,1918年6月。

1926年2月,黄伯樵辞职,由潘文安继任,至1927年8月。① 除学校主任外,学校另设商科、工科、教务、训育、事务主任各一人。

根据对上海西南区社会职业的需要调查,并考察地方状况,适应社会需求,中华职业学校决定于1918年7月25日先设铁工、木工、钮扣三科,11月14日,添设珐琅科。其中,铁工科最初定为五年,嗣后改为四年,后又改为五年制机械专科,以养成"技士"为目的;入学资格须高小毕业程度或相当学力,年在12岁以上,且须志愿在工业界服务、能耐劳苦者。在职教社看来,"居今日之工业社会,高等人才固不可少,而中等之工业人才尤为需要。姑就江苏而言,实施工业教育之机关,不可谓少,上海之南洋大学、中法通惠学校、吴淞之同济大学、南京之河海工程及工艺专门学校,均以造就高等技师为目的,而养成中等工业人才之学校,则除同济中等机械科外,尚属寥寥。下之如职工,则养成机会,所在而有,以故国内各工厂中,有技师,有职工,而独鲜技士。实则职工长于技能,技师重于计划,各有所偏。而技士则既有技能,又具学识,在工业上关系深切,尤不容忽视"。②

1918年9月8日,学校正式开学上课,计有70名小学和中学毕业生入校学习。1919年8月,添办职业教员养成科(分珐琅、钮扣、电镀、铁工和木工等科,1923年7月停办),以备学成后回到各省创办职业学校;9月,设留法勤工俭学预备科(1921年7月停办)。1920年8月,又添设商科。1922年2月,开办职业师范科(分铁工、木工和染织等科,1924年7

---

① 此后先后任中华职业学校校长的有:姚颂馨(1927年8月—1928年7月),赵师复(1928年7月—1930年12月),杨卫玉(1930年12月—1931年7月),贾观仁(1931年7月—1943年夏),杨卫玉(1943年夏—1945年8月),贾丰臻(1945年8月—1945年11月),王怀冰(1945年11月—1946年2月),贾观仁(1946年2月—1950年1月),江恒源(1950年1月—1952年1月),庞翔勋(1952年1月—1952年12月)。

② 《中华职业教育社通讯:中华职业学校之五年工科新计划》,载《山东教育月刊》第4卷第7号,1925年7月。

月停办)。1923年初，鉴于学生升学谋取职业者不断增多，且谋取职业日见困难，中华职业学校又添办职业补习科，以使学生"分科补习。一方面增进升学之学力，一方面准备谋事之技能。普通科一任青年就其所能，量其所需，自由选择。即就事为职业界者，倘以某种智能，自觉不敷应用，业务之余，亦可选定学科，从事补习"。[①] 1924年8月，创办文书科（1925年8月停办；后在1928年4月重新开办，8月即又停办）；是年，学校又与上海中华针织厂合办中华职业学校简易工艺科，招收学校附近无业的男女青年入校肄业，教以简易工艺。

不久，为增进商店职员及学徒的应用知识和技能，学校又分设第一业余补习学校，使之利用余暇学习。第一业余补习学校分国文、英文、算学、商业、打字五科，每科学额40名，均以6个月为一期。1925年8月，创办机械科制图班（1927年7月停办）。是年还添招商科二级，各40人，专收商界子弟，授以切要之技能与商业之训练；年限由原来的四年（三年读书，一年实习）改为五年，其中三年为初级（从第二年起，半日读书，半日实习），两年为高级。"初级以养成商业机关之事务生为目的，高级以养成商业机关之事务员为目的"；"程度不求其高，惟其适用；学科不求其多，惟其切实；注重服务，俾有充分之练习，以沟通教育与实际之生活"。[②]

从1918年到1926年，中华职业学校历年学生人数为：1918年，84人；1919年，145人；1920年，125人；1921年，414人；1922年，368人；1923年，273人；1924年，165人；1925年，303人；1926年，434人；1927年，441人。[③] 历年毕业学生为：1920年，留法勤工预备科26

---

① 《中华职业学校添设补习班》，载《山东教育月刊》第2卷第2号，1923年2月。
② 《中华职业教育社通讯：中华职业学校商科之新办法》，载《山东教育月刊》第4卷第8、9号，1925年9月。
③ 《中华职业学校概况》，见《中华职业教育社第二十四周年纪念刊》，中华职业教育社1941年刊印，第58页。

人，钮扣科 1 人，职业教员养成科 69 人（木工 18 人，铁工 22 人，钮扣 4 人，珐琅 23 人，电镀 2 人）；1921 年，铁工科 12 人，木工科 8 人，珐琅科 22 人，钮扣科 11 人；1922 年，铁工科 10 人，木工科 22 人，机械科 10 人，师范木工科 31 人，师范染织科 39 人，商科 21 人；1924 年，机械科 9 人，师范铁工科 9 人，商科 41 人；1925 年，机械科 29 人，商科 25 人，文书科 19 人；1926 年，商科 48 人。①

中华职业学校设立的目的，在于为社会培养经济发展所急需的技能型人才。这些人才，应是既有一技之长、足以自谋生活，又具有健全人格、有益于社会的良善公民。有鉴于此，中华职业学校以"敬业乐群"为校训，要求学生热爱专业，认真学习职业知识技能，并强调学生优良职业道德的养成。同时，学校以黄炎培的题词——"劳工神圣"为口号，以"双手万能，手脑并用"图案为校徽，注重劳动与实习，以树立劳动光荣的观念；严格规范学生行为，组织"职业市"等学生自治组织，以养成自治精神；要求学生具有"金的人格，铁的纪律"；用"人生以服务为天职，利居众后，责在人先"来教育学生。不仅如此，学校还开设铁工场、木工场、钮扣工场和珐琅工场，作为教学实习之地；时常组织学生赴本埠各银行、公司、商店或机械厂、纱厂、电气公司、发电厂、水泥公司、砖瓦厂、制磁公司等处参观，俾学生对所学知识有所印证，并增加阅历。另外，为增进学生知识，还不时请名人莅校讲演有关职业教育的知识理论。

第二节　职业教育理论的研究与探讨

职教社的发起人、主要领导者及其一些社员，有的是思想比较开明的实业界、教育界元老，有的是民国初年积极投身教育改革的民主教育家，也有的是沐浴了欧风美雨、接受了西方先进文化知识熏陶、先进教育理论

---

① 江恒源：《十六年来之中华职业教育社》，载《教育与职业》第 146 期，1933 年 7 月。

影响的留学生，还有的是从清末民初新式学堂（校）走出来的新型知识分子。面对百孔千疮、百废待兴的新的民主共和国，面对落后、传统的教育发展和创立先进教育制度体系的客观要求，使得"实业救国""教育救国"成了这些在当时极具开拓性和影响力的先进知识分子们孜孜以求、矢志不移的理想。

然而，要推行职业教育，实现"职教救国"的目的，首先必须有一定的理论指导。虽然，早在1914—1915年黄炎培于国内进行教育调查和远涉重洋赴美国考察教育期间，黄本人及少数有识之士就对职业教育的有关理论进行过一定探讨，但时值中华职业教育社成立，有关职业教育的理论仍十分贫瘠，这从职教社在成立"宣言书"中关于职业教育十分概括的说明，可见一斑。而1917年7月，朱元善"取日人川本宇之介所著《职业教育研究》一书，芟其繁芜，抉其精髓，衡以我国国情"译述而成的著作，取"名曰《职业教育真义》"，[①] 更可谓当时职教界同仁在职业教育理论十分匮乏情势下，对之急切期盼、热望的一个典型注脚。

实际上，在当时，不仅广大的民众对职业教育及其理论相当模糊，而且，即便是职教社的大部分发起人，对职业教育这一舶来的新生事物的内涵、意义，以及其在整个教育体系中的地位，也没有太多深刻的认识。在社会上，不少人对职业教育还存在很深的偏见。"有以为普通教育之中，不应涉及职业教育者；有以为职业教育，与实业教育，名异而实同者；亦有以职业教育为功利主义之教育而反对者，甚至有别立一派，专事攻击职业教育者。"[②] 就其反对之声而言，因为职业教育关注生计，有人即认为，接受职业教育，仅仅只是为将来谋得一个饭碗，故将职业教育视为"饭碗教育""吃饭教育""饭桶教育"；由于职业教育最初也是黄炎培等从菲律宾舶来，而菲律宾又是美国的殖民地，遂将职业教育鄙为"奴隶教育"；

---

① 朱元善译述：《职业教育真义》，上海商务印书馆1917年版，"蒋维乔叙"。
② 顾树森：《职业教育之过去与未来》，载《教育与职业》第100期，1929年1月。

还有人利用谐音,将职业教育称为"作孽教育"。种种不实、不符、不当之词,不一而足。有鉴于此,职教社成立后,其同仁基于对中国传统教育弊端的深刻认识和对西方先进教育的熟谙及崇尚,在立足于介绍美、德、英、法、俄国、日本等职业教育发达国家有关经验和理论的基础上,结合中国社会实际发展情况和教育的具体现状,就职业教育的含义、目的、意义、内容、实施方法等,积极开展理论探讨,一时蔚为风气。

从1917年5月职教社成立,到1922年11月"壬戌学制"颁布,是中国职业教育的草创时期;"壬戌学制"颁布后至1925年12月黄炎培提出"大职业教育主义"理论,乃职业教育初步发展时期。在此期间,职教社同仁开展职业教育理论研究与探讨的形式颇多,如创办《教育与职业》,集会研讨,刊行职业教育理论著作等,而黄炎培作为这一时期职业教育理论研究与探讨的重要代表,则作出了非凡贡献。

一、创办《教育与职业》

职教社成立后,编印出版了《社务丛刊》,主要刊载社中情况,以服务社员,供众人阅览。但随着社员人数的迅速增加,社务也益加扩大;特别是由于《社务丛刊》以向社员通报社中情况为目的,很快显得不适应职教社的发展,不能起到职教社宣传、研究和推广职业教育的作用。于是,改革刊物之议乃起。据秦翰才回忆:"中华职业教育社于民国六年夏五月成立,因为议事和办事两部还没有组织,先辑行一种临时《社务丛刊》。到得那年秋天,议事部和办事部先后成立,便根据社章,筹议辑印一种月刊。其时蒋梦麟博士为社中总书记,实主持这件事,于是在九月十六日第一次办事员会议,便通过一切办法,并且定名叫做《教育与职业》,临时《社务丛刊》也就出到第四期而停止。"①

1917年10月20日,职教社的机关刊物——《教育与职业》月刊创

---

① 秦翰才:《一刹那间一百期了》,载《教育与职业》第100期,1929年1月。

刊，蒋梦麟任主干（编），最初定每卷12期，年出一卷，自第4卷第1期（第37期）始，改为每卷10期，一年内出齐。最初，《教育与职业》在内容上偏重职业教育的理论分析、研究和介绍，兼及刊载筹办职业学校的章则和办法，为32开本；1919年10月第15期后，曾"受市场上风尚的支配"，"改成大本"；1923年1月，自第41期起，又改为小64开袖珍本，俾便"在舟车中携带阅读"，内容分"言论""研究""调查"和"报告"等项；自1926年1月第71期起，再放大版式，内容也较前约增一倍，除了有关专门的职业教育外，还兼及与职业教育有关的社会和经济问题。由于杂志有内容、有理论、有方法，现实性强，在20世纪20年代初，每期的印数达到4000余份，被公认为"研究职业教育之唯一参考书"。[1]

《教育与职业》所设栏目每期不绝对固定，在1927年以前，主要的栏目有：专论，通讯，调查，社务丛录，校事报告，研究，附录，等等。其中，专论和研究两栏主要刊登有关理论研究文章。

---

[1] 从1926年1月第71期起，《教育与职业》每月1日出版，但6月和12月停刊，全年出10期；从1935年6月第166期起，停刊月份调整为7月和8月。从1926年1月的第71期到1939年6月的第191期，除1928年出版了9期，1931年出版了11期外，其余各年均出版了10期。另外，受战争局势影响，1932年5月将第133、134、135期合并出版。1937年全面抗战爆发后，8、9月停刊，10月和12月又分别将第187、188和189、190期分别合并出版。但自1938年1月，因邮寄阻碍，经费困难，又暂行停刊。1940年7月从第192期起，迁至重庆复刊，改为季刊。后因印刷困难，又改为半年刊。实际上，因受战争影响，不定期出版。1946年12月从第201期起，又迁至上海出版，并暂定半年一期；至1949年12月共出版至208期。1985年5月，该杂志经批准在上海复刊，定为双月刊；1988年1月从第225期起，迁至北京编辑出版，并改为月刊；2003年1月从第406期起，又改为半月刊；2004年6月从第440期起，改为旬刊；2016年1月从第857期起，又改为半月刊，出版至今。在1929年第100期之前，主持编写者为：1—17期，蒋梦麟、顾树森；18—24期，顾树森、俞泰临；25—40期，王志莘；41—70期，秦翰才；71—87期，邹韬奋、秦翰才；88—89期，潘文安、邹韬奋、秦翰才。1927年至1937年，黄炎培、廖世承、潘文安、郑文汉、何清儒先后担任过主编；全面抗战时期，先后担任过的有：陈选善、何清儒、孙运仁、张若嘉、潘菽、杨卫玉；1946—1949年，何清儒、孙运仁、麦伯祥、钟道赞、田乃钊先后任主编。

就理论研究来说，《教育与职业》注意敦请专家担任撰述，注意介绍职业教育专家的新学说、新方法，注意调查中外实施职业教育的状况，广搜各方意见。

除了发表有大量的理论研究文章外，① 还出版有多种专号。如"补习教育号"（1919年5月第13期），"职业指导号"（1919年10月第15期），"学生自治号"（1919年12月第16期），"职业心理号"（1920年2月第17期），"农业教育号"（1921年1月第25期），"工艺教育号"（1921年2月第26期），"商业教育号"（1921年8月第27期），"职业教育研究会特号"（1921年9月第28期），"职业训练号"（1921年10月第29期），"女子职业教育号"（1921年11月第30期），"职业科设计教学号"（1921年12月第31期），"女子家事教育号"（1922年1月第32期），"新学制职业教育研究号"（1922年2月第33期），"农村职业教育号"（1922年9月第38期）。② 这些"专号"所登的文章和其他有关研究文章一起，对推动早期职业教育的理论研究起到了重要作用。

二、集会研讨

（一）年会

---

① 统计《教育与职业》从创刊到1922年"壬戌学制"颁布，刊登的职业教育的理论探索文章主要有：蒋梦麟《教育与职业》（第1期），《职业教育之原理》（第2期），黄炎培《职业教育析疑》（第2期），陶行知《生利主义之职业教育》（第3期），黄炎培《职业教育谈》（第3—6期），郑宗海（译）《职业教育诸问题之分析》和顾树森《职业陶冶之意义与其方法》（第5期），俞子夷《职业陶冶的办法一例》（第6期），穆藕初《实业上之职业教育观》（第7期），蒋梦麟《职业教育与自动主义》和顾树森《职业教育与道德训练》（第8期），朱鼎元《对于实施职业教育之管见》（第10期），庄泽宣《中国职业教育问题》（第11期）和《关于职业教育的名词及定义》（第23期），潘文安《职业教育的实际问题》（第23期），廖世承《中学校与职业教育》（第33期）等。

② 1927年后出版的理论专号主要有："职业指导号"（第112期），"女子职业教育号"（第114期），"职业心理专号"（第119期），"家事教育专号"（第171期），"职业补习教育专号"（第174期），"补习教育专号"（第193期）。

职教社的年会，每年 5 月举行。① 从 1918 年至 1926 年间，共举办年会 9 届。其中，1921 年 8 月，中华职业教育社倡导、发起、组织的"全国职业学校联合会"在上海成立后，自 1922 年 5 月第五届年会起，全国职业学校联合会年会在职教社年会期间举行。②

年会是职教社最重要的会议，讨论涉及问题众多，概括起来主要有以下几个方面。

1. 确定职业教育目的

1918 年 5 月 5 日，职教社在江苏省教育会举行第一届年会，明确职业教育的目的为：谋个性之发展，为个人谋生之准备，为个人服务社会之准备，为国家及世界增进生产力之准备。此后，随着时间的推移和形势发展的需要，关于职业教育的目的不断被职教社赋予新的内涵。

2. 报告有关职业教育发展近况

在年会中，除例行报告社务外，还专门对职业教育的发展近况进行报告。不过，值得指出的是，在有关职教社职业教育发展近况的报告中，报告人常常会结合职业教育开展中的问题，发表见解，提出建议，供大会讨论，而这无形中，就体现了理论探讨的成分。如在 1922 年 5 月的第五届年会上，顾树森在报告中华职业学校近况时，鉴于中华职业学校一方面是要使学生获得相宜的职业，一方面又要养成其具有一般公民的知识，故提出必须重视学生自治，"俾效力于国家社会"；并认为，办理职业学校，既要注意于设科，又要有相当的教材，而"设科须要适应社会的需要，根据社

---

① 1926 年 5 月第九届年会议决以后每两年举行一次年会；1930 年 7 月第十一届年会议决，从十二届起，"年会"改称"社员大会"，并定于每年 7—8 月间举行。

② 从 1922 年至 1937 年，全国职业学校联合会共召开 15 届年会和 1 次临时会，其中自 1931 年起，其年会改称"全国职业教育讨论会"。全面抗战爆发后，因交通阻塞，召集困难，一直未再举行；1942 年 8 月 5—6 日，鉴于职业教育在抗战时期的至关重要性，特始行恢复，在重庆于国立中央工业专科职业学校举行第十六届全国职业教育讨论会。

会心理的趋向","教材须要预有计划"。①

3. 议决有关职业教育的议案和计划

职教社召开年会的重要目的之一,就是要向有关部门提出今后职业教育的发展方向、目标和规划。而这些方向、目标和规划,则主要是通过有关议案的形式来体现,并在得到采纳后最终实施的。在职教社历届的年会中,通过的职业教育议案众多,不胜枚举。如1924年5月26日召开的第七届年会上,就通过了《西北各省区职业教育推行计划案》。在这届年会上,还议决了1925年度本社的进行计划,计有十项:继续为各省区计划职业教育;继续为各省区代办职业教育;从"退款"项下提倡大规模之职业教育;编订职业课程标准;实施职业指导;提倡女子职业教育;继续调查职业教育统计;推广出版事业;筹备职业教育出品展览会;附属各机关之规划。这些议案和计划,对当时职业教育的发展起到了一定的作用。

4. 邀请实业(职业)界和教育界名人讲演

在职教社同仁看来,讲演是研讨职业教育理论的重要途径。因此,在年会上,常常会邀请一些名人进行讲演,这些名人,除了实业(职业)界的巨子外,更多的是对职业教育有所研究或熟悉世界职业教育发展近况的专家。

如1918年5月,在第一届年会上,马相伯、穆藕初和吴稚晖分别演说《教育与实业联络为救国根本》《实业上之职业教育观》和《英国职工之生活》,另请甘肃省教育会牛厚泽演说《甘肃省对于职业教育之希望》;1920年5月的第三届年会,请时在中国的美国教育家杜威讲演《职业教育之精义》和《职业教育与劳动问题》;1921年6月的第四届年会,郭秉文、黄炎培先后讲演《美国职业教育之新趋势》和《南洋职业教育之新趋势》,邹秉文讲演《我人今后对于国家农业上应有之觉悟》,菲律宾教育局副局

---

① 《中华职业教育社第五届年会开会记》,载《教育与职业》第37期,1922年8月。

长兼职业教育科、体育科科长奥西亚斯讲演《菲岛职业教育状况及趋势》；1922年5月第五届年会，请中国驻英公使顾维钧演讲《职业为发明的先河》，阮尚介演讲《德国战后之生活状况及职业教育》；1923年5月第六届年会，请穆湘瑶、崔奇峰演讲《职业界希望职业学校学生应备之性行知能》；1924年5月第七届年会，请同济大学工科学长德国培伦子博士演讲《职业补习教育》；1926年5月第九届年会，陶行知演讲《〈大职业教育主义〉之说明》。这些演讲，从不同方面、不同角度对职业教育进行了分析和解读，对增进人们于职业教育的认识和开展的信心，起到了积极的作用。

(二) 全国职业学校联合会年会及临时会

1921年8月，中华职业教育社发起组织的"全国职业学校联合会"在上海成立。成立后，自1922年起，每年举行一届年会（1927年除外），且除第七和第九届外，均在职教社年会（社员大会）间同地举行。其中，在1929年8月于杭州举行的第七届年会上，有鉴于一些乡村改进会和职业指导所的加入，遂议决改名为"全国职业教育机关联合会"；1930年7月，在上海召开的第八届年会上，又议决自下届改名为"全国职业教育讨论会"，以扩大范围、收集思广益之效。①

在1926年前，全国职业学校联合会（中华职业学校联合会）历届年会是该团体开展职业教育理论探讨的主要形式。在历届年会上，都会对当时职业教育的基本问题开展研讨，并通过相关议案。

如1923年5月26日，中华职业学校联合会在上海召开第二届年会，通过的议案内容有："各种职业教育机关之认定"，"规定各种职业学校公共必修科的种类和分量"，"订定职业分类表，以便调查根据"，"职业学校学生毕业应从严办理"，"职业学校应注重职业训练，以期适合职业界需要"。另外，还通过了职教社提出的多项职业教育议案，如《拟与东南大

---

① 1931年8月、1932年7月、1933年7月，先后分别在镇江、福州和开封举行第九、十、十一届全国职业教育讨论会。

学暑期学校协办职业教育讲演会案》《各种职业教育机关之认定案》《各种职业学校非职业科之种类及分量案》等。同时，会议还请研究学校行政专家讲演关于一般职业学校的行政组织问题，请工商界要人讲演关于职业界所需智识及职业训练问题，以为研究之根据。

1924年5月27日，中华职业学校联合会在武昌召开第三届年会，会议通过的议案有：《请求政府准许本会各职业学校原料及出品一律免税案》《改良职业教育宜联络全国工商界案》《发展职业教育宜预筹相当出路案》《刊行职业专门学科教科书参考书案》《西北各省区职业教育推行计划内应说明具体办法以为施行者之根据案》《各省区特别增加职业教育经费并设法独立案》《职业教育机关设施标准案》《职业学校课程应求简而切要案》《初级职业暨职业补习学校应免收费案》和《提倡职业补习教育案》等。

除年会外，在1922年7月4日，趁中华教育改进社在济南召开第一届年会之际，全国职业学校联合会还召开过一次临时会（在第五章已作论述）。

全国职业学校联合会（中华职业学校联合会）的不少议案都得到了有效实施，有的起到了积极的作用。像1922年7月《各省设立职业学校联合会分会案》发布后，江苏省教育会于8月17日即在上海发起成立了"江苏省职业学校联合会"，共有26所省立实业学校与会，在成立会上，特提出了《本省教育当局刷新职业教育案》。该案建议由江苏省教育会函请江苏省教育厅特设职业教育视察员，注意各地方职业教育的发展及督促进行，调查各地职业状况，举行职业学校成绩品展览会等。另外，会议还讨论了江苏新学制学程研究会职业教育委员会提出的《职业教育学程草案》，指出职业学校的教材标准与编制大致为：初级职业学校职业科的教材，应注意于地方需要，养成实际服务的能力，编制宜取单科制，而用特种名称，如棉织学校、簿记学校等；高级职业学校的教材，应注意于时势需要，养成发展改进之能力，编制宜取分部选科制，而用概况名称，如农业学校、工业学校等。

(三）专家会议

专家会议是职教社最重要的会议之一，它"是由中华职教社邀请社会上的职业教育专家、教育专家与中华职教社的办事部负责人共同讨论职业教育的理论和实践问题的高层次研讨会，亦对中华职教社的重大社务工作进行讨论"。① 从1926年起，每年春召开一次（1928年和1932年除外），其中1926年2月和1927年1月召开的第一和第二次专家会议，先后在苏州和嘉定举行。②

由于专家会议的举办意在缜密讨论当时有关职业教育的重要问题，以期圆满之解决，所以，历次的专家会议往往会对一些重要的理论问题加以研讨。如第一次专家会议就对此前黄炎培提出的"大职业教育主义"理论进行了研讨，不仅对"大职业教育主义"理论加以肯定，而且提出，在实施"大职业教育主义"时，应遵循视其缓急、量力而行的原则。

此外，中华职业教育社还规定于每年3月和9月举行董事部的董事会，每年1、4、7、10月各举行一次评议部的评议员会（如有必要时，得举行临时会），每周一举行办事部的办事员会，还有各种不定期的研究会、顾问会、谈话会等。这些会议，同样也是研讨职业教育理论的重要形式。

三、刊行职业教育理论著作

从职教社成立始，在积极倡导职业教育的同时，针对职业教育概念不明、内涵不清、理论匮乏的状况，职教社在1917年8月专门成立了"职业教育研究部"。研究部吸纳江苏省教育会所设的职业教育研究会的做法和经验，积极开展理论研讨。不久，又设立职业教育编辑股。在研究部和编辑股的规范、指导下，职教社领导者充分发挥各地社员的积极性，在引介

---

① 《上海中华职业教育社志》编纂委员会编：《上海中华职业教育社志》，上海古籍出版社2007年版，第191页。
② 第三、四、五、七、八、九、十次专家会议，先后于1929年2月、1930年2月、1931年2月、1933年2月、1934年2月、1935年2月、1936年2月举行，其中第三、四、五次会议分别在无锡、嘉定县南翔镇和苏州举行，其余几次均在上海举行。

职业教育、宣传职业教育、实践职业教育的同时，组织刊行了大量职业教育理论著作。这些著作，概括起来，有以下几类。

（一）明确职业教育基本问题的书籍

在职教社同仁看来，有关职业教育的基本问题，是必须首先明确的重要问题。但是，由于最初对职业教育的理论认识十分有限，所以，有关这方面的书籍主要以翻译为主，而由本社同仁编写的著作多为概括性的阐述文字。这也足见当时职教社同仁对职业教育本身基本问题的认识尚十分粗浅。这些著作主要包括：徐甘棠辑译的《职业教育》（上海国光书局1918年版）、顾树森辑的《职业教育表解》（上海商务印书馆1918年版）等。

《职业教育》系辑译美国施讷登博士所著《职业教育问题》一书而成，由蒋梦麟审订。该书对中国职业教育的发展情形作了简要明晰的说明，对有关职业教育的种种基本问题多有所涉，出版之初，风行全国。

《职业教育表解》是职教社鉴于社会各界对职业教育未能十分了解，为了帮助人们有所认识，由顾树森辑40幅表所成，黄炎培、蒋梦麟校阅。书中对职业教育的意义、种类，职业教育设施的范围、准备，职业教育实施的方法，以及职业陶冶等，均有简要说明。

1922年11月职业教育的法律地位得以确立后，职业教育的理论研究迅速加强，相应地，一些职业教育的理论著作就职业教育基本问题多有较为明确的阐述。其中，代表性的如：段碧江著的《新女子职业教育》（上海中华书局1923年版），庄泽宣著的《职业教育概论》（上海商务印书馆1926年版）等。

（二）介绍国外职业教育的著作

庄泽宣译述《美国家事教育》（上海商务印书馆1920年版）：该书在简单介绍美国家事教育机关的基础上，对家事教育的范围、目的、教法、设备等作了分析，并就乡村学校、小学、中学、师范学校等与家事教育的关系作了说明，另列举了美国一些实施家事教育的主要学校。

《德国工商补习学校》（上海商务印书馆1925年版）：为"职业教育丛

刊"第五种，① 系陆振邦根据同济大学工科学长德国培伦子博士原著所译。该书详述了德国工商补习教育的现行办法和实施情形。出版后，成为当时国内办理工商补习教育和热心职业教育者的重要参考书。

（三）关于指导职业教育如何实施的书籍

为了有效指导各地职业教育的实施，职教社专门编写了指导职业教育如何实施的书籍。这类书籍一般从职业教育的重要性论起，涉及职业教育实施的方方面面，兹录数种如下。

《小学校职业科教授要目（草案）》（江苏省教育会1918年版）：乃江苏省立各师范附属小学鉴于本省各县设立职业科的小学日渐增多，而有针对性地就小学校职业科教授要目所作的研究草案。该书条分缕析，内容详尽，被称为小学开办职业科的最佳参考书。

《实施职业教育要览》（中华职业教育社1922年刊印）：由职教社编，内容包括职业教育在新学制上之位置，职业教育之定义，职业教育之目的，职业教育之分类，职业教育机关之种类，职业学校设置标准，职业学校名称标准，职业教育设施标准，职业教育机关各学科之种类及分量，职业训练标准，职业教育参考书。该书被认为是"办理职业学校者不可不看，研究职业教育者不可不看"的一部重要著作，自1922年5月出版后，1924年7月至1928年7月曾四次修正再版，对指导当时职业教育的有效实施起到了积极的作用。

《职业教育研究》（上海商务印书馆1923年版）：为"职业教育丛刊"第一种，系邹韬奋根据新近出版的美国希尔博士所著的《职业教育概况》并参考其他英文名著，斟酌中国情形编成，黄炎培校阅审定。该书共10章，涉及职业教育的意义和重要问题、职业学校的分类、职业心理、职业

---

① 从1922年起，职教社编辑股开始组织编写出版"职业教育丛刊"。该"丛刊"主要有：邹恩润编（译、纂）《职业教育研究》《职业指导》《职业智能测验法》《职业指导实验》（第二辑），庄泽宣编纂《职业指导实验》（第一辑），陆振邦译《德国工商补习学校》，等等。

补习教育、职业指导等，书末附有"美国实行振兴全国职业教育之大计划"，被认为是"研究职业教育最新颖最完全之善本"。黄炎培在为之作的"序"中也言："这本书对于职业教育的意义，说得很好。……邹君既译了这书，对于研究职业心理和职业指导越发有兴味了。"①

四、黄炎培与职业教育的理论探讨

在第四章曾述及，在民初，黄炎培就曾竭力主张实用主义教育；1915年，通过赴美考察教育，有感于美国实用主义与国计民生的结合，以及重视发展职业教育的现状，乃转而提倡职业教育。在他看来，"实业教育，兼含研究学说之意味，而职业教育，则专重实习，纯为生活起见。实业教育所养成之人物，其一部分主用思想；而职业教育所养成之人物，则完全主用艺术"。② 1917年11月，为了进一步明晰职业教育并澄清其与实业教育的区别，黄炎培又特撰《职业教育析疑》一文，刊于《教育杂志》第9卷第11号。在这篇为《教育与职业》第2期所转刊的文章中，黄炎培首先指出："实业教育与职业教育，二者皆以解决生计问题为目的，然其范围不同。实业教育之高焉者，高等专门实业亦属之；其下焉，仅为职业之预备者亦属之。故论其长，可谓过于职业教育。英语 Industrial education 之名词，依其本义，仅限于工业教育。东方译为实业教育，亦仅限于农、工、商三种，而医生、教师等不与焉。职业教育 Vocational education，则凡学成后可以直接谋生者皆是。故论其阔，又可认为不及职业教育。"③

可见，在黄炎培看来，授以人们从事某种职业所需要的具体知识、技能，解决当时学校特别是中学校毕业生和青年学生的失业问题，使他们求得生计，乃职业教育的根本宗旨所在。正如舒新城在其名著《近代中国教育思想史》中所言："黄（按：黄炎培）等不曰改进实业教育而独提倡职

---

① 邹恩润编译：《职业教育研究》，上海商务印书馆1923年版，"序"。
② 黄炎培：《新大陆之教育（下编）》，上海商务印书馆1917年版，第5页。
③ 黄炎培：《职业教育析疑》，载《教育杂志》第9卷第11号，1917年11月。

业教育，他们以为甲乙种实业学校未足以括职业教育而尽给社会分业之所需……故主张沟通教育与职业，而对于国民生计问题为根本之解决。"①

然而，对于黄炎培的这种看法，在当时，"赞许者实繁有徒，怀疑者亦间所不免"。② 特别是由于《教育与职业》杂志在创刊号的封面上以一幅六岁幼儿画的一个饭碗、一双筷子和一把汤匙三件人们天天都离不开的普通餐具揭示与人，一时议论蜂起，不少人鄙之曰：原来职业教育也就是啖饭教育。针对这种看法，为纠正人们的偏见，1918 年 1—5 月，黄炎培在《教育与职业》第 3—6 期上又发表了《职业教育谈》，这篇文章虽不足两千字，但分为六部分，置于四期上连载，想来也是希望能够引起人们更长时间的关注。在文中，黄炎培明确地说："职业教育之旨三：为个人谋生之准备，一也；为个人服务社会之准备，二也；为世界、国家增进生产力之准备，三也。""职业教育之效能，非止为个人谋生活，而个人固明明藉以得生活者。以啖饭教育概职业教育，其说固失之粗浮；高视职业教育，乃至薄啖饭问题而不言，其说亦邻于虚骄。"③ 是年 5 月，中华职业教育社假江苏省教育会举行第一届年会，会毕，黄炎培在特地所撰的《年会词》中，针对一年来"世多有认职业教育为一种狭义的生活教育者"，再次重申，职业教育的目的有三："为个人谋生之预备，为个人服务社会之预备，为世界及国家增进生产能力之预备。"④

1922 年 11 月"新学制"颁布后，虽然职业教育的地位在学校教育系统中得以确立，但鉴于职业教育在中国还处于初步发展阶段，因此，教育界和职业界广大有识之士并没有停止对它的舆论宣传、理论探讨和实践追求。然而，事实上，和任何一项新生事物的发展及任何一项改革措施的推行一样，职业教育的发展之途，注定也是坎坷多舛，充满艰难困苦。至 20

---

① 舒新城：《近代中国教育思想史》，上海中华书局 1929 年版，第 209 页。
② 黄炎培：《职业教育析疑》，载《教育杂志》第 9 卷第 11 号，1917 年 11 月。
③ 黄炎培：《职业教育谈》，载《教育与职业》第 3 期，1918 年 1 月。
④ 黄炎培：《年会词》，载《教育与职业》第 7 期，1918 年 6 月。

世纪20年代中期，鉴于国内民族资本主义工商业的衰落使职业学校学生面临着就业无望的窘状，职教社同仁开始反思此前他们对职业教育理论的认识和理解。通过反思，职业教育理论渐趋成熟。1925年12月，黄炎培首次提出"大职业教育主义"的理论；翌年1月，《教育与职业》第71期又发表了黄炎培的《提出大职业教育主义征求同志意见》一文，在文中，黄炎培全面、深刻地论述了"大职业教育主义"理论。

在黄炎培看来，职业教育不仅仅是教育的一个特殊方面，而且它同其他方面的教育如高等教育、师范教育等也有普遍联系。因此，"只从职业学校做工夫，不能发达职业教育"；"只从教育界做工夫，不能发达职业教育"；"只从农、工、商职业界做工夫，不能发达职业教育"。据此，他强调"办职业学校的，须同时和一切教育界、职业界努力地沟通和联络；提倡职业教育的，同时须分一部分精神，参加全社会的运动"。①

"大职业教育主义"理论的提出，为当时职教社推进职业教育的发展指明了新的方向，开辟了新的道路，同时也标志着职教社对职业教育理论的探讨进入了一个新的阶段。此后，在"大职业教育主义"理论的指导下，职教社开始从更广阔的视域观览职业教育，也从更宽泛的领域实践着职业教育。

如1926年2月，中华职业教育社在苏州召开首次专家会议，会议讨论的四个问题之一，就是"如何实现大职业教育主义"，并决定提交当年5月的第九届年会广泛讨论；确定职教社在继续开展职业教育的同时，"以后应加入政治活动，以增实力，并与职业社会作实际联络，以期合作"。基于此，职教社积极开展农村改进，打破了此前职业教育偏重于学校教育的狭隘圈子，将职业教育由学校推向了广大的农村和城市；其工作也开始由过于注重学校职业教育，转向职业学校教育、职业指导和职业补习教育并重。再如，1926年10月，邹韬奋接替王志莘任职教社所办的《生活》周

---

① 黄炎培：《提出大职业教育主义征求同志意见》，载《教育与职业》第71期，1926年1月。

刊杂志主编后，极力宣传和实施"大职业教育主义"。在邹韬奋看来，"所谓职业教育乃以职业为目的，教育为手段，而皆与社会环境有连带关系"。① 所以，《生活》不仅注重宣传职业教育，沟通各地职教信息，而且十分重视职业指导，加强职业青年的"修养"，"期以生动的文字，有趣味有价值的材料，暗示人生修养，唤起服务精神，力谋社会改造"。②。

值得指出的是，在这一时期职教社关于职业教育理论探索的过程中，涌现出了众多突出的人物，除黄炎培外，其中的一些代表，在第十一章，将专门进行介绍。

第三节 职业教育的宣传和推行

理论的研究和探讨固然重要，但作为新生事物的职业教育，要使政府特别是广大社会民众真正从内心认同、接受它，还有赖于对其本身及其理论的宣传和推行。实际上，如果没有宣传和推行，也就谈不上职业教育的发展，相应地也会制约理论的创新。因此，可以说，职业教育理论的研究与探讨和职业教育的宣传与推行，相辅相成，密不可分。当时，职教社宣传和推行的措施及方式甚多，兹分别述之。

一、组织职业教育调查，开展职业教育讲演

（一）职业教育调查

调查既是职教社开展职业教育理论研究的前提，更是其宣传和推行职业教育的重要形式。自职教社成立伊始，其领导者黄炎培等人就对调查竭力倡导。1917年9月，黄炎培曾引美国瑟娄博士言曰："苟与我六十万金办中国教育，我必以二十万金充调查费。"③ 正是因此，职教社成立后，其

---

① 邹恩润：《大职业教育主义之说明》，载《申报》1926年5月8日，第7版。
② 《生活》第5卷第1期，1929年12月。
③ 黄炎培：《南风篇》，载《教育杂志》第9卷第9号，1917年9月。

同仁开展了多种形式的职业教育调查活动。有在本国开展的实地调查（如1917年和1923年，两次赴东三省调查；1921年，赴浙、皖、赣调查；1922年和1924年，赴湘、鄂、豫调查；1923年，赴直、鲁、晋、滇调查；1925年，赴察、绥调查），也有奔赴国外的异域调查（如1917年、1919年、1921年三次赴南洋调查；1922年至1926年，委托前中华职业学校校长顾树森到欧洲调查，前本社办事员王志莘和在哥伦比亚大学专习职业教育的钟道赞在美国调查），还有于本国和异域同时兼行的调查（如1921年1月，黄炎培和王志莘同赴南洋提倡职业教育，历菲律宾、马来群岛、新加坡等国，后回到国内，到香港、汕头、潮州等地，计109天，其中携带书籍、幻灯片等到各地演讲共43次），并有采取通信调查的方式，每年调查全国职业教育机关状况等。

（二）职业教育讲演

讲演既是职教社研讨职业教育理论的主要途径，也是其宣传、推行职业教育的重要形式。职教社的有关职业教育讲演形式多样，且不拘地点。最早在职教社的成立大会上，当时作为社员的郭秉文和黄炎培就分别演说了《世界职业教育之趋向》和《教育界与实业界联络之必要》。此后，除了年会上常邀请实业（职业）界和教育界名人讲演，以及利用调查、出国考察之机等进行讲演外，职教社还经常有计划地组织开展职业教育的讲演活动：相关人员应各地机关特约讲演，与其他机关合请名人讲演，与其他机关联合办理讲演，无线电播音，等等。而这其中，"讲习会"的暑期讲演和利用"暑期学校"讲演是两种成效较大、引人注目的形式。

1. "讲习会"的暑期讲演

每年暑假，各地多办有讲习会，其中时常列有"职业教育"一门。这些讲习会，往往会约请职教社的专家就职业教育进行讲演。如1922年7月20日，黄炎培就赴嘉定暑期讲习会和无锡省立第三师范学校暑期讲习会讲演。8月22日，黄炎培又应湖南省教育会和武昌中华大学等举办的暑期讲习会之请，偕本社办事员沈肃文，"先至长沙，计讲五日；次至武昌，共讲三次；又在汉口讲二次。……三处讲演，听者均甚众，且饶有精神"。①其中，在长沙"讲演余间，并从事调查，所至为衡粹女子职业学校，涵德女子职业学校，孤儿院，蚕桑女学校，甲种工业学校，第一职业学校，乙种工业学校，甲种商业学校等处。涵德规模宏远；长沙女子职业学校有七，均注重刺绣，兼办营业；甲种工业学校设备机械颇新颖"。②

2. 利用"暑期学校"讲演

1923年5月27日，在中华职业学校联合会第二届年会上，通过了由职教社提出的《拟与东南大学暑期学校协办职业教育讲演全案》，依此案，职教社与东南大学商定于该校本年的暑期学校中增加"职业教育组"进行职业教育讲演。此次职业教育讲演，时间为7月10—24日，学程分职业教育概论、职业教育课程和职业智能测验三部分。7月10日，黄炎培讲"职业教育概论"第一讲"职业教育之定义与分析"，并请江苏教育厅厅长蒋维乔、东南大学代理校长刘伯明、商务印书馆编辑朱经农等，参与讨论；7月11日，杨卫玉讲"职业教育概论"第二讲"新学制与职业教育"，并请东南大学农科主任邹秉文参与讨论。另外，杨卫玉并和朱经农合讲"职业教育课程"（其中，杨卫玉讲"初级职业教育之课程"）；廖世承和邹韬奋合讲"职业智能测验"（其中，邹韬奋讲"职业智能测验之性质、范围及历史"）。在讲演时，不仅参用各种图表和书目，还参考了职教社所编的《全国职业教育统计》等。

12月11日深夜，东南大学"口"字房着火，损失严重，一时场地局促，不得不将暑期学校暂停举办，于是职教社乃又与江苏省教育会、江苏省立第一中学校一起，呈准江苏省教育行政当局，于1924年开办南京暑期学校，仍加入职业教育一组，聘请专家分任教授。该年暑期学校时间为7月10日—8月7日，报名者络绎不绝。其中，庄泽宣讲《职业教育概论》，黄炎培讲《职业教育行政》，邹韬奋讲《职业指导》，朱经农讲《职业课

---

① 《社务报告：讲演调查》，载《教育与职业》第39期，1922年11月。
② 《社务报告：讲演调查》，载《教育与职业》第39期，1922年11月。

程》，杨卫玉讲《职业陶冶与训练》，过探先讲《农业教育概论》，赵师复讲《商业教育概论》。

由于1923年和1924年的"暑期学校"所办理的职业教育讲演取得了很好的效果，1925年，职教社决定在上海续办，后因东南大学加入，乃决定在东南大学办理。其中，职业教育组仍由职教社负责。此年学程包括"德美职业教育之行政""欧美职业教育之新趋势"和"职业教育之实际问题"等三项，讲授者除职教社的黄炎培、杨卫玉、邹韬奋外，还聘请有同济大学教授、德国人培伦子博士和清华学校教授庄泽宣等人。

二、举办职业教育成绩展览会

举办职业教育成绩展览会无疑是对兴办职业教育所取得的成绩的大检阅，但通过职业教育成绩的展示这样一个活动式的窗口，又何尝不是对职业教育巨大的宣传活动呢？

1918年5月、1919年5月、1920年5月、1921年5月，职教社曾先后举办了职业学校成绩品展览会、中华职业学校制作品展览会、职业教育图表展览会、中华职业学校成绩展览会（均在年会间举行）。1921年8月全国职业学校联合会成立时，职教社又提议举行职业学校出品展览会，后确定以分年分部的方式举行。1922年2月、1923年8月、1924年5月，连续三年在上海、北京和汉口分别举办第一届全国（东部）职业学校出品展览会、第二届全国（北部）职业学校出品展览会和第三届全国（西部）职业学校出品展览会。其中，第一届全国（东部）职业学校出品展览会计有来自苏、浙、闽、皖、赣、湘等8省的52所学校的3039件出品参加展览，加之因迟送而未编号的展品1586件，计4625件，参观人数10 468人；[①] 第二届全国（北部）职业学校出品展览会计有来自北京、直隶、鲁、苏、晋、陕、奉、吉、黑、粤9省市的58个机关的2602件出品参加展览，

---

① 有关这次展览会的情况和专家评论，《教育与职业》第34期曾以"第一届职业学校出品展览会报告"的"专号"形式予以刊载。

参观人数 8070 余人；第三届全国（西部）职业学校出品展览会计有来自湘、鄂、豫、秦、苏、直隶、川、京、奉、皖、晋等 11 个省市 158 个机关的 6525 件出品参加展览，参观人数 11 5000 余人。①

1924 年后，由于国内战端迭起，交通阻滞，致使原定计划未克如期实施。不过，虽然如此，职教社还是在相应范围内，举办了不同规模的成绩展览会。如 1925 年 5 月，当职教社在南京举行第八届年会时，就举办了江苏省职业教育成绩展览会；1926 年 5 月，当职教社在杭州举行第九届年会时，举办了江、浙职业教育出品展览会。

在职业教育成绩展览会举办期间，往往还会敦请教育界专家等到会演讲，其中不乏对职业教育的宣传内容。如在第一届全国（东部）职业学校出品展览会期间，牛厚泽演讲《甘肃职业教育》，李许频韵演讲《女子职业状况及办学经过情形》。另外，范源濂、张伯苓、汤尔和、程德全、袁述之等，也到会演讲。他们的演说，不少都涉及职业教育的一些基本问题。如范源濂强调职业教育的重要性道："人身之最要者，莫如手与脑。不用手，不用脑，则衣食住所需者，何由得之？教育即在练习手脑；人无衣食住，必至于堕落。而衣食住三要素，全赖手与脑以求之。吾国有八万万手，而民贫国弱，以无职业教育以练习手脑耳。……人之所以异于禽兽者，全在职业。否则生活必困苦，道德必堕落。惟职业教育，足以弥此缺憾。"张伯苓则提出如下问题与大家讨论："吾国现在之职业学校是否适当？""招收工徒从事工作，是否可为完全职业教育？""近来学校毕业生，是否能在社会谋生活欤？""今后职业学校当设何种科目，使学生足以自力生活欤？"而程德全则说：能联结教育与实业"此二要素以为进行之原动者，莫若职业教育"。袁述之更断言："今日非有职业教育，不能救社会！"②

---

① 《成绩展览会纪事》，载《教育与职业》第 116 期，1930 年 8 月。
② 《第一届职业学校出品展览会纪要》，载《新教育》第 4 卷第 3 期，1922 年 3 月。

三、合办暨代办职业教育事业

职业教育不仅是教育问题,也是重要的社会问题,这使得职业教育的兴办要真正取得成效,必须充分发挥社会各部门的智慧、资源和力量。事实上,职教社成立后与社会各部门合办职业教育事业,既是黄炎培"大职业教育主义"理论的重要实践基础,也是该理论的重要体现。

(一)合办职业学校

1. 上海商业补习学校

1921年,为适应上海商界青年学徒补助教育的需要,同时为随时进行研究,予各地仿办提供参照,中华职业教育社会同上海总商会、上海商科大学、江苏省教育会、上海县教育会、上海县商会等合办了上海商业补习学校。学校由中华职业学校商科主任、留美经济学专家曹伯权兼任主任;分设国文、英文、算学、商业打字等科。

2. 镇江女子职业学校

1926年春,江苏仪征许唐儒箴有感于镇江女子生计困难,乃捐地27亩与中华职业教育社,请在镇江筹设女子职业学校;经黄炎培、杨卫玉与冷遹等一再计议,决定先办蚕桑科。8月,成立校董会,由冷遹为主席。1927年2月学校开学,聘包明叔为校长。1930年3月,呈准教育厅立案改名为私立镇江女子初级中学。1931年春,又添办家事师范科。该校教育目标"以培植女子有一技之长,从事有益于社会之生产事业,同时益注重人格之修养,思想之正确,身体之健康,智识之丰富"。教学方法强调自学辅导,以行求知;注重实习,不尚空谈。

(二)推进农业教育

在职教社成立之初,不少职教社同仁认为,职业教育从范围而言,所含至广,像工业教育、商业教育、农业教育和女子家事教育等,皆属于职业教育之范畴,且鉴于中国农村人口众多,教育落后,故而重视、加强农村教育成为职教社的一贯主张。在这一主张下,农村职业教育成为职教社的重要实践领域,并取得了突出的成绩。其中在1926年前,这一成绩主要表现在发起组织全国农业讨论会的活动上。

1920年,职教社发表改革乙种农校意见书,并联合有关农业专家,创设了农业教育研究会,征集专家学者对办理农业学校的意见。1922年5月19日,中华职业教育社、中华农学会农业教育研究会在上海中华职业学校开会讨论实施全国农业教育计划大纲及筹划经费办法。旋因事关大体,于是决定由中华农学会、中华教育改进社和中华职业教育社联合发起全国农业讨论会,推邹秉文、陶行知、王舜成、郭次璋、唐荃生为筹备委员。7月4—7日,中华职业教育社和中华教育改进社、中华农学会共同于济南组织全国农业讨论会。在中华职业教育社等三团体看来,虽然我国"以农立国久矣",但今却"目睹农业之衰败,有江河日下之势,以病农而病工、病商,直至于病国。设非合全国之力,急起直追,则社会国家之经济愈趋穷蹙,永无活动与发展之希望"。有鉴于"吾国农业之重要于全国实相维系""吾国农业之衰败于现象宜知警惕""吾国农业之改良在今日当急谋促进"的现实,[①] 全国农业讨论会在"以讨论发展改良全国农业"的宗旨指导下,由中华职业教育社和中华农学会共同草拟了《实施全国农业教育计划大纲及筹画经费办法》,对农科大学、农业中学和乡村农业教育的设置、规划、经费支配等,作了明确规定。

(三)代办职业教育事业

中华职业教育社成立不久,即受江苏省当局委托,代办江苏职业教育,每年订有计划。1925年度所订计划有:巡回指导(期以一年,周历全省职业学校所在地),审订教材,推行职业指导,续开职业教育成绩展览会,分设职业学校出品介绍所,调查各县改组后之职业学校,调查平民生活状况,注重平民职业教育,调查毕业生出路,发行周刊,扩充南京女子职业传习所。同时在是年8月,江苏省职业学校联合会议决各县设平民职

---

① 中华教育改进社、中华职业教育社、中华农学会:《发起全国农业讨论会宣言》,载《新教育》第5卷第1、2期,1922年8月。

业传习所，经呈准省公署，令教育厅、实业厅会同提出办法，两厅乃会同江苏省职业学校联合会组成职业教育委员会，委托职教社为职业教育委员，代为规划。①

第四节　中华职业教育社的职业教育实践（1926—1937年）

1926年黄炎培"大职业教育主义"理论刊布后，职教社曾厉行农村改进，在1926年5月联合中华教育改进社、中华平民教育促进会、东南大学农科及教育科在上海近郊昆山创办"徐公桥乡村改进试验区"，1929年8月，在镇江创办"黄墟农村改进试验区"，1934年，在上海西郊创立漕河泾农学团。② 而与此同时，特别是"九一八事变"后，虽然职教社同人已经认识到国家不存，教育事业不可能有所附丽，在实践上，已经不像过去那样将职业教育作为救国家、救社会的唯一方法，像调查、讲演等，也都不再仅是有关职业教育的内容，但是，在理论上，他们仍然将职业教育视为"生产自救"和"经济自卫"的重要手段。概括而言，在全面抗战爆发前，职教社实践职业教育的主要途径有四：坚持开办中华职业学校，大力发展职业补习教育，推进职业教育理论研究，协调全国职业指导运动（有关职教社协调全国职业指导运动的情况详见第十二章第四、五节的相关内容）。

一、中华职业学校的续办

在这一时期，中华职业学校继续得以开办。与前一阶段相比，有以下特点：

---

① 《上海中华职业教育社志》编纂委员会编：《上海中华职业教育社志》，上海古籍出版社2007年版，第175页。
② 在职教社开展的农村改进运动中，农村职业教育的实施是其中的重要组成部分。鉴于作者在《教育家黄炎培研究》（福建教育出版社2025年版）中，对此已有较为全面的阐述，故在此不赘。

(一) 设科全面，课程完备

在抗战全面爆发前，中华职业教育社继续加大中华职业学校的办学力度，特别是1930年8月，学校鉴于"公私建筑，日益发达，土木人才需要之殷，有增无已"的客观现实，特添设土木科，且不断扩大规模。据统计，1929年下半年，全校共有15个学级，706名学生；其中，机械科5个学级，239名学生，商科10个学级，467名学生。① 1933年，学校所设的土木、机械、商业三科共有学生892人，其中机械科276人，土木科99人，商科517人。② 至1935年11月，三个学科共有初高级25个班，学生1374人。③

在课程设置上，学校力求"所授课程切合职业需要而适于实用为主，力避高深理论"。在这一原则指导下，课程设置十分广泛。各科的课程除文化课外，土木科还开设有制图、房屋结构学、力学及材料强弱、房屋设计制图、钢筋混凝土原理、钢筋混凝土计算制图、市政工程、市政工程制图、土木工程计划、建筑学、测量法及实习等专业课（1933）；商科的专业课有珠算、商学、簿记、会计、打字、经济、商法、统计、商业实习（1933）；机械科的专业课有制图工作法、力学、材料及材料强弱、原动机、水力学、工厂管理、电工及实验、实习（1935）。不仅如此，学校还广泛发动教师，编有《建筑图》《机械图》《用器画》《工场进度表》等颇富研究精神的教材。

(二) 生源充足，学生众多

由于中华职业学校办学质量较高，声誉良好，特别是1932年12月《职业学校法》颁布和1933年8月《职业学校规程》施行后，整个社会对职业教育益加重视并急切需要，到校求学者日众，每年的考生往往超出招

---

① 风波：《最近之中华职业学校》，载《教育与职业》第113期，1930年4月。
② 江恒源：《十六年来之中华职业教育社》，载《教育与职业》第146期，1933年7月。
③ 钟道赞：《视察上海市职业教育报告》，载《教育部公报》第7卷第49、50期，1935年12月。

生人数的数倍甚至十数倍;原有校舍,也不敷使用,1933年底,中华职业学校乃发起募集建筑费,并于1934年5月添建成新的房屋。为保证学生质量,学校严格招考制度,以成绩优劣作为是否录取的唯一标准。由于"僧多粥少",不少优秀的考生只能望洋兴叹,向隅而泣。

经过几年的发展,至1935年末,中华职业学校已有25个学级,学生人数1480人(见表10-1)。

表10-1 中华职业学校学生情况表(1935年度)

科别	级别	学级数	学生数	其中女生数
商科	初一	2	131	12
	初二	2	111	9
	初三	2	95	6
	高二	2	115	9
	高三	2	89	12
机械科	初一	2	150	
	初二	2	214	
	初三	1	84	
	高二	1	38	
	高三	1	24	
土木科	初一	2	140	3
	初二	2	106	
	初三	1	48	
	高一	1	68	3
	高二	1	41	
	高三	1	26	

资料来源:《本社专家评议联席会议纪录》,载《教育与职业》第174期,1936年4月。

另据统计,从1928年到1937年,历年在校学生人数如下:1928年,507人;1929年,706人;1930年,897人;1931年,983人;1932年,

870 人；1933 年，1096 人；1934 年，1351 人；1935 年，1379 人；1936 年，1589 人；1937 年，1207 人。①

从 1928 年到 1937 年，历年毕业学生：1928 年，机械科 11 人，商科 23 人，商科文书班 34 人；1929 年，机械科 13 人，机械科初级 34 人，商科 28 人，商科初级 55；1930 年，商科 74 人，商科初级 97 人，机械科初级 30 人；1931 年，商科 55 人；1932 年，商科 61 人，商科初级 50 人，机械科 24 人，机械科初级 17 人；② 1933 年，194 人；1934 年，212 人；1935 年，262 人；1936 年，332 人；1937 年，421 人。③

（三）教学质量高，就业形势好

学校重视教材的编写，同时加强对学生的思想教育。如 1931 年，洞悉日本侵华之急，学校曾举行升降国旗典礼，激发学生爱国精神；1932 年，学校制定《学生修养标准》，计 180 余条，内容涵盖对己、对人、对物、对事、对学问知识等各方面。另外，学校还非常重视学生实习，往往在学生将届毕业之时，由学校多方接洽各有关机构，遴选学生，分往实习，以便增进学生实际的知识和经验。当时，商务印书馆、新华银行等都曾为学校的实习基地。正是因此，学校教学质量一直处于较高水平。

中华职业学校高质量的办学水平得到了当时社会有关部门的高度认可。1934 年，上海市教育局专门进行嘉奖，认为"该校校舍适用，设备充实，教育认真，训育有方，成绩可观，成绩列入甲等"。④ 1935 年，教育部督学钟道赞在由教育部刊印的《视察上海市职业教育报告》中，也曾这样写道：该校"初级注重基本练习，高级注重成品制作。兼承造外界委制

---

① 《中华职业学校概况》，见《中华职业教育社第二十四周年纪念刊》，中华职业教育社 1941 年刊印，第 58 页。
② 江恒源：《十六年来之中华职业教育社》，载《教育与职业》第 146 期，1933 年 7 月。
③ 《中华职业学校概况》，见《中华职业教育社第二十四周年纪念刊》，中华职业教育社 1941 年刊印，第 72 页。
④ 《本社专家评议联席会议纪录》，载《教育与职业》第 174 期，1936 年 4 月。

机件。机械科工场,除机械工、钳工、煅工、铸工、木工等五部外,并设电气、原动机两实验室,以供学生实验练习之用。土木科设置研究室,陈列各种标本模型,以供参考;注重制图及校内外面积及地形测量;必要时并往远地实习,或承办房屋设计及监工等事。商科有西文打字机二十三架,中文三架,计算机一架,簿记教室,学校银行,商品研究室,以供学生练习之用,每学期并可往商务印书馆实习一二次"。同时,"报告"对中华职业学校给予了充分肯定,认为其初级"各科毕业生多能用其所学,询属难得。图书极为完备,理化设备亦能敷用";并令学校将其订定的"机械科工场实习之教学进度表",呈送教育部,以便分发给各省市公私立机械科职业学校,汇订适合标准,以资教学。①

由于学校教学质量高,教学效果好,使得在当时经济不景气已达极点、一些机构大裁其员的时候,而中华职业学校的毕业生却出路大畅。据统计,到1930年,学校已毕业学生836人,除未详职业的44人外,其中有工厂技手88人,留学外国及升学88人,学校职员76人,工厂职员75人,银行职员47人,商店职员42人,工厂技士36人,绘图员37人,书局职员31人,自办工厂商店22人,工厂主任21人,工厂技师19人,公司办事员17人,电气公司职员17人,文牍员16人,学校校长14人,公用局、路局和洋行职员各12人,邮局职员11人,教育局职员8人,交易所职员6人,会计师职员6人,美术教师5人,电报处、商品检验局和航空处职员各3人,保险公司职员2人。② 1934年上半年毕业高级机械科15人、高级土木科22人、高级商科31人,"均经介绍一空,出路之佳,得未曾有"。③ 而在1934年第二学期毕业的商科75名、机械科24名学生中,除4名升学外,其余均得就业;在就业的学生中,四川民生公司7人,首

---

① 钟道赞:《视察上海市职业教育报告》,载《教育部公报》第7卷第49、50期,1935年12月。
② 风波:《最近之中华职业学校》,载《教育与职业》第113期,1930年4月。
③ 《职业学校》,载《中华职业教育社社务月报》1934年8月份。

都电厂6人,两路管理局5人,立信会计师事务所及新华银行各4人,国防委员会、资源委员会3人,中华无线电研究社及天生港发电厂各2人,其他在工厂、公司、银行、学校及政治各机关服务者一二人不等。①

值得指出的是,1935年2月9日,职教社第九次专家会议就"复兴民族目标下之青年职业训练"进行了讨论,在议决通过并要求设法推广的《复兴民族目标下之青年职业训练具体方案》中,要求中华职业教育社所有部门均应注意民族复兴之精神,中华职业学校各方面也应融入"复兴民族"意识。如行动方面,应"指导学生努力身体锻炼及军事训练";设备方面,"各教室悬挂国耻图表";训育方面,"应以实现复兴民族教育为惟一指针,各教师对于学生个人谈话或公共谈话,必设法鼓舞其民族精神,扩大其国家意识";教学方面,史地课在"讲授时必以激起学生爱国家、爱民族的情感为重要目的",国文教学"亦宜注意于中国文化之表扬,人生行为的指示"。② 7月,在第十五届社员大会上重申,实施职业教育,必须顾及公民陶冶及民族复兴的准备,为此,必须培养国民的爱国情绪,增进青年服务的德行和智能,使之担负起救国、救民族的重任。在以上的要求下,1935年度第二学期始,中华职业学校特组织"非常时期教育委员会",以负设计并实施各种特殊教育之专责,并制定"非常时期教育实施方案""非常时期教育实施日程表"等,给予学生特殊之训练,使之更能够适应抗战的要求,这样,学校的教育教学日益和抗战救国结合了起来。

鉴于中华职业学校良好的教学质量和声誉,在1936年9月,学校经教育部"认为办理优良,特给以最高额补助二万元,用资奖励",而"全国得到教育部最高额补助费者,仅有二三校"。③ 高质量的办学使得学校一直到1937年初,学生就业形势仍是一片大好。据《中华职业学校职业市市

---

① 《本社专家评议联席会议纪录》,载《教育与职业》第174期,1936年4月。
② 《本社专家评议会联席会议记录:复兴民族目标下之青年职业训练具体方案》,载《教育与职业》第163期,1935年3月。
③ 《中华职业学校》,载《中华职业教育社社务月报》1936年9月份。

刊》第 7 期所载:"年来本校由贾校长(按:贾观仁)等之努力,声誉日隆,益蒙社会之信任。自二月(按:1937 年 2 月)截至最近为止,各机关工厂之来函征求人才者,竟至百起。是以今次高三各科同学,均未及考试而早有高就。于兹粥少僧多之社会,而得如斯成绩,可不告慰哉?!"①

二、发展职业补习教育

作为职业教育的重要形式之一,职业补习教育主要是对已错过入学机会而从事职业、准备从事职业的人员,进行补习有关的基本知识和职业技能,这种教育需要经费较少,学习时间灵活,密切结合实际。正是因为职业补习教育的这些特殊性质和作用,其在抗战时期受到教育界和实业界一些有识之士的高度重视,并极力呼吁政府和社会对之予以加强和发展。如孟宪承认为,职业补习教育的目的是以增进生计为主,以识字和公民训练为辅;江恒源则将职业补习教育定为当时有关中国职业教育的六大问题之一;而黄炎培更是把职业补习教育视为职业教育的"一条康庄大道"。在黄炎培看来,"职业补习教育,就已有职业的青年,予以相当教育,一方补充常识,一方增进其职业知能,虽与正式的学校教育不同,而于改良职业,大有关系。即按之职业教育定义,亦复非常切合。而且职业学校,无法可以普设;职业补习教育,苟有职业,无处不可举办,亦无处不当举办"。其办法:"(一)科目及教材,务使切合他们日常职业上的应用。(二)修业期间宜分级,每级宜短,使他们职业即有改变,修业中止,亦得一小结束;而欲长期修业者,尽可按级递升,两不相妨。(三)学年制不如学科制,使得自由选科,补其所阙而不相牵制。(四)每日既利用业余时间,则修学不宜过久,庶免疲劳,致生厌倦心。"②

与教育界、实业界有识之士对职业补习教育认识的深化相一致,国民政府对职业补习教育也予以了足够的重视,早在 1928 年 8 月大学院组织召

---

① 《本校近况》,载《中华职业学校职业市市刊》第 7 期,1937 年 6 月。
② 黄炎培:《怎样办职业教育?》,载《教育与职业》第 127 期,1931 年 8 月。

开的全国教育会议上,就曾予以职业补习教育以一定的地位。1933年9月6日教育部颁布的《职业补习学校规程》,更是使职业补习教育的开展有了法律上的依据。该"规程"规定:"职业补习学校,为实施补充生产教育之场所";其目的有二:"对于已从事职业者,补充其现有职业应具之知识技能,或增进其他职业之知识技能,并予以公民之训练";"对于志愿从事职业者,授以职业之知识技能,并予以公民之训练";各省市县应根据地方需要,设立职业补习学校或职业补习班;对农工商团体和私人设立职业补习学校予以奖励;入学者必须受过一定的知识教育,年在12岁以上者;修业年限、设科和每周授课时数、时间,由学校依照地方情形和职业性质订定;职业补习学校的种类分农业(农艺)、工业(工艺)、商业、家事及其他视地方情形而定的职业方面的学校。[①]

在教育界、实业界众多有识之士的倡导下,在教育部所制定的有关政策指导规范下,中华职业教育社不断从多层面、多层次开办各种类型的职业补习学校。如1929年底,中华职业学校创办职工补习晨校,"指示职工服务道德,灌输职工应用知识,增进职工工作效能,并试验职工补习教育方法";1930年又设"介乎函授与面授之间"的通问学塾,以函授、讲演(外埠学生寄讲演录)、谈话等作为教授方法,一时间,"南至广汕、暹罗,北至沈阳、哈埠,莫不闻风加入"。

在试办有关职业补习性质的学校取得一定经验后,1931年秋,适应社会对职业补习教育的需要,职教社决定进一步增进职业补习教育,特设补习教育部,专司办理补习教育事宜。1932年5月,职教社在召开的第十五周年纪念会上,更决定应时代需求,视社会需要,举办大规模的职业补习教育,并制定了整体的计划,而内容之一,就是有计划地创设中华职业补习学校。

1933年3月,职教社将职工补习晨校、职工专修夜校、通问学塾和业

---

① 教育部编:《职业教育法令汇编》,上海商务印书馆1935年版,第67—69页。

余图书馆合并设立第一中华职业补习学校，成为全面抗战前职教社推广职业补习教育的开路先锋。① 学校"以实施职业补习教育教授实用科目，并训练公民道德，俾易于就业或改进其业务为宗旨"，② 由江恒源为校长，梁忠源为主任。学校设日班、晨班、夜班和通问班。其中，晨班专授国文一科，于早上七时至八时上课，由江恒源、杨卫玉、姚惠泉、谢向之、张雪澄等担任教职，在普通教学之余，注重学生活动和精神训练；夜班设日语、英语、文书、簿记、英语专修、算术专修等科，由梁忠源主持计划进行；通问班"以辅助不能入校修业之青年补习切用之智识并指导人生修养为宗旨"，③ 函授课程有国文、应用文、常识等。1936年9月，又增设中文速记和妇女工艺两科。另外，学校还不定期开设星期班，主要进行日语会话和英语会话教学。

第二中华职业补习学校成立于1932年10月。该校学生主要来自与职教社合作的商务印书馆、中华书局、正中书局、中国国货公司、申新第一纱厂、冠生园食品公司、世界书局、新华银行、五洲药房等单位。在教学中，除按照学生程度编级，进行一般的商业训练外，学校还将某一合作单位送来的学生特设一班，着重专业训练，即"以该业之经营，为研索之对象，举凡有关该业之常识、技能及专门学问，靡不及焉"。④ 学校亦分晨、夜两班，由赵霭吴主持之。晨班设初级国文科、初级英文科、商业簿记科、职工补习科；夜班设高级英文科、初级英文科、银行簿记科、初级国

---

① 第一中华职业补习学校的前身，可追溯至1929年7月设于上海的中华职业教育社附设职业专修学校，初设普通簿记、银行统计和调查统计三科。1930年2月，增设华文打字科。8月，随着学校迁入新校舍，日益发展，学校改称中华职业教育社附设职业专科补习学校。1933年2月，鉴于学生愈多，学科日繁，乃呈请上海市教育局核准立案，改名中华职业教育社附设第一中华职业补习学校。

② 第一中华职业补习学校编：《第一中华职业补习学校概况》，第一中华职业补习学校1935年印，第15页。

③ 第一中华职业补习学校通问班编辑：《通问班纪念册》，中华职业教育社1934年版，第8页。

④ 《第二中华补习学校概况》，载《教育与职业》第156期，1934年7月。

文科职工补习科。不仅如此，学校还受康元制罐厂委托，在该厂开办练习生训练科、工友训练科；受中国国货产销合作协会委托，代办店员训练科；受中国国货公司委托，在校内开办练习生训练科、店员训练科；受冠生园食品公司委托，代办职工科；受中国保险公司委托，代订训练计划，训练员生。1936年9月，学校并添设小店员英文班。另外，学校还草拟了《办理职业补习教育须知三十二则》。

虽然，第一、第二中华职业补习学校办理颇有成效，且职教社并与南京路商界联合会合办补习学校，但以上三校均在沪北，而工厂林立的沪南，则亟须设立相关补习学校对工人开展补习。为此，1933年8月8日，职教社又于中华职业学校内设立第三中华职业补习学校，专收贫寒青年，由贾观仁负责筹备。9月18日，学校开学。该校乃一工业补习学校，主要是利用中华职业学校工科的设备办学，授以学生工业上的知识技能；先行设五科：机械电机科、建筑土木制图科、漆工科、国文文书科和英语科；学生均于晚上上课；鉴于教材无适当坊本，乃组织教材编订委员会，讨论自编或编译。

1934年后，由于职教社继续加大职业补习教育的办理力度，并改进补习教育的方法及教材，加之社会的重视，报名参加补习者渐趋增多，各职业补习学校均呈发展之势。据统计，至1935年，第一中华职业补习学校有学生577人，教职员28人；第二中华职业补习学校有学生565人，教职员25人。① 此外，在1935年10月，职教社还设立了第四中华职业补习学校，该校后来成为学生人数规模最大的职业补习学校，1940年学生达24个学级5127人。②

和中华职业学校一样，在1935年2月职教社《复兴民族目标下之青年

---

① 转引自蔡行涛：《抗战前的中华职业教育社（1917—1937）》，台北东大图书有限公司1988年版，第129页。
② 姚惠泉、潘文安：《办理上海第四中华职业补习学校一得》，载《教育与职业》第193期，1941年3月。

职业训练具体方案》公布后，各中华职业补习学校在各方面也开始融入"复兴民族"意识。其办法，除同于中华职业学校外，还特别规定："培养学生对于民族复兴的自信心，扫除畏外、媚外等恶劣心习"；指导学生在服务时，要"提倡国货"，"帮助本国人，反抗外国人的无理压迫"等。①而第一中华职业补习学校更制定了《复兴民族目标下之青年职业训练实施大纲》，第二中华职业补习学校则制定了《复兴民族教育行为标准》，由教师率先倡行，并由公民教师向学生逐项讲述。

随着职教社对职业补习教育在实践上的进一步推广，职教社同仁对职业补习教育从理论上也加大了探讨的力度，认识也更为深入。如1935年2月，江恒源就撰文指出，在时下"学费太重、不易筹""学校毕业生无出路"之时，只有推广职业补习教育，才可解决这些难题；因为，"一来，入学的人，可以不要父兄担负学费；二来，他们未学之先，已经有了职业"。②7月，职教社第十五届社员大会也一致认为，职教社今后努力的五个方向之一，就是职业学校教育、职业补习教育和职业指导三方面应当同时并重，平均发展；中国目前职业教育的六大中心问题之一，就是探讨职业补习教育的必要性和可行性。

基于以上认识，1936年4月，《教育与职业》特辟第174期为"职业补习教育专号"，刊登了江恒源《职业补习教育的十种重要性》，钟道赞《职业补习教育之演进与问题》，何清儒《职业补习教育中的个别指导》，以及赵霭吴、谢向之、瞿西华、梁忠源、周椒青等人所写的对职业补习学校的"设科原则""训育问题""国文教学""英语教学""教师的管测"的探讨文章。这些文章的作者，有的是职教社的职业教育专家，也有的是职业补习学校的一线教师。如果说他们此前更多的是从职业补习教育的地位

---

① 《本社专家评议会联席会议记录：复兴民族目标下之青年职业训练具体方案》，载《教育与职业》第163期，1935年3月。
② 江问渔：《职业补习教育还不值得提倡么？》，载《教育与职业》第162期，1935年2月。

呼吁它的重要性的话，那么如今他们所写的这些文字，可以说既是他们此前实践经验的总结，更是他们长期对职业补习教育理论进行探讨的升华。这些涉及职业补习教育方方面面的文字，无疑对当时职业补习教育的推行具有重要的理论指导意义。此后，职教社对职业补习教育的探讨更为具体、细致、深入。如1936年5月和12月，甘允寿在《教育与职业》上先后发表《办理职业补习函授教育应注意之点》《职业补习学校学生缺课原因及其补救》，1937年1月，何清儒在该刊发表《职业补习学校的学生》，都是极好的例证。

1937年2月5日，教育部特制定《各省市推行职业补习教育办法大纲》，要求各省市教育行政机关，切实推行职业补习教育，拟具详细实施办法，并就职业补习学校的设置、教学、经费、推行步骤等作了规定，职业补习教育的推展已经势在必行。因此，在是月13日召开的职教社第十一次专家会议和第十一届专家评议联席会议上，专议"职业补习教育"问题，会议议决将职业补习教育作为下年度工作的重心和今后工作的中心，并组织"职业补习教育推行委员会"，负责具体的推行工作，加大对推行方法的探讨，力求将职业补习教育"做大""做强"。于是，在1937年上半年，职教社对于职业补习教育，无论是理论研讨，还是实践活动，都有了更进一步的发展。

就理论探讨言，主张广泛依靠社会力量。如何清儒认为，由于职业补习教育性质特殊，作用特别，所以切不可视之为仅是学校范围以内的事，必须联合所有的社会力量；"各地施行职业补习教育，应根据当地的职业需要、内容及前途发展，筹划设施的组织、教材、方法等"；另外，要采用切实有效的科学方法，如通过工作分析确定职业内容以为编辑教材的根据，通过测验对学生进行选择和考核等。① 陆叔昂也认为，目前，职业补习教育在中国仍然"幼稚"，缺乏基础，这使得"不论任何地方，均极需

---

① 清儒：《推行职业补习教育的新希望》，载《教育与职业》第183期，1937年3月。

要这种职业补习教育，然非用有力的提倡方法，实难希望其进展"。所以，他希望：政府需指定职业补习教育经费，或特设学校，或补助改良；社会农工商各界应尽力提倡，或独立举办，或联名合办；职业界的青年要自勉自强，增加学力，充实智识。① 就实践活动说，继续增校增班，扩大规模。到 1937 年 5 月，在盛大的纪念职教社成立二十周年大会上，仍决定继续举办职业补习教育。

而随着理论探讨和实践活动的推进，职业补习教育的理论建设达到了一个新的高度，不仅高水平理论文章数不胜数，而且还出现了像赵霱吴著的《都市的职业补习教育》、杨卫玉编著的《职业补习教育》这样相对系统的理论著作。"八一三"事变后，职教社的同仁们仍矢志不移，适应社会形势发展的需要，其所开展的职业补习教育工作，不仅没有减弱，反而日益发展。

三、推进职业教育理论研究

（一）职业教育调查的开展

在 1927—1937 年间，职业教育调查仍然是职教社开展职业教育的基本途径。其调查，既有国外调查（如 1931 年 3—4 月，黄炎培、江恒源、潘文安取道朝鲜赴日考察，共作考察报告 9 篇；7 月，《教育与职业》将此 9 篇文章汇集刊发在第 126 期，取名"考察日本职业教育报告专号"），更有国内调查。而其中，在国内的职业教育调查中，对全国职业学校的调查是一个重要方面。

职业学校的实际办理和发展状况，是研究及实施职业教育的最切实的参考和根据，有鉴于此，1933 年冬，职教社开展了第一次全国性的"职业学校概况调查"。此次调查，涉及全国 16 个省市的 79 所各类职业学校。调查的内容包括：地点，沿革，编制，行政组织，经费，教职员和学生人

---

① 陆叔昂：《职业补习教育的重要性和推广意见》，载《教育与职业》第 183 期，1937 年 3 月。

数，课程、实习、设备及训育概况，学生入学标准，学生的出路概况等。调查所得结果，编辑成册，由上海商务印书馆以《全国职业学校概况》为名，于1934年8月出版。1935年冬，职教社又对该年度全国73所职业学校开展了类似的调查，调查结果同样编纂成册，由上海商务印书馆以《全国职业学校概况》为名，于1937年3月出版。

除此之外，职教社还继续开展实地调查活动。如1928年，赴苏、浙、豫、鄂调查；1930年，赴粤调查；1932年，赴冀、豫、鲁调查等。

（二）职业教育理论书籍的编（译）、撰

1927—1937年间，由职教社同仁编、撰出版的职业教育理论书籍主要有：潘文安《职业教育ABC》（上海ABC丛书社1929年版），杨卫玉编著《职业教育概要》（上海世界书局1929年版），廖世承编纂《中国职业教育问题》（上海商务印书馆1929年版），张旦初编著《职业教育纲要》（上海法学社1930年版），熊子容《职业教育》（上海黎明书局1931年版），陈选善主编《职业教育之理论与实际》（中华职业教育社1933年版），庄泽宣编著《职业教育通论》（上海商务印书馆1934年版），何清儒、郑文汉编辑《职业教育名辞简释》（中华职业教育社1934年版），赵霭吴《都市的职业补习教育》（中华职业教育社1935年版），江恒源、沈光烈编著《职业教育》（南京正中书局1937年版），杨卫玉编著《职业补习教育》（上海商务印书馆1937年版）等等。这其中，《职业教育名辞简释》和《职业教育之理论与实际》是两种影响最大的著作。

由何清儒、郑文汉编辑的《职业教育名辞简释》为"职业教育研究丛辑"之一种，是研究职业教育的重要工具书。全书汇集83个职业教育、职业指导常用名词，所有名词按笔画排列，除注明英文外，并加以简单的解释；书末并附有"中英名辞对照表"，检、查极为方便。

《职业教育之理论与实际》乃是职教社同仁为纪念立社十五周年而编写出版，可谓职教社同仁积十五年从事职教事业之心得而辑成，"有关职业教育的理论与经营方法，均网罗在内"，故被称为"中华职业教育社十五周纪念之大贡献"，是当时"国内唯一的最完备的职业教育专书"。该书除"序"和"结论"外，主体共十七章，分别是：《职业教育的理论的基础》（陈选善），《中国职业教育简史》（黄炎培），《欧美各国职业教育概况》（钟道赞），《农的教育》（王舜成），《农村改进》（江恒源），《工的教育》（胡庶华），《商的教育》（赵霭吴），《家事教育》（杨卫玉），《女子职业教育》（杨卫玉），《专业教育》（潘文安），《职业补习教育》（陈选善），《职业课程》（陈选善），《职业训练》（贾观仁），《职业教育师资》（陈选善），《特殊职业教育》（杨卫玉），《职业陶冶》（杨卫玉），《职业指导》（陈选善）。可见，该书的各章撰写者胥为当时职业教育专家。由于该书对职业教育可谓网罗殆尽，如"制度如何确定，师资如何养成，设备编制如何适当，教材教法如何采用，社会如何联络，毕业生如何介绍、如何指导，普通青年如何训练，农民生活如何改进等"，在在具备，故被时人评曰"是一本关于生产教育的有系统的著作，值得从事于生产教育的人们细读"，同时"也是教育界一般人及关心教育的人们必读的书籍"。[①]

第五节　中华职业教育社的职业教育实践（1937—1949年）

职教社成立二十年来，虽历尽艰难，但在困苦中，组织日渐壮大，事业不断发展，令人欣喜。然而，1937年夏，卢沟桥畔，烽火高燃；吴淞江边，炮声隆起。随之，大片国土沦入敌手，遭到战火蹂躏；千百万民众惨受杀戮，被迫流离颠沛。

"皮之不存，毛将焉附"！面对国破家亡的残酷现实，职教社的同仁们在检讨、反思过去的同时，也在策励、规划、期待着未来；此后，勉力支撑的职教社另辟新途，"职教救国"被赋予了更多新的、更广泛的内涵和意义。

[①] 朋：《〈职业教育之理论与实际〉介绍》，载《青岛教育》第2卷第7、8期，1935年2月。

早在 1936 年 8 月，鉴于日本不断加紧对中国的侵略步伐，职教社即在武汉设立了办事处，聘陆叔昂为主任。抗日战争全面爆发后，1938 年 2 月 1 日，职教社又在桂林成立广西办事处；9 月，职教社总社迁至桂林，并于 10 月 1 日开始办公，由办事部副主任杨卫玉主持社务。而在总社迁至桂林前夕，1938 年 9 月 1 日，上海办事处在职教社原址成立，聘潘文安为主任，何清儒、姚惠泉为副主任，在东南地区继续开展职教社的原有事业工作。当武汉失守取消武汉办事处后，职教社又于 10 月 10 日在重庆成立四川办事处。是年 12 月 29 日，桂林总社被敌机炸毁。但"炸弹虽可毁我有形之物体，不能毁我不挠之精神！"职教社同仁发表宣言："今当正告侵略者……我社全国一万余同志，誓为抗战建国而努力，始终不懈"；"誓必为维护和平正义而奋斗，从焦土中建立文化学术之新生命"。①

1939 年 4 月 16 日至 5 月 7 日，职教社在昆明召开了为期三周的工作讨论会，会议不仅鉴于桂林总社历经轰炸，各项工作的推展受到极大阻碍，决定将总社迁至重庆，在桂林另设广西办事处；而且，因为昆明为云南重镇，且为当时中国唯一陆上国际交通孔道，工商业也甚发达，乃决定在昆明设云南办事处。5 月 15 日，云南办事处正式成立，由俞兆明任主任。7 月 20 日，社址位于张家花园的总社正式在重庆办公（之后，原设于重庆的四川办事处并入总社），由杨卫玉主持社务，孙起孟任总书记。1940 年 2 月 1 日，因事业日繁，原贵阳通讯处改设贵州办事处，仍由曾俊侯为主任；同日，湖南办事处成立，由陆叔昂为主任。11 月，四川办事处移成都设立，由陆叔昂任主任；而广西办事处则改设为广西分社，陈重寅任主任。除此之外，在抗战时期，职教社还在柳州、西昌（西康办事处）、香港等地设有办事处，在南宁、梧州等地设立通讯处。

一、全面抗战时期的职业教育实践

在 1937—1945 年间，由于抗日战争的全面爆发，国难当头，中华职业

---

① 《中华职业教育社重要消息》，载《国讯》第 193 期，1939 年 1 月。

教育社的目标有了明显改变。

全面抗战爆发之初，适应抗战形势需要，职教社曾在战区参与难民救济工作，并在南京筹备训练土木工程中级人才，组织难民生产教育等。1939年，职教社昆明工作讨论会确定了职教社新的努力目标："在以最高的积极性参与抗战建国的努力"，进而"实现一个民生幸福的社会"；在这个社会里，真正达到"无业者有业，有业者乐业"的目的。围绕这一目标，职教社制订了各种工作计划。就职业学校教育而言，"将从事研究、倡导、实验、推行怎样根据实际的需要创设职业学校或添办各种短期职业训练班，培养能为抗战建国切实服役的人才"，"如何使职业学校同时也成为生产单位，供应人民生活所需，推而发展一般社会经济"；就职业补习教育来说，乃在于"配合抗战建国需要，通过补教方式，在技术上培养各种抗战必需之人才，在政治上提高受教育者之抗战情绪，在公民道德上养成勇于为群之公民，使受教育者皆能积极支持抗战，以争取最后胜利"。①

可见，职教社已经开始抛弃"职教救国"的理想，将更多的时间和精力投入到抗战建国的事业之中。不过，职教社的同仁仍认为，职业教育仍然可以在抗战中发挥重要的作用，因此，在这一时期，他们将职业教育的宣传和实践与抗战大业紧紧联系起来。

（一）勉力举办中华职业学校

全面抗战之初，原设于上海南市的中华职业学校，受战事影响，即行迁出，并于1937年9月10日，在浦东大厦开学。虽校舍狭小局促，设备简陋不全，但师生精神焕发，勉力上课如故。最初即有学生1100余人；至1938年，为1428人；1939年，1362人；1940年，1471人；② 1941年12月太平洋战争爆发，日军占领上海租界，艰难困苦中的中华职业学校，不

---

① 中华职业教育社：《今天的中华职业教育社——昆明工作讨论会会后》，载《国讯》第209期，1939年8月。
② 《中华职业学校概况》，见《中华职业教育社第二十四周年纪念刊》，中华职业教育社1941年刊印，第58页。

得不"隐名埋姓",于1942年2月改称"工商学艺所"。

而在大后方,自1938年1月,江恒源等即赴重庆开始筹设渝校,并于2月在重庆张家花园巴蜀学校内设渝校办事处,经过几个月的筹备,7月24日,开始招生,并于10月11日开学。虽然条件有限,生活艰苦,但弦歌不辍。学校与中华铁工厂合作,开学之初,设高级商科一年级一班,初级商科、机械科、土木科各一级,学生共167人。[①] 1939年5月3日、4日,重庆遭敌机大轰炸,学校被迫停课,商科、土木科乃迁至江北黄桷坪;6月,渝校学田湾实习工场被敌机炸毁,之后,筹款在江北白沙沱购地百余亩,自建校舍工场,先迁机械科和实习工场,至1944年各科集中于白沙沱新校舍。另外,学校成立初,还受教育部委托,举办机械职工训练班,有学生18人;1939年秋,增设举办会计训练班;1940年春,又受教育部委托,编撰高级职业学校教科书;并附设中华函授学校,以实施义务的职业教育。

据统计,渝校1938年有学生187人;1939年,287人;1940年,389人。[②] 而沪、渝两地中华职业学校毕业学生:1938年,305人;1939年,328人;1940年,369人。[③]

(二)中华职业补习学校的续办

1937年4月,第四中华职业补习学校恢复办理,由姚惠泉主持。之后,鉴于抗战全面爆发后,失学、失业人口急剧增多,到职教社要求接受职业补习教育者益众,原有的四校,势不能容,于是在1937年10月设立第五中华职业补习学校。11月,上海沦陷后,因为第一、第二和第四中华职业补习学校位于租界内,得继续办理,由何清儒兼任各补习学校校长;

---

① 程贻举主编:《中华职业教育社在重庆(1937—1946)》,西南师范大学出版社2007年版,第67页。

② 《中华职业学校概况》,见《中华职业教育社第二十四周年纪念刊》,中华职业教育社1941年刊印,第58页。

③ 《中华职业学校概况》,见《中华职业教育社第二十四周年纪念刊》,中华职业教育社1941年刊印,第72页。

此后，职教社于1938年6月又新办了第六、第七中华职业补习学校；1939年8月，恢复了第三中华职业补习学校。这样，职教社所设职业补习学校即增至七校，且学生也不断增加。

为适应抗战需要，1939年，第一中华职业补习学校特设无线电电讯工程专科，第五中华职业补习学校特设护士养成班及土木工程班等。最初，这些学校除第三中华职业补习学校外，其他的几所都曾达千人以上，像第一、第四中华职业补习学校人数更曾达四千之众。据统计，1940年春，第一至第七中华职业补习学校的人数分别为：2893人、1727人、229人、4603人、1316人、1762人、885人。[①] 1941年春，第一至第七中华职业补习学校的人数分别为：3459人、2055人、660人、4599人、2326人、1846人、1158人。[②]

不仅如此，各学校还适应当时特殊形势，采取多种方式，以提高教学质量。如第一中华职业补习学校组织各科竞赛活动，提高学生学习兴趣，并邀请郑文汉、沈光烈担任升学就业指导工作；第二中华职业补习学校对学生训练极为注重，并开办夜校，收容失学儿童；第三中华职业补习学校兼办语文、数理等科，着重工业补习，并以中华职业学校实习工厂为实习场所；第四中华职业补习学校特设学员学业指导部，以指导学生课外学业进修，并举行国文、英文级际竞赛；第五中华职业补习学校为应社会之需，于1940年上半年，特设电气工程科、建筑制图科，授以实用技能；第六中华职业补习学校应学生需求，于1940年上半年增设珠算、打字等科，并组织职业介绍委员会，指导学生就业；第七中华职业补习学校组织福利事业委员会，以减轻师生生活负担，使教师精心教授，学生专心勤读。

---

① 《社务消息：沪处职补校学生数发达》，载《职教通讯》第2期，1940年4月1日。

② 《上海办事处工作概况》，载《职教通讯》第11、12、13期，1941年5月6日。

（三）重庆中华职业补习学校的举办

1939年10月10日，总社在重庆设立重庆中华职业补习学校，由办事部主任江恒源兼任校长。学校分面授和函授两部，设初级簿记、高级簿记、普通会计、华文速记、文书、写作、英文、俄文等科；教学期限根据各科教学内容，短者两三个月，长者不过六个月。据统计，仅从1939年10月到1940年10月，即招收学生五届，除第四届因开课之日遭敌机轰炸致校舍严重损毁遂告流产外，其他四届共招29班，学生951人。其中，学簿记、会计者，12班434人；学英文者，11班286人；学俄文者，2班66人；学文书者，1班20人；学速记者，1班32人；学写作者，1班73人；另有民众职业补习班1班40人。①

重庆中华职业补习学校重视文化基础知识和基本技能传授，注重理论联系实际和教材编写，根据社会需要并征求各界设科之意见设置学科。同时，学校专门设"职业青年星期讲座"，敦请社会各界知名人士和有关专家主讲各种社会问题，据统计，仅从1939年11月到1940年12月，就举行44次，各界听众达19 374人。该讲座不仅有助于当时职业青年对抗日形势的了解，激发了师生的爱国激情，增强了大众抗战必胜的信念；同时也是广大学生获取社会知识的重要场所和各方人士发表己见的宝贵地方。不少著名人士都通过"星期讲座"阐发真理。如1939年11月26日，柳湜讲《我们对于宪政问题的认识》；12月10日，吴稚晖讲《中国职业教育问题》；1940年1月14日，郭沫若讲《日本政治经济诸问题》；1月28日，邹韬奋讲《汪派卖国密约暴露以后如何》；2月18日，毕云程讲《最近国际局势》；6月9日，田汉讲《抗战与艺术》；11月3日，黄炎培讲《时局的透视》。特别是，1940年9月29日，周恩来作的《国际形势与中国抗战》的讲座，轰动山城。

---

① 毛仁学：《一年来的重庆中华职业补习学校》，载《教育与职业》第193期，1941年3月。

(四) 灌县都江实用职业学校的筹办

1942年，为了使受教育者不出农村，不离生产，即可接受职业教育，6月8日，黄炎培和贾观仁、陆叔昂、葛荫培赴灌县，筹设农村职业学校。6月14日，"度地略定"。① 之后，在沈钧儒、刘航琛的鼎力相助和邓锡侯、张群、刘文辉、任觉五等人的支持下，筹办开展工作进行顺利。9月，学校定名都江实用职业学校，由黄炎培任董事长，陆叔昂任校长。先设农艺一科，于1944年春开学。

(五) 开办中华工商专科学校

1943年5月，鉴于抗日战争的形势朝着有利于中国的方向发展，为了培养战后所需要的高级专门人才和"设计领导人才"，职教社决定在以中华职业学校培养中级干部技术人员的同时，在重庆筹备办理中华工商专科学校，聘请张群、黄炎培、宋汉章、陈光甫、钱新之、张嘉璈、杜月笙、江恒源、杨卫玉等为校董，校董会公推张群为董事长，黄炎培为副董事长，江恒源为校长。9月，中华工商专科学校正式开办，初设工商管理和机械工程两科，分别学习两年半和两年；该年招收新生150名，其中工商管理科120名，机械工程科30名。聘有教授杨荫溥、王元照、狄膺等33名，特约教授有王云五、潘序伦、章乃器、潘光旦等15名。统计在渝两年半间，中华工商专科学校共肄业学生200余人。

全面抗战时期，在大后方，除以上学校外，职教社各地方办事处还在其他地区设有一些职业学校，或采取其他形式推进职业教育的有效发展。如1938年4月，于桂林由广西办事处与广西省政府合设中华职业补习学校。1939年7月1日，云南办事处与云南省教育厅合办昆明第一中华职业补习学校，校址在昆华中学旧址（1943年5月随云南办事处迁至兴隆街新址）；初设英文、簿记、文书、国语、统计五班，成立后，由于学生人数众多，1943年又在曲靖设立分校。另外，四川办事处在成都设有中华职业

---

① 黄炎培：《灌县杂行七首并序》，载《苏讯》第71期，1942年6月。

补习学校，并与国民政府行政院农产促进委员会、四川省教育厅合办蓉南农村职业教育推进区，推行农事改进、农村卫生、农村教育等工作；贵州办事处设贵阳职业补习学校，湖南办事处设第一中华职业补习学校、中华职工子女学校，西康办事处设中华职业补习学校，等等。

此外，在全面抗战时期，职教社同仁继续开展职业教育的理论探讨，出版了一些重要的职业教育理论著作，主要有：章之汶、辛润棠《农业职业教育》（上海商务印书馆1937年版），沈光烈编著《职业补习教育概论》（上海中华书局1941年版），何清儒《职业教育学》（长沙商务印书馆1941年版），何清儒编著《职业教育讲话》（上海世界书局1944年版），俞兆明《荣誉军人职业教育》（军事委员会后方勤务部政治部1944年版），檀仁梅《农业职业教育的实际问题》（私立福建协和大学农业教育系1944年版）。而在这一时期开展职业教育理论探讨的职教社同仁中，何清儒无疑是十分突出的一位。

何清儒（1901—1985），天津人。留学美国哥伦比亚大学获得心理学博士学位的他，学识丰富，对职业教育和职业指导有着极深的认识、理解和研究。1933年9月，被职教社所聘主持该社研究股及编辑股。1939年春，曾赴美讲学，1940年7月回国后，担任总社研究编辑组主任。此后，何清儒根据自己多年来对职业教育的深入理论研讨、实践经验总结和对美国职业教育的考察所得，（编）著有多部职业教育理论著作。特别是《职业教育学》，是我国第一部以"学"字命名的职业教育著作，内容计分三编，分别为"一般职业教育"（含职业教育概论、个人的研究、职业的分析、职业教育的实况、设科、课程、实习和师资等）、"职业补习教育"（含职业补习教育的意义、组织、教材、个别指导、考绩等）和"特种职业教育"（含职业训练、劳工教育、女子职业教育、军队职业教育、残废职业教育等）。该书体例完备，内容丰富，表明职业教育的理论研究与以往相比已经达到了新的水平。

二、战后的职业教育实践

1945年8月日本投降后,职教社于9月16日在重庆召开复员会议,决定:总社迁沪后,重庆改设办事处。之后,中华职业学校渝校维持原状继续办理;中华工商专科学校待第一届在渝办理结束后迁沪;灌县都江实用职业学校由地方接管;继续办理四川、云南办事处,并维持其所办有关职教事业;暂停西康、贵州办事处;恢复武汉办事处;筹设南京和东北办事处。1946年1月,总社由渝正式迁沪。2月1日,重庆新设办事处,由温仲六任主任。9月4日,在第二届理监事联席会议上,钱新之被选为理事长,杨卫玉被推举为总干事;会后,召开讨论会,大家对职教社今后的业务开展提出了多项建设性意见,如编辑切于实用的各种职业教育教材,力求职业教育方法的科学化,注意职业心理的研究等。1946年12月1日,停刊的《教育与职业》杂志也重新在上海复刊。① 1950年4月,中华职业教育社总社由上海迁至北京,上海则自5月设立分社。

值得指出的是,虽然说职教社始终将自己定位于教育团体,但因为在全面抗战时期及抗战胜利初,社员中不乏参加政党及政治工作者,故社会上存在着职教社是在从事政治活动的误解,并有"职教派"之谓。鉴此,1946年4月,职教社特地郑重声明:"本社永远是个教育团体,根据社章,努力从事于职业教育之研究、创导、实验……报国之旨,与热心民主政治者,本无二致也。"② 事实也确实如此。在战后,职教社在做好复员工作的同时,其主要事业,还是在勉力兴办职业学校,推行职业教育,开展职业指导。

如,抗战胜利后,第一、二、四中华职业补习学校先后在上海恢复,

---

① 在抗战胜利后,到中华人民共和国成立,《教育与职业》分别在1946年12月、1947年6月、12月和1948年10月出版了第201、202、203和204期;1949年6月、1949年9月出版了第205、206期和207期;1949年12月,《教育与职业》出至第208期停刊。1985年5月20日,《教育与职业》经批准在上海重新复刊,时任中共中央总书记的胡耀邦同志题词:"重放光彩。"

② 《我们永远是个教育团体》,载《社讯》第29期,1946年4月20日。

分别由杨卫玉（不久由孙起孟代替）、赵霭吴和姚惠泉任校长，继续招生，并着重职业学科的补习，加大课程及教材的改进力度。中华工商专科学校自第一届在渝办理结束后于1946年8月迁至上海，以上海永嘉路蓉园为校址续办，因设备部署需时，最初暂停工科，只设商科，分银行、会计、国际贸易、工商管理四学科，9月底招收新生，录取130余人，于10月20日开学；1947年9月，为应急需，工科添设机械工程一科；学校强调增强实际应用，在对学生进行实际能力训练的同时，注重人格陶冶；马寅初、黄炎培、陈望道、杨卫玉、赵景深、郑太朴、江恒源等均曾在该校授课；1947年9月，鉴于学生增多，原有校舍不敷使用，又增设分校。此外，镇江女子职业学校复校开办，设蚕桑科、家事师范科、简易师范科、初级蚕桑科。而留守在昆明的云南办事处，由蒋仲仁为主任，继续办理昆明第一中华职业补习学校；四川办事处继续开办成都中华职业补习学校；新设的重庆办事处，则设职业补习学校两所，附设重庆职业指导所，并创办了比乐托儿所。另外，由潘菽任主任的职业教育研究所还编辑了"职业教育特约通讯"，以介绍传播国内外职业教育的有关理论、试验及消息。而在这一时期职教社所有的职业教育实践中，最值得提及的是中华职业学校的复员和比乐中学的创办。

（一）中华职业学校的复员

前面曾述，在全面抗战期间，中华职业学校曾在沪、渝分设两校。抗战胜利后，1945年8月19日，上海的工商学艺所恢复中华职业学校校名，首先在原址复校；1946年夏，重庆的中华职业学校结束其使命，一部分师生回到上海，融入中华职业学校。

在上海，由于原校址多次遭日军掠劫，校舍破烂不堪，复校后的中华职业学校在校长贾观仁的带领下，在原址上，重新添建校舍，充实设备，经过艰苦努力，很快恢复了旧观。至1946年底，学校已设有机械科、土木科、化工科、中技科和商科，各科的班级和学生人数已达到了一定的数量（见表10-2）。

表 10-2　中华职业学校学生情况表

科别	级别	学级数	学生数
机械科	初一	二学级	134
	初二	二学级	120
	初三	一学级	58
	高二	二学级	89
	高三	一学级	42
土木科	初二	一学级	39
	初三	一学级	28
	高二	一学级	28
	高三	一学级	27
化工科	初一	一学级	49
中技科	高一	二学级	70
	高二	一学级	31
	高三	一学级	17
商科	初一	二学级	107（女生28名）
	初二	一学级	62（女生24名）
	初三	一学级	48（女生19名）
	高一	一学级	46（女生14名）
	高二	一学级	63（女生22名）
	高三	一学级	55（女生18名）
		计24学级	1113名（女生125名）

资料来源：《一年来之附设各学校》，载《教育与职业》第201期，1946年12月。

之后，中华职业学校又组织化工科课程设备计划委员会，并聘请专家修订化工科课程；鉴于之前所编教材不能适应形势需要，重新编写高等数学、力学、测量、簿记、会计等科教材；不久，又将实习工场大加扩充。

新中国成立后，中华职业学校于1952年1月由华东军政委员会工业部接管,并改归轻工业部领导,改名上海市中华职业学校,1953年又改名为上海轻工业学校。

(二)比乐中学的创办

比乐中学是中华职业教育社战后在上海创办的一所具有职业性质的普通中学,其创办源于1945年职教社订定的"五年建设计划",当时曾约请专家商讨创办一所试验性的中学,拟在战后成立。抗战胜利后,随着职教社各项工作的渐次恢复,这一试验性的中学也于1946年6月开始筹备,是月29日正式成立校董会,聘请江恒源、杨卫玉、王艮仲、王载非、俞庆棠、俞寰澄、张企翁、胡叔潜、傅稚亭、傅守璞、孙仲山、盛丕华、何清儒、孙起孟等10余人为校董,推定江恒源为董事长,孙起孟为校长,校名定为比乐中学,校址设于雁荡路80号。

"比乐"一词取自《周易·杂卦》:"比乐师忧。""比乐"意为"亲近故乐"之意;著名爱国教育家马相伯释之为"亲群合众,故得快乐"。1946年9月12日,比乐中学开学,首招初级中学两班。在开学典礼上,黄炎培曾以"大家老老实实快快乐乐,靠自己的力量来学做人"勉励学生;由黄炎培作词、贺敬之作曲的"校歌"这样写道:"比乐,比乐,我们有理想在憧憬着,我们有理想在憧憬着。太阳般热是我们的心,钢铁般坚是我们的身,水泥般可合不可分是我们的交情。我们有理想在憧憬着,我们有理想在憧憬着。比乐,比乐,比乐,比乐,比乐,比乐!比乐,比乐,我们有理想在憧憬着,我们有理想在憧憬着,人人为大家牺牲牺牲,政府视民众主人主人,全世界人类相互间像弟兄弟兄。我们有理想在憧憬着,我们有理想在憧憬着。比乐,比乐,比乐,比乐,比乐,比乐!"所有这些,无疑都是对"比乐"的最好诠释。

比乐中学乃一普通中学,那么,中华职业教育社既已开办了职业学校,何以还要再创办一所普通中学呢?这主要是考虑到当时在初中施行职业指导不易普遍推行,而虽然在高中阶段相对开展了一定程度的职业指导及生活技能训练,但由于一般的中学仍多偏于普通知识的灌输,对于职业技能毫不注意，且不推行日常生活的指导，以致绝大多数无缘升学的高中毕业生在毕业后成为失业"游民"。而中华职业教育社创设比乐中学，宗旨就是要在普通中学实验职业指导、职业陶冶、生活指导及生活技能训练，让学生在校时就受到职业性的高中教育，毕业后不升学者得以就业，并通过比乐中学的试验和示范，给全国众多的普通中学提供一个新的办学思路。

由于比乐中学乃一新生事物，为了消除人们的偏见，更为了给予比乐中学的办学提供一个指针，1946年8月，黄炎培、江恒源、杨卫玉、何清儒和孙起孟五人共同拟定了《中华职业教育社创设比乐中学意旨书》，具体解释、说明了"为什么办比乐中学""怎样办比乐中学"等问题。

在"意旨书"中，黄炎培等人提出，中华职业教育社的重要使命之一，就是职业指导，所以，必须加强对普通中学职业指导问题的探讨，使初中生得升入分科高中，不能升学的高中生不致陷入"毕业即失业"的窘况。为此，必须培养中学生的相关能力，因为"所谓职业，除开专门技术以外，有通常必须备具的几种能力。如果备具了，怕任何职业环境，都容易走得进的"。那么，这几种能力是什么呢？它们主要是："国文无论私函公牍、文言白话，都能应用；英语（在需要区域）无论书信和会话，都能应用，尤重会话。而于课外特别注重服务（初中本有劳作科），例如，关于个人与团体生活的料理，关于机关，人的管理，物的管理，经费的管理（兼略习初步会计），均就时间及环境之允许，酌使练习。"黄炎培等人满怀信心地说："在中学六年中间，不变更规定课程，而能养成上开各种能力，于升学不致有妨，而于就业取得特别便利。细细考虑一下，这些理想，怕不是做不到的。"[①]

正基于此，比乐中学开办期间，以"教法教材之研究改进"为"教"的中心，以"联络家庭、认识学生"为"训"的中心。在坚持"意旨书"

---

① 黄炎培、江恒源、杨卫玉、何清儒、孙起孟：《中华职业教育社创设比乐中学意旨书》，载《教育与职业》第201期，1946年12月。

所倡导的"学费合作制"和学生"小级制"的前提下,在课程方面酌设职业学科,俾学生于不能升学时,仍有就业的条件,同时充实国文学科内容,使学生所学尽可能切合实用;从学生入学到毕业坚持贯彻对学生进行办事服务能力的训练,并注意加强对学生的个别指导和生活指导,使品行与知能训练融为一体;举行"恳亲会",密切与学生家庭的联系,力求得到学生家长的合作和支持。1947年暑期,为加强劳作教学,使学生能实际参加生产活动,并特地成立劳作工厂。

综上所述,作为近代中国专门倡导、研究和实施职业教育的团体机构,中华职业教育社自成立后,即以"教育救国""职教救国"为其信念,视职业教育为改革当时中国教育的中心和要津,在民国时期30余年的奋斗历史中,通过引入、介绍西方职业教育的有关经验,探讨职业教育的有关理论,创办各类职业学校,等等,不仅促进了职业教育制度在中国的确立,创立了完整的职业教育理论体系,而且使职业教育思潮广泛而持久地传播,极大加速了中国教育由传统向近代变革的进程。虽然,在旧中国,中华职业教育社最终没有也不可能实现其"职教救国"的愿望,然而,由于它对中国职业教育以及中国教育的发展所起的重要推动作用,使之在近代中国职业教育史乃至近代中国教育史上,都具有异乎寻常的地位。

第十一章 职业教育理论探讨的先行者举概

在中华职业教育社成立之初,职业教育不仅不为人们所接受,甚至众多的人对之存有偏见和误解。为此,一大批中国职业教育的早期开拓者在大力宣传、倡导、极力实践职业教育的同时,还积极开展有关理论探讨;他们中既有职教社的发起人,又有职教社成立伊始最早的社员,还有职教社早期的实际领导者。无疑,中国职业教育理论探讨的先行者是一个庞大的群体,限于篇幅,这里,仅选其典型进行概述。

第一节 职教社创办者的杰出代表:顾树森、蒋维乔、穆藕初

一、顾树森:职业教育理论的重要开拓者

早在职教社成立前,顾树森就积极开展职业教育的理论探索,编(著)出版《职业教育设施法纲要》《德美英法四国职业教育》等著作,是我国早期职业教育理论的重要开拓者之一。职教社成立后,在担任中华职业学校校长和职教社研究部主任等职的同时,顾树森继续对职业教育理论进行研讨,先后发表了一系列理论文章。其中,在《中华教育界》上发表的论文主要有:《德美英法四国职业教育之实况》《中学校增设第二部办法之商榷》《实施职业教育之入手办法》《论职业教育与普通教育之关系》《关于教科上之职业陶冶》《我国设施职业教育之方法》;在《教育与职业》

上发表的论文主要有:《各国施行职业教育在学制系统上之位置》《职业教育与道德训练》《论补习学校之性质与其目的》《职业教育之过去与未来》;在《新教育》上发表了《职业教育种种问题的研究》;此外,并辑有《职业教育表解》。在对西方国家职业教育情况及其理论发展进行介绍的同时,顾树森不断地就在中国如何发展职业教育提出自己的看法和建议。

(一)关于职业教育的内涵和目的

在顾树森看来,提倡、实践职业教育,必须首先明晰其内涵和目的。早在职教社成立前,顾树森就曾在阐述职业教育与实业教育的异同时,对职业教育的内涵作过说明。职教社成立后,1918年2月,他在对职业教育和普通教育的关系进行分析时,进一步明确了职业教育的内涵。他说,"普通教育为职业教育之基础,职业教育为普通教育之结束";职业教育假如没有普通教育中的职业陶冶为基础,必然是形式上的,没有任何效果,所以必须在重视普通教育的基础上发展职业教育;那种"蔑视普通教育而仅注重职业教育,是犹不事播种耕耘之道而望收获之丰富也"。鉴此,他断言:"职业教育者,即所以为不能升学者,发达其关于职业上知识技能之基础,以为适于谋生之准备,更进而图职业道德之陶冶,以增进社会国家之幸福。"[1]

在明确职业教育内涵的基础上,顾树森又就当时人们于职业教育目的的各种见解,对职业教育的目的作了分析。在他看来,"职业教育的范围,很是广大,种类又是繁复,其关系于各方面,尤为重要,则其目的……不能不审慎周密,预为规定";[2] 而此前无论是以解决个人生计问题为职业教育的目的,还是以解决社会生计问题为职业教育的目的,乃至将生利主义作为职业教育的目的,都是仅及一点,不及其余,"不能顾到全体",因此

---

[1] 顾树森:《论职业教育与普通教育之关系》,载《中华教育界》第7卷第2期,1918年2月。
[2] 顾树森:《职业教育种种问题的研究》,载《新教育》第5卷第4期,1922年11月。

弊病颇大。因为不论是解决个人生计问题、社会生计问题或生产问题，均不外近乎功利主义，极易造成人们利己主义，而无公共团体和互助牺牲的精神，且缺乏对学生精神的关注，不能养成其完全人格。基于这一认识，顾树森认为，必须"用远大的眼光，从大处落墨"，去考察职业教育的目的，集合学生心理、社会雇用、社会需求和教育要求等来进行确定。正因此，在他看来，职业教育的目的，应为：第一，从个人身心方面，须锻炼健全的身体，使青年有适宜于从事职业的体力和耐劳耐苦的习惯；须培养其坚强的意志，使青年的品性行为有适宜于职业界的生活；须涵养优美和乐的情感，使青年乐于从事职业；须养成应有的知识和较强的组织能力，使青年将来能"切于实用，并能发展事业"。第二，从社会国家方面，"须养成直接或间接为社会国家增加生产能力"；"须养成能辅助社会国家的发达，实行互助的精神，俾将来做成一个良好的公民"。概而言之，职业教育的目的，在于"培养青年身体、意志、感情、智力各方面，使他平均发达，将来适宜于职业界而能自谋生活，同时并养成他有服务社会精神，谋共同生活的幸福"。①

（二）关于职业教育实施的途径和方法

1. "欲施行职业教育……必自实行调查始"

顾树森说，因为职业教育范围甚广，种类又多，加之与社会发展密切，所以在实施前和实施间，必须郑重、审慎、周密地调查社会的实际状况、儿童家庭的志愿以及本地重要的教材，以保证职业教育的实施与整个社会的需要相适应。在他看来，"中国今日不欲施行职业教育则已，苟欲施行职业教育，其第一步入手，必自实行调查始"。② 对此，他进一步解释道，如果要使学校中的毕业生能够在社会上得就相当职业，必须首先对社

---

① 顾树森：《职业教育种种问题的研究》，载《新教育》第5卷第4期，1922年11月。
② 顾树森：《实施职业教育之入手办法》，载《中华教育界》第7卷第1期，1918年1月。

会上特别是本地的职业状况、种类等作番调查,从而授予学生相应的最重要的职业技能;调查后,进行汇集统计成帙,"而后得知社会上何种职业为最发达,何种职业需用人才最多,而学校中即可从之而决定实施何项职业教育"。正是因此,他坚定地说:"职业教育之得收效果,全恃乎调查以为之标准。"①

2. "养成师资,实为最先最重要之问题"

顾树森说:"欲举行职业教育,养成师资,实为最先最重要之问题。"②在他看来,由于职业教育的种类繁多,所以教师必须有专门的修养和实际的经验,"方足以引起学者之兴味,而增社会之信仰"。他建议应该学习欧美国家对职业教师养成的重视和方法,采取在高等师范学校进行分科、注重师范学校职业教科或在甲种实业学校附设职业教师养成所等形式,以增进职业教育师资的培养。

3. 实施职业教育的具体方法

在顾树森看来,促进职业教育发展的途径很多,如在小学校中附设职业补习科,在高等小学校中加设职业科,增设实业补习学校,在中学校设立第二部及行分科制,设置女子职业补习科等。对于这些途径的具体实施方法,顾树森均进行了专门的说明。像关于女子职业补习科,他认为"可附设于小学校中,依男子职业补习学校办理";"宜注重实习";"修业年限可分为一年或二年";"编制可分半日部与全日部二种";所设科目,"普通:修身、国文、算术、图画、唱歌,职业:家事、裁缝、烹饪、洗涤、看护、刺绣、编物、造花、花边、园艺、养鸡、养蚕等";另外,"普通者应注重家事、裁缝、烹饪等科,也可视地方情况特别注重他种教科,如在

---

① 顾树森:《实施职业教育之入手办法》,载《中华教育界》第7卷第1期,1918年1月。
② 顾树森:《实施职业教育之入手办法》,载《中华教育界》第7卷第2期,1918年2月。

城市之区可增加刺绣、编物、造花、花边，农村则可授园艺、养鸡、养蚕等"。①

1922年10月，顾树森受职教社所派赴欧洲考察教育，一直到1925年4月回国。其间，他将考察所得写成"欧游丛刊"七种，其中多种为介绍西方国家职业教育特别是职业指导的著作，对职业教育特别是职业指导的引入作出了贡献。

二、蒋维乔：职业教育理论的早期探索者

蒋维乔（1873—1958），字竹庄，别号因是子，江苏武进（今常州市）人，我国近代著名的教育家、出版家。早年入南菁书院、常州致用精舍习中西学。20世纪初曾担任商务印书馆编辑，从事新式教科书的编写工作；民国成立之后，任教育部参事；此后，又任江苏省教育厅厅长、东南大学校长、上海光华大学教授等职。在清末民国年间，蒋维乔情系教育，实践教育，是中国近代教育改革过程中的弄潮儿。而其中在民初，他更是钟情职业教育，是我国早期职业教育理论的重要探索者。

（一）对职业教育的引入

早在清末，蒋维乔曾受蔡元培的举荐，入商务印书馆编辑所，和庄俞等人同为国文部编辑，主要负责小学教科书和中学教科书的编辑。其间，他不仅自己校订了《小学教授法要义》《各科教授法精义》《小学唱歌教科书三集》，编写了《简明中学历史教科书》，和高凤谦、庄俞、沈颐、戴克敦联合编辑了《初等小学简明教科书》（8册）、《高等小学简明教授法》（8册）、《初等小学女子国文教科书》（8册）、《高等小学女子国文教科书》（4册）等，而且还翻译了日本吉田熊次的《新教育学》，和徐仁镜共同编写了《学校管理法》，和杨天骥共同校订了《各科教授法》等教育理论著作。

---

① 顾树森：《实施职业教育之入手办法》，载《中华教育界》第7卷第2期，1918年2月。

这些教科用书和教育理论著作,在当时曾产生了较大影响。

民国成立之初,蒋维乔受教育总长蔡元培之邀,到教育部任职,并和高凤谦、陆费逵、庄俞等人一起,先后拟定了《普通教育暂行办法》和《普通教育暂行课程标准》。这两个重要法令文件,对封建旧教育进行了相当程度的荡涤,及时稳定了临时政府成立初期的教育秩序,为接下来所进行的教育改革奠定了坚实的基础。而其中,规定"小学手工科,应加注意""初等小学,女子加课裁缝,视地方情形,得加设唱歌、外国语、农、工、商业之一科目或数科目",已初现蒋维乔对职业教育的体认。此后,在频繁的教育部人事变动中,蒋维乔因受到排挤,于1912年8月去职回到商务印书馆,继续从事教科书的编辑工作。

1915年5月至1916年4月,受教育次长袁希涛之约,蒋维乔对湘、鄂两省的教育进行了为期一年的视察。在视察中,他在对两省一些学校所推行的新体制和新方法给予肯定的同时,也指出了其所存在的诸多方面的问题,并将视察结果写成《鄂省视察教育记》和《湘省教育视察记》,发表在《教育杂志》上,"以供教育家之参考"。此次视察,涉及小学、中学校、女子师范学校、女子职业学校、实业学校、专门学校等。如视察湖南省立甲种工业学校,对该校的发展历史、设科情况及各科学生人数、经费支出等均有说明;参观该校毕,蒋维乔肯定曰:"方今实业学校,办理方法,多与社会不相应,是校独能注重日用品物,庶几能取信于社会欤。"①

1917年1月,蒋维乔和北京高师校长陈宝泉、北京高师附中主事韩振华、武昌高师校长张渲、南京高师教务主任郭秉文、江苏省教育会副会长黄炎培共同组成赴日本、菲律宾教育考察团。这次教育考察,陈宝泉、韩振华、张渲、郭秉文将考察的重点放在了师范教育上,而蒋维乔和黄炎培则重点考察两国的职业教育。从1月11日抵日,至1月28日离日,蒋维乔随考察团在日考察时间半月余,其间,他不仅考察了东京共立女子职业

---

① 蒋维乔:《湘省教育视察记》,载《教育杂志》第8卷第4号,1916年4月。

学校、东京府立工艺学校、横滨商业学校,并和日本实业教育大家、前东京高等工业学校校长手岛精一进行谈话,征求他对中国实业教育发展的意见。谈话间,手岛精一特别指出:"实业教育分人才教育与徒弟教育二途……中国实业教育究应先从人才教育著手,或徒弟教育著手,此仅可以缓急论,不能以先后论,二者实无可偏倚,当同时并进。……人才教育,即养成技师,技师为指挥工匠之人,虽不必自己工作,但工匠所从事之工作,必自身亲历之,方可服人,故实习宜重。"[①]

而从2月3日抵达马尼拉,到26日离开菲律宾,蒋维乔在菲律宾共20余日。其间,他先后参观了菲律宾商业学校、菲律宾大学林科、中吕宋农业学校、菲律宾工艺学校等,拜谒了总督哈列孙、副总督罗克斯、教育局局长麦夸等人,向他们了解菲律宾发展职业教育所采取的措施。如麦夸曾对本国注重职业教育这样介绍说:菲律宾的职业教育"一方面与家庭联络,令学生在家亦从事工作,教员时往察看指导之,一律给予分数。全岛小学生共有六十万,其中有四十八万人,在家中自己做工,如种植、园艺、养鸡等,并以时开家事讲习会,派人至各处讲述家庭浅近工艺,如罐头食物及日用品之制法是也。一方面与商界联络,即将学校工艺品、家庭制作品,由商家贩卖于国内外"。[②]

从菲律宾回国后,蒋维乔将在菲考察情况整理成《斐律宾之教育行政》《斐律宾之农业教育》《斐律宾之家事教育》《斐律宾之工业教育》《斐律宾之商业教育》《斐律宾之师范教育》《考察斐律宾教育记》等,和在日对手岛精一的访谈记录——《实业教育谈》,逐一发表在《教育杂志》上,这些著述,不仅大量介绍了菲律宾职业教育的发展概况,而且在相当程度上反映了蒋维乔对职业教育的深深体认。

---

① 韩振华、黄炎培、陈宝泉、张渲、郭秉文、蒋维乔编纂:《考察日本斐律宾教育团纪实》,上海商务印书馆1917年版,第190—191页。
② 韩振华、黄炎培、陈宝泉、张渲、郭秉文、蒋维乔编纂:《考察日本斐律宾教育团纪实》,上海商务印书馆1917年版,第197页。

如在《斐律宾之教育行政》中，他介绍说：菲律宾的初等小学尤为注重手工，"男生有织席、制篮、竹工、藤工、木工等科，女生有缝纫、烹饪、家政、刺绣、花边等科"；"高等小学以上课程用分科制，普通科中亦加职业科，男生第一年制篮，第二年园艺，第三年木工，女生为花边、刺绣、缝纫、家政、烹饪。此外各科有师范、家事、工业、农业、商业"；"中学校分普通师范二科，此外初级专门分家事、工业、农业、商业、测量、商船六科，与我国实业学校类似"；"大学分文、法、内外医学、热带医学及公众卫生、药学、兽医、农、林、工程、美术十科，年限各不同"；为使实业教育适合商业发展情形，菲律宾教育局对各区学校所习科目加以限制，要求"实业课程之规定，当以各地之经济及实业状况为标准"。① 而鉴于"斐律宾之职业教育，以中等及小学校之农、工、商、家事四科为范围"，蒋维乔特将菲律宾的职业教育分"农业、工业、商业、家事析为四篇，详述之"，以与黄炎培所撰"陈其梗概"的《日本斐律宾之职业教育》相表里。②

（二）对职业教育的倡导

基于对职业教育的体认与引入，还在菲律宾考察期间，蒋维乔和黄炎培等人就已开始着手联合全国教育界、实业界著名人士，计划发起成立中华职业教育社。在菲律宾，蒋维乔协助黄炎培，在当地华侨中，或演说宣传，或开会募捐，从舆论、资金、组织等各个方面为设立职教社做了准备。1917年5月，中华职业教育社成立后，他更是积极倡导职业教育，先后发表了《〈职业教育真义〉叙》《论女学校之家事实习》《职业教育进行之商榷》等文章，开展职业教育的理论探讨。

如1917年6月1日，在为朱元善译述的《职业教育真义》所作的

---

① 韩振华、黄炎培、陈宝泉、张渲、郭秉文、蒋维乔编纂：《考察日本斐律宾教育团纪实》，上海商务印书馆1917年版，第24—31页。

② 韩振华、黄炎培、陈宝泉、张渲、郭秉文、蒋维乔编纂：《考察日本斐律宾教育团纪实》，上海商务印书馆1917年版，第105页。

"叙"中，针对谈职业教育者，多将职业教育视为"衣食主义"，他提出"职业教育之真义，不可不急为表明也"；认为该书"大较以中等教育之农工商及家事四者为职业之范围，而以个人生活推及于社会国家之生存，由养成生徒生活能力，归宿于道德陶冶，名为真义，斯诚真义矣"。① 是月，在《论女学校之家事实习》中，他说：由于我国"家事教授方法只有习惯而未有系统之研究"，"学生惮于实习不能踊跃从事"，致女子家事教育十分落后。因此，在文中，他极力赞扬欧美国家对女子家事教育的重视，十分肯定美国将家事科与农、工、商科并列作为职业科之一的做法；同时，对国内家事教育成绩较优的江苏省立女子师范学校的家事实习室、烹饪实习室及缝纫科作了详尽介绍，并满怀信心地号召："凡事惟患不为耳。若毅然行之，不畏难，不中止，虽规模不能完备，庸何伤焉！"② 一个月后，在《致袁次长观澜论修改女子师范学校课程书》中，他再次强调"男女天赋不同，职业各异"，针对当时女学中加学家事、缝纫，但又设手工，必致重复的窘状，建议或"手工缝纫并为一科"，或"删除教育、手工"，或"专重职业、手工"。③ 11 月，在《职业教育进行之商榷》一文中，他又提出，在对职业教育的倡导中，不仅要借鉴美国的中学分科之制，加强职业科，更应对已有的甲、乙种实业学校加以重视、加强，并大力兴办实业补习学校；而有鉴于一方面社会事业萧条，一方面实业学校的课程仍属"纸片教育"，致学生毕业后多无谋生的能力，他提出，必须"整顿学校之内容，使与社会相应"，同时，鼓励私人或私人团体创办职业学校。④

综上所述，蒋维乔从事职业教育的时间虽不长，但作为中国职业教育

---

① 蒋维乔：《叙》，见朱元善译述《职业教育真义》，上海商务印书馆 1917 年版。
② 蒋维乔：《论女学校之家事实习》，载《教育杂志》第 9 卷第 6 号，1917 年 6 月。
③ 蒋维乔：《致袁次长观澜论修改女子师范学校课程书》，载《教育杂志》第 9 卷第 7 号，1917 年 7 月。
④ 蒋维乔：《职业教育进行之商榷》，载《教育杂志》第 9 卷第 11 号，1917 年 11 月。

的早期探索者之一，他对职业教育的引入、倡导乃至理论建设，都有一定的贡献，是我国近代职业教育发展史上不应被忘记的一位重要人物。

三、穆藕初：一位实业家的职业教育情怀

在近代中国，不少实业家为国纾难，扶持文化，心系教育。而曾被毛泽东同志誉为"新兴的商人派"代表的著名"棉纱大王"穆藕初，就是其中突出的一位。

穆藕初（1876—1943），名湘玥，字藕初，以字行，上海浦东人。作为实业家，虽然他坚定"以实业求振兴"国家的信念，以发展实业为职志，但发起创办中华职业教育社后，他基于实业与教育的辩证关系，对职业教育作了极具前瞻性的理论探索，是我国职业教育早期发展过程中，极有教育情怀的一位实业家。

（一）"实业人才之盛否，关系于教育之兴替"

1895年甲午战争后，穆藕初开始逐渐认识到西学在救亡图存中的重要性。此后，当目睹中国"民间生活程度日低，交通不便，货弃于地"的现实状况，更激起他振兴实业的愿望，并深感"在诸般实业中占中心势力者，莫如农。我国以农立国，必须首先改良农作，跻国家于富庶地位，然后可以图强；国力充实，而后可以图存，可以御侮，可以雪耻"。① 于是，在1909年秋，他赴美留学，入威斯康星大学农科学习，1911年9月又转入伊利诺大学农科；1913年6月，在伊利诺大学农科毕业获农学学士学位后，于是年秋进入塔克塞斯农工专修学校，学习植棉、纺织和科学管理方法，1914年6月在该校获农学硕士学位后回国。

留学时的实业学科背景，加之"细探新大陆致富之源，并默察吾国社会之状况"，使穆藕初在回国后积极投身于当时实业救国的浪潮之中，并继承了与之亦师亦友的张謇"父教育、母实业"的思想。在他看来，"实

---

① 穆湘玥：《藕初五十自述》，上海商务印书馆1926年版，"藕初文录""上卷"，第14页。

业种因于教育"。因为对一个国家而言，实业的兴盛是国家富强的重要基础，"实业人才之盛否，关系于教育之兴替"。然而，在民初，征诸事实，中国的实业人才，无论是天赋异禀的实业天才，抑或具有实业经营能力的管理人才，还是能在实业领域的不同岗位上恪尽职守的技术人才，都十分匮乏。对此，穆藕初说，"我国二十年来，累办新业而累招失败之最大原因，莫不以缺乏实业人才故"，而"吾国实业人才之缺乏，因平素不知所以发育而储备之，穷原竟委，当归咎于教育之不修"。正是基于以上认识，他认为，必须通过发展教育，加强实业知识的普及和实业人才的培养。他说："今后之人才，能否适用于实业界，能否挽救今日社会生计之困状，则叩诸今日教育界造因之如何而可知。"① 在他看来，"振兴职业教育，力谋实业发展之主张一致"。②

"实业种因于教育"的理念使穆藕初在民初成为一个坚定的"实业救国论"和"教育救国论"者。中华职业教育社成立后，穆藕初积极参与职教社的有关活动，支持中华职业学校的创建和发展；同时，鉴于当时国人对职业教育尚没有清楚的认识，甚至一些人对职业教育还存有偏见，穆藕初和当时众多职教社的同仁一样，竭力宣传职业教育的重要意义，探讨职业教育的有关理论。

（二）中华职业学校"校董中最热心的人"

创办中华职业学校是中华职业教育社实践职业教育的重要举措之一，而学校从开设到发展，穆藕初都对它付出了极大的心力和财力。

早在1917年10月5日，鉴于中华职业教育社拟办中华职业学校，穆藕初和黄炎培、沈恩孚等人特集议预算，拟定职业学校开办费为19 750元，经常费为11 728元；翌日，在穆藕初参加的中华职业教育社议事员临时会议上，预算得到了通过。1918年3月30日，穆藕初出席职教社议事

---

① 穆湘玥：《藕初五十自述》，上海商务印书馆1926年版，"藕初文录""上卷"，第97页。
② 穆藕初：《实业上之职业教育观》，载《教育与职业》第7期，1918年6月。

员临时会议，会上，集中讨论了中华职业学校校舍的建造问题，并决议由穆藕初督理学校工程事务；4月28日，他又出席职教社议事员会常会，讨论中华职业学校建筑筹款情况等事宜；6月15日，他参加中华职业学校的奠基仪式；7月18日，他又一次出席职教社议事员常会，讨论职业学校详细预算，并获准通过；9月8日，中华职业学校顺利开学，穆藕初被推为校董会主席。

中华职业学校成立后，以"劳工神圣，做学并进，半工半读，工读结合"为办学宗旨，先后设置了铁工、木工、钮扣和珐琅四科，致力于培养当时社会所需要的技术人才。然而，由于学校经费拮据，常常面临"断炊"之虞，每每见此情景，穆藕初心急如焚。为了使学校得以正常发展，他在办学经费的筹措方面竭尽心力。早在1918年9月学校开办之初，他就向学校捐款2650元；10月，由他担任队长的为学校募集经费的分队又募集资金5055元。1920年7月6日，他被聘为中华职业学校经济校董。此后，他又数次向中华职业学校捐赠巨款，慷慨资助，并对中华职业学校时时给予关心。如1931年7月，在中华职业学校决定购下顾姓之地建筑新校舍时，穆藕初被推负责与业主接洽；1932年，他特为《中华职业学校商科二一级毕业纪念册》题词"积学致用"；1933年，他又为《中华职业学校十五周年纪念刊》题词"双手万能"。由于穆藕初时时关心、倾注于中华职业学校的建设与发展，1936年6月26日，他被董事会推为常务校董，并被人称为"校董中最热心的人"。

（三）实业上之职业教育观

1918年5月5日，中华职业教育社于江苏省教育会举行第一届年会，明确职业教育的目的是：谋个性之发展，为个人谋生之准备，为个人服务社会之准备，为国家及世界增进生产力之准备。在大会上，作为实业家的穆藕初受到了黄炎培、沈恩孚等人的推重，应邀作了《实业上之职业教育观》的演讲。这篇此后刊于《教育与职业》第7期的文字，较明确地反映了穆藕初早期对职业教育的认识。

作为中华职业教育社的发起人,穆藕初对职教社怀有深挚的感情,对职业教育抱有浓厚的情愫。当他看到职教社成立仅及一年,"职业教育之声已洋洋乎盈耳",越来越多的学校趋向于职业教育,他坚定地断言:"职业教育,确为今日要务。"他认为,在职业教育诞生之初,开展职业教育应该着重以下两个方面:

第一,加强对职业教育理论的探讨与研究。穆藕初说,教育界提倡职业教育,必须从"实"的方面入手,勿从"名"的方面进行。所谓从"实"的方面入手,"即无论举何事业,行实地之研究是也"。在中华职业教育社成立初期,有关职业教育的理论几乎是一片空白,广大民众乃至职教社的大部分发起人,对之都缺乏深刻的认识,穆藕初在当时提出应对职业教育"行实地之研究",无疑是十分有见地的。这和当时黄炎培等人主张职业教育应首重实地调查颇有一致之处。

第二,培养学生"真正职业教育之精神"。在穆藕初看来,实施职业教育不仅是要教给学生有关的职业知识,培养他们相应的职业能力,以让他们能够操作机器,做出物件,更重要的是要让学生具有"真正职业教育之精神"。为此,就必须要"努力育成其耐劳习惯,持久性质,克己复礼工夫,斩除一切巧取幸获之观念"。只有这样,"职业教育始进于完美无疵之地步"。① 所谓人才,应该是知识、能力和道德三者均备,尤其是职业人才,职业道德尤为重要。穆藕初强调重视学生"职业教育之精神"即职业道德的培养,这在职业教育发展的初期显得十分可贵。

总之,在穆藕初看来,"职业教育不实心提倡则已,苟实心提创之,则审察宜周,立说宜简,邻障宜去,主张宜一,取应用不取铺张,务扼要不务泛应"。② 只有这样,才能培养出众多的适应于各业的人才,从而挽救

---

① 穆湘玥:《藕初五十自述》,上海商务印书馆1926年版,"藕初文录""上卷",第94—97页。
② 穆湘玥:《藕初五十自述》,上海商务印书馆1926年版,"藕初文录""下卷",第42页。

困状的社会生计，进而达到实业振兴、强国富民之目的。

第二节　职教社的优秀社员：任鸿隽、庄泽宣、廖世承

一、任鸿隽："昙花一现"的实业教育论

任鸿隽（1886—1961），字叔永，生于四川垫江（今属重庆市），中国近代科学事业的积极倡导者和拓荒者。1912年11月，任鸿隽作为第一批"稽勋留学生"赴美留学，先后在康奈尔大学和哥伦比亚大学学习化学、物理等科，并于1916年6月和1918年初相继在康奈尔大学和哥伦比亚大学获化学学士和硕士学位，1918年10月回国。留美期间，他曾于1915年1月和胡明复、赵元任、周仁、秉志等发起创办《科学》月刊杂志，10月又组织成立了中国第一个综合性科学团体——中国科学社，并任社长，对近代西方科学知识在中国的传播、普及和发展作出了重要贡献。1929年1月，担任中华教育文化基金董事会干事长后，他更将中基会教育事业的范围界定在科学研究、科学应用和科学教育三类，致力于施展其科学救国的理想与抱负。任鸿隽不仅对中国近代科学的发展作出了突出贡献，他还是一位著名教育家，他曾先后担任过北京大学教授、教育部专门教育司司长、东南大学副校长、四川大学校长等职。在长期从事教育活动的过程中，他也就教育问题进行了深入探讨，形成了其较为全面而独特的教育思想。这其中，职教社成立之初尚在美国肄业即加入成为社员的他，在职教社成立前夕和伊始，先后撰写了《实业学生与实业》《实业教育观》《科学与实业之关系》等文章，致力于实业教育理论的探讨，实系其心路历程中的重要一段。

（一）关于实业教育理论的初步认识

19世纪末20世纪初的特定历史环境，使得一大批有识之士在要求变革政治体制、实行君主立宪的同时，也号召通过振兴实业以挽救中国于累

卵，于是"实业救国"成为当时举国上下的重要呼声之一。这一呼声，不仅没有因为1912年政体的改变而减弱，反而进一步加强。生活于这一社会巨变时代的任鸿隽，1912年11月赴美学习。当任鸿隽踏上当时对国人有着巨大神秘感的大洋彼岸的那片大陆后，毅然选择以化学工程为自己的专业，希冀将来以化学振兴中国的实业。特别是，亲眼看到美国先进的科技和工业发展，更激发了他实业救国和科学救国的热情。因此，在康奈尔大学读书时，他不仅和留美同仁醵资刊行《科学》月刊，一起发起组织了中国科学社，普及科学知识，传播科学方法，期求以科学救国；而且，在哥伦比亚大学肄业时，还就实业教育的理论进行了探讨，冀望祖国以实业而富强。

首先，任鸿隽对实业教育的内涵、范围提出了自己的看法。

他认为，实业教育赋予受教育者以相当的职业，但它和职业教育有不同之处，因为像律师、医生等职业并不属于实业；实业教育也不仅仅是指职工教育，它比职工教育范围要广。因为职工教育以训练实业工人为目的，而实业教育则"兼造成实业上之高等人才，司发纵指示之役，及具开创建设之能者而并包之也"。[①] 基于以上认识，任鸿隽提出，实业教育包括五类：专门教育，商业教育，农业教育，工业教育，家事教育。这些教育的实施，主要通过大学中的实业专科、实业专门学校、中等实业学校（相当于甲种实业学校）、初等实业学校（即乙种实业学校）和补习学校来进行。

其次，任鸿隽对实业教育的意义和实施原则作了分析说明。

他说，实业教育意义重大，非同寻常。因为"前世师徒相授、箕裘相绍之制，既不足以副新形势之需求，将因仍旧贯，循之不改，艺术梏窳，社会梏瘠，殆其恶果之无可避者。欲救此弊，则唯有注重实业教育，养成各级人才，以专才事专业。事既举矣，而进步始可得言"。[②]

---

① 任鸿隽：《实业教育观》，载《科学》第3卷第6期，1917年6月。
② 任鸿隽：《实业教育观》，载《科学》第3卷第6期，1917年6月。

那么，如何实施实业教育呢？任鸿隽认为，实施实业教育"必具虚、实、狭、阔四义"。所谓"虚"，是指必须学习物理、化学、算术、图画等诸种作为制造工业基础的科学理论；所谓"实"，即教师和学生必须具有实际的工场经验，否则，"无论其理论学科如何完备，不得为实业教育"；所谓"狭"，就是要使学生掌握一门专精的技术，"以求至乎其极，凡其藩内之事，无不豁然贯通"；所谓"阔"，即是在学习一门专精技术、通其"内蕴"的基础上，力求"通其外缘，期能随处取材以增进实业之效率"。当然，在贯彻虚、实、狭、阔"四义"这个总的原则前提下，也应兼顾灵活性。如以造就工人为目的的中等以下的实业教育，"须与其地方情形相协适，而无冠履人越之讥"；在确定开设学科的范围时，也应当考虑实业学校的培养目的，如"中等以下之实业教育，苟专为造就某项实业工人而设者，则当于某项实业之实际多事讲授，而关系较远之化学物理，可加蒟削；反是，于研究某项专门之实业，不可不于实验室之设备务求完善"。①另外，对于实业学校的教师，任鸿隽认为应尽可能地选择于实业精熟的人来担任。

（二）对中国实业教育的批评与建议

考虑到百业不兴、失业者比比的窘状，在民初，政府曾注重发展实业教育，但由于政局动荡，战乱频仍，加之财力奇绌，经费甚窘，实业教育的发展十分缓慢。据统计，当时在数量上，实业学校仅占全国学校总量的 0.43%，实业学校学生也仅及全国学生总数的 0.75%。对此，任鸿隽叹曰："以吾国幅员人口分配之，尤有太仓一粟、大海一滴之感……其效应似囊中之颖锥。"②

就实业教育发展的重点言，为解燃眉之急，政府着重于较易兴办的中、初等实业教育，以为"初等、中等实业教育普及，而国中遂可无游民

---

① 任鸿隽：《实业教育观》，载《科学》第 3 卷第 6 期，1917 年 6 月。
② 任鸿隽：《实业学生与实业》，载《科学》第 3 卷第 4 期，1917 年 4 月。

者"。① 任鸿隽认为，这一发展实业教育的模式是短视的，是治标不治本的，其结果只会是"实业之现象未尝闻其加良，实业之数目未尝闻其增多，国货之不振如故，外货之流行如故，游民之众多如故，穷乏之呻吟如故"。②

之所以如是，在任鸿隽看来，其一是因为"初、中等实业教育，所授皆甚粗浅，得此等教育者，但能谓之上等工人，自食其力而止"。而在中国这样一个以农商发展为主的国家中，虽然农业学校"无在不有设置之必要"，在大都巨埠，设置商业学校，"亦必有其切近易获之效"。然由于"惟利用机器之制造工业，吾国最为缺乏，如授予中等实业学校之浅近机械学制图学等，虽有时亦足以为发明改良之助，然自非奇才异能之才，鲜不等于播种石田耳"。其二则由于，"中等以下之实业学生，将藉朝夕之孜孜，以谋平生之温饱，尤无取乎精理与妙论"。而实业教育，以实用为贵，"学校之组织，课程之排比，教师之选择，必以实用为的"。然而，由于此时中国新工业未兴，旧工业又大多在改良淘汰之列，致使中、初等实业学校的教师"但取高级学校之毕业生，或同级学校毕业之有研究者，而未尝以实业上之经验，为简择教员之格"。其结果，在这些学校中，无论教师还是学生，从来没有或不能与实际相接触。

由于以上二因，任鸿隽认为，在中国这样一个实业不发达的国家，应当首先发展高等实业教育。因为"设其社会上实业已具，则当以进益改良之为目的，此高等与中次等实业教育所共有事者也；若其社会实业未兴，则当以创设之为目的，此则高等实业教育所专有事。而中次等实业教育，须待高等实业教育而后行"。在任鸿隽看来，高等实业教育，在于造就指挥统帅人才，如商业上的经理，制造建筑业的工程师等，其目的在"不但教授其法之已著、业之已成者，且于未经发明之事理，未经施设之事业，

---

① 任鸿隽：《实业教育观》，载《科学》第3卷第6期，1917年6月。
② 任鸿隽：《实业学生与实业》，载《科学》第3卷第4期，1917年4月。

奖励而研究之，以谋实业之进步"。他断言："唯以高等实业教育发达，而后实业乃能发达；实业发达，而后中初等实业可得而言。"①

综上可见，民国初年的振兴实业热潮和欧风美雨的沐浴，使任鸿隽在民初成为一位坚定的实业救国论者。在实业救国思想的指导下，任鸿隽所提出的实业教育思想——无论是对实业教育理论的探讨和认识，还是于中国实业教育发展的批评与建议，均颇有见地。然而，令人遗憾的是，任鸿隽发展实业教育的理想在当时却难以实现。其因正如他自己所言："国事蜩螗，政府日在风雨飘摇之中，何暇顾及社会事业。"② 也正因为任鸿隽认识到了这一点，所以，当他在 1918 年归国后不久，便很快又走上了他原本就钟情的"科学救国"道路。

二、庄泽宣：来自海外的职业教育理论探讨

庄泽宣（1895—1976），浙江嘉兴人，民国时期著名教育活动家和理论家。1916 年，庄泽宣从清华学校电机工程科毕业后，于翌年赴美留学，在俄亥俄州立大学、哥伦比亚大学等校学习；1922 年，获哥伦比亚大学博士学位回国后，又相继在清华学校、厦门大学、中山大学和浙江大学任教。他一生致力于探索"教育救国"的理论，且笔耕不辍，著述甚丰。译述有《美国家事教育》，编纂有《职业指导实验》（第一辑），编有《青年四大问题》（上海中华书局 1926 年版），著有《职业教育概论》（上海商务印书馆 1926 年版）、《教育概论》（上海中华书局 1928 年版）、《职业教育》（上海商务印书馆 1929 年版）、《如何使新教育中国化》（上海民智书局 1929 年版），编著《职业教育通论》；在《教育与职业》、《教育丛刊》（北京高师）、《新教育》、《教育研究》、《教育通讯》、《东方杂志》、《新教育评论》、《清华学报》、《申报》副刊《教育与人生》等报刊上发表了数百篇文章。在中华职业教育社刚成立不久，他就毅然加入，虽身处异国他乡，却

---

① 任鸿隽：《实业教育观》，载《科学》第 3 卷第 6 期，1917 年 6 月。
② 任鸿隽：《实业教育观·附言》，载《科学》第 3 卷第 6 期，1917 年 6 月。

钟情于职业教育，努力开展职业教育理论的探讨。

庄泽宣曾说，自己留美之初，"当时国内职业教育声浪很高，我虽未入农科门墙，也没有得入工科堂奥，但是职业教育却打动了我的心弦，于是我初到美国的两三年，除了基本功课，便向职业教育方面下研究工夫"。① 事实也确如庄泽宣自己所言。1917年，他加入职教社成为社员；当1918年1月《教育与职业》出到第3期时，庄泽宣即从美国寄来文章投稿，"是留美学生第一个响应"该刊的。② 在美期间，他"一方面考察欧美职业教育的成绩，一方面研究中国社会经济的情形"，③ 先后撰写了有关介绍美国职业教育情形和探讨中国职业教育发展的理论文章近10篇，刊登在《教育与职业》《留美学生季报》上。其中，《教育与职业》上有：《美国职业教育空前绝后之大计划》（1918年2月第4期），《美国职业教育发展之原因及吾国办职业教育者应研究之问题》（1918年5月第6期），《欧战与职业教育》（1918年10月第9期），《中国的职业教育问题》（1919年1月第11期），《纽约城之公立职业学校》（1919年9月第14期），《关于职业教育的名词及定义》（1920年11月第23期）；《留美学生季报》上有《职业教育救国》（1919年3月第6卷第1号）。这些文章，颇得国内职业界、教育界人士的注意。在这些文章中，庄泽宣对职业教育的理论作了初步探讨。

（一）关于职业教育的目的和范围

庄泽宣认为，职业教育的目的在于"发达关于职业上的专门技能及智识"，而职业的范围十分广泛，"凡是做医生、律师、工程师、农夫、园丁、家妇、佣役、水手等都包括在内"。针对当时国内不少人将实用艺术教育等同于职业教育的偏见，庄泽宣纠正说："凡是手工、农艺、家事等

---

① 庄泽宣：《我的教育思想》，上海中华书局1934年版，"自序"。
② 《本刊第二百期纪念座谈纪录：黄炎培的发言》，载《教育与职业》第200期，1945年5月。
③ 庄泽宣：《职业教育》，上海商务印书馆1929年版，"序"。

科，教的时候，目的并不在养成职业专家，不过要学的人知道一点各种技术的内容，或是目的在普通教育，或是因为他种目的"，所以，"实用艺术教育是普通教育，不是职业教育"。①

庄泽宣说，职业教育分为六大类，即：高等职业教育，农业教育，商业教育，工业教育，家事教育，水上职业教育。凡是培养医学、法律、神学、军事、教育以及其他职业领袖人才的教育，均为高等职业教育的范畴；农业教育的目的则是养成农业上某项专门人才，如园艺家等；商业教育在养成商业上某项人才，如银行家等；而木匠、漆匠等这些工业上某项专门人才的养成乃是工业教育的目的；厨役、保姆的养成则是家事教育的目的。

那么，通过何种方式实施职业教育呢？鉴于当时中国实业尚未发达，工厂中徒弟制度尚在盛行，且绝大多数接受初等教育的人没有机会升入高一级学校，庄泽宣提出"实施职业教育，最要在适应环境的需要。就是要观察社会需求，斟酌各地情形，设立职业学校，以训练社会上必要的各种职业人才"。② 在他看来，职业学校可分为日校、夜校和补习学校三种。"凡是学生在日间上课，并且他的心身全用在学习职业的学校叫职业日校"；职业夜校则是为工人在工作以外的时间学习职业而设的学校；若是为工人在工作以内的时间学习职业而设的学校，则称之为职业补习学校。

（二）关于职业教育的内容和方法

庄泽宣不仅对职业教育的目的、范围及如何实施职业教育作了理论上的探讨，而且就职业教育的内容和方法也谈了自己的认识。

庄泽宣认为，职业教育的功课就其性质上而言可分为三个方面：关于该职业技能的、关于该职业学理的、间接关于该职业的功课。他说，关于该职业技能的功课，一定要使之于该职业有实际的用处，所以，教授时必

---

① 庄泽宣：《关于职业教育的名词及定义》，载《教育与职业》第 23 期，1920 年 11 月。
② 庄泽宣编：《新中华教育概论》，上海中华书局 1935 年版，第 191 页。

| 第十一章　职业教育理论探讨的先行者举概 |

须注重实习,如学教育的一定要在附属学校中进行实际教学。关于该职业学理的功课,要能够直接在实习时应用,如学习裁缝的应学习衣服图案。而间接关于该职业的功课,也应该与该职业有一定的关系,如学医的也应了解医学发展史等。

至于职业教育的方法,庄泽宣认为也有三种。一是运用职业理论于实习。如学农业的应学习如何种植,如何施肥、培养、收获等。二是短期学习。因为"职业上的训练,贵精不贵多,贵专不贵博",所以,在具有一定根底的基础上,可以通过在较短的时间内迅速学习掌握某种职业上的学问。三是学理和实习必须结合。在庄泽宣看来,学理和实习的功课联络是职业教育实施时最要紧的,"凡是学理的功课,教的时候,一定不可忘了他的应用"。①

所有以上探讨,对当时国内尚十分"幼稚"的职业教育理论无疑具有一定的参考指导作用。

三、廖世承:"新学制"职业教育地位确立的推进者

廖世承(1892—1970),字茂如,上海嘉定人,我国近代著名的教育家和心理学家。1919年,廖世承从美国布朗大学获得博士学位回国后,任教于南京高等师范学校,并任该校附中主任;1927年后,又任上海光华大学副校长、教育系主任、附中主任等职;抗战时期任国立师范学院院长;战后又受聘担任光华大学副校长和附中校长。在长期的教育实践活动中,廖世承形成了自己丰富而独特的教育思想,在中等教育、师范教育、职业教育、高等教育乃至教育实验等方面,均提出了许多真知灼见。这其中,在回国之初,廖世承更是积极加入中华职业教育社,曾任研究股主任等职,并积极探索职业教育理论,尤其是针对"壬子·癸丑学制"的弊端,在当时的学制改革浪潮中极力倡导职业教育,成为职教社社员中职业教育

---

① 庄泽宣:《关于职业教育的名词及定义》,载《教育与职业》第23期,1920年11月。

制度确立的重要推进者。

在20世纪10年代末20年代初的学制改革浪潮中,接受了美国教育洗礼和熏陶的廖世承成了这次学制改革的弄潮儿。针对学制升学和就业分立的现实,他批评道:"现时我国中学校与职业学校,完全分立,仿佛各有各的系统";中学校的课程,"既不合于升学,又不合于谋生;职业学校的课程,也不能适应社会需要。这是我国学制上一个大缺憾"。① 有鉴于此,他在东南大学附中极力倡行中学"三三制",并实施选科制,使学生升学和就业得以分立,以适应学生个性发展和家庭、社会的需要。

1921年11月,全国教育会联合会第七届年会议决通过了《学制系统草案》,"草案"对"旧制"(按:即"壬子·癸丑学制")进行了多方面的改革。特别是,将中学延长至六年,分初、高两级,各为三年;高中分设普通科和职业科,保证了中学就业和升学双重目标的落实,颇受瞩目。为了在翌年的第八届年会上对"草案"作进一步修改,全国教育会联合会要求各省组织专家进行讨论,并请各报刊充分发挥舆论及宣传作用,向全国广泛征求意见。廖世承积极参与了这场汹涌如潮的学制讨论。他不仅在他主持的东南大学附中组织学制改组委员会,辟《中等教育》第3期为"新学制课程大纲号",而且在《新教育》《教育与职业》《教育杂志》等刊物上发表了《新学制与中等教育》《关于新学制一个紧急的问题》《中学校与职业教育》《关于新学制草案中等教育课程之研究》等多篇文章,表达了他对"草案"的看法,提出了进一步改革的建议。

廖世承说:"三三制是适合个性的,顺应时代潮流的",② 特别是在中学开设职业科,更"为一种适应时势的办法,也为我国现时所必不可少"。③ 在廖世承看来,普通中学实行分科选科制,开设多种职业科,对

---

① 廖世承:《中学校与职业教育》,载《教育与职业》第33期,1922年2月。
② 廖世承:《关于新学制一个紧急的问题》,载《新教育》第5卷第4期,1922年11月。
③ 廖世承:《中学校与职业教育》,载《教育与职业》第33期,1922年2月。

"家贫无力升学""年长不愿意升学"或"智力太低不能升学"的学生,授以相当的职业知识和职业技能,并注意职业陶冶,如此安排,不仅可增进这部分学生的普通知识,适应其个性和家庭状况,而且有助于他们未来的择业指导,"使他们得到一个谋生的处所……能够应用所学,去发展他们本身的职业"。基于以上认识,廖世承极力主张"不单是高级中学,应该设立职业科和普通科,就是初级中学,也应该这样。预备升高级中学的,可以选读初级普通科;预备升大学的,可以选读高级普通科;不愿意升学的,可以选读几种职业科目。这是何等活动"![①] 不过,在职业科的具体设置上,廖世承认为初级中学和高级中学应有所侧重。概言之,"初级中学的职业,偏重技能;高级中学的职业,技能与智识并重"。[②]

除了参与学制草案讨论、提出改革建议外,廖世承还于1922年11月"壬戌学制"颁布后,在东南大学附中就如何实施新学制,特别是针对其中关于中等教育阶段的有关规定,进行了较为全面的实验和研究,并与人将实验结果编辑成《施行新学制后之东大附中》一书,于1924年6月由上海中华书局出版。另外,针对职业教师缺乏和质量低下的状况,他还主张在大学设立学制为两年和四年的专修科,分别培养初级中学和高级中学职业科的教师,并建议在高级中学中附设职业教员养成所,通过提高职业教师的水平来改善职业学校的质量,促进职业教育的发展。

正是由于廖世承对职业教育理论有着较为深入的探讨和认识,1926年,职教社在江苏开会动议编辑《中国职业教育问题》一书、并于1927年春在嘉定集会"重申前议"时,乃将编辑之责委之于他,"期于五月间成书,以当职教社十周纪念之刊物"。[③]

1929年5月,由廖世承所编纂的《中国职业教育问题》一书由上海商

[①] 廖世承:《关于新学制一个紧急的问题》,载《新教育》第5卷第4期,1922年11月。
[②] 《本校编制新学制课程的经过情况》,载《中等教育》第3期,1922年7月。
[③] 廖世承编纂:《中国职业教育问题》,上海商务印书馆1929年版,"序"。

务印书馆出版，计收文章有《中华职业教育社十年小史》，《西洋最近职业教育之概况》（钟道赞），《最近之中国森林教育》（凌道扬），《我国最近之园艺教育》（葛敬中），《最近中国之水产教育》（冯立民），《最近之中国工业教育》（凌鸿勋、赵祖康），《中国职业教育中之土木工程》（茅以升），《对于女子职业教育之管见》（李张绍南），《农业训育问题》（过探先），《职业心理》（庄泽宣），《我对于农业人才之意见》（王舜成），《我对于商业人才之意见》（陆费逵），《职业教育与强迫教育》（程其保），《小学校职业陶冶纲要》（杨卫玉），《中等学校职业指导法纲要》（邹韬奋、刘湛恩），《初级中学课程之职业化》（朱经农）。廖世承在该书的"序"中言道："处此民生凋敝之候，百业不振，职业教育既为救国要图，自应积极提倡。兹书所列各篇，虽不足以概吾国职业教育全体，然著者大都富于经验，弥足以发人深省。"① 事实上，在当时职业教育还绝少专书，该书的出版，对职业教育的理论宣传和研讨起到了积极的作用。

第三节　蒋梦麟的职业教育思想

蒋梦麟（1886—1964），字兆贤，别号孟邻，浙江余姚人，民国时期著名教育家。从20世纪20年代起，他曾先后担任过浙江大学校长、教育部部长、北京大学校长等职。对于蒋梦麟，人们对他的了解和认识，或者是因为他执掌北大时对北大"中兴"作出的贡献，或者是由于他作为西南联合大学三常委之一时所表现出的睿智和胆略，或者是在于他在防空洞中写就的传世之作《西潮》——这不奇怪，因为蒋梦麟的确开创了北京大学承前启后的新时代，西南联大也确乎是中国教育史上的一个奇迹，而《西潮》更是"一本充满了智慧的书"，"里面每一片段都含有对于社会和人生的透视"。② 然而，其实，在1917年8月留美回国后，蒋梦麟还曾心仪职

---

① 廖世承编纂：《中国职业教育问题》，上海商务印书馆1929年版，"序"。
② 蒋梦麟：《西潮·新潮》，岳麓书社2000年版，罗家伦"序言"。

业教育。可以说，在回国后的最初几年，中华职业教育社是蒋梦麟人生旅途中的一个重要驿站，黄炎培也成为给予他重要影响的人，而对职业教育的实践则成为他的一段重要人生经历。而在积极投身职业教育运动的过程中，蒋梦麟也对职业教育作了理论上的探讨。

一、早年的职业教育情结

1915年4月至6月间，黄炎培于美国考察教育，时在哥伦比亚大学师范学院学习教育的蒋梦麟特地陪同黄炎培参观各地学校，不仅向黄炎培介绍美国职业教育迅猛发展的情况，就职业教育的有关问题与黄炎培进行讨论，交换意见，而且还将自己所作的《美国纽约小学预备职业教育》一文呈请黄炎培教正。由于黄炎培十分赏识蒋梦麟文中有关对职业教育的看法与观点，回国后，立即推荐该文于1915年11月在《教育研究》第25期发表。

蒋梦麟的这篇文章是当时最早介绍美国职业教育的专门文章之一。在文中，蒋梦麟指出："美国但有政治民权而乏经济民权。政治界人民纵得享共和幸福，而经济界则资本家垄断重金，劳动者多为压制，由是而经济的民权主义起矣。然则欲解决此问题，自当从经济的民权主义教育入手。"而所谓"经济的民权主义教育"，在蒋梦麟看来，就是要"发展个人生产富力之技能，使享社会经济界同等之机会也。其推行之法当从两方面观：其一方面须调查社会经济之状况……其一方面当察个人固有之能力及其趋向，与夫家庭经济之状况，授以相当之职业技能，使将来出而应世，有独立生产之技艺。察社会之所需，个人之所能，授以相当之训练，此职业教育最要之原理也"。总之，"就理想而言，职业教育为解决经济民权问题之方法；就实际而言，为解决个人与社会生计问题之方法"。①

不仅如此，黄炎培在美考察期间，因适值美国全国教育会在旧金山召开第五十三次大会，他乃请蒋梦麟将本次年会作一报告，但蒋梦麟因"赛会局

---

① 蒋梦麟：《美国纽约小学预备职业教育》，载《教育研究》第25期，1915年11月。

务纷繁，不克如命"。1916年夏，美国全国教育会在纽约召开第五十四次大会，于是，蒋梦麟乃"于课余之暇，列席旁听，遂以见闻所及"，决定撰著《美国全国教育会会议报告》，以"报告江苏省教育会"。① 8月，书成，取名《美国全国教育会第五十四届会议报告》；9月，由上海国光书局出版。

应该说，在当时，《美国全国教育会第五十四届会议报告》并不是一部十分起眼的著作，但是，通过这部书的撰写，蒋梦麟的精明强干和办事能力得以初步体现，并受到在国内倡导职业教育的沈恩孚、黄炎培等的称赞。沈恩孚特为该书题签："卓彼精神，贻我矩范"；黄炎培也为之作"序"。而在书中，蒋梦麟专门介绍了"职业教育"，他说："职业教育为教儿童以相当之职业，为个人计，则使其有立身之能力；为社会计，则使增进生产之效能。"② 不仅如此，他还专门举出德国政府数十年来致力于职业教育，国内职业学校众多，培养了大量的技术工人，实业发达，冠于世界的现实，以希望北洋政府能够奖励发展职业教育。

正是通过对美国职业教育的考察，蒋梦麟对于职业教育实际上已经有了初步的理性认识。1916年8月，在和章祖纯合撰的《美国农业教育状况》一文中，蒋梦麟进一步言曰："美国教育界近年来有一绝大之问题，为教育家所急急欲解决者，即职业教育是也。盖此为大多数国民立身之基础。无论何国，凡欲为社会及个人谋经济之独立，非从此入手不可。"③

1917年3月，蒋梦麟以《中国教育原则之研究》为题，获哥伦比亚大学师范学院哲学博士学位后，于7月底启程回国。8月下旬，被聘为商务印书馆编辑，同时兼在江苏省教育会任事。回国前夕，他积极参与发起组织中华职业教育社，为《中华职业教育社宣言书》48位署名人之一；中华

---

① 蒋梦麟：《美国全国教育会第五十四届会议报告》，上海国光书局1916年版，第2页。
② 蒋梦麟：《美国全国教育会第五十四届会议报告》，上海国光书局1916年版，第14页。
③ 章祖纯、蒋梦麟：《美国农业教育状况》，载《农商公报》第3卷第1册，1916年8月。

职业教育社成立后,他担任总书记一职。1919年7月,出任北京大学代理校长,代蔡元培处置校务。

在职教社成立后的最初两年多的时间中,蒋梦麟致力于职业教育活动,宣传、介绍职业教育。如1917年9月23日,应寰球中国学生会之邀,蒋梦麟演讲《职业教育》;10月9日,他又乘全国教育会联合会在杭州举行第三届年会、各省代表齐集杭州之便,赴杭州讲演职业教育;10月31日,因参加全国教育会联合会第三届年会的代表会后过沪,中华职业教育社特在江苏教育会开欢迎会,蒋梦麟又作了《职业教育之真义》的演讲。与此同时,他还积极支持、参与中华职业教育社力图沟通教育与职业(生计)、学校与社会的壮举,不仅于1918年6月陪同黄炎培以职教社的名义赴东北三省等地调查教育(特别是职业教育)一月有余,而且撰写并发表了一系列介绍欧美资本主义发达国家职业教育发展状况、经验和有关探讨中国职业教育发展路径的文章。如《教育与职业》上的《教育与职业》《美国圣路易之兰根职工学校》(1917年10月第1期),《职业界之人才问题为教育界所当注意者》《职业教育之原理》(1917年12月第2期),《美国国帑补助职业教育之历史》(1918年4月第5期),《职业教育与自动主义》(1918年8月第8期);《教育杂志》上的《世界大战后吾国教育之注重点》(1918年10月第10卷第10号),等等。在这些文章中,蒋梦麟从多方面阐述了自己的职业教育观。应该说,作为中华职业教育社的发起人之一和早期的主要领导者,蒋梦麟对创立伊始的中华职业教育社付出了相当的心血;同时在积极投身发展职业教育的实践活动中,也形成了自己颇具特色的职业教育思想,虽然,他后来在蔡元培、胡适等人的影响下,投身高等教育界,没能留下有关职业教育的鸿篇巨制。

二、对职业教育理论的探讨

(一)对职业教育含义与内容的认识

蒋梦麟认为,教育与职业二者本是相互联系、不可分割的,教育是用来解决国家、社会、个人、职业种种问题的一种方法，"教育而不能解决问题，则是教育之失败也"。① 而以教育为方法来解决职业中存在的问题，就是职业教育。所以说"职业教育乃辅助国民教育，以养成有完全生活能力之人才。"② 故而，"国家有问题，故有国家教育；社会有问题，故有社会教育；个人有问题，故有个人教育；职业有问题，故有职业教育。教育为方法，国家为问题，则曰国家教育；教育为方法，社会、个人为问题，则曰社会教育，曰个人教育；教育为方法，职业为问题，则曰职业教育"。"职业教育无他，提出职业上种种问题，而以教育为解决之方法而已"。③

那么，职业教育应包括哪些内容呢？蒋梦麟说，在欧美国家对职业教育最注重的有：专门高等职业、工艺、商业、农业、家政，特别是，农、工、商、家政是职业中的四大类，这是欧美各国所公认的。由于职业教育乃是以教育为方法解决职业中的种种问题，因此职业教育自应包括以教育为方法解决农、工、商、家政等职业中问题的农业教育、工业教育、商业教育和家政教育。

（二）对实施职业教育必要性的诠释

在对职业教育的含义和内容作了说明之后，蒋梦麟认为，在中国，实施职业教育乃大势所趋。

首先，就当时整个中国社会而言，必须实施职业教育。

第一次世界大战期间，欧洲一些资本主义发达国家因忙于战争而暂时放松了对中国的经济侵略，中国的民族工商业得以迅速发展起来，以致迫切需要大批的技术人员。在蒋梦麟看来，此时的中国已经从一个以农业为主的国家转入一个工业社会；而工业社会，必须提倡职业教育；学校为解决社会问题之机关，宜注重职业教育。然而，当时的实际情况是：不仅实

---

① 蒋梦麟：《教育与职业》，载《教育与职业》第1期，1917年10月。
② 《会务纪闻：蒋梦麟博士之职业教育谈》，载《环球》第1卷第4期，1919年12月。
③ 蒋梦麟：《教育与职业》，载《教育与职业》第1期，1917年10月。

业教育的发展规模远远满足不了大批工厂企业对技术职工在数量和质量方面的需要，而且总体而言，中国仍是"民穷财竭，流氓遍野"；加之，在社会上，"能劳动者，不受教育，受教育者，不能劳动，甚至轻视职业，以不作工为高"，①而在"欧美各国，无论何种职业，均有学校，以养成专门人才，我国则师徒承授而已，是以愈趋愈下，生计日蹙也"。②因此，在中国，必须一方面"施设职业教育、补习教育以加增经济之能率"。③试办之法，可以在大都会和大商埠中通过调查当地职业状况并参酌地方需要，设立乙种工商业等学校，并注重实习，使实习时间居学校课程之半，以免有纸上谈兵之虞，进而养成工业社会所需要的良工。这种良工应具有一技之长，不是机械的劣工，而应是自动的良工。另一方面，学校应"注重职业陶冶以养成生计之观念"，④因为职业陶冶"所以养成尊重劳动之精神，而为世界工业竞争之基础也"。⑤如果不加强对学生的职业陶冶，那么，学校愈多，必然游民愈众。

其次，从当时中国教育的发展情况看，也要求必须加强职业教育。

民国成立后，经过几年的努力，普通教育有了较大发展（据统计，1916年，全国公私立大学已达10所，学生数3609人；专科学校76所，学生数15 795人；中学350所，学生数60 924人；小学120 097所，学生数3 843 454人），然而，能接受高一级学校教育的仍是极少数人。这就要求必须通过职业教育使不能升学的大部分青年获得一技之长，以谋得职

---

① 蒋梦麟：《世界大战后吾国教育之注重点》，载《教育杂志》第10卷第10号，1918年10月。
② 《会务纪闻：蒋梦麟博士之职业教育谈》，载《环球》第1卷第4期，1919年12月。
③ 蒋梦麟：《世界大战后吾国教育之注重点》，载《教育杂志》第10卷第10号，1918年10月。
④ 蒋梦麟：《世界大战后吾国教育之注重点》，载《教育杂志》第10卷第10号，1918年10月。
⑤ 蒋梦麟：《世界大战后吾国教育之注重点》，载《教育杂志》第10卷第10号，1918年10月。

业，求得生计。所以，蒋梦麟说："以今日社会之状况而论，受四年初等小学教育后，能入高等小学者有几人乎？高等小学毕业后，能入中学者有几人乎？中学毕业后，能入大学者，又有几人乎？"虽然，"由初小、由高小、由中学而直达大学毕业之学生，其大多数固能养成高等专门之学 Profession，然其余不能由下级而达上级者，皆无一技之长，以谋独立之生计"，如果放任他们自然地发展，那么，作为学校，无疑是"徒为社会养成高等之游民耳，抑何贵乎教育"？故必须设法对这些学生进行补救，从而解决毕业生"途塞"的窘状。而补救之途，"舍职业教育其奚由耶"？①

第三，必须加强学校职业教育。

在蒋梦麟看来，学校作为直接推行教育和间接解决职业问题的机构，面对"环而拱之"的种种职业问题，理应承担责任而不能置之不顾。他说，学校既不能尽讲职业教育，也不能完全排除职业教育。学校实施文化教育无可非议，"盖文化者，所以增人生之价值，促人类之进步，人种之文野，胥由是而别焉"。②但是，对于文化教育所不能解决的问题，则必须通过职业教育来解决，因为，"若社会无职业之必要，青年受文化教育而即有谋生之能力，则所谓职业教育者，特赘施耳，又何提倡之足云"。③

三、对发展职业教育的批评与建议

（一）注重中等职业教育

虽然，蒋梦麟认为从大学毕业而得一技之长"藉以求适当之生活"的高等专门教育也是职业教育的一部分，但由于当时能够接受高等专门教育的人极少，所以，他认为，"近今所谓职业教育者，中等程度以下为限，大学不与焉"。④

---

① 蒋梦麟：《教育与职业》，载《教育与职业》第 1 期，1917 年 10 月。
② 蒋梦麟：《教育与职业》，载《教育与职业》第 1 期，1917 年 10 月。
③ 蒋梦麟：《教育与职业》，载《教育与职业》第 1 期，1917 年 10 月。
④ 蒋梦麟：《教育与职业》，载《教育与职业》第 1 期，1917 年 10 月。

当时，虽然教育部于1917年3月通令全国普通中学得增设第二部，并拟定了实施的五条办法，规定："中学校自第三学年起得设第二部"；"中学校第二学年修业生，志愿于中学毕业后从事职业者，得入第二部"；"第二部应节减普通学科，视地方情形，加习农业或工业、商业"。① 然而，对是否在普通中学设置职业科却见仁见智，众说纷纭。主张设职业科者认为，由于普通中学的毕业生升入大学的为数甚少，为使之毕业后有谋生的能力，只有设职业科以救其弊；反对者则认为，在普通中学设职业科，无疑会降低普通教育的质量，解决职业问题，只要多设一些甲乙种实业学校即可。对于这一颇有争议的问题，蒋梦麟认为，是否在普通中学设立职业科，"当体察地方情形而定。甲地方普通科与职业科合之为利，则设二部；乙地方合之而不利，则与甲种（按：指甲种实业学校）并行，亦未始不可"。②

(二) 职业教育"知识与技能当联带教授"

20世纪10年代，我国的职业教育在教学上多偏重于书本知识的教学而实习活动极少，且"无适当之预备"，以致当时教育界就曾批评说，中国的实业学校多有"不实"，学生毕业后不能学以致用。针对这一状况，蒋梦麟揭示道："实业界所发生之新事业，一般子弟素无预备，如新事业需灵活之子弟，吾国之教育则重循规蹈矩。新事业需思力，吾国教育则重记忆。新事业需适应力，吾国教育则重胶固之格式。新事业需技能，吾国教育则重纸上谈兵。教育与实践生活相背驰。"③

有鉴于此，蒋梦麟建议，职业教育必须"应时势之需要"，将知识和技能两者结合联络起来教授，"知识以科学为重，技能以系统的实习为主"，并且实习的时间至少应占学校课程的一半。在蒋梦麟看来，"若无科

---

① 教育部：《酌定中学增设第二部办法》，载《教育杂志》第9卷第4号，1917年4月。
② 蒋梦麟：《职业教育之原理》，载《教育与职业》第2期，1917年12月。
③ 蒋梦麟：《职业界之人才问题为教育界所当注意者》，载《教育与职业》第2期，1917年12月。

学的知识，又无系统的实习，则实业学校之不能应用，与普通学校等耳，或且更不如也"。①

（三）沟通职业教育与实业界的联系

蒋梦麟认为，"教育非养成书呆子而已，将为社会造有用之材也"。②然而，"观今日中国，学校之毕业生，无论习文学，习商科，习工科，在社会求一职业，不可得也"。③ 这一窘况固然与中国实业发展缓慢有相当关系，但教育界与实业界缺乏沟通，也是造成"毕业生途塞"的重要原因之一。他说："求人者与求事者无沟通之机关，则求人者终不得相当之人，求事者终不能得相当之事。"④ 鉴此，蒋梦麟建议必须沟通职业教育与实业界的联系。他说："职业教育当与社会实业界沟通，则为不移之论。盖沟通后而职业上种种问题始得以教育而解决之。否则，教育自教育，而职业自职业，决无解决职业问题之日。"⑤ 此后，他更强调，职业教育应该"总以体察社会情形为主旨，务使合于社会之需要，使学成后，无不适之虞"。⑥

综上所述，蒋梦麟从事职业教育的活动与实践时间虽不长，但其对职业教育从理论到实践却作了一定的探讨和研究，对当时职业教育理论的形成和职业教育运动的推展作出了一定的贡献。

---

① 蒋梦麟：《职业教育之原理》，载《教育与职业》第 2 期，1917 年 12 月。
② 蒋梦麟：《和平与教育》，载《教育杂志》第 11 卷第 1 号，1919 年 1 月。
③ 蒋梦麟：《和平与教育》，载《教育杂志》第 11 卷第 1 号，1919 年 1 月。
④ 蒋梦麟：《职业界之人才问题为教育界所当注意者》，载《教育与职业》第 2 期，1917 年 12 月。
⑤ 蒋梦麟：《职业教育之原理》，载《教育与职业》第 2 期，1917 年 12 月。
⑥ 《会务纪闻：蒋梦麟博士之职业教育谈》，载《环球》第 1 卷第 4 期，1919 年 12 月。

第十二章　近代中国的职业指导

职业指导是职业教育的重要组成部分。在近代中国，受西方职业指导运动的影响，和国内特殊的政治、经济、文化环境的作用，为了沟通教育与职业的关系，解决数以万计的学生毕业后的生计问题，一大批爱国的教育家和进步知识分子不遗余力地倡导并实践职业指导，并广泛开展职业指导的理论探讨，从而使之成为全国性职业教育运动的一个不可分割的重要方面，为有效解决学生的就业、升学等，作出了积极的贡献。

第一节　职业指导在中国的滥觞与兴起

一、职业指导产生的历史背景与原因

19世纪末20世纪初，伴随着大工业经济的发展，西方一些发达的资本主义国家，如美国、德国、英国、法国等，相继开展了职业指导工作。特别是美国，自1908年5月，被后人称为"近代职业指导之父"的波士顿大学教授弗兰克·帕森斯首先提出"职业指导"的名词与概念，并在波士顿市创立世界上第一个职业指导机构——波士顿职业局（Boston Vocational

Bureau）从事职业咨询服务工作始，① 纽约、芝加哥、西雅图、底特律等重要城市也组织了职业指导社。1913 年，全国职业指导协会（National Vocational Association）成立后，更加促进了不同形式职业指导活动的推展。1914 年，波士顿大学又设职业指导部，"以讲演、顾问、补助之方法，使学生对于职业，能选择、能受教、能服务及进步的机会"。② 同时，全国职业指导协会并岁出会报 8 期，由哈佛大学教育院职业指导局和新英格兰职业指导社共同编辑，报告各地职业指导的开展状况；每年举行年会一次，对职业指导进行问题讨论和理论研究；1915 年始，又定期出版会刊——《职业指导通讯》。

除美国外，德国于 1908 年创设社会福利协会（Central Office for Social Welfare）；1913 年，由社会福利协会延请工商界主要代表，组织了职业指导委员会；第一次世界大战结束后，为了救济大量的失业者和失学者，政府将职业指导视为国家的重要事务；1920 年，又成立柏林职业指导总局。英国于 1909 年和 1910 年，先后颁布了《职业介绍律》（*Labor Exchanges Act*）和《职业选择律》（*Choice of Employment Act*），设立职业介绍所和青年择业指导委员会等，以规范国内各界特别是青年学生的职业指导。法国于 1913 年 3 月由劳工部成立了农工商职业心理研究委员会；1914 年 7 月，劳工部通令全国各界注意青少年的职业选择和训练工作；1922 年 9 月，政府更颁布了《职业指导组织法》。

而在中国，肇始于清末的"实业救国"思潮至民国成立后更加高涨：不仅多种实业团体纷纷成立，实业教育有了更大进步，而且民族工商业也得到了一定的发展。而迅速发展的资本主义民族工商业对教育提出了新的

---

① 弗兰克·帕森斯（Frank Parsons, 1854—1908），美国新泽西州人。曾在康奈尔大学学习，1872 年获民用工程学位；1891 年起，先后在波士顿大学、堪萨斯州立农学院和拉斯金大学任教；波士顿职业局成立后，他是实际的主持者，并任职业咨询师。主要著作有《职业选择》（*Choosinga Vocation*），帕森斯这一于 1909 年 5 月出版的遗著，也被认为是职业指导发展史上的开创性著作。

② 贾丰臻：《视察教育世界一周记》，上海商务印书馆 1921 年版，第 105 页。

要求，要求教育适应社会时势的需要培养出更多各种各样的实用技术人才，如技术工人、企业管理人员等。由于在民初，政府致力发展中等教育，中学校的发展较为迅速（据统计，1912年，全国有中学校500所，学生数59 971人；至1915年，中学校增至803所，学生数87 929人），然而，虽然中学校数量增长迅速，但高等学校并没有与中学校同步发展。据统计，1916年上半年，全国招收中学校毕业生入学的公私立大学仅10所，学生4589人；专科学校（包括高等师范学校和各种专门学校）计76所（公立55所，私立21所），学生数15 795人。由于公立大学的发展十分缓慢，不少私立大学、私立专门学校和大量法政专门学校的招生资格在中学以下，所以，使得"以完足普通教育、造成健全国民为宗旨"的中学校的毕业生能升学者仅及十分之一；加之，在升学教育的宗旨指导下，中学以传授知识为主要任务，于练习技能少有注意，也很自然地使不能升学的中学毕业生多无事可就。

而另一方面，虽然民国初年，教育部也曾颁布了《实业学校令》《实业学校规程》等有关规范、指导实业教育的法令，规定大力创设各种专门学校和中等程度的甲种实业学校、初等程度的乙种实业学校来加速实业教育的发展，与此同时，还通过派遣实业留学生和在一些大学附设农、工、商等实业专科以培养高级实业人才，应该说，较之清末，实业教育有了一定的发展（据统计，至1915年，全国甲种实业学校为94所，在校学生12 561人，毕业学生2350人；乙种实业学校230所，在校学生9021人，毕业学生1255人；女子职业学校14所，在校学生1169人，毕业学生364人）。然而，由于实业学校数量尚少，且就实业学校本身来说，经费缺乏，设备简陋，师资水平低下，致使教学中多偏重于书本知识而实习活动极少，多有"不实"；加之，当时实业学校与实业界缺乏联络，即便是数量不敷的有限的毕业生，闲居、失业者比比皆是，实业学校被人称为"失业学校"。

故而，一方面是迅速发展起来的资本主义民族工商业对大批技术工人和专业管理人才的需求,一方面却是大批毕业生(特别是中学毕业生)毕业后或赋闲于乡里、或游荡于通都的窘状;况且,无论从实业学校的数量上来说,还是就其所培养出的学生质量而言,均远远不能满足或适应实业发展的需求。凡此种种,均表明学校与社会不能相适;易言之,也即教育与职业(生计)不能相宜。随着国内一批爱国的教育家和知识分子对通过发展职业教育以解决教育与社会相脱节问题的鼓吹与倡导,随着一批对美国教育(包括职业教育)深谙和对中国教育弊端有相当认识的留美学生相继回国后,对美国教育(包括职业教育)的宣传与颂扬,引进西方职业指导理论,[①] 借鉴西方国家通过开展职业指导以解决毕业生毕业即失业这一社会问题的呼声日益强烈,终于在20世纪一二十年代,伴随着职业教育思潮与职业教育运动的日益高涨,旨在沟通学校与社会、教育与职业(生计)的职业指导运动在中国大地兴起,并迅速发展。

二、庄泽宣与清华学校的职业指导

虽然早在1916年初,江苏省教育会就曾计划设置职业介绍部,并制定了相关的"办法",意欲开展职业指导工作,不过在中国,最早开展职业指导且富有成效的则是清华学校。

清华学校的前身是清末的游美肄业馆。早在1908年5月,美国国会通过"庚子退款"议案,同意"退还"中国部分"额外"的赔款,作为派遣中国学生赴美留学之用。为此,1909年7月,清廷在北京专设了"游美学务处",专司考选、派送学生出洋,并筹设"游美肄业馆",对招考的学生进行短期训练,甄别合格后再遣送赴美。1910年12月,外务部、学部鉴于肄业馆"高等、初等两科各设四年级",学生不仅限于游美一途,故呈

[①] 受美国教育和科技发展的影响,总体上看,留美学生对美国教育的介绍是全面的,其中不乏对美国职业指导的介绍。如早在1915年1月,郭秉文即在《东方杂志》第12卷第1号上发表《中国现今教育问题之一:职业之引导》一文,对美国以及英国的职业指导加以介绍,并认为"引导少年选择适当之职业,诚重要事也",主张学校应设立"职业引导会",以帮助学生选择职业。

请将肄业馆改为"清华学堂";不久,清廷批准了这一改革办法。1911年2月,游美学务处和肄业馆全部迁入清华园,肄业馆正式更名为"清华学堂"。4月29日,清华学堂正式开学。然而,由于是年10月辛亥革命爆发,学堂被迫于11月9日宣布停课。1912年1月民国成立后,清华学堂于5月1日重新开学;10月,虽然依教育部关于《普通教育暂行办法》之规定,改名为"清华学校",但一切校务均"赓续办理"。

作为一所留美性质的预备学校和当时国内一个重要的教育机关,"清华学校之设,系预备学生赴美入大学及大学院求各种专门学识,俾回国后投身各界为领袖人物",故其学生的择业是否得当,在当时政府和国人均对留美学生寄予厚望的年代,显得异常重要。"使择业不当,回国后用非所学,或不安于其业,不独抛弃青年十几载好光阴,且耗费国家万数千金钱……若择业得当,则用其所学,为国效力,使民富国强,各得其所。"① 有鉴于此,1916年,时任清华学校校长的周诒春,② 为了帮助清华毕业生赴美留学时有效地进行选校、选科,曾极力提倡并推行职业指导。

其时,周诒春在该校做的相关工作主要有两项:一是"举行职业讲演,使学生有反省之机会,知个性之所近,各择适宜之学科"。当时,清华不仅函征实业界和教育界的专家学者对于该校学生择业的意见,而且还邀请有关名人作职业演讲,如董显光之"新闻学",伍朝枢之"法政谈",王正廷之"职业教育论",王健之"制革说",等等;二是"制就表格,令学生填写,然后由学校统计,知某某适宜于某科,某某切近于某学"。③ 另

---

① 庄泽宣编纂:《职业指导实验》(第一辑),上海商务印书馆1925年版,第1页。

② 周诒春(1883—1958),字寄梅,安徽休宁人,生于湖北汉口。1907年自费赴美留学,先后在耶鲁大学和威斯康星大学学习;1910年获硕士学位后回国,先后于上海中国公学、复旦公学等校任教;1912年任清华学校副校长兼教务长;1913年8月,清华学校校长唐国安病逝后,周诒春于10月出任校长,一直至1918年1月。

③ 转引自江恒源、沈光烈:《职业指导》,载《教与学》第2卷第6期,1936年12月。

外，他还将职业指导规定为学校的必修学科，以加强理论上的研究。周诒春在清华学校这种以教育的方法指导学生，并以之增强教育效能的做法，可谓是职业指导在中国的滥觞。

然而，由于周诒春擘划要将清华建成一个完全美国式的大学，"清华学校于是大兴土木，把图书馆、科学馆、体育馆、大礼堂都修筑起来，而一切规模都仿照美国大学的建筑"，① 这使得他很快被他的敌对势力诬为"靡费巨款"，是"奉行洋化政策的典型代表"；于是1918年1月，周诒春愤而辞职，这样他在清华所推行的职业指导工作遂告中辍。不过，由于周诒春在清华对职业指导的倡导和实践所奠定的良好基础，此后几年，清华的师生仍然对职业指导表现出一定程度的热情和重视。如当时在美国的清华学生时常对职业指导加以讨论；在留美学生编辑出版的《留美学生季报》上，亦有关于择业的文论；1920年夏，清华学校教务长王文显率学生赴美考察教育，归国后，他特地写了《留美指南》一书（上海商务印书馆1921年版），该书不仅广泛搜集统计了美国有关大学的基本情况，而且还将当时清华留美学生对于择业的有关看法公诸书中，成为当时清华学生重要的择业指导书。

至1922年，清华学校的职业指导工作重新被提上议事日程，并自翌年始举办了为期一年的职业指导活动，而促成并领导这项工作的乃是庄泽宣。

在美留学期间，庄泽宣不仅撰写了一系列有关介绍美国职业教育发展情况和探讨中国教育发展的理论文章，而且还在《留美学生季报》上发表了《择业与成功》（1919年3月第6卷第1号），在《教育与职业》上发表了《怎么样指导职业？》（1920年12月第24期）、《职业指导是什么？》（1921年10月第29期）等文章，在这些文章中，庄泽宣结合国内初兴的职业指导运动，就职业指导从理论上作了初步探讨。

---

① 清华大学校史研究室编：《清华大学史料选编》第一卷，清华大学出版社1991年版，第271页。

庄泽宣认为："职业指导是用种种方法去指导青年未定职业的时间选择职业，或已有职业的人选择新职业。"① 在他看来，职业指导尤其重要。他说："人生之大事有二，曰择偶，曰择业"，而在某种程度上择业较之择偶更重要。因为，"择偶之关系仅及个人，择业之关系及于国家、社会，使天下人民各得其业，不独家给人足，富国之道，其在斯乎"。② 鉴于当时不少青年择业不当或无业可就的状况，庄泽宣激情地说："吾观乎今日青年见世界之大、职业之众，茫茫然若有所失，甚者有留学之机会而不知何者当学，致耗费壮年宝贵之光阴、国家无量之金钱，而一无所得。吾岂能俟职业心理试验室、职业指导局、职业学校遍设后，而始言择业耶？"③ 在庄泽宣看来，"职业指导，决不是硬把某人指定入某业，叫他做全体机械的一部分的，应该使他知道他也是国民一份子，他选了相当的职业，不但自己有利，且可增加全社会的利源和快乐"。④ 而职业指导的目的主要有六个方面：使学校和社会及个人的需要相适应，并使所有的求学者有同等的机会；帮助各人选择、预备、决定及增进他的职业；传播各种职业上的知识及性情；使工作者明了他和同业工作者、他业工作者的关系，以及与社会的关系；增进学校和各种职业界的联系；鼓励各学校兼授文艺与实用的科目。

那么，应如何开展职业指导呢？庄泽宣认为，职业指导应包括职业未定前的指导和职业已定后的指导，二者侧重点有所不同。职业未定前的职业指导，一方面通过调查家庭经济、环境、家人健康状况和本人的教育程度，了解被指导人以前的环境；另一方面，通过调查本人的学科兴趣、职业兴趣、社会交往、课外活动等，了解被指导者的性格倾向。而职业既定后的指导，则主要注重两个方面：一是帮助被指导者做好职业准备。如利

---

① 庄泽宣：《关于职业教育的名词及定义》，载《教育与职业》第 23 期，1920 年 11 月。
② 庄泽宣：《择业与成功》，载《留美学生季报》第 6 卷第 1 号，1919 年 3 月。
③ 庄泽宣：《择业与成功》，载《留美学生季报》第 6 卷第 1 号，1919 年 3 月。
④ 庄泽宣：《职业指导是什么？》，载《教育与职业》第 29 期，1921 年 10 月。

用职业心理测验，试验其对于所定的职业是否相宜，介绍入业的方法，并供给职业训练的信息。二是掌握入业与入业后情形。这就要求介绍相当的职位使其入业，然后跟踪调查，了解其需要或困难，以便使之尽快适应该职业，或助其改业。

为了对职业指导加以组织和规范，庄泽宣建议，各地方均应设有职业指导组织，由学校教员兼任或由专人任职业指导员，通都大邑的地方更宜专设职业指导局。对于职业未定前的指导，负责职业指导的组织或人员，首先要引导学生"自知"。他说："职业指导并非止于授来学者以职业知识，而在于使他自己发现自己的性向和能力。"① 而择业者本人，首先也应当研究职业的内容和自己的兴趣、性格、智能、学识等，以避免学生因不能自知而选错了职业。其次，应帮助学生了解社会的职业需求，为学生提供尽可能多的有关职业的材料介绍，使之既知"己"，也知"彼"。而对于职业既定后人员的指导，庄泽宣建议，一方面应该用职业心理实验的方法测验其对于所定职业是否相宜；另一方面又要了解其所从事职业的经济状况，以便为尚没有职业者介绍相当的工作。

留学期间对职业指导的认识和探讨为庄泽宣回国后开展职业指导作了理论上的准备。1922年秋，庄泽宣自美返国后，任教于时值"改大"处于紧锣密鼓之际的清华学校。

在庄泽宣看来，由于清华学校的学生留美回国后将"投身各界为领袖人物（现拟改大学，学生毕业后或不出洋即入各界任事），故其学生择业之当否，实异常重要"。② 基于这一认识，他至清华后，在关注学校"改大"的同时，立即提出，选科选校乃是"未留美前之最重要问题"，"较排列课表、聘请教员等事为尤要"。③ 而当时清华学校虽然已设有职业介绍

---

① 庄泽宣：《职业指导是什么？》，载《教育与职业》第29期，1921年10月。
② 庄泽宣编纂：《职业指导实验》（第一辑），上海商务印书馆1925年版，第1页。
③ 庄泽宣：《报告留美同学会对于母校改革的建议》，载《清华周刊》第252期，1922年9月30日。

部，但它主要是介绍学生在课余或暑假时开展职业实践及介绍回国学生就业择业，鉴此，一到清华，庄泽宣就积极倡导推行职业指导，不仅建议将择业的研究作为学生的必修课开设，调查美国各大学及其学科情况，而且主张以实验的方法衡量学生，务使学生个性能够充分发展，才能得以充分发挥。

由于当时清华对于学校的选科选校问题"毫无准备与研究，致学生耗时耗力，而结果糜费国家金钱，仍未养成许多专才"，[①] 庄泽宣念之忧之，于是，他多次和校长曹云祥谈及在清华学校实施职业指导的重要性和必要性，逐渐得到了曹的认同和支持。虽然职业指导最终没有能够被列为学生修业的课程，但在1922年12月，清华设立了职业与统计委员会，并筹划组织职业指导部，该委员会由庄泽宣任委员长。1923年5月，职业指导部成立，以指导学生在出洋留学前择校、选科和留学回国后择业、就业，指导部由庄泽宣任主任。

此后，庄泽宣除教授心理学课程外，还专门负责职业指导事宜。他首先草拟了实施职业指导的办法五条："一、先从最高级试办，但并不强迫；二、凡学生之愿受指导者，必须填写一详细报告，如家族状况、个人性格等，以为指导之根据；三、与受指导各生作数次之谈话，以决定将来所入之学科及学校；四、请京津各方面专家来校演讲；五、请校中他职教员与学生晤谈。"[②] 该办法得到了校长曹云祥的核准，于是，在庄泽宣的具体负责下，清华开展了近一年的职业指导活动。

清华这次的职业指导活动，内容大致有四：

其一，拟定"清华学生选业表"，对学生选业倾向进行调查。该"选业表"由庄泽宣首先拟定草稿，之后，广泛征求校内教员的意见，并经当

---

① 庄泽宣：《报告留美同学会对于母校改革的建议》，载《清华周刊》第252期，1922年9月30日。
② 庄泽宣编纂：《职业指导实验》（第一辑），上海商务印书馆1925年版，第4页。

时在华的美国教育测量专家麦柯尔修改。1923年8月，当中华教育改进社于清华召开第二届年会时，庄泽宣在专请刘湛恩、黄炎培、朱经农、欧元怀、杨卫玉、陆规亮等讨论有关职业指导事宜的同时，还请他们就该选业表提出意见和建议。该表格包括"家庭的状况""个人的历史"和"个人的志向及特性"三项内容；其中，"个人的志向及特性"要求学生就学科、职业、读书、朋友、生活、工作等方面的好恶作出较为详细的选择或回答。1923年秋开学始，关于学生选业的调查在1924、1925和1926三届高年级学生中进行，清华的这次职业指导活动也由此拉开帷幕。在实施中，通过指导员对学生填写的"选业表"进行考察和多次与学生面谈后，给学生选业、选校、选科提出建议。关于当时学生的选业、选校和选科情况，庄泽宣不仅撰写了《择业与择校问题》（载《清华周刊》1923年3月第274期）、《职业指导问题》（刊1924年3月《〈清华周刊〉十周年纪念增刊》）等文章，而且还和侯厚培就收回的150余名学生的"选业表"进行统计后，拟成《清华学生对于各学科与各职业兴趣的统计》报告，于1924年12月刊登于《清华学报》第1卷第2期上，并由清华学校出版了单行本，以扩大宣传并征求意见，获得了良好的反应。

其二，编写《美国学校章程简要》，为学生赴美选校、选科提供参考。由于当时清华学生仍均以在美国求学为将来获得职业的根本，所以，职业指导部设立伊始，该部即向美国一些著名大学和专门学校索取章程。此后，不仅将这些学校陆续寄来的章程陈列供学生翻阅，更在这些章程的基础上参考王文显的《留美指南》和美国教育当局的《外国学生指南》《1919—1920年高等学校之统计》等材料，汇编成《美国学校章程简要》一册。该"简要"较为具体地说明了美国百余所著名大学和专门学校的基本情况，包括：学校的名称、校址，学校所在地的人口、气候，州立或私立，是否男女同校，著名科目，教师和学生人数，著名教授和所授科目，学校的设备、费用，并附有中国留学生及清华学生在各校肄业的人数、所入班次等情况，成为清华学生赴美留学选校、选科的重要参考材料。

其三，调查清华回国学生所学科目与所就职业的关系。一方面发信并拟出"选业意见表格"给京、津、沪、汉等地的实业家、教育家、工程师等，征求他们对清华留学生的意见，并调查职业界对清华留学生的任用态度，共有包括穆湘瑶、鲍咸昌、华南圭、颜德庆等在内的各界人士24人于选业表格后附以意见，"类皆数十年经验之语，良言药石，洵可为青年选业者之南针宝筏"；① 一方面向清华已回国的500余名学生发出《清华回国同学意见表》，征求他们"出洋前选择学科或更改学科的原因"和"回国后就业有无困难及其原因"，以了解他们在职业界的任职情况（共发出表格300余份，收回170余份）。

其四，有计划地组织实业界、教育界学有专长的专家、学者就其所长至清华为学生作有关职业指导的讲演。当时所作的有关演讲主要有：王文显（清华学校教授）《如何选择职业》、梁启超（清华学校讲师）《文学及史学》、秦汾（北京大学天文算学教授）《天文与算学》、丁文江（前地质调查所所长）《地质学及矿学》、邝星池（前京绥铁路总工程师）《土木工程》、侯德榜（塘沽永利碱厂总工程师）《化学同化学工程》、曹云祥（清华学校校长）《外文》、范源濂（北京师范大学校长）《教育》、戴志骞（清华学校图书馆馆长）《图书馆学》、马寅初（中国银行总稽核）《商业与银行》、张耀翔（北京师范大学教育研究科主任）《心理学》、黄炎培（中华职业教育社办事部主任）《职业要点》、钱崇澍（清华学校教授）《生物》。

清华的职业指导工作，成效卓著，受到各界高度好评，这与庄泽宣的倾心付出密不可分。1924年4月《清华周刊》曾如此评曰：职业指导部"自设立以来，成绩卓绝，名溢海内，盖得力于该部主任庄泽宣博士者靡浅。"② 然而，1924年冬，清华因改办大学引起风潮，庄泽宣也引咎辞职。此时，他的思想开始有了新的转变。他深深体会到："吾国政府近方忙于

---

① 职业指导部：《各界领袖对于择业意见》，载《清华周刊》第301期，1924年1月4日。

② 《各机关：职业指导部》，载《清华周刊》第311期，1924年4月25日。

政治、军事及外交诸问题，何暇顾及职业教育！"① 故"欲以职业教育发展职业，事实上颇为不易"。② 基于这一认识，在此后于厦门大学、中山大学和浙江大学等校任教期间，庄泽宣毅然了断了对职业教育和职业指导的一往情深，转而开始探索"如何使新教育中国化"，以寻求"改造中国教育之路"。

庄泽宣在清华领导开展的这场职业指导活动时间虽不长，但却有声有色。1925年5月20日，当时在清华就读的陈铨曾致函庄泽宣道：在"两年清华的职业指导，两年出洋学生一百余人都与先生有深切的谈话，都经过先生的商量与忠告"。③ 可以说，这场职业指导活动对当时指导清华学生赴美选校、选科以及清华留美学生毕业回国后的择业都起到了一定的作用，且与当时中华职业教育社在上海、南京等地开展的职业指导运动相得益彰。也正是由于庄泽宣本人对职业指导的热情、认识和实践成绩，他被特聘为中华职业教育社职业指导委员会的通讯委员。在职期间，他不仅撰写了《职业指导与婚姻指导》《职业指导与留学问题》两文（分别刊于《教育与人生》1923年11月第7期、1924年3月第24期），更将其在清华领导开展职业指导的经过和经验编纂成《职业指导实验》（第一辑），作为中华职业教育社"职业教育丛刊"的一种，由上海商务印书馆于1925年1月出版。

作为清华学校试办职业指导一年来的报告，《职业指导实验》包括"办法编""研究编""调查编"和"演讲编"。在"办法编"中，收有《清华设立职业指导部之经过》《学生选业表》《各界领袖对于择业意见表》和《清华回国学生对于择业意见表》等；"研究编"则包括《父兄职业统计表》《所学科目兴趣测验表》《择业原动力测验表》《各业领袖对于择业之

---

① 庄泽宣：《我的教育思想》，上海中华书局1934年版，"自序"。
② 庄泽宣编：《新中华教育概论》，上海中华书局1935年版，第191页。
③ 陈铨：《致庄泽宣函》，见庄泽宣编：《青年四大问题》，上海中华书局1926年版。

意见》等有关这次职业指导中所设计、采用的一系列表格;"调查编"则含有职业指导中的有关调查所得,如《美国学校调查》《学科之调查》《清华回国同学对于择业之意见》《清华回国同学学用关系图表》,等等;而"演讲编"则按演讲顺序列出了实业界、教育界学有专长的专家、学者在清华为学生所作有关职业指导演讲的具体内容。①

第二节 中华职业教育社与职业指导的理论探索和初步实践(1917—1927年)

在中华职业教育社看来,职业指导不仅是职业教育的重要组成部分,甚至是"职业教育的先决问题",②所以,职教社成立后,将职业指导视为沟通教育与社会、实践职业教育的一个主要途径。1917年至1927年间,鉴于职业指导的理论尚不够成熟,而整个社会,从教育行政机关到广大的学校,对职业指导也没有予以足够的重视,于是,职教社不仅极力开展对职业指导理论的探讨和宣传,而且发起了大规模的职业指导实践运动。

---

① 除在清华学校发起、领导职业指导外,庄泽宣还积极参与中华职业教育社在20世纪20年代所发起的职业指导运动。20世纪30年代初,鉴于当时诸多大学问题重重,不仅影响了中学生的升学,相应地使大批大学毕业生的择业面临困难,庄泽宣又多次到一些城市的大学,向学生演讲择业问题,颇受欢迎;并撰写了《如何在现今大学中推行职业指导》(载《教育与职业》1933年11月第150期)、《谈升学与择业》(载《宇宙风》1940年3月第96期)等文章。此外,在他编的《青年四大问题》中,专列"职业问题",从"择业的重要性""择业的先决问题""择业的手续"和"择业的预备及决定"等方面对职业指导作了一定的理论阐述;在其编著的《职业教育通论》中,专列"职业指导"章,介绍了美、英、德、法等欧美国家及日本对职业指导的重视情况,及职业指导在中国实施的情形,并阐述了自己对职业指导有关问题的看法。这些文字,全面反映了庄泽宣的职业指导理念,对当时处于"贫瘠""幼稚"阶段的中国职业指导的理论建设,起到了开路先锋的作用。

② 黄炎培:《〈职业指导号〉的介绍语》,载《教育与职业》第15期,1919年10月。

一、对职业指导知识的宣传和理论的探讨

在职教社同仁看来,职业教育与职业指导二者相辅而行,没有轻重先后之分,故"不研究职业教育则已,如研究职业教育,必研究职业指导;不提倡职业教育则已,如提倡职业教育,则必提倡职业指导"。① 鉴于职业指导在中国乃一甚新的名词,人们对之了解甚少,故职教社同仁首先对之开展了有关知识的宣传和理论探讨。

(一)穆藕初的早期职业指导理论探讨

最早对职业指导进行理论探讨的是穆藕初。1917 年 8 月 29 日,穆藕初以《选择职业之三大要点意见书》致函职教社领导人。这封信函最初刊登在 1917 年 9 月 10 日的《申报》上,10 月 20 日,又登在《教育与职业》第 1 期上,是一篇反映穆藕初职业指导思想的十分重要的文章。

在《选择职业之三大要点意见书》中,穆藕初指出,职业的范围十分广大,加之社会在不断变化,使得人们在选择职业时十分不易。然而,鉴于是否有一个适当的职业,对每一个人来说,又是至关重要的,所以,又要求人们必须审慎地对待择业问题。

在穆藕初看来,一个人在选择职业时必须注意以下三个方面:其一,所选的职业必须合于个人的性情。因为人们的性情是不同的,如果一个人所从事的职业能够"顺其性而利导之、诱掖之,不但事半功倍,并能使其人安于其位,历久不变"。其二,"职业须合于个人及家族之程度"。穆藕初说,每个人以及他的家庭状况不同,对于其所从事的职业的影响是十分明显而重要的。有的人对于一种职业能够"乐而忘倦",有的人则"一刻不能暂留,却之惟恐不速"。所以如此,"盖人之程度及其所处境地之不同,希望遂因之不同耳"。其三,择业应考虑社会的需要。人是社会的人,不可能脱离社会而孤立地存在。因此,每个生存于社会中的择业者,必须

---

① 王志莘:《何谓职业指导》,载《教育与职业》第 15 期,1919 年 10 月。

熟思审慎，以"确知社会之现状，社会中所最缺乏而所最渴盼者为何种事，社会中所拥挤而最厌弃者为何种人"，从而"深悉何种人才为社会所需要"。①

（二）对职业指导理论的初步认识

在当时职教社同仁看来，"职业指导开端于小学时期之职业陶冶，完成于毕业以后之服务指导"，②故职教社将介绍、探讨小学职业陶冶作为其首要的任务之一。1918年2月，职教社研究部特将"职业陶冶之性质及其种类"作为其第一个课题，征集社员共同研究；并登报通告，征集对于职业陶冶实施的方法及各校实施职业陶冶各种方法的现状。4月和5月，顾树森分别在《教育与职业》和《中华教育界》上发表《职业陶冶之意义与其方法》和《关于教科上之职业陶冶》，首次对职业陶冶进行了探讨。

与此同时，报刊上也不时出现有关职业指导的理论文章。如天民《小学校职业指导之研究》（《教育杂志》1917年7月第9卷第7号），厚生（译）《论儿童之选择职业》（《教育杂志》1917年7月、8月第9卷第7—8号），太玄《美国职业指导问题》（《教育杂志》1918年1月、2月第10卷第1—2号），俞子夷《职业陶冶的办法一例》（《教育与职业》1918年5月第6期），天民《英国职业指导问题》（《教育杂志》1918年7月第10卷第7号）和《职业适任之心理学的研究》（1918年7月、8月《教育杂志》第10卷第7—8号），等等。这些文字，不仅对美、英等国的职业指导作了概括介绍，而且涉及了当时人们对职业指导理论的初步认识。

如太玄的《美国职业指导问题》对世界职业指导的发源地——波士顿的职业指导进行了说明，同时，他还认为，"职业指导者，非为儿童介绍适应于其性能之职业，乃察其性向所存及机会所在而教练之，使适应于最

---

① 穆藕初：《穆湘玥君选择职业之三大要点意见书》，载《教育与职业》第1期，1917年10月。

② 《苏教育会函请中学加入职业指导研究会》，载《中华教育界》第14卷第6期，1924年12月。

适当之职业";① 天民的《英国职业指导问题》则主要对英国教育部和劳动部有关职业指导的法规内容作了介绍;《职业适任之心理学的研究》则认为,"凡从事职业之人,其性格及心身作用,亦各有非常之差异,由是而对于某职业之适者与不适者,遂因之而生",故对德国巴尔科斯基关于此问题的观点作了全面介绍,"意欲使职业选择得有确实之科学的根据"。② 所有这些,不仅客观上有助于职教社对职业指导的宣传和介绍,而且为职教社进一步开展职业指导的理论探讨提供了重要参考和借鉴。

(三) 编辑出版"职业指导号"

由于重视、关注职业指导,1919 年 10 月 31 日,职教社特辟《教育与职业》第 15 期为"职业指导号",这也是《教育与职业》创刊后的第二个"专号"。黄炎培在该专号的"介绍语"中如是说:"我们既办了职业学校,在学生分科选业上很有关系。因而想到岂但是职业学校有这种情形,就是别的学校学生来学,凭怎么方法替他们分科?用怎么方法教导他们养成他们职业界的种种资格?学成以后,更有怎么方法使得他们走一条相当的出路?仔细想想,这个职业指导,简直是职业教育的先决问题了。"③

"职业指导号"计刊登了顾树森《职业指导怎么样办法?》,王志莘《何谓职业指导》《职业指导设施法》,陆友白《职业指导与将来之企业》,俞泰临《学校对于毕业生职业上之指导》,庄泽宣《择业与成功》,秦翰才(译)《美国波士顿职业局》《美国波士顿大学职业指导科》等文章。这些文章,在介绍国外特别是美国职业指导实施情况的基础上,对职业指导的目的、内容、意义、作用以及实施方法进行了说明和探讨。如王志莘认为,"职业指导者,与学童以选择职业之知识,并指示学童以选择职业之

---

① 太玄:《美国职业指导问题》,载《教育杂志》第 10 卷第 1 号,1918 年 1 月。
② 天民:《职业适任之心理学的研究》,载《教育杂志》第 10 卷第 7 号,1918 年 7 月。
③ 黄炎培:《〈职业指导号〉的介绍语》,载《教育与职业》第 15 期,1919 年 10 月。

方法者也";其目的有二:"为儿童谋得适当之职业,为职业界谋得适当之司事";施行职业指导,必"须先从调查社会状况及考察儿童个性着手"。①在顾树森看来,要很好地实施职业指导,指导者必须一方面把职业界上种种情形,尽力介绍给学生;一方面要调查学生的品行、体力等,以指导他们选择相宜的职业;同时,在公共教育机构或学校中设立一个沟通职业界和教育界的机关,以负责调查、讲演和编辑出版等工作。②

(四)加强职业心理的研究

职业指导不仅要使人们择定适宜的职业,而且必须使所择职业和人的性格、气质、兴趣等相适应。1918年7—8月,天民的《职业适任之心理学的研究》,可谓是国内最早就此问题进行探讨研究的文字。而职教社同仁也认为,实施职业指导,"脱不了两个标准,一个是职业心理,一个是社会状况"。③因此,在开辟"职业指导号"后不久,1920年2月20日,《教育与职业》又推出"职业心理号",刊载了由徐甘棠编译、美国哥伦比亚大学教授荷令华甫所著的《职业心理学》一书。该书介绍了当时流行于西方的一些考察人的品性的方法,阐述了职业实验与学校课程的关系,强调根据人们不同的心理来确定职业,主张男女均应当具有相应的职业。鉴于该书"全部都是根据实验,并非理想;都是在数量的多少上、尺度的长短上试验比较,并非糊里糊涂的猜测武断",所以黄炎培说:"这就是最新的科学态度,也就是这书的特别价值。"④其实,将《职业心理学》翻译介绍到中国,本身即表明职教社同仁对于职业指导的科学态度!

---

① 王志莘:《何谓职业指导》,载《教育与职业》第15期,1919年10月。
② 顾树森:《职业指导怎么样办法?》,载《教育与职业》第15期,1919年10月。
③ 黄炎培:《〈职业指导号〉的介绍语》,载《教育与职业》第15期,1919年10月。
④ 黄炎培:《〈职业心理学〉的介绍词》,载《教育与职业》第17期,1920年2月。

(五) 职业指导部的成立：职业指导组织规范和领导的开始

为了从组织上规范和领导职业指导的开展，真正使职业指导工作有所成效，早在1919年5月，职教社第二届年会（议事员会）就议决自1920年起，设立职业指导部，确定其主要工作内容有：调查清楚各地重要的职业种类；调查各学校即将毕业学生的年龄、体力、学业、品性、能力和职业志愿，并引导他们选择最适宜的职业；征集各实业家对于毕业生的必要条件，印送各校，供教师和学生参考；在各学校学生毕业之前，由职教社派员前往演讲关于选择职业的要点；"介绍毕业生入相当学校，使他们得到充分的学力，以便将来的出路"。① 同时，由该社办事部议定有关职业指导工作进行程序和期限。

1920年3月，职业指导部正式成立，并组织委员会，特由办事部推定陆规亮、顾树森、俞泰临、潘文安、黄伯樵、秦翰才、沈恩孚、杨本立、黄炎培等人为委员（陆规亮为主任），全面负责职业指导的领导与工作开展，议定进行程序和期限；决定定期召开常会，必要时得召开临时会；并议决通过了由潘文安和陆规亮分别拟定的"成立宣言书"和"进行顺序及期限"。

职业指导部成立后，为了对职业指导"切切实实从根本上做去，下一番彻底研究工夫，实地的去试验"，② 依原定计划，首先对上海等地实业界的职业种类和教育界的一些重要学校毕业生的基本出路情况作了一定调查，不少实业家就此畅谈己见。如穆藕初即对此举十分赞赏，乃复函职教社，就实业界所需人才、学生弱点及学校毕业生受实业界所欢迎的方面加以分析。在穆藕初看来，学校毕业生若要更好地为实业界所任用，获致更适合的职业，必须具有朴实、温和、耐劳、谨慎、勤俭、精细、尽心、惜

---

① 中华职业教育社：《本社创设职业指导部宣言》，载《教育与职业》第19期，1920年4月。
② 中华职业教育社：《本社创设职业指导部宣言》，载《教育与职业》第19期，1920年4月。

物、睦群的性情和通事理、明决断的能力,在体力上无暗疾,无不良嗜好;同时,力求克服浮滑、虚假、苟且、懈怠、妒忌等性格缺点。此后,职教社并将与上海各实业界著名人物的谈话所得,由陆规亮汇集成《职业实验谈》一册,于1920年5月作为《教育与职业》临时增刊,由上海文明书局出版。

不仅如此,指导部还曾多次召开谈话会,邀请各学校职员及各实业家商榷对毕业生进行职业指导的办法。如在1920年5月20日的谈话会上,各校校长和教员20余人到场;会上,特"分赠学生个性调查表,请各校酌量加减款项,发给各本校各生填写,以资研究试行指导"。① 在6月19日的谈话会上,又对与会的上海有关的小学校长、主任教员及实业家,"宣布职业学校添办商科情形,当讨论提出商科教授上应行注意之点,又商定通告各小学征集对于本届毕业生职业指导办法,并询问应否由本社派员前往讲演"。② 此外,还组织专门人员到一些学校向毕业生讲解选择职业的要点。

1921年10月,职教社鉴于职业界"有才待用,有事需才,每不能各得圆满之结果",故又决定试办"职业介绍部",作为沟通调剂职业供求双方的介绍机构。介绍部"应社会需要而设,以谋使职业上之供求渐趋平均及适当为职志",③ 免费为供求双方服务,仅要求各机关委托介绍人才时或个人委托介绍职业时,写明具体的情况、条件、要求及有关信息即可。

在指导部和介绍部的规划、领导下,职教社一方面派顾树森、王志莘等人赴欧美一些职业指导发达国家考察职业教育和职业指导状况,以资借鉴;同时,其同仁继续对职业指导理论进行宣传和探讨。从1920年3月至1922年底,职教社成员发表在教育报刊上的有关职业指导的文章时有所

---

① 《社务丛录:职业指导部委员会》,载《教育与职业》第21期,1920年9月。
② 《社务丛录:社务近况》,载《教育与职业》第21期,1920年9月。
③ 《中华职业教育社职业介绍部规则》,载《教育与职业》第39期,1922年11月。

见。如庄泽宣《怎么样指导职业?》和《职业指导是什么?》，邹韬奋《美国的职业指导运动》(《新教育》1922年11月第5卷第4期)、《初级中学之职业指导问题》(《教育与职业》1922年12月第40期)，等等。这些文章，进一步加强了人们对职业指导的认识及其理论的理解。

二、职业指导委员会的成立与实践活动

在对职业指导的理论作了初步探讨后，职教社的领导者鉴于各方面于职业指导的需求日益迫切，乃决定在继续加强对职业指导理论深入探讨、加大对职业指导宣传力度的同时，有组织、有计划地开展职业指导实践。

自1921年10月试办职业介绍部后，一年下来，介绍求职成功者仅及十分之一，职教社认为，究其原因，主要在于求职者的期望与用人单位的条件要求不相适应之故，所以从1923年始，职教社特拟定了《就职业者之反省十则》，要求凡曾委托职业介绍部求职者，均须进行答复。该"反省十则"的内容为：

> 我对于希望之职业，曾郑重考虑，认为可为我终身职业否？
> 我对于希望之职业，曾加以充分之修养否？
> 我之体力、才能、经验，能胜任所希望之职业否？
> 我之学识技能，能与所希望之报酬等值否？
> 我对于希望之职业，除解决生活问题外，有其他兴味与愿望否？
> 我之品性习惯，有无弱点，足以阻碍我达到希望之职业，或使我丧失已得之职业否？
> 我对于现有职业，表示不满意，究有充分正确之理由否？
> 我对于现有职业不满意诸点，能设法补救，或曾努力排去之否？
> 我现在未有职业，曾平心研究其缘故，并设法补救，或努力排去之否？

使我能达到希望之职业后，预料能胜任愉快，不再改业或反悔否？①

与此同时，为了扩大职业指导的影响并增强其推行力度，加强对职业指导的研究，1923年6月，职教社决定，除继续编辑职业指导专书，对西方国家有关职业指导的发展和理论进行介绍外，在职业指导部的基础上设立职业指导委员会，由刘湛恩任主任，邹韬奋为副主任，并负执行之责；朱经农、廖世承、杨卫玉、黄伯樵、陆规亮为委员。另外，聘请对职业指导有研究者庄泽宣、顾树森、王志莘等人为通讯委员，以收集思广益之效。

职业指导委员会成立后，积极筹划职业指导的推行。7月18日、8月22日和9月17日，"委员会"先后在南京、北京、上海召开会议，议决通过了一系列筹划职业指导开展的事项。如与江苏教育实业行政联合会共同调查当地职业和社会状况；和中华教育改进社合办测验个人职业性能；强调在介绍职业时要注意为人谋校、为人谋事、为事谋人；制定学校状况调查表，对江苏各校进行调查，以备职业指导之用；联络上海各校，由各校推代表1人，与职业指导委员会共同组织职业指导研究会，共同讨论实施职业指导问题；择定一校，规定若干时日，逐日于课余时间，请专家演讲关于择业的重要问题，以唤起学生对于职业的关心和兴趣，同时举行填注职业性能表格活动；开展个人谈话，其详细办法，公推刘湛恩负责起草。另外，还议决加强出版有关职业指导材料，进行宣传，以资参考。这些议决事项，很多都得到了实施。同时，在这年8月，职教社改组办事部，设立指导股，"专掌执行职业指导委员会议决案及办理其他关于职业指导事项"，② 并负责编译职业指导相关书籍。

---

① 中华职业教育社：《就职业者之反省十则》，载《山东教育月刊》第2卷第3、4号，1923年4月。

② 《社务丛录：办事部之新变迁》，载《教育与职业》第48期，1923年9月。

在职业指导委员会的领导下，从 1923 年 10 月至 1924 年 9 月一年间，中华职业教育社有计划地开展了一系列有关职业指导的工作，其重要者有以下各项。

（一）调查江苏职业和江苏中等以上各校情况

鉴于当时上海等地无数青年在投考学校时，因仅依报章广告未悉真实内容，常有偏颇或被欺诈，职业指导委员会特调查江苏职业和中等以上各校情况，以之作为指导依据，并由邹韬奋、徐亮将对江苏中等以上各校的调查结果编纂成《江苏中学以上投考须知》一书，1924 年 6 月，由上海商务印书馆出版发行。黄炎培特为之作"序"，介绍其编辑原由及旨趣。该书详细刊载了江苏省 160 余所大学、专门学校、中学、师范和职业学校的地址、课程、学习费用、学习年限以及报考资格、应考科目等情况，成为学生升学和就业指导的重要参考。1926 年，鉴于两年来江苏学校多有变更，对升学者有一定影响，故又增加材料，修订再版。

（二）组织编写或编译有关职业指导书籍

职教社研究部专以研究为其职责，联合指导股，编辑出版了"职业指导丛书""职业教育丛刊""职业修养丛书"。其中，有关职业指导的书籍主要有：邹韬奋编译《职业智能测验法》（上海商务印书馆 1923 年版）和《职业指导》（上海商务印书馆 1923 年版），刘麟生编译《世界十大成功人传》（上海商务印书馆 1924 年版），王志莘编《青年与职业》（上海商务印书馆 1924 年版），刘湛恩编辑《择业自审表》（青年协会书局 1924 年版），等等。

《职业智能测验法》为"职业教育丛刊"第二种，原著者为美国耶鲁大学教育心理学教授贾伯门博士。邹韬奋在该书"自序"中说："职业智能测验法乃利用实验心理学以解决实际问题者也。……余以其与职业教育甚有关系也，乃发编译，介绍其原理与方法，冀引起国人对于职业智能测验之兴味，由此而殚精研思，用科学的方法，解决甄别职业人材与训练职业人材之种种问题。"① 黄炎培在为该书所作的"序"中则言道:"职业指导为施行职业教育之前一步工夫,而职业测验又为施行职业指导之前一步工夫。对于曾就职业者,因测验而识其知识与能力之程度,对于未就职业者,因测验而识其天赋才能长短优劣之所在。"② 两人对于在职业指导中运用测验的方法再次给予了充分肯定。

《职业指导》为"职业教育丛刊"第三种。该书乃根据欧美职业指导先进国家之成规,参酌中国的具体情况,通过介绍职业指导的内容和大概,达到发其端的目的。全书包括"职业指导之范围及其效用""职业指导机关""调查职业状况的方法""调查研究学生个性、境况及启迪其择业兴趣的方法"等,并对英、德、美和日本四国的职业指导作了介绍。

《世界十大成功人传》摘取美国波尔登夫人(Mrs. Sarah K. Bolton)所著《成功人传》"其中人物之有关于职业教育者",并"参以他书,补其不逮"编译而成,③ 介绍了美、英、法三国十位著名人物,其中包括爱迪生、瓦特等。

(三)审定《择业自审表》

《择业自审表》是专门为职业指导的实施编制的一种表格,其目的"是要补助十五岁以上的学生分析自身的特性、兴趣、志愿与环境,藉以选择终身的职业",由刘湛恩起草,职业指导委员会审定。其内容包括:"个人的历史""个人的环境与志愿""个人的特性""个人的兴趣"和"职业调查",计五部分63个问题,十分详尽。在刘湛恩看来,"择业是一生大事",万不可草率从事,"要改良社会,应当使人人都有相当的职业,而且选择职业应当用科学的方法"。④ 而这就不仅要研究自己的个性和特长,而且应调查社会上哪一种职业与自己的个性和特长最相近,在此基础上,用

---

① 邹恩润编译:《职业智能测验法》,上海商务印书馆1923年版,"自序"。
② 邹恩润编译:《职业智能测验法》,上海商务印书馆1923年版,"序"。
③ 刘麟生编译:《世界十大成功人传》,上海商务印书馆1924年版,"小引"。
④ 邹恩润编纂:《职业指导实验》(第二辑),上海商务印书馆1925年版,第45页。

科学试验的态度去择定自己最喜欢做、最适合自己做的职业。应该说，《择业自审表》的制订及其内容，反映了刘湛恩对职业指导的非凡之见。因为《择业自审表》编写的用意，正"是要帮助中学和大学生，明白他们天然的兴趣和特殊的擅长，藉以抉择他们终身的职业"。[①] 1923年，该表首先在牯岭青年会夏令学校中试验，颇见成效。

（四）继续开展职业指导理论的探讨

编、译职业指导书籍虽然也含有理论探讨的意味，但是，在此职业指导开展的初期，最为直接而主要的理论探讨，还是职教界同仁特别是职教社成员撰写、刊登于期刊上的一篇篇理论文章。

如王志莘《人谋事耶？事待人耶？》（《教育与职业》1923年3月第43期），邹韬奋《职业指导之真谛》（《教育与职业》1923年9月第48期）、《实施职业指导之资料》和《介绍研究职业指导的参考书目》（《教育与职业》1923年11月第50期和《教育与人生》1924年4月第25期）。特别是，委员会"延致专家十余人，切实研究，又以研究所得"，[②] 于1924年3月31日辟《申报》副刊——《教育与人生》第24期为"职业指导号"，刊登了近10篇有关职业指导的文章。它们是：邹韬奋《中国职业指导的现况》《实行职业指导运动宜注意的几个要点》和《职业指导的内容与功用》，廖世承《应用职业指导调查表所得来的几个意见》，庄泽宣《职业指导与留学问题》，刘湛恩《一星期职业指导运动》，朱经农《职业指导与初中课程》等。这些文章，既是对此前职教社实施职业指导工作的一个总结，又反映了经过几年的探索，职业指导理论所达到的新高度，为下一阶段职业指导的开展奠定了坚实的基础。至此，职教社所开展的职业指导工作犹如是一个终点，但更是一个新的起点，因为，一场规模浩大的职业指导运动已经在酝酿，并即将展开。

---

① 《职业指导表格》，载《教育与职业》第50期，1923年11月。
② 邹恩润编纂：《职业指导实验》（第二辑），上海商务印书馆1925年版，第1页。

此外，在职教社看来，作为职业指导的先进国家，美国诸多关于职业指导的经验，无疑可资借鉴。因此，职教社还专门与美国职业指导局进行通讯联络，请该局寄来有关职业指导的著述多种，以为参考、借鉴；同时并派王志莘作为驻美代表详细调查美国职业指导的开展情况。

三、"一星期职业指导运动"的开展

1924年2月23日，职业指导委员会于上海青年会召开第三次常会，刘湛恩、邹韬奋、黄炎培、杨卫玉、陆规亮、黄伯樵、朱经农、廖世承等职教专家与会，会议讨论通过了由刘湛恩起草、经职业指导委员会酌改的《择业自审表》，并议决于是年4月上旬至6月举行职业指导运动。其地点和时间为：上海，4月7日至12日；南京，14日至19日；济南，21日至26日；武昌，6月2日至7日。其举办的学校，商定为上海澄衷中学和上海青年会中学，江苏省立第一中学，济南正谊中学和武昌中华大学附属中学。是次全国性的职业指导运动取名"一星期职业指导运动"。2月29日，《申报》刊登了由职业指导委员会拟就的"一星期职业指导运动办法"，就其筹备要求和一星期内实施的日程及内容安排作了详细说明。

（一）具体步骤

第一，由各校延聘热心的教职员组成本校的职业指导委员会，与中华职业教育社所派的专门人员召开研究会，讨论职业指导的内容和方法。经过反复讨论，认为在实施"一星期职业指导运动"期间，应当注意：不能将职业指导的对象仅仅限定于无力升学的青年，也应包括有力升学的青年。因为不论何人都要选择一种职业以服务于社会，如"高中毕业后所升的专门科，或农或工或商或医，以及其他，等等，无一不与青年自身职业前途有密切的关系，即无处不与职业指导有密切的关系"。[①] 因此，职业指导不仅仅是职业介绍，实际上其范围至广。如对小学生进行的职业陶冶，

---

① 邹恩润编纂：《职业指导实验》（第二辑），上海商务印书馆1925年版，第12—13页。

在高中根据学生的个性差别进行的选科指导,以及对在职青年进行的服务指导,均属职业指导的重要组成部分。

第二,在"一星期职业指导运动"期间,除由中华职业教育社专员担任演讲职业原理和择业方法外,各校须延请各地职业专家演讲各业内容,各校应特备职教社所制的"就教专家表",规定内容,以使各专家演讲的范围切合职业指导的原理,通过演讲,以提高学生的择业兴趣。在专家演讲时,指导员须全程参加并引导、协助学生向专家提问求教,或将专家所讲的要点特别告示给学生。此后,各校的指导员仍须时常延聘各业专家进行演讲。

第三,学生在听过重要各业的内容之后,填写《择业自审表》。填写时,由各指导员每人负责若干学生,在所规定的时间内于课堂中填好。通过填写该表,一方面进一步加深学生对自身的认识,引起学生对择业的兴趣;另外,这些所填写的《择业自审表》,也是接下来指导员与学生进行个人谈话和继续指导的重要参考材料。

第四,由指导员和学生进行个人谈话,解决有关问题。谈话应单独进行,每人20—30分钟,并根据谈话结果于表后加写评语。

第五,统计《择业自审表》,由职教社和实施职业指导的学校各存一份,作为学生升学和就业的参考。

(二)实施概况

1924年4月7—12日,"一星期职业指导运动"首先在上海澄衷中学和上海青年会中学展开。按照计划,两校除组织职业指导委员会,征求愿受指导的学生,延请各业有关著名人物向他们介绍各业情况,并讲解择业的重要性和方法外,还不时地安排职教社所派的职业教育专家演讲职业原理和择业方法。如4月8日,青年会中学特请朱经农演讲"教育职业",并召开职业指导研究会,刘湛恩、邹韬奋等30余人出席。在会上,刘湛恩演讲"职业指导原理",详述《择业自审表》的内容及用意;邹韬奋则讲"指导员与学生作个人谈话时所宜注意之种种要点"。4月14—19日,"一星期职业指导运动"又于江苏省立第一中学进行,第一天,黄炎培和邹韬奋分别讲了"职业之原理"和"择业之方法";15日,该校又请邹韬奋、杨卫玉等讨论"职业之训练"问题。21—26日,"一星期职业指导运动"又在济南正谊中学举办,邹韬奋、杨卫玉、廖世承、庄泽宣等前往指导。

与此同时,职教社的专家还应一些机构之邀,宣讲职业指导的有关问题。如4月8日,位于四川路的上海青年会请黄炎培和刘湛恩演讲"职业原理大意"和"择业方法";4月26日,职业女子联修会于上海中西女塾开演讲会,刘湛恩特作"女子职业指导问题"的演讲,认为女子择业必须自审个性,并须有坚忍、耐劳及专心致志的精神。①

5月26日,职教社第七届年会于武昌青年会开幕。在会上,邹韬奋从理论介绍和实际试验两方面,详细说明了此前上海、南京等地职业指导的实施情况,会议并提出了《试行职业指导报告书》。也就在此次年会开幕的当天,武昌的职业指导于中华大学附中展开。

四、职业指导的进一步推广

1924年9月29日,职业指导委员会召开会议,除了报告4月间各地推广职业指导的办法,决定通过编写《职业指导实验》(第二辑)对"一星期职业指导运动"进行总结外,还决定根据欧美学者著述编译《职业心理学》一书,并组织职业指导研究会。

10月,中华职业学校鉴于青年择业、择校之困难,又成立了择业预备科,邹韬奋为主任。该科招收高小及初中毕业学生,除开设国文、英文、算学等课程外,还参考欧美要籍,编写成有关各业内容实况的讲义,"分门教授,俾学生预知各业之情形,就其性情志愿与学力,以选择相当之职业"。② 其主要活动有:由职业指导员演讲职业原理及择业方法,并督率学

---

① 《职业女子联修会昨开演讲会》,载《申报》1924年4月27日,第14版。
② 《职业教育之最近运动:中华职业学校设立择业预备科》,载《教育杂志》第17卷第1号,1925年1月。

生填注《择业自审表》；由本校工科主任、商科主任演讲各科内容，将来服务大概情形等；采用廖世承所编的《智力测验》相关内容，统计学生"智力总能数"，并与各生学科成绩相比较；由职业指导员调查学生主要各科成绩，以审察各生的特长和兴趣，并与智力测验结果相比较；进行个人谈话和团体谈话，并加强与学生家庭联络。与此同时，学校还曾试行职业谈话，邀请校外实业界、教育界的有经验人士，到校讲演各业情形及职业上所必需的行为品性，并发函征求实业家对于一般职业学校学生在学力、办事、道德、行为和交际方面的意见。

1925年2月5日，职业指导委员会议决再次派员赴各地实施职业指导，先就津浦铁路及长江下游沿江一带，指定数处学校，由职教社公推代表两人前往接洽办理。2月19日，职业指导委员会再次开会，商定进一步"推广职业指导计划"，议决事件如下：

> 审定调查职业指导效果表，以备付印后分致业已实施职业指导各校调查；
>
> 公推朱经农、刘湛恩、杨卫玉、邹恩润诸君于三月上旬赴奉天，再由京汉路赴汉口、九江、安庆、芜湖、南京等处，协助各校实施；
>
> 公推刘湛恩君于四月赴济南、天津、北京、保定、太原、开封、徐州等处，协助各校实施；
>
> 各委员赴各处提倡职业指导，同时调查各该处之教育情形、工商业概况及学生出路等事，作有系统之报告，备为规划改进之参考。①

除职教社有计划地在各地领导开展一系列职业指导运动外，刘湛恩领导的中华基督教青年会全国协会也开展了职业指导运动，而各地的青年会对职业指导也时有注意。一些青年会在开展职业指导时，或设立学生部以

---

① 《职教社推广职业指导运动》，载《申报》1925年2月20日。

关注职业指导，或于每年举行学生夏令会时研究青年的职业问题；而对各地青年会的职业指导活动，职教社也多予以帮助和支持。像1925年5月5日，宁波青年会举行职业指导运动时，即函请职教社协助，由邹韬奋、杨卫玉前往指导。

五、职业指导理论研究的新进展

（一）职业指导理论研究文章的刊发

自1924年4月"一星期职业指导运动"开展以来，职教社同仁在积极推行职业指导的同时，还不时加强对职业指导理论的探讨。如1924年6月和9月，邹韬奋就在《教育与职业》第56期和第58期上先后发表《职业的真乐》和《初级中学应注重职业指导》等文。此后，伴随着职业指导在全国一些地方和诸多学校的推展，特别是由于中华职业教育社对职业指导的宣传和实践，职业指导的理论探讨越来越引起人们的重视。

1925年1月，《教育杂志》特辟第17卷第1号为"职业教育专号"，其中刊登了近10篇有关职业指导的文章。它们是：盛振声《职业指导是什么?》，卫士生《职业指导概说》，沈达时《教育与职业指导》，杨卫玉《小学教育与职业陶冶》，曹伯权、潘文安《初级中学实施职业指导之计划》，舒新城《中学职业指导的先决问题》，邹韬奋《职业心理学与职业指导》，赵廷为《职业测验编造法》，王文培《各国职业指导机关组织法》。这些文字，涉及职业指导的涵义、历史、范围、方法、意义、职业心理，以及中国与世界一些国家实施职业指导的概况，既是对前一段职业指导理论探索的总结，又是在此前职教社职业指导实践基础上认识领域的升华，其中的不少观点，颇有理论价值和实践指导意义。

如卫士生认为，"职业指导，在增进儿童或青年的职业机会，并不专在介绍职业的位置"。[①] 沈达时说，职业指导"其目的约有三端：（一）使

---

① 卫士生：《职业指导概说》，载《教育杂志》第17卷第1号，1925年1月。

学校教育与实际生活互相关切;(二)使各人得尽力于其天性所最适宜之职业,而各致其最大效力于社会;(三)使社会上对人之需要与个人对于社会之需要互相适应"。① 曹伯权、潘文安提出,初中实施职业指导的具体计划为:实施调查,测验学生智能,特设职业指导员,增设职业指导课程,进行个人谈话,请各业专家到校讲演,引导学生参观实业机关,学生阅览职业书报,填写择业自审表,在学校设工作实习课程供学生实习。邹韬奋强调,"预备担任某种职务的人,究竟适宜与否,怎样利用科学的方法,于实际尝试以前,加以测验,或换句话说,怎样确定这个人所有的种种资格,由此指导他选择于他最为适宜的工作"实乃"与职业指导有直接关系";只有"根据种种职业的特别性质与需要,用科学方法测验个人的'反应的时间'、'知觉的准确'、'记忆力的限度'、想象力、思考力,以及其他种种能力,有时单独测验一种能力,有时测验数种合并的能力。……这样的职业指导,才是真正合于科学方法的职业指导"。②

应该说,对于职业指导,人们大多持肯定的态度,但也有人对职业指导特别是对中学的职业指导持有不同看法。许雪樵和舒新城可谓其中的代表。

在许雪樵看来,在中学实施职业指导,虽有不少积极之效,但也不乏消极之弊。如学生"择业之不易决定""择业后目的之难达"。有鉴于此,他提出:"在中学而言职业选择、职业指导,不如于公民教科书中多多发挥职业之真理,与公民不可无正当职业之意,使平昔输入学生脑中,以免作将来社会无业之游民。"③ 而舒新城则认为,由于中国社会职业尚不发达,加之中学生心中普遍存有的"读书当做官"的观念,所以,虽然职业指导"是现在中学教育中极重要的问题,而学校制度不与社会状况相应,

---

① 沈达时:《教育与职业指导》,载《教育杂志》第17卷第1号,1925年1月。
② 邹恩润:《职业心理学与职业指导》,载《教育杂志》第17卷第1号,1925年1月。
③ 许雪樵:《中学与职业指导》,载《教育杂志》第16卷第12号,1924年12月。

学生态度不注意于职业，无论职业指导怎样实施得好，结果还是没有效果"。有鉴于此，他提出，在中学实施职业指导，必须首先考虑，"怎样使中学校组织及课程与中国社会情形适合"，"怎样使中学生对于职业发生兴趣"。① 而针对许、舒二人的观点，1925 年 5 月，邹韬奋特在《中华教育界》上发表《关于职业指导的讨论》的长文。文中，他特别提出："职业指导并不限于中学毕业后即行就职的学生，就是要升学的学生也不可不注意职业指导"；"正是因为学生态度不注意于职业，所以才更需要职业指导，因为职业指导正是要以矫正这种态度为己任"。② 这些不同认识和理性讨论，有助于职业指导理论研究的深化。

（二）职业指导理论著作的出版

除了职业指导理论研究文章在报刊上连篇累牍地刊发外，一些职业指导理论著作也相继出版，主要有：庄泽宣编纂《职业指导实验（第一辑）》（上海商务印书馆 1925 年版），邹韬奋编纂《职业指导实验（第二辑）》（上海商务印书馆 1925 年版），杨卫玉、彭望芬编译《小学职业陶冶》（上海商务印书馆 1925 年版），唐海译述《服务箴言》（上海商务印书馆 1926 年版），潘吟阁编纂《职业概况》（上海商务印书馆 1926 年版），邹韬奋译述《职业心理学》（上海商务印书馆 1926 年版），邹韬奋《书记之知能与任务》（上海商务印书馆 1926 年版）。此外，还有杨卫玉《小学校职业陶冶纲要》（中华职业教育社 1926 年印行），邹韬奋编《中等学校职业指导法纲要》（中华职业教育社 1926 年版），等等。

《小学职业陶冶》为"职业教育丛刊"第六种，由黄炎培校订。该书系据美国芝加哥大学工艺教授勒维特（Leavitt）及芝加哥工业学校陶冶部教员布朗（Brown）所著的 *Prevocational Education in the Public School*

---

① 舒新城：《中学职业指导的先决问题》，载《教育杂志》第 17 卷第 1 号，1925 年 1 月。

② 邹恩润：《关于职业指导的讨论》，载《中华教育界》第 14 卷第 11 期，1925 年 5 月。

一书的第六章并"以己意补充两章"而成。内容包括：职业陶冶之起源与目的，职业陶冶在教育上之趋势，职业陶冶与工艺陶冶，职业陶冶一般问题的讨论，儿童个性考察与职业陶冶之关系，职业陶冶实际问题之研究，职业陶冶的小学课程与训育，等。黄炎培和邹韬奋特为该书作"序"，予以高度评价。

《职业概况》为"职业教育丛刊"第七种，是根据美国职业指导局局长勃鲁尔（J. M. Brewer）等人所编的《各业概况》一书的第二编，并依我国情形增减而成。编者认为，"施行职业指导，尤宜使青年周知各种职业之概况，而后可以辨其性质之宜否，与夫兴趣之多少，而定其选择之方针"；故该书计分十一章：农业，矿业与工业，机器业，建筑业，运输业，商业，公职，工程专门业，学者之专门职业，家事及相关之职业，杂业及新职业。书中在阐述专门职业的性质与内容的同时，并详及中国之实际情形，以资比较，故"读此书后，可使青年发生职业上之趣味，且对于各种职业，皆能知其价值，而有均等之敬视，为适宜之选择，与完全之预备"。①

《小学校职业陶冶纲要》是杨卫玉据自己对职业陶冶的理解与认识所写的一本小册子。在杨卫玉看来，职业陶冶"就是使儿童于不知不觉中养成为己谋生、为人服务之兴趣与习惯"，② 它是小学教育的一种重要训练，每个人都应当受职业陶冶。其"实施大纲"：在课程方面，首先，"教材要含职业化"，即"使一切教材与书本上的学问，要与日常生活中一切事物互相联络起来，发生深切的兴趣"；③ 其次，"教学要重实际"，即使儿童接近生活，并养成对事物的正确观察，如教电学参观电气厂，教种稻参观农场，教河流、山脉举行远足等。在训育方面，则"要有社会化的环境"，"要有因地制宜的设备"（如城市的学校可设附属商店或实习工场，农村的

---

① 潘吟阁编纂：《职业概况》，上海商务印书馆1926年版，"编者弁言"。
② 杨鄂联：《小学校职业陶冶纲要》，中华职业教育社1926年印行，第2页。
③ 杨鄂联：《小学校职业陶冶纲要》，中华职业教育社1926年印行，第3页。

学校可设农场），并"组织训练团"；另外，还要定期召开家属恳亲会，并进行简易的职业智能测验等。

（三）职业指导理论研究机构的组织

在"一星期职业指导运动"后，职教社同仁还组织了职业指导的研究机构，以加强职业指导理论研究的力度和深度。

由于职教社设于江苏上海，江苏又是职教社推行职业指导活动的重要区域；且职教社的不少领导人同时也是江苏省有关教育团体特别是江苏省教育会的领导人，这就使得职教社从成立之后就与江苏省教育会有着密切的关系。[①] 因此，职教社的职业指导研究机构的组织，也常常与注重职业教育和职业指导研究的江苏省教育会密切联合。

如1924年10月，受江苏省教育会委托，职教社特于南京组织了"江苏职业指导研究会"。该会"以研究职业指导事业为主旨"；"研究推广之范围，暂以初级中学为限"；除职教社职业指导委员会委员外，"凡本省公私立初级中学及其他学校之设有初中部者，不论已未实施职业指导，皆得加入"。[②]

1925年10月，鉴于"职业指导在中等学校占有重要位置，不但对于不能升学之学生应予以相当之指导，即有力升学之学生，中学后须入专科，亦与将来职业有密切联系，亦须在中学时代加以充分之研究"，[③] 职教社又与江苏省教育会于南京延请全省各初级中学代表开会，商定举行职业指导办法。会议决定扩大原来职业指导的范围，由仅限于初级中学，扩大到高级中学；筹划在"江苏职业指导研究会"基础上，成立"江苏省中等学校职业指导研究会"，并着手征集会员。

1926年5月4日，由中华职业教育社、江苏省教育会及江苏省公私立

[①] 有关中华职业教育社与江苏省教育会人脉上的关系，可进一步参阅刘正伟、薛玉琴：《江苏省教育会与中华职业教育社》（载《教育与职业》2000年第9期）一文。
[②] 《江苏职业指导研究会组织大纲》，载《中华教育界》第14卷第6期，1924年12月。
[③] 《苏中等学校职业指导研究会成立》，载《申报》1926年5月5日，第7版。

中等学校联合组织的"江苏中等学校职业指导研究会"于上海开成立会，会议讨论制定了《江苏中等学校职业指导研究会组织大纲》，通过了《江苏中等学校职业指导研究会章程》。"章程"规定："凡本省公私立中等学校及其他学校之设有中学部者，不论已未实施职业指导，皆得加入"；① 研究会"以研究职业指导事业为主旨"；"每年开会一次，由各校报告实施概况或结果，以资研究，有必要时，得开临时会"；"凡加入本会之学校，对于本会事业，有合作协助之义务，每年得互推值年学校，会同江苏省教育会、中华职业教育社办理本会事务"；② 同时，与此前的"江苏职业指导研究会"一样，明确将本会的事业确定为研究、调查、讲演、出版和实施等方面。

8月，鉴于"数年来学校猛增，就学学生毕业后无出路，致有多数毕业生抱失业之憾"，③ 在江苏省职业学校联合会开会期间，中华职业教育社特提出"救济毕业生失业问题案"。会议经讨论，决定组织"毕业生就业指导委员会"，由中华职业教育社、江苏省职业学校联合会和江苏省教育会共同筹备。9月，三团体联合组织的"毕业生就业指导委员会"正式成立。该委员会"以研究毕业生就业问题，作适宜之指导，期使减免失业为宗旨"，④ 议决"简则"六条，推举常务委员7人，并发表了《救济毕业生失业问题宣言书》。依据其"宗旨""简则"和"宣言书"等，毕业生就业指导委员会成立后，不仅通过广告征求毕业生状况和各业对于录用毕业生的意见，而且还就学校毕业生失业问题的救济方法加以讨论。而有关的研究成果，在《教育与职业》杂志上也多有刊登。如是年10月第79期刊登

---

① 《苏中等学校职业指导研究会成立》，载《申报》1926年5月5日，第7版。
② 《江苏中等学校职业指导研究会章程》，载《教育与职业》第76期，1926年7月。
③ 思退：《读毕业生就业指导会一部分统计感言》，载《教育与职业》第80期，1926年11月。
④ 《江苏毕业生就业指导委员会之成立》，载《教育杂志》第18卷第10号，1926年10月。

的杨卫玉《读江苏省中等学校毕业生出路统计》，11月第80期刊登的江恒源《推广学校毕业生出路办法》和邹韬奋《关于救济毕业生失业之一种建议》等。此外，还拟具了《救济学校毕业生失业问题案》，交由江苏省教育会，以备全国教育会联合会召开年会之时提出讨论。

在1927年之前，除中华职业教育社有计划地在各地领导开展一系列职业指导运动外，中华教育改进社、国立东南大学附属中学也是对职业指导予以特别关注和办理较有成就的团体和机构。

中华教育改进社对职业指导问题多有讨论和研究，特别是几乎每届的年会都有有关职业指导的议案通过，并且多议决与中华职业教育社合作办理。如第一届年会议决《中华教育改进社应设专部，提倡职业指导，宗旨在调查宣布职业实况，使学生预有准备，将来或升学、或谋事，都具有明白的选择与决定案》（与职教社合作执行）；第二届年会议决了《请本社与中华职业教育社协力调查全国需要职业，指导国内外学生求学方针案》；1924年7月，中华教育改进社第三届年会又通过了《请本社与中华职业教育社合作，实行调查全国职业案》《请本社心理测验委员会编制测验，为实施指导之资料案》《请本社致函各省师范学校及各大学教育科，添设职业指导专科案》《请本社与中华职业教育社合作，继续提倡职业指导案》；1925年8月，第四届年会通过了《请各省初级中学采行职业指导案》（得与职教社职业指导委员会合作）和《组织职业指导部案》，分别要求在初中施行职业指导和由改进社组织职业指导部。

国立东南大学附属中学在校长廖世承的领导下，自1922年实行选科制以来，对职业指导即甚注意，不仅在初级中学设有"选科指导"一门，以使学生明确高级中学各分科的要旨及内容，而且在高级中学还经常请专家演讲国内各大学的概况，以帮助学生更好地升学；此外，还不时开展对学生的性情考察，对已毕业学生的状况调查等。1923年秋，该校又成立了职业指导委员会，规定本校职业指导的目的有七：引起学生职业上兴趣，帮助学生选择职业，补充职业上智识，增加职业上训练，引起家庭注意，引起职业界注意，介绍职业。其实施方法包括：课程方法的改进，训育方面的改进，调查，讲演，参观，与家庭联络，与职业界联络，介绍，展览，研究及出版。其中，在"调查"方面，包括调查学生状况，调查学生家庭状况，调查毕业生状况，调查职业界近况，调查学生中途退学原因；与职业界联络方面，包括与职业界中人谈话，请职业界名人讲演，调查职业界对于学校之意见。1923—1924年度，计划包括：发表关于职业指导的论文，编制调查表格（包括《学生状况调查表》《学生家庭状况调查表》和《卒业生状况调查表》），编辑《选科指导》和《升学指导》，组织参观团等。此后，国立东南大学附中的职业指导得以有序开展，颇受人瞩目。

第三节　国民政府全面抗战前职业指导之概况

1927年4月国民政府成立后，鉴于日趋严重的社会失业问题，教育部门采纳教育专家们的意见和建议，将职业指导工作视作解决失业问题和发展国民生计的重要手段。因此，在全面抗战前的十年间，国民政府不时关注、强化对职业指导的规范和指导。这突出体现在：加强职业指导立法，印制职业指导有关参考材料，饬令大、中小学设立职业指导机构，等等。随着职业指导的内涵、作用和意义等日益为人们所认识，职业指导工作也受到了社会各界特别是教育界的广泛重视。[①]

一、职业指导法制化：《设立职业指导所及厉行职业指导案》的颁布

由于中华职业教育社对职业教育的宣传号召、理论探讨和实践活动，职业指导的内涵、意义等逐渐为教育界所认识，一些重要的教育团体开始大力倡导在中小学乃至大学中开展职业指导。

1927年9月，中华职业教育社设立了上海职业指导所，由刘湛恩任主

---

① 在1927—1937年间，中华职业教育社依然是推进职业指导的重要机关，鉴于其在职业指导方面特殊的地位和成就，故另述之。

任。该所"以联络国内教育实业机关及公私立各级学校,施行职业指导工作,务使求人者得人,求业者适业,增加工作效率,促进事业发展。同时协助青年各就天性、环境、兴趣,升入相当学校,或选择适当职业,俾有所成就,人才尽其用,减少人才损失为职志",成立后,广泛开展职业询问、职业调查、职业演讲、职业介绍、升学指导、择业指导、改业指导、服务指导、职业训练、职业测验等工作(有关上海职业指导所实施职业指导的具体情况,可参阅本章第四节)。

1928年5月15日,大学院在南京举行全国教育会议,会议根据《各省都会应设立职业指导所案》(中华职业教育社提)、《通令全国各学校厉行职业指导案》(中华职业教育社会同上海青年会、上海女青年会和寰球中国学生会提)、《中央省县各级教育机关应设职业指导及介绍处案》(苏醒提)、《注重职业指导案》(王世镇提)以及《推广职业学校毕业生出路案》(陈礼江提),通过了《设立职业指导所及厉行职业指导案》,要求"各级学校之修业期最后一学年间,应有职业指导及升学指导"、"全国各大学及中学,应设立职业指导部"、"由大学院拟定进行顺序,会同有关系各部,通令各省设立职业指导所"。① 《设立职业指导所及厉行职业指导案》公布施行后,南京、吴县、无锡、嘉定、盛泽、常熟等地均有职业指导所设立,职业指导在全国推行,已是大势所趋。

二、中华全国职业指导机关联合会的成立

随着各地职业指导机构的设立,为了加强联络,密切合作,相互支持,共谋发展,1930年9月21日,中华全国职业指导机关联合会成立大会于上海召开,它以研究各机关共同的职业指导问题为宗旨,旨在推动职业指导在全国的发展。参加成立大会的代表机构和部门也即团体会员有:上海县教育局,吴县职业指导所,宜兴县教育局,南通县教育局,江苏省

---

① 中华民国大学院编:《全国教育会议报告》,上海商务印书馆1928年版,第503页。

立上海中学，民立中学，上海市立吴淞中学，澄衷中学，无锡县职业指导所，上海市立敬业中学，川沙县教育局，复旦大学，南洋中学，立信会计师事务所专校，南京市教育局，交通大学，江苏省立苏州农业学校，太仓县教育局，南京市职业指导所，江苏省立水产学校，上海美术专科学校，中华职业学校，南洋医学院，光华大学，嘉定县职业指导所，嘉定县教育局，大夏大学，宝山县教育局，爱国女子中学，江苏省立苏州女中，江苏省立女子蚕业学校，江苏省立无锡中学，普益社职业介绍部，无锡县教育局，国立同济大学，清心中学，爱群中学，金陵大学，江苏各县筹备义务教育联合办事处，镇江县教育局，上海市立务本女子中学，江苏省立苏州中学，国立暨南大学，沪江大学，江苏省立教育学院，南京女子职业学校，国立中央大学，镇江商会职业介绍所，中华基督教青年会全国协会职业指导部，南通大学农科，盛泽群育馆，中国工程学会介绍委员会，盛泽职业指导所，常熟贫儿院出品发行所，吴县教育局，《申报》馆，江苏省立太仓中学，招商局公学，南洋教师记者介绍所，中华服务社，麻风救济会，华华中学，中国建设学协会，江苏省立南京女子中学，厦门大学，中华职业教育社，上海职业指导所。

该会"会章"规定，"本会由中华职业教育社联合全国各职业机关发起组织，专事研究关于各机关共同的职业指导问题"，"凡全国各社团、各大学、专科学校、中学校、小学校、职业学校有职业指导之组织或注重职业指导问题者皆加入本会"，"每年开年会一次，在各地轮流集会，由执行委员会主持召集，遇必要时，经三机关以上之提议，亦得开临时会"。[①] 会议并决定以中华职业教育社为永久通讯机关。

12月11日，中华全国职业指导机关联合会专刊《职业指导》出版。12月14日，中华全国职业指导机关联合会于南京举行第一次年会，各机关代表60余人出席。会议共议决议案43件，其中有《确定职业指导原则

[①] 《中华职业指导机关联合会昨日成立·通过会章》，载《申报》1930年9月22日，第10版。

案》《地方职业指导所最低限度之组织案》《职业指导所实施职业指导标准手续案》《小学实施职业指导办法案》《中学实施职业指导办法案》《大学实施职业指导办法案》《职业指导应用表格案》《各县市教育机关设置职业教育指导专员案》《职业指导机关联合会应向教育部建议由教育部通令各省限期成立职业指导所案》等。会议期间，除组织会员参观各教育实业机关外，有关学校还邀请职业教育专家前往讲演职业指导的理论及实施方法。如中央大学教育学院邀请陈选善讲演《大学职业指导》，潘文安讲演《职业原则与职业指导之设施》；刘湛恩、江恒源应金陵大学之邀讲演《职业指导》。此外，潘文安和陈选善还在市立中区实验中学校分别作了《职业原理及职业准备》和《职业选择》的讲演。

三、全国职业教育讨论会对职业指导的推动

1928 年至 1930 年，中华职业学校联合会举行了第六至八届年会，多有职业指导议案的通过。1931 年，第九届全国职业教育讨论会举行；而在 1932 年至 1937 年，中华职业学校联合会还在中华职业教育社举行第十二至十七届社员大会期间，先后举办了第十至十五届全国职业教育讨论会。这几届全国职业教育讨论会，除对职业教育的一般问题进行讨论外，也就职业指导进行专门的研究。

如 1931 年 8 月 1—2 日，第九届全国职业教育讨论会在镇江召开，会议特开职业指导讨论会，最后通过的议案有：《推广职业学校毕业生出路案》《呈请教育部通令全国凡完全小学应于最后学年增设适于地方需要之职业科目，施以职业指导案》《小学校高级部宜增置职业准备教育案》《职业教育目标应令学生为职业而入职业学校、不为升高级学校而学职业案》《职业学校学生毕业后，实行奖励、促其趋向职教案》《现今小学教育不适于社会应用，致无力升学之儿童，缺乏谋职业之能力，宜求改进以期切合

实用案》。①

四、《各省市县教育行政机关暨中小学校施行升学及职业指导办法大纲》的颁发和《职业指导参考资料》的印行

(一)《各省市县教育行政机关暨中小学校施行升学及职业指导办法大纲》的颁发

1933年,鉴于"近来各省市中小学学生毕业以后,升学就业,不能自决,每致彷徨歧路,莫知适从。或则不加审察,贸然投考学校及任意就业,与其个人之性情、学业能力,是否适合,均非所计。往往学习未久,窒碍丛生,驯至中途易辙,见异思迁,将青年最宝贵之光阴,徒掷虚耗。此对于教育效能、个人及社会生计,均有绝大之影响",② 故在7月4日,教育部特颁发《各省市县教育行政机关暨中小学校施行升学及职业指导办法大纲》,规定:"为增进中小学各级教育效能,指导学生之升学与就业起见,应由各省市县教育行政机关,督令所属中小学实施升学及职业指导";③ 实施职业指导以学校为主体,范围自小学五年级起,初中、高中自二年级起;各省市教育行政机关应遵照教育部的"大纲"精神,拟具实施升学及职业指导的详细办法;各省应组织中小学升学及职业指导委员会进行指导和研究;并就可能范围内设立职业指导及介绍机关;调查辖境内社会、经济及职业状况,编制统计颁发各学校参考;编制所属各学校各项统计;举行各学校智力及体力测验;等等。另外,"大纲"还就小学、初中和高中实施升学及职业指导的要点作了明确的规定和说明。"大纲"的颁布,标志着职业指导工作开始走向制度化的阶段。

《各省市县教育行政机关暨中小学校施行升学及职业指导办法大纲》

---

① 《全国职业教育讨论会经过情形》,载《东省特别区教育行政周报》第2卷第34号,1931年8月。

② 转引自谷亦彰:《江苏省中小学校实施升学及职业指导初步办法之商榷》,载《江苏教育》第2卷第12期,1933年12月。

③ 教育部编:《职业教育法令汇编》,上海商务印书馆1935年版,第136页。

颁发后,在教育部的要求下,不少省市制定了本省市的有关职业指导的"办法"。如江苏省就订有《实施中小学升学及职业就业指导详细办法》,令发各校,切实施行。其中规定,升学指导分校内学生的升学指导和校外学生的升学指导。前者以课外补充教材为主,由各科教师负责,以为学生升入大学作准备;后者则依地方需要,酌设高初中补习学校,以为校外学生升学作准备。山东省教育厅制定了《实施中小学升学暨职业指导委员会组织规程及中小学升学暨职业指导办法》,规定为督促及研究本省中小学实施升学及职业指导起见,特设立"山东省教育厅实施中小学升学及职业指导委员会"。另外,上海市教育局制定了《实施小中学升学及职业指导办法》,青岛市制定了《中小学校实施升学及职业指导办法》,南京市制定了《实施升学及职业指导详细办法》。

(二)《职业指导参考资料》的印行

虽然《各省市县教育行政机关暨中小学校施行升学及职业指导办法大纲》颁发后,各省市多制定了实施方案,教育界也对职业指导多有举措,但"推行伊始,一切措施每苦缺乏参证资料,不易着手,以致年余以来,尚鲜实施事实之表现",故教育部决定"为补充前颁实施办法,更求明了而便推行起见,特选择中外职业指导书籍中之能适合应用者,编印《职业指导参考资料》,分期颁发,以为各省市实施参考"。[①]

1935年5月29日,教育部普通教育司首先编成《职业指导参考资料》第一卷,同时要求各省市对之进行翻印,以为各省市实施职业指导之用。在教育部看来,"职业指导,并非凭空从外面指示一种职业,乃使各人之'生活'与'职业'合而为一,再谋'职业'与'人'依据科学的方式为合理的联系,使人尽其才,才尽其用,以增进个人生活之安定与国家社会

---

① 教育部:《令各省市教育行政机关为令发〈职业指导参考资料〉第一卷仰遵照翻印由》,载《教育部公报》第7卷第21、22期,1935年6月;教育部普通教育司编印:《职业指导参考资料》第一卷,教育部1935年刊印,"弁言"。

之福利"。① 基于这一认识,《职业指导参考资料》第一卷计包括"职业指导之意义""职业指导设施标准""职业调查""个性调查""择业辅导"等方面的材料。虽然这本仅有几十页的小册子内容并不丰富,但由于它几乎涉及了职业指导的方方面面,所以,还是对当时各省职业指导的开展,有着极大的参考作用。

《职业指导参考资料》印发后,为了更好地对各地方学校职业指导的开展予以规范,1935年11月和1936年8月,教育部又先后颁发了《各省市教育行政机关设置职业指导组暂行办法》和《实施中小学学生升学及职业指导之必要与其方法之说明》,印发各地,令各省市"翻印转饬所属一体遵照"执行。前者要求各省市教育行政机关应设职业指导组;职业指导组的工作主要是通过调查职业和学校,通过试行智力及各项职业测验、研究、统计,辅导各校代办招考,开展职业演讲,出版相关刊物等形式,对择业、训练、就业、改业、修业、修学以及升学等问题实施指导;各地应组织升学及职业指导委员会,负责职业指导事业的讨论、计划及建议等事宜。后者计分"升学与职业指导之关系""现代职业与现代青年""个别差别与业务差别""个性认识与业务分析""小学应有的任务""中学应有的任务""指导后之工作"等七部分;该"说明"认为由于科学的进步,导致分工合作,而分工愈细,职业愈专门化,数量日多,内容渐繁,而一切工作的活动方式、时间及产品的样式、数量与价值,又无一不有一定的标准;处于这一经济竞争激烈社会中的青年,如果缺乏社会实际生活经验和职业常识,学校对他们又指导不够的话,是很难适应社会的形势与要求的。有鉴于此,教育部要求各省市:对于小学,应明了学生家庭经济职业、健康状况及当地的社会状况,调查学生体力、智力与学力,给学生讲解有关职业常识,时常家访等;对于中学,应加强了解学生对于学科、职

---

① 教育部普通教育司编印:《职业指导参考资料》第一卷,教育部1935年刊印,第3页。

业以及课外活动的兴趣和嗜好，密切关注学生的思想倾向和变迁状况，有计划地向学生讲授系统的职业知识，等等。

此外，1936年4月，教育部在《修正中学课程标准》中还规定高中添设职业指导课程。同月，教育部编纂的《青年择业问题》由上海商务印书馆出版。该书在"弁言"中写道："《职业指导参考资料》第一卷注重职业指导上一般问题之初步的叙述，如职业调查、个性调查及择业辅导等，均仅略述一二，以求对于各问题有基础之认识；本卷则注意于业务内容之探讨与其所需之适应的性能。"① 正基于此，该书不仅包括"职业之种类""择业与家庭之关系""择业与乡土之关系""自己之身体与职业"等职业指导的基本问题，而且还对有志于军事、铁道事业、通信业、教育事业、银行业、新闻事业、农业等的少年给予了建议。可见，标明为"职业指导丛书之二"的《青年择业问题》，在一定程度上乃是《职业指导参考资料》第一卷的重要补充。

教育部的以上法令、规定公布后，又有不少省市按照教育部规定，制定了推进本省市职业指导的相关措施。如湖北省责令各学校成立升学及就业两种指导委员会，对学生进行切实指导；上海市教育局设立中小学升学职业指导委员会，等等。到抗战全面爆发前夕，职业指导已经在全国广泛地开展起来。

五、全国高校职业介绍机关的设立

民国成立后，虽然政府重视高等教育，但由于国家多故，经济凋敝，时局动荡，大学的发展一直步履维艰。但自1917年9月《修正大学令》规定"但设一科者称为某科大学"，一些专门学校纷纷"改大"。受"改大潮"影响，至1933年，中国的公私立大学及独立学院已达79所，在校学生42936人，毕业学生8665人。然而，急速发展起来的大学，使得大学生

---

① 教育部编纂：《青年择业问题》，上海商务印书馆1936年版，"弁言"。

的就业困难重重，如当时"单就江苏一省而论，据说每年就有两千以上的大学毕业生，又因此连三十元以下的小事有许多大学毕业生也谋之而不可得"。①

当时大学问题重重，不仅影响了中学生的升学，相应地使大批大学毕业生的择业面临困难。针对越来越严重的失业威胁，1934 年 7 月 1 日，北平各大学学生 458 人发起组织了"北平各大学毕业生职业运动大同盟"，请政府通令全国各学校和社会机构设立职业介绍机关，并编辑出版《职业运动特刊》，发表《北平各大学毕业生职业运动大同盟会告全国大学生书》，希求引起政府对大学生失业问题的重视；同时，号召全国大学生竭力破除"'毕业即失业'之口语"，尽力发挥"'失业即创业'之口号"，通过"谋职业之解决，以其所学"，"复兴民族，拯救国家，改良政治，革新教育"。②

10 月 1 日，为了谋全国人才供求之调剂，有效解决大学毕业生的失业问题，教育部与全国经济委员会在南京联合成立了"全国学术工作咨询处"，专门负责办理全国专科以上学校毕业生的供需和就业问题，并聘请何清儒担任顾问，设计一切。该处规定掌管事务包括："关于全国机关团体需要学术人才状况之调查与登记事项""关于全国学术人才求业就业状况之调查与登记事项""关于已登记学术人才适当就业之介绍与指导事项""关于研究专门学术人员调查与指导事项"。③ 而所谓"学术人才"，教育部规定，暂以国内外专科以上学校毕业生为限。基于以上事务内容，全国学术工作咨询处的工作分调查、登记、介绍三种。"调查是为求明了全国人才供求之状况，登记是为求明了求业者之资历与志趣，介绍则为调查登记

---

① 庄泽宣：《如何在现今大学中推行职业指导》，载《教育与职业》第 150 期，1933 年 11 月。

② 转引自喻兆明：《职业介绍理论与实施》，上海中华书局 1948 年版，第 403—404 页。

③ 《全国学术工作咨询处规程》，载《全国学术工作咨询处月刊》第 1 卷第 1 期，1935 年 1 月。

后的实行调剂之工作。"① 其中，就调查言，通过编制《全国专科以上学校调查表》，让学生填写《全国专科以上学校毕业生出路预计表》和《国内专科以上学校毕业生调查表》等，"藉觇各高等学校毕业生的出路情形"。同时，为加强职业介绍和指导方面的宣传和研究，该处特创办《全国学术工作咨询处月刊》，主要刊载该处有关规章、公牍、工作报告及职业介绍消息等。

早在20世纪30年代初，已有少数大学设有职业介绍机关。1934年10月29日，为使全国各地的高等学校能更好地与全国学术工作咨询处有效合作，教育部特要求公私立专科以上学校应组织职业介绍所，与全国学术工作咨询处通力合作，并制订了五项办法，要求各校将职业介绍机关的简章、成立日期及委员名单函知全国学术工作咨询处。此后，不少大学多设立有职业介绍机关，只是名称不大统一。表12-1和表12-2分别是当时全国专科以上学校设立的职业介绍机关和全国主要职业介绍机关的基本情况。

表12-1　全国专科以上学校设立的职业介绍机关一览表

学校名称	职业介绍机关	负责人	成立日期
国立北平大学	职业介绍部	周泽长	1934.9.1
东北大学	职业介绍委员会	张学良	1934.6.27
国立北平师范大学	毕业生事务部	李兰坡	1934.9
国立暨南大学	职业介绍委员会	李熙谋	1934.6.8
国立音乐专科学校	职业介绍委员会		1934.11.14
私立厦门大学	职业介绍委员会	林文庆	1930
私立武昌华中大学	职业介绍委员会	黄溥	
国立北洋工学院	职业介绍委员会	徐泽昆	1934.12.1

---

① 王兆荣：《全国学术咨询处工作概况》，载《教与学》第2卷第11期，1937年5月。

续表

学校名称	职业介绍机关	负责人	成立日期
私立无锡国学专修学校	职业介绍处		
私立铁路学院	职业介绍处	关赓麟	1934.10.25
私立华南女子文理学院	职业介绍委员会	王世静	1934.12.5
私立震旦大学	职业介绍部	胡文耀	1934.12.5
河北省立女子师范学院	职业介绍委员会	齐国梁	1934.11.20
湖北省立教育学院	职业介绍部	张庭英	1934.12.11
河北省立工业学院	职业介绍股	郑统九	1934.8
私立大夏大学	职业介绍委员会	王伯群	1934.12.4
山西省立商业专科学院	职业介绍委员会	赵希复	1934.11.18
国立广东法科学院	职业介绍委员会	曾如柏	1934.11.11
江西省农业院附设农艺专科学校	职业介绍委员会	王云森	1935.1.5
私立武昌中华大学	职业介绍所	陈时	1935.1.1
私立广东国民大学	职业介绍委员会		1935.2.6
私立上海法学院	职业介绍委员会		1935.1.12
国立同济大学	职业介绍委员会	翁之龙	1934.12.12
私立东吴大学	职业介绍所		1935.1.1
私立之江文理学院	职业介绍委员会	李培恩	1935.3.7
国立交通大学	校友服务协助处		
私立焦作工学院	职业介绍委员会	王冠英	1934.11.1
国立清华大学	职业介绍部		
湖南省立湖南大学	学术工作介绍委员会	胡庶华	1935.3.1
河北省立法商学院	职业介绍委员会		1934.11.22
国立山东大学	职业指导委员会	杜光埙	
国立武汉大学	职业介绍部		1932.6
私立山西川至医学专科学校	职业介绍处	靳瑞萱	1934.11.20
广西大学	职业介绍部	马君武	1934.11.7

续表

学校名称	职业介绍机关	负责人	成立日期
国立四川大学	职业介绍所	校长	1934.12
私立广州大学	职业介绍委员会	金曾澄	1934.11
私立华西协和大学	职业介绍所	张凌高	
私立岭南大学	职业介绍所		1934.11.13
私立金陵大学	职业介绍委员会	陈裕光	1935.1
私立沪江大学	职业指导部		
河南省立水利工程专科学校	职业指导委员会		
私立燕京大学	教务处校友课	设秘书一人	1929年春
河南省立河南大学	职业介绍委员会	刘季洪	1935年上学期
私立苏州美术专科学校	职业介绍委员会	颜文梁	1935.5.1
河北省立医学院	保定医学毕业同学职业介绍部		1935.5
江苏省立教育学院	职业介绍委员会		1934.11
安徽省立安徽大学	学术工作指导委员会	李顺卿	1934.8
山西省立农业专科学校	职业介绍所		1935.7.1
河北省立水产专科学校	职业介绍委员会	张元第	1934.11.1
私立福建协和学院	校友部		1930.9
浙江省立医药专科学校	职业介绍委员会		1935.10
私立中法大学	职业介绍委员会		1935.1
甘肃省立甘肃学院	职业介绍委员会		1934年夏
国立北京大学	调查介绍组		1935
私立天津工商学院	职业介绍处	华南圭等	1936.2.15
私立福建学院	职业介绍所	黄朴心	1935.11.15
山东省立医学专科学校	职业介绍委员会	周瑞庭	
国立杭州艺术专科学校	艺术工作咨询处	李朴园	1936.5

资料来源：《全国学术工作咨询处月刊》第2卷第4期，1936年4月。

表 12-2　全国主要职业介绍机关一览表

职业介绍机关	负责人	成立日期	地址
中华职业教育社上海职业指导所	潘文安 何清儒	1927	上海华龙路
寰球中国学生会职业介绍部	朱少屏		上海卡德路
上海妇女教育馆妇女职业介绍所	周振韶		上海华龙路
上海女青年会妇女职业介绍部	张志学		上海圆明园路 55 号
上海青年会职业介绍部	魏光徵		上海八仙桥
中国电机工程师学会职业介绍委员会	张廷金	1935	上海徐家汇交通大学电机工程学院
上海市教育会职业介绍所	陈　白 冯一先	1935.4.18	上海南市大吉路
浙江省教育厅省学术工作咨询处			
中国国民党江西省执行委员会全省党员职业指导处		1935.9	
青岛工商学会附设技术人才介绍处	姬仲牧 王恒守		
中华化学工业会职业介绍部			上海蒲柏路 381 号
中华妇女运动同盟会女子职业介绍所		1935.8	上海圆明园路 206 号
中华学艺社人事咨询所职业介绍组	王延松	1935.10	上海爱麦虞限路

资料来源：《全国学术工作咨询处月刊》第 2 卷第 4 期，1936 年 4 月。

在设立职业指导机关的大学中，对职业指导较为关注且有所成就的当推北平大学、交通大学、山东大学、沪江大学等。特别是沪江大学，在校长刘湛恩的领导下，职业指导成为该校的一项十分重要的工作，不仅专置教育顾问，以备学生进行择业咨询，给大一学生开设"教育及职业指导"课程，指导学生选择相当职业，俾至大二分科时有所适从；而且还设有职业指导部,专门研究和实施职业指导事业,不时举行职业谈话、职业讲演等活动,并填写"测验表"等。

六、中学校职业指导的开展

自 1928 年 5 月大学院公布《设立职业指导所及厉行职业指导案》及 1933 年 7 月教育部颁布《各省市县教育行政机关暨中小学校施行升学及职业指导办法大纲》后,一些省市多有职业指导委员会或职业指导股的设立,以计划并督促各级学校实施升学与职业指导。相应地,不少中学也开始加强了职业指导工作。其中,成绩较著者有以下几所。

沪江大学附中:该校校长罗希嘏对于职业指导积极提倡,1928 年 3 月,在校中组织辅导委员会和职业指导部,并邀请上海职业指导所副主任潘文安到校讲演《学生选择职业问题》,内容包括"职业之定义""择业之重要""择业应根据本人特性、兴趣、志愿、环境与地方需要""各业特具之才能",等等。

南洋中学:南洋中学的前身是育材书塾。该校在校长王培孙的领导下,对于职业指导十分重视。如王培孙鉴于本校毕业生就业后常常不能适应职业界的要求,于是对职业指导讲演十分注重,几乎每周都请人到校讲演。1928 年 3 月 25 日,学校曾请职教社办事部副主任杨卫玉莅校讲演"职业指导",内容包括"择业之重要""以前择业之不当""择业之条件"等。

光华大学附中:1925 年 6 月 1 日,圣约翰大学华籍师生为悼念"五卅惨案"死难者,举行抗议活动,要求校方悬挂中国国旗,并下半旗志哀,在遭到美籍校长卜舫济(F. L. Hawks Pott,1864—1947)压制后,部分师生毅然决定脱离学校,在爱国民族资本家的资助下,于 6 月 3 日另成立私立光华大学。6 月 23 日,光华大学附中成立。1927 年春,廖世承就任附中主任(校长)后,对职业指导极为关注,特组织"半月会",随时请校外专家到校演讲。如 1928 年 4 月 17 日,潘文安应邀讲演了《青年之择业与修养》，他的讲演内容丰富，涉及择业的重要性和方法、服务的条件、身心修养、身体锻炼和杜绝不良读物等方面，全校500余名学生听了演讲。

由上可见，随着一系列职业指导法令的颁布，职业指导工作日渐受到社会和各级教育行政部门的重视，各地职业指导机构和职业指导团体迅速增多。但是总体上看，职业指导工作所取得的成绩还不是十分显著，且问题多多。造成此状况的原因至为复杂。1936年12月，郑文汉曾总结道：职业指导施行成效不著的原因主要有七："一、指导人才的缺乏；二、经费的支绌；三、指导工具的不完备；四、一般人没有认识指导的重要；五、与职业界无相当的联络；六、政府提倡的不力；七、职业机会的缺乏。"① 应该说，郑文汉的看法基本反映了客观的现实。

第四节　上海职业指导所与职业指导的推进（1927—1937年）

在职教社同仁看来，中国的最大问题，乃是国计民生问题，而国计民生问题能否解决，又在于国民职业能否发达。然而事实上，中国国民的职业却存在着诸多病象，如"欲谋职业而不可得""有职业而不相宜""有事业而无相当之人才"。由于这些病象的存在，以致常常使得"谋事者有无门可入之虞"，② 用人者有人才难得之叹。有鉴于此，1927—1937年，中华职业教育社对职业指导仍然给予了极大的关注，而其在实践上最有成绩的，乃是所附设的上海职业指导所于职业指导的推进。

1927年9月10日，职教社在上海设立上海职业指导所，③ 公推刘湛恩为主任，潘文安为副主任，廖世承、顾树森、杨卫玉、王志莘、邹韬奋、

---

① 郑文汉：《职业指导怎样能施行有效？》，载《全国学术工作咨询处月刊》第2卷第12期，1936年12月。
② 《上海职业指导所一览》，上海职业指导所1928年刊印。
③ 上海职业指导所成立后，南京、吴县、无锡、嘉定、盛泽等地也都先后成立了职业指导所，但不久都即停顿，到全面抗战爆发前，开展活动最多的是上海职业指导所。

秦翰才、赵师复、胡叔异、黄竹铭为指导委员，王云五、李石岑、钟荣光、朱经农、欧元怀、郑通和、吴研因、穆藕初等人为指导顾问。所址在职教社旧址上海辣斐德路442号。

上海职业指导所规定其目的为"专联络上海各教育实业机关、公私立大中小学校，实行指导青年职业问题"，① 通过协助广大青年各就个性、环境、兴趣、能力等，升入相应的学校，或选择适当的职业，务使求人者得人，求业者适业。最初，指导所任务暂定为七项：职业询问，职业谈话，择业指导，职业介绍，升学指导，职业调查，职业演讲。不久，扩充为十项。很快，又扩充为十一项：职业谈话，职业询问，职业调查，职业讲演，择业指导，升学指导，职业介绍，改业指导，协助各学校职业指导，研究职业指导各种问题，编辑刊物并统计。1931年，更扩充为十四项。

在全面抗战爆发前，上海职业指导所成绩最著且最引人注目的事业，主要有以下三个方面。

一、实施职业指导活动

1927年11月28日至12月4日，上海职业指导所首先联络上海青年会、上海女青年会、寰球中国学生会开展上海市职业指导运动，这次职业指导运动较之"一星期职业指导运动"规模更大。据统计，"参加的学校有二十余处；听讲的人数有二千一百多人；参观大职业机关四处，人数有二百十五人；无线电播音三次，听讲的至少有一万人；请求职业指导并谈话的一百六十五人；应征悬赏征文的有八十七人。可算上海市一件空前的盛举"。② 1929年9月，上海职业指导所又增设"介于求才求事之间"的海外职业介绍部，"以沟通国内外声气、罗致专门人才、注意拓殖事业为宗

---

① 《上海职业指导所一览》，上海职业指导所1928年刊印。
② 刘湛恩、潘文安：《中国职业指导的近况》，载《教育杂志》第20卷第3号，1928年3月。

旨"，并先就南洋入手开展职业指导工作。① 1930年4月，该部特印行出版了由黄警顽、李邦栋所编的《南洋服务须知》，以为欲赴南洋同胞予以指导。

由于救济失业是当时社会的重要问题，所以，职业谈话、职业介绍、升学就业指导成为上海职业指导所最主要的工作。每年暑假前，各校毕业生来职业指导所请求升学、就业指导的异常之多。有鉴于此，为谋各校毕业生升学之便、求得职业，适应各校毕业生之需求，指导所经常在暑假前举办"升学就业指导运动周"。如从1933年6月21日至24日的"升学就业指导运动周"共4天，分大学日、职业日、中学日、女学日。在此期间，展览有关升学的各种图表，由各大书局陈列各种升学图书；停止一切职业登记，邀请有关教育家暨各校负责人员演讲。其中，在职业日，由黄炎培、贾观仁、江恒源、杨卫玉、潘文安、杨崇皋演讲《怎样受职业教育》。不仅如此，指导所还经常派人巡回赴各校演讲有关方法，亲临指导。如仅成立最初的半年间，就先后应沪江大学、沪江大学附中、光华大学附中、上海中学、南洋中学、浦东中学、敬业初级中学、吴县初级中学、昆山初级中学、务本女学、华东中学、中华职业学校等之邀，讲演"职业指导与青年修养问题"。1933年9月28日，鉴于经济日趋凋敝，学生出路极为不畅，上海职业指导所、中华职业学校和江苏省立上海中学、麦伦中学、清心中学、澄衷中学、吴淞中学、上海女中等，又共同发起组织了"上海市中等学校职业指导研究会"，以研究中等学校职业指导的实施方法及其相关问题，以为实施及改进指导事业之辅助。

上海职业指导所成立后，开展了大量实质性的工作。据该所1930年的统计报告，本年委托介绍职业者2872人，其中有国内大学毕业者738人，

---

① 《职业教育消息：设立海外职业介绍部》，载《教育与职业》第108期，1929年10月。

国外大学毕业者133人。① 1931年2月该所工作报告称，自成立以来，来所谈话者共16 578人，来所登记者4595人，登记人介绍职业成功者988人；来所委托物色人才者1037人次；此外，在该所受各地委托所代办的事业中，代拟计划67起，代为调查161起，代考试人才28起，代测验人才663人。② 另据统计，自成立以来，到1934年4月，进行职业谈话的人数为：1927年（4个月），803人；1928年，1286人；1929年，3974人；1930年，6203人；1931年，7183人；1932年，7179人；1933年，7694人；1934年（至4月），2169人；总计36 491人。进行升学指导谈话的人数为：1927年（4个月），55人；1928年，549人；1929年，1160人；1930年，2140人；1931年，2672人；1932年，1549人；1933年，1530人；1934年（至4月），122人；总计9777人。进行人事谈话的人数为：1927年（4个月），26人；1928年，58人；1929年，108人；1930年，198人；1931年，325人；1932年，350人；1933年，497人；1934年（至4月），52人；总计1614人。另进行健康指导1304人，法律指导939人，服务指导开会17次，职业讲演186次。③ 然而，由于自"一·二八"淞沪抗战爆发后，局势混乱，经济萧条，致求业者虽多，介绍得业者却十分有限。如1933年11月、12月，到上海职业指导所谈话者1300余人，其中就业指导占百分之九十，升学及人事指导各占百分之五，经介绍成功者仅70人。④

---

① 转引自沈雪夜：《复兴民族与职业教育》，载《福建教育》第2卷第2期，1936年2月。
② 陈选善：《职业指导概况》，见何清儒主编：《职业指导论文集》，上海中华书局1935年版，第11页。
③ 《上海职业指导所概况》，见何清儒主编：《职业指导论文集》，上海中华书局1935年版，第295—298页。
④ 《职业指导》，载《中华职业教育社社务月报》1933年11、12月份。

二、编写、出版职业指导书籍

为了对当时中学生的择业和升学更好地加以指导和帮助,并提供参考,上海职业指导所编写、出版有升学与就业指导书籍多种。如潘文安编辑《职业指导讲演集》(上海职业指导所1930年印行),甘纯权编辑《升学、就业指导》(上海职业指导所1932年版)和《青年职业指针》(上海职业指导所1934年版),以及上海职业指导所编辑《升学便览》(中华职业教育社1934年版)、《升学一览》(上海职业指导所1936年刊印)等。特别是,刘湛恩和潘文安联合编辑、由上海职业指导所在1930年6月印行的《升学指南》一书,不仅收有刘湛恩、潘文安《青年升学问题的一得》和杨卫玉《青年升学指导》等理论文章,以及教育部《关于升学指导的布告》,更收有107所大学、专科学校、职业学校、师范学校的基本情况;1933年6月,由刘湛恩、潘文安新编辑的《升学指南》,又由上海职业指导所印行出版,内收蔡元培《学生与国难》,庄泽宣《大学生与职业问题》,何清儒《青年生活与职业指导》,郑通和《中学生之升学与就业》,江恒源《农村教育与职业指导》,贾观仁《职业学校学生出路问题》,杨卫玉《女学生之升学与就业》等论文33篇,并介绍了全国各地100余所大学、专科学校和中等学校的概况。所有这些职业指导书籍,为当时青年的就业和升学提供了极大的便利。

三、开办"职业指导训练所"

"职业指导训练所"是1928年由上海职业指导所会同上海青年会于暑假开办,"专供各地教育行政机关及小学校长、中等学校教职员及大学校学生来所研究职业指导之原理、方法,组织及实施教育统计、职业心理、职业分析、教育及智慧测验等科学",[①] 并旁及职业训练、升学指导等问

---

① 《暑期职业指导讲习所之开办》,载《教育与职业》第96期,1928年7月。

题。上海青年会职业指导部主任郝艾迪任该训练所主任,上海职业指导所主任刘湛恩任副主任。主任讲师有郝艾迪、王祖廉、钟道赞、廖世承,分别讲授"职业指导之原理组织及实施""智慧及教育测量""职业分析及职业心理""教育统计",另聘请蔡元培、刘湛恩、杨杏佛、王云五、蒋梦麟、朱经农、胡适、俞庆棠、欧元怀、陈霆锐、潘序伦、陶行知、杨卫玉、潘文安等人为临时讲师作讲演。

除上海职业指导所外,1927 年 12 月 8 日,职教社又以"首都新造,各机关需才孔多,谋事者亦必特多,且中等以上学校林立,尤有职业指导之必要",① 故乃与南京青年会协作,在南京市设立了南京职业指导所,"专联络南京各公私团体、实业机关、大中小学校,实行指导青年职业问题"。② 该所所办事业悉照上海职业指导所,包括职业谈话、职业调查、职业讲演、择业指导、升学指导、职业介绍、改业指导、协助各学校职业指导、研究职业指导各种问题;由刘湛恩任主任,汪伯平为副主任,夏曰瑚、曹葆华、徐受谦为指导委员。南京职业指导所成立后,成为当时仅次于上海职业指导所的开展职业指导的重要机构,一方面,调查南京各校之性质内容及特长和南京工商业之类别,"工厂商号之内容",以为职业指导之根据,另一方面,登记南京市失业人员,对来所者加以测验,详与谈话,并联络南京各报及上海各报驻南京记者,尽力开展职业指导宣传。

此外,在 1929 年 1 月,职教社还与南京特别市教育局合组了职业指导所;1935 年夏,联合南京青年会创办"来京升学学生咨询处",专门指导各地来京以求升学的学生,帮助解决他们的升学等问题,并编写《来京升学学生须知》,分赠请求指导的学生。

---

① 《社务报告:南京职业指导所开幕》,载《教育与职业》第 91 期,1928 年 1 月。
② 转引自刘湛恩、潘文安:《上海南京两职业指导所之现况》,载《教育杂志》第 20 卷第 3 号,1928 年 3 月。

第五节　职业指导理论探讨的发展

在1927—1937年间，随着职业指导的实践领域日益广泛，人们更加注重对职业指导的理论探讨，其研究范围亦不断拓宽，职业指导工作向着更加社会化、科学化的方向发展。

一、中华职业教育社的职业指导理论研究

（一）辑行"职业概况丛辑"

在职教社同仁看来，要使广大青年对社会上的职业有清楚的认识并产生兴趣，必须通过"职业分析"，用科学的方法，研究各种职业的性质，进而明了职业的内容。为此，从1927年始，职教社首先从调查上海各种职业概况始，分别缓急，先后出版20余种有关职业概况的书籍，汇成"职业概况丛辑"（初称"职业教育研究丛辑"），计有：《钱业概况》《书业概况》《新医业概况》《律师业概况》《养蜂业概况》《会计业概况》《邮务业概况》《豆米海味业概况》《五金机器业概况》《丝茶业概况》《木纸业概况》《花纱业概况》《染织针织业概况》《钢锻业概况》《进出口信托业概况》《裘业概况》《中药业概况》《磁搪瓷业概况》《电话电报电料业概况》《西药业概况》《卷烟业概况》《火柴业概况》《银楼钟表业概况》《糖业概况》《化妆品业概况》等，"对于某种职业之历史、组织、工作、习惯、就业者的待遇、资格及其他必要条件，条分缕析，皆有详细之叙述"。[①] 到1933年，出版的"职业概况丛辑"更达到50余种。

（二）翻（编）译职业指导书籍

在开展职业指导实践的同时，职教社同仁还翻译或编译了多部职业指导理论著作。如潘文安、蒋应生译述《职业指导之原则与实施》（上海商

---

① 《中华职业教育社辑行职业概况丛辑》，见刘湛恩、潘文安编辑：《升学指南》，中华职业教育社上海职业指导所1930年印行。

务印书馆 1933 年版),郑文汉编译《职业问题之探讨》(上海商务印书馆 1934 年版),莫若强编译《职业指导与职工选择》(上海商务印书馆 1935 年版),喻兆明编译《各国职业指导》(上海商务印书馆 1937 年版)。

《职业指导之原则与实施》原作者是美国葛恒(I. David Cohen),该书包括"职业指导运动之起源与历史""何谓职业指导""职业指导之各方面""职业指导之原则""职业指导之范例""职业指导之一般基本原则""职业指导及其工作""职业指导之方法""职业指导之实施"等等。由于内容广泛,该书的校订者沈有乾、陈选善均认为,本书对职业指导的"原则与实施,应有尽有",于职业指导的"理论与实际,双方兼顾,足供国内研究与实施职业指导者之需要"。①

《各国职业指导》对美国、英国、法国、德国、日本和中国的职业指导作了较为详细的介绍,并概括说明了苏俄、意大利、比利时、瑞士、瑞典、西班牙、波兰、挪威及澳大利亚的职业指导情况。

(三)编、著职业指导理论著作

在这一时期,职教社同仁继续开展职业指导的理论探讨,编、著的职业指导理论著作主要有:中华职业教育社辑行《职业指导实施概览》(中华职业教育社 1929 年印行),喻兆明、陈重寅编《中学职业指导及升学指导》(南京书店 1931 年版),喻兆明、陈重寅编纂《中小学升学及职业指导》(上海商务印书馆 1934 年版),甘纯权《职业指导实施法》(中华职业教育社 1935 年版),何清儒主编《职业指导论文集》(上海中华书局 1935 年版)。

《职业指导实施概览》由中华职业教育社辑行,1929 年 5 月由该社出版。1929 年,鉴于 1928 年 5 月全国教育会议议决《设立职业指导所及厉行职业指导案》后,"国内对于职业指导事业,实施者日多,而进行益力……各地各校之举办职业指导者,又时以办法见询,并有索取章程表式,

---

① [美] I. David Cohen 著,潘文安、蒋应生译述:《职业指导之原则与实施》,上海商务印书馆 1933 年版,"序"。

以资参考者",职教社乃决定"就所办京沪两职业指导所之经过,与各专家各机关所订之程序、办法、表式等等,汇集成帙,刊行问世,以供实施职业指导者之考证"。① 于是,由刘湛恩、潘文安二人负责编辑了《职业指导实施概览》一书。该书收录有刘湛恩和钟道赞、潘文安、徐受谦共同审定的《筹办职业指导所程序草案》,潘文安《小学升学与就业指导办法》,郑通和《中等学校职业指导办法》,由上海职业指导所所拟的《上海职业指导所章程》《职业指导宣传周办法》,和一些实施职业指导需用的表格,如《升学指导表》《就业指导表》《学校毕业生调查表》《教育与职业指导个人自析表》《个人品性审查表》《调查职业指导效果表》,以及由刘湛恩所拟的《择业自审表》,中华职业教育社所拟的《调查职业指导效果表》等;另外,在"附载"中,还收有七篇职业指导的理论性文章:刘湛恩、潘文安合写的《职业指导是什么?》《职业指导与青年》和《职业指导运动与学校教育》,潘文安《敬告青年注意升学指导》《职业指导与介绍》,孔祥熙《职业指导之真义》,杨卫玉《为什么要有职业指导?》,等等。无疑,《职业指导实施概览》是对前一阶段上海、南京两职业指导所实施职业指导的一个总结,也为下一阶段职业指导的开展奠定了基础。

由何清儒主编的《职业指导论文集》是另一部重要的职业指导理论研究著作。该论文集收录近一两年国内职业指导专家发表的论文30余篇,如陈选善《职业指导概论》《职业指导的价值》《智力与职业指导》《兴趣与职业指导》,何清儒《实施指导的几个实际问题》《青年生活与职业指导》《职业指导的续行工作》《主要兴趣测验》,钟道赞《职业指导与青年出路》《职业指导与大学生》,杨卫玉《女学生之升学与就业》,潘文安《升学与择业》,潘序伦《会计职业之选择与预备》。这些论文,内容涉及职业指导的基本理论、方法,与职业指导有关的测验,职业指导与其他问题的关系等,既反映了当时职业指导理论探讨的水平,也是从事及研究职业指导者

---

① 中华职业教育社辑行:《职业指导实施概览》,中华职业教育社1929年印行,"弁言"。

重要的参考资料。

除职教社同仁所编、著的外,在 1927—1937 年间,主要的职业指导理论著作还有:郎擎霄《职业指导大纲》(上海泰东图书局 1927 年版),江苏省立教育学院研究实验部编《民众职业指导》(江苏省立教育学院 1930 年版),光华书局读书会编《学生升学指导》(上海光华书局 1931 年版),黄逸峰《铁路职业指导》(上海商务印书馆 1936 年版)。

(四)出版有关"职业指导"专号

在 1927—1937 年间,为了配合对职业指导的倡导和宣传,加强对职业指导理论问题的探讨和研究,《教育与职业》还在 1930 年 3 月第 112 期出版"职业指导号",11 月第 119 期出版"职业心理专号",1933 年 11 月第 150 期出版"大学人事工作(大学生指导)专号"。这些专号,刊登的理论文章多具有较强的理论和现实意义。

如"职业指导号"刊登了《与吴锡煆君谈解除职业介绍之困难问题》《与欧元怀君谈职业指导与导师制》《与管小谷君谈小学校之职业指导》和《与民立中学苏颖杰君谈中学生职业指导》。这些商榷性文章的刊登,无疑是希望引发人们对职业指导方法的进一步探讨。"职业心理专号"则刊登了陈选善《兴趣与职业指导》、王书林《职业心理学与人类幸福》、沈有乾《评判性能的一个小试验》等文,其目的,是希望人们更加重视心理测验在职业指导中的重要作用,进一步推动职业指导科学化的进程。"大学人事工作(大学生指导)专号"刊登了何清儒《大学中的人事工作》、钟道赞《职业指导与大学生》、陈选善《大学生的选择》、梅贻宝《燕京大学新生指导实验》、庄泽宣《如何在现今大学中推行职业指导》等文章,针对当时大学生的择业困难,探讨有效解决大学毕业生失业问题的方案。

(五)组织职业心理的调查研究

重视职业指导的科学化是职教社长期以来一贯的主张。1927 年后,伴随着职业心理学理论的逐渐发展,配合职业指导理论的研究,职教社曾多次组织职业心理的调查研究,以求得在学学生职业兴趣的趋向,为职业指导的实施提供参考。如 1933 年 5 月，职教社曾在上海对省立上海中学、澄衷中学、麦伦中学、民立中学和清心中学的初一至高二的学生进行职业兴趣调查，每个年级 100 人，并将有关报告发表在《教育与职业》杂志上；①是年冬，为了考察学生的职业兴趣与其娱乐、擅长学科及家长职业间的关系，职教社南京办事处还举行了南京市中小学升学及职业指导调查，涉及国立中央大学实验中学、市立第一中学、私立中华女子中学、私立青年会中学、私立育群中学、金陵大学附属中学、私立益智小学等 10 所学校的毕业生约 500 人。② 1934 年初，为了发现职业兴趣在性别上的差异，职教社又在上海的务本女中、上海县立初中、省立上海中学、清心中学、民立女中、爱群女学、裨文中学等学校，对初一至高二的女生进行了职业与兴趣调查，同样是每个年级 100 人，调查结果以愿意学习和从事教育工作的最多，占 32%。③ 所有这些有关职业心理的调查研究，成为当时职教社科学开展职业指导活动的重要依据。

二、职业指导专号的出版

在 1927—1937 年间，中华职业教育社是开展职业指导最有成就的机构。而实际上，也正是该机构对职业指导的有力推进，使得职业指导不仅得到了政府的重视，也受到了社会的关注。各种职业指导专号的出版即是其重要体现之一。

1928 年 3 月，《教育杂志》特辟第 20 卷第 3 号为"职业指导专号"，在该杂志所刊登的"专号"出版广告中如此写道："本志曾于第十七卷第一号出一'职业教育专号'，对于职业教育上各种重要问题，均有所论列，

---

① 陈选善、郑文汉：《中学生职业兴趣调查报告》，载《教育与职业》第 148 期，1933 年 9 月。
② 郑文汉：《中小学毕业生职业兴趣的研究》，载《教育与职业》第 161 期，1935 年 1 月。
③ 沈烈公：《女子教育与职业问题》，载《江苏教育》第 3 卷第 4 期，1934 年 4 月。

颇得社会人士之赞许。但仅职业教育,而无职业指导以为之辅,势必等于空论。故不自揣量,欲为进一步的讨究,复于本年三月号再出一'职业指导专号'。"①

在该"专号"中,计刊登了17篇有关职业指导的论文:刘湛恩《世界各国职业指导的近况》和《职业指导与职业分析》,刘湛恩、潘文安《中国职业指导的近况》和《上海南京两职业指导所之现况》,蒋石洲、吴增芥《职业指导之理论与实施》,叶公朴《职业指导的意义》,沈亦珍《职业指导与大学教育》,廖世承《职业指导与中学校》,姜琦《职业指导与中学校分科问题》,朱经农《职业指导与中学课程》,胡叔异《职业指导与小学教育》,杨卫玉《职业指导在小学校的地位》,潘吟阁《职业指导与乡村教育》,赵廷为《教育指导与职业指导》,顾树森《职业指导与职业心理测验》,潘吟阁、潘文安《职业指导与职业训练》,杜佐周《职业指导所用的测验》。这些文章涉及职业指导方方面面的问题,对职业指导理论的探讨也不是仅仅停留在一些基本问题上,而是深入到了职业指导与各级各类教育的密切关系上。此外,"专号"还刊登了上海职业指导所事务所的照片,及该所"指导员与受指导者之谈话"和"填载表式及登记情形"的两幅照片。

除《教育杂志》外,《青岛教育》1936年3月辟第3卷第9期为"中小学学生升学与就业指导"专辑,《教与学》1937年5月辟第2卷第11期为"升学就业指导专号"。其中,《青岛教育》的"专辑"上除刊有教育部的《各省市县教育行政机关暨中小学校施行升学及职业指导办法大纲》《实施中小学学生升学及职业指导之必要与其方法之说明》和青岛市教育局所制定的《中小学校实施升学及职业指导办法》外,还登有理论研究文章6篇,它们是:何清儒《升学就业指导的基本工作》,张家凤《升学与就业的几个先决条件》,郑震寰《中学升学及职业指导之探讨》,段耀林《献

---

① 《〈教育杂志〉二十卷三月号"职业指导专号"业已出版》,载《教育杂志》第20卷第5号,1928年5月。

给高中毕业同学》，胡学恒《高中毕业女生的升学与就业》，赵伯平《关于青年择业的普通意见》。《教与学》的"专号"则不仅登有近20篇有关职业指导的理论文章，如何清儒《升学与就业的中心观念》、杨卫玉《青年面前的两条路》、江恒源、沈光烈《升学就业指导概说》、钟道赞《中小学生升学就业指导之实施》、贾观仁《职业学校毕业生就业的几个先决问题》、李蒸《中学生之升学与就业问题》、赵廷为《关于青年的就业问题》、沈光烈《小学职业指导的实际》，等等；而且刊有三篇介绍国内职业介绍机关的文章：王兆荣《全国学术咨询处工作概况》、朱少屏《寰球中国学生会职业指导部概况》，以及潘文安、杨崇皋、何清儒、吴宗文合写的《十年来之上海职业指导所》。

三、潘文安与职业指导理论的探讨

在这一时期为数众多的职业指导理论研究者中，有一位突出的代表，他就是潘文安。

潘文安（1894—1970），字仰尧，江苏嘉定（今属上海市）人。曾任中华职业学校校长，并长期担任中华职业教育社上海职业指导所副主任。在任期间，他基于自己长期从事职业指导实践的总结，在全面抗战爆发前，先后发表了一系列职业指导理论文章，撰写、出版了多部职业指导著作，对职业指导理论进行了较为系统的探讨，对职业指导理论的构建和职业指导运动的开展，作出了重要贡献。

据统计，仅从1925年到1937年，潘文安发表在报刊上的有关倡导职业指导的文章，除之前提及的外，主要还有：与曹伯权合写《初级中学实施职业指导之计划》（《教育杂志》1925年1月第17卷第1号）、《青年择业与生活问题》（《生活》1927年10月第1卷汇刊）、《三民主义与职业指导问题》《小学升学指导研究大纲》（《教育与职业》1929年2月第101期）、《农村职业指导》（《教育与职业》1930年10月第118期）、《职业与职业指导》（《学友》1931年4月创刊号）、《中国工人的职业指导》（《教育与民众》1933年12月第5卷第3、4期),《升学与就业应有的信念》(《教与学》1937年5月第2卷第11期),与刘湛恩合写《十年来之中国职业指导》(《教育与职业》1929年1月第100期)和《中学职业指导方案》(《教育与职业》1930年4月第113期)。撰写、出版的职业指导著作主要有:《青年职业指导》(上海大东书局1929年版),《职业指导ABC》(上海世界书局1930年版),《青年升学指导》(上海大东书局1931年版),《青年服务指导》(上海大东书局1931年版),《职业指导》(上海中华书局1934年版),《小学职业指导》(上海中华书局1935年版)。另编有《职业指导讲演集》《青年成功之路》(上海中华书局1935年版);与孙祖城合编《女子职业指导》(上海商务印书馆1930版),与陆凤石合著《青年成功指导》(上海大东书局1932年版),与陈重寅、喻兆明合著《小学职业指导实施法》(上海商务印书馆1934年版),与刘湛恩编辑《升学指南》和《青年求学指导》(上海生活书店1935年版)。在这些文章特别是著作中,潘文安在介绍国内职业指导实施状况的同时,对职业指导的理论作了多方面的探讨。

如《青年职业指导》包括"职业的意义""职业的选择""职业的准备""职业的训练""职业的信条""职业效能的增进""职业和休闲""职业的改进""职业的成功"等内容。《职业指导ABC》是作者就数年来主办职业指导的经验、参以欧美和日本现行职业指导制度所撰,涉及职业指导的内涵、意义、重要性、价值、范围,职业指导与乡村教育、小学教育、中学教育、大学教育、女子教育、成人教育、心理测验的关系,及职业分析、升学指导、就业指导、服务指导、职业介绍、职业训练、考察个性等方面的内容。《青年升学指导》就"升学的意义和目的""升学前的反省""升学前的准备""怎样选择学校"等作了阐述,并对有志于教育、农、工、商、法、政治、文学、艺术、体育、医学、新闻学、图书馆、自然科学等的青年分别作了"敬告"。《职业指导》则是本着"使无业者有业,使有业者乐业"的旨趣,以指示青年有关职业修养的方法,引导青年达于成功之路;全书包括七章:职业的意义、职业的选择、从事职业的必需要素、职业的进程、职业的信条、职业效能的增进、职业指导。《女子职业指导》则是鉴于女子职业范围日广，从事职业的女子数量逐渐增多，加之，"尚无女子职业指导专集出版"，潘文安"深感社会需要"，于是，与孙祖城"因就历年经验及参考欧美日本名著"，撰写而成。在这部著作中，潘文安说，"女子职业指导是为了女子与职业发生重大关系，于是以科学方法处客观地位，去指导如何解决人事（人即女子，事即事业）适当的遭遇，使人才事业与社会组织相称"；其目的，在于发展女子就业的兴趣及其办事的才能，解除礼教压迫女子的痛苦，促进男女地位的平等，增进社会生产效率。[①] 这些著作，被时人认为是在当时"人无事做、事无人做"的状况下，给予将要从业和已经就业青年的极好的指南。

在潘文安看来，"职业指导乃是根据现在的事实、过去的经验、采用科学的方法、客观的态度，去帮助个人选择职业、预备职业、获得职业及改进职业"；它开端于小学时期的职业陶冶，完成于毕业以后的服务指导；"非一时的而为继续的，非局部的而为整个的，非片断的而为有组织的，非盲从的而为科学的"；其目的，"对于个人方面，在求个性之完全的发达，对于事业方面，则谋适当的人材置于适当的地位"。[②] 它的作用，对于青年来说，可使他们根据社会的需要，准备职业上的知能，并自审个性、特长及能力，选习适当的职业，不致盲从择业，误入歧途；对于学校来说，可使学校注意职业实际状况，考察毕业学生是否适合社会的需要，从而有效地改进课程，更好地和社会联络；对于社会而言，则可使之得到适宜的人才，从而增加生产效率。正是因为此，职业指导对于个人、社会、国家、经济、道德、教育等方面，都有广泛普遍的价值和意义；它的"最后的成功"，就是"使无业者有业，有业者乐业"。

---

① 潘文安、孙祖城编：《女子职业指导》，上海商务印书馆1930年版，第13—18页。
② 陈重寅、潘文安、喻鉴清：《小学职业指导实施法》，上海商务印书馆1934年版，第2—3页。

第六节　全面抗战时期及战后职业指导的实施

1937年7月，抗日战争全面爆发后，职业指导工作被迫转移到抗战所需要的人才问题和战争所带来的更为严重的失业问题上。由于大片国土沦入敌手，职业指导工作主要在大后方进行，特别是通过内迁西南的职教社来进行；同时，鉴于这一时期职业指导的必要和重要以及出现的新特征，职业指导理论的探讨也更为深入。

一、职业指导的相关政策及其实施概况

1938年8月，由教育部主持，教育、经济、内政、军政、财政、交通六部与航空委员会联合组成中央建教合作委员会后，在该年的12月，委员会即设立专门技术工作咨询处，专事调查、统计各项技术人才，介绍职业；并据调查结果制定各大学、专科学校与职业学校设科的计划，分派毕业生到各用人单位工作。继中央建教合作委员会成立之后，一些省市也设立了地方的建教合作委员会，协助政府推行建教合作工作。

1939年3月1—9日，第三次全国教育会议在重庆川东师范大礼堂举行，出席会议的有教育部、各省市教育厅局和学校的负责人及教育部部聘专家，共90余名。在大会审议通过交由教育部审查的《中学教育改进案》中规定，"励行职业及升学指导"。其内容包括："各中学均须聘定专任教员（或由教员兼任），专负学校职业及升学指导之责"；"举行职业及升学指导时，应举行体力、智力、志趣、能力、品性及职业等各项测验或考查，以为指导时参考之资料"；"职业及升学指导应与学生家庭及社会各界密切联络"；"教育行政机关，每年应就社会中重要各业之内容、工作种类、需要人才种类、学历及其他特殊条件等，详为调查，加以分析，印成小册，分发各校，供学生及指导学生时之参考"；"各中学每学期，应将办理毕业生职业及升学指导之情形及其结果，造具名册，呈报教育厅局并转

呈教育部备案,同时并应报告学生家长";"各省市教育厅局应设置职业及升学指导机关,或设立专任人员主持其事,并就重要都市会同有关机关设立职业指导所"。①

4—5月,极力主张并实践职业指导的中华职业教育社在昆明召开的工作讨论会上,也对职业指导今后的实施作出了新的规定,提出"今后将侧重战时各项人才之训练、介绍、调整,特别是战地人才之供应等;农村改进工作,则一以增加生产、充裕抗战力量为旨归;社会服务,则更侧重战时社会服务工作,如参加伤兵慰劳、救济及教育,难民救济、难民教育、难童保育以及其他救国工作"。②（关于中华职业教育社的职业指导工作,详见本节第二部分）

1940年7月,教育部鉴于1940年度第二学期结束在即,特令各国立中学对本届毕业学生切实实施升学与职业指导。要求对学生的学科成绩、兴趣及嗜好、行为及思想趋势、资质及智能倾向等,详加考查,以之为实施指导时的根据。

是年,国民政府社会部还特设职业介绍部,负责全国职业介绍事务。该部成立后,不仅于1941年在重庆社会服务处增设职业介绍组,而且在贵阳、西安、桂林、衡阳、内江、遵义等社会服务处设立职业指导组,并制作职业统计表（卡）60余种,分发各地以供职业指导之用。随之,广东、贵州、四川、陕西、甘肃等省也先后设立了职业介绍组（所）。1942年6月,社会部颁布了《私立职业介绍所暂行办法》和《私立职业介绍所登记规则》,规定全国私立职业介绍机关的设置与撤销,须向所在地社会局登记备案,并受其指导与监督。1944年7月1日,重庆职业介绍组改组为重庆职业介绍所,开展职业介绍、零工介绍,并举办得业联谊活动、职业座

---

① 教育部编:《第三次全国教育会议报告》,教育部1939年编印,第143—144页。
② 中华职业教育社:《今天的中华职业教育社——昆明工作讨论会会后》,载《国讯》第209期,1939年8月。

谈会，交流工作心得和技能。

对于学校的职业指导，在全面抗战时期，虽然也曾订定《国立中学及中等学班实施升学与职业指导办法要点》，令各校、班组织职业指导委员会，指定负责人员，制定指导计划，并要求对历届毕业学生按照教育部所定升入高中、大学及学习师范、职业的比额，分别指导升学和就业；然而，由于战争对学校的巨大影响，加之百业凋敝，这些规定无疑如一纸空文，以致在全面抗战期间，学校的职业指导工作与其他有关的职业指导工作一样，所取得的成效并不十分显著。

抗战胜利后，出于经济建设的需要，职业教育受到了国民政府有关部门和社会团体的重视。与此同时，社会部除继续在重庆办理职业介绍所外，又先后在上海、天津、汉口等地设立职业介绍所，以加强职业介绍工作，并注重职业训练和就业辅导。其中上海职业介绍所：1946年1月1日成立后，1947年1月10日，创刊《职业介绍》杂志，由喻兆明主编；与上海总工会合作成立工人职业介绍处，与上海民众教育馆成立民众职业介绍处，并成立妇女职业介绍部；之后，又设立职业补习学校，与上海青年会合办青年升学就业辅导处，开展升学指导、就业指导和改业指导等。天津职业介绍所：1946年10月1日成立后，本调剂人才供需、服务社会之宗旨，仅两月，即接待求职登记人数2682人，介绍成功159人；并举办会计补习学校、商业英语会话班。① 汉口职业介绍所：1946年10月10日成立后，即创刊《职业导报》，先后举办职业问题和妇女职业问题座谈会；成立两月余，即登记1549人。②

伴随着职业指导的开展，1947年1月31日，国民政府行政院公布了《解决大中学生毕业后失业问题办法》。其中规定："关于职业介绍。社会

---

① 汤鸿庠：《社会部天津职业介绍所》，载《职业介绍》创刊号，1947年1月10日。
② 刘山：《社会部汉口职业介绍所》，载《职业介绍》创刊号，1947年1月10日。

部在大都市设有职业介绍所,社会部直辖之社会服务处及各省市所办之社会服务处亦规定办理职业介绍工作,嗣后对于大中学校毕业学生应尽先设法介绍职业";"奖励各级事业机关办理技艺训练班,招收初高中毕业学生分别予以短期训练,训练期满后由原办事业机关予以服务之机会";"中等以上学校应设置职业介绍及辅导机构,经常办理各该校毕业学生之职业介绍工作,及养成青年之创业精神与服务兴趣"。① 但这些规定,并没有取得实质性的效果。

二、中华职业教育社各职业指导所的职业指导实践

(一)桂林职业指导所与贵阳职业指导所

桂林职业指导所成立于1938年7月,负责人为陈重寅等。1938年9月职教社总社迁桂林后,所办事业进展顺利,曾代办职工训练所、合作中华营造厂等。然而,由于是年12月总社惨遭敌机轰炸,桂林职业指导所被毁,致其刚刚开始开展的工作,也戛然而止。1940年后,广西分社职业指导股又附设桂林职业指导所,继续勉力推行职业指导工作,除开展职业调查、职业介绍、择业指导、升学指导及代办招考等活动外,还编印《兴趣测验》《智力测验》《进修自审表》《职业测验表》等书刊。据统计,1940年底到1941年初半年间,该所接待求职者1622人(男1430人,女192人);求人者1111人(男951人,女160人);介绍得业者314人(男281人,女33人)。

与此同时,1939年6月,贵阳职业指导所成立,负责人为何玉书等。1940年上半年接待求职者1002人,求人者429人,介绍得业者398人,并代办招考8次。② 此外,在成立后的最初两年间,还设登记站七处,调

---

① 行政院:《解决大中学生毕业后失业问题办法》,载《教育部公报》第19卷第2期,1947年2月。
② 《中华职业教育社二十九年度上半年工作总报告》,载《教育与职业》第193期,1941年3月。

查贵州各大学、专门学校及各中学概况,并办报童训练班。

(二)重庆职业指导所

1938年8月,黄炎培、江恒源到重庆后,于10月10日推动创办了重庆职业指导所。此后,虽然昆明、贵阳、香港等地也成立了职业指导所,但在各职业指导所中,办理最有成绩者,则首推重庆职业指导所。

重庆职业指导所由中华职业教育社与重庆青年会合设,故又名"中华职业教育社重庆青年会合设重庆职业指导所",由江恒源任主任,张雪澄任总干事。所址初在重庆青年会,1940年10月因重庆青年会遭敌机轰炸,办公室全部被毁,社址迁至张家花园总社内。该所"以联络重庆教育实业机关公私立各级学校,实行指导解决青年升学与就业问题,使青年求学就业各得发展个性、才能,适切社会需要为宗旨";① 初定所办事业有:职业询问,职业调查,职业讲演,升学指导,职业介绍,择业指导,改业指导,服务指导,职业训练,健康法律指导,编辑刊物等。为有效开展职业指导工作,该所特设升学指导组、就业指导组和职业介绍组三个部门。②

在重庆职业指导所开办的所有职业指导事业中,以下成绩最为突出。

1. 升学指导

升学指导是重庆职业指导所开办事业的一项重要内容,这方面的工作有:第一,1941年,以"职业指导丛书"名义编印多期《升学指导》不定期刊,内容包括"各级学校升学指导论文""读书经验谈"和"各级学校概况表"等,作为暑期升学青年的重要参考材料;第二,拟定《协助重庆各级学校举办升学就业指导演讲办法》,聘请江恒源、杨卫玉、魏元光、钟道赞、何清儒、石显儒、潘序伦、贾观仁、孙起孟、柳健行等人为演讲员,进行升学指导演讲,内容由各校指定或指导所代定,同时散发搜集而

---

① 程贻举主编:《中华职业教育社在重庆(1937—1946)》,西南师范大学出版社2007年版,第91页。
② 《中华职业教育社附设重庆职业指导所生活就业指导近况》,载《升学与就业》第1卷第2期,1944年9月。

来的本社过去关于升学指导的理论材料；第三，在巴蜀小学、巴蜀中学等学校，开设升学指导课；第四，编撰高中、初中、小学升学指导教材；第五，协助各级学校组织升学与就业指导委员会；第六，搜集全国有关职业指导的开展情况，举行升学指导参考资料陈列；第七，编写出版《升学指导》一书，该书于1940年出版，除收有"升学的意义和标准""升学前应有的准备"和"投考时应有的准备"等文字外，并介绍了25所公私立专科以上学校、17所公私立职业学校以及15所公私立中学的概况。

2. 就业指导

包括择业指导和服务指导。前者方式主要有：在升学指导课内针对整个班级进行指导，利用通信及面谈等方法予以指导，举行工厂参观等；后者则主要是：对已通过介绍得业者，予以通讯联络或约期座谈。

3. 职业介绍

在重庆职业指导所，因求职者众多，职业介绍成为其最重要的一项工作。在成立之初，该所就制定了《重庆职业指导所职业介绍简约》。在职业介绍中，除登记谈话外，还要根据不同的对象进行各种职业测验，如智力测验、特殊能力测验、兴趣测验、品格测验、智识测验、技能测验等。但由于求职者绝大多数来自沦陷区，甚至其中还有不少难民，多无一技之长，而求人者又需学有专长者，致发生"才难"之叹，供求不相适应的矛盾相当突出。据统计，1938年10月，指导所开办仅一个月，求职者：男419人，女86人；求人者：男110人，女26人；介绍得职业者：男35人，女7人。11月，求职者：男340人，女37人；求人者：男110人，女26人；介绍得职业者：男46人，女5人。12月，求职者：男675人，女78人；求人者：男211人，女75人；介绍得职业者：男67人，女12人。1939年1月，求职者：男649人，女120人；求人者：男689人，女108人；介绍得职业者：男152人，女22人。2月，求职者：男476人，女61人；求人者：男472人，女84人；介绍得职业者：男139人，女62人。3月1—22日，求职者：男1012人，女72人；求人者：男514人，女 58 人；介绍得职业者：男 138 人，女 12 人。①

鉴于人才供求实质矛盾的突出，为适应当时社会对人才的需求和要求，重庆职业指导所在及时开展求职登记、设立难民"登记站"的同时，特在永川县近郊开办"永川振济造纸厂"，使工人经过一年训练，获得相应技能；并从 1940 年起，先后开办了两期工友训练班，开展短期职业训练，每期训练两周，开设人格修养、礼节、卫生常识、邮电常识等 10 余种课程，大部分课程都编有内容丰富的教材，且邀请律师讲解有关法律知识，在训练中，分批约谈，并进行个别测验。1940 年 10 月 1 日，又以热心救济失业事业的社会人士所募赞助基金十万元，作为保证金，成立职业互助保证协会，由康心如为理事长，钱新之、章元善、温少鹤、卢作孚、黄炎培、江恒源等为理事。该会的成立，对有效减少介绍得业而又失业的不幸现象，起到了积极作用。

此外，重庆职业指导所在所开展的职业调查以及健康、读书、服务、法律等指导工作中，还制定各种指导的范围及其原则、简约，聘请江恒源、杨卫玉等人担任导师，并接受当地委托，在江北县代办难民职业收容所，兼办介绍职业。

1946 年 1 月，总社迁沪后，原重庆职业指导所事业由另设的重庆办事处继续办理。

（三）成都职业指导所和昆明职业指导所

成都职业指导所系由职教社四川办事处与四川省教育厅合设。鉴于抗战之后外省来川人士日益增多，成都职业指导所积极开展职业介绍工作，"一面调查四川之工商业情形以及政府机关文化团体之实际状况并与之取得密切联络，一面登记失业人员，或暂时收容，或酌予训练，量其才能学识资历分别介绍"。② 特别是由于全面抗战爆发后，战区学生义不受辱，纷纷来川就学，指导所乃受四川省教育厅委托，从 1943 年 7 月起，着手办理

---

① 雪澄：《职业指导漫话（三）》，载《国讯》第 200 期，1939 年 3 月。
② 《四川办事处之概况》，载《教育与职业》第 202 期，1947 年 6 月。

战区学生升学指导事宜，使战区学生深受其惠。另外，指导所并编写《职业修养》《职业指导》等书籍，编辑出版《社会服务》周刊，以加强对职业指导的宣传和探讨。抗战胜利后，成都职业指导所仍继续开展职业指导工作。据统计，在1946年的职业介绍工作中，共接待求职者1356人。①

1939年5月15日，职教社云南办事处成立后，即于当日成立昆明职业指导所，由办事处主任喻兆明主持其事。该所"以联络昆明教育实业机关各公私立学校，实行指导解决升学与就业问题，俾求学就业各得发展个性才能，适切社会需要为宗旨"。②依此宗旨，且考虑到当时自战区到昆明的各种人才至众，饱受失业之苦，而内迁的各项事业，又需才孔亟，昆明职业指导所一方面根据社会需要，训练人才，一方面注重职业调查和职业介绍，"为人择事，为事择人"，以谋人、事之有效适宜的配合。此外，指导所并代办招考有关机构人员。1942年2月喻兆明奉调总社后，由新任办事处主任孙起孟负责工作，因时值缅甸沦陷后大批侨胞回国流落昆明街头，成为失业流民，指导所乃又致力于失业侨胞的登记介绍工作，并与云南省教育厅中小学升学及职业指导委员会合作，办理各级学校毕业生升学及就业指导。抗战胜利后，指导所继续开展职业介绍等工作，仅1946年，就接待求职者1647人，介绍成功378人。③

（四）上海职业指导所

抗日战争全面爆发后，上海职业指导所曾于1937年8月份，协助各界办理救济事业。但由于处于战区的上海，需求人才断绝，谋业者寥若晨星，加之秩序混乱，社会动荡，人心不稳，上海职业指导所的各项工作，很快停顿。

---

① 何清儒：《战后两年来的中国职业教育》，载《中华教育界》（复刊）第2卷第1期，1948年1月。
② 《中华职业教育社云南办事处五年来工作纪要》，昆明华丰印刷厂1944年承印，第29页。
③ 何清儒：《战后两年来的中国职业教育》，载《中华教育界》（复刊）第2卷第1期，1948年1月。

1938年9月，职教社上海办事处成立，分四股，其中包括职业指导股。此后，随着人才供求逐渐恢复正常，上海失业青年日渐增多，上海职业指导所的有关职业指导工作，在太平洋战争爆发之前，一直勉力推行：除进行职业介绍外，每年暑期前并举行升学就业指导，聘请职业指导专家到有关学校讲演；开展职业概况调查，各业用人标准调查；统计发布上海市淞沪抗战后两年内人才供求情况；就职教社附属的七所职业补习学校设立指导网以推广学生出路；为相关公司或机构代办招考职员及练习生。此外，还编辑《升学备览》（重庆国讯书店1937年版）、《升学指南》（中华职业教育社1937年版）等升学指导书籍，撰拟升学指导论文；组织升学指导委员会，聘请专家担任讲师，分赴各中小学演讲；编辑付印《职业成功人传略》《职业指导概论》《职业补习教育概要》等著作，并汇编《投考各业试题汇解》，以供职业青年择业之参考。太平洋战争爆发后，上海办事处被日军反复查抄，上海职业指导所被迫停办。

抗战结束后，就职教社而言，除了通过比乐中学开展职业指导试验外，主要是通过上海职业指导所开展职业介绍、择业指导和改业指导工作。1946年1月，随着总社迁回上海，上海职业指导所正式恢复，由何清儒任主任，吴宗文为副主任，主要针对择业和就业问题进行面洽，必要时进行心理测验。据统计，1946年1—9月，谈话人数4849人，其中就业谈话3950人，改业谈话82人；受委托介绍职业者2081人，介绍成功者319人；委托物色人才次数331次。① 另外，上海职业指导所还开展升学、服务、健康、法律指导，草拟《各业用人标准调查表》和《与各补校联系办法》；为辅导青年解决择校问题，调查全国各专科以上著名学校以及上海中等学校概况；编辑《职业指导概况》和《职教通讯》，出版《上海职业指导所一览》等。

除各职业指导所开展的职业指导工作外，其时，职教社附设的职业教

---

① 《上海职业指导所》，载《教育与职业》第201期，1946年12月。

育研究所还编、译出版了《就业辅导手册》《专门职业概况》《求职指南》等有关职业指导书籍，详细阐述施行职业指导的方法、技术和步骤。这些材料，不仅成为开展职业指导的重要参考书，而且对在校学生特别是即将毕业的大学生的择业、就业，具有重要的指导作用。

三、职业指导书籍的编写（译）与出版

在1937—1949年间，由于职业指导的重要和必要，加之职教社及社会各界对职业指导的重视和实践，一定程度上推动了职业指导书籍的编写（译）与出版。据不完全统计，这一时期主要的职业指导著作有：［美］H. D. Kitson著，何清儒、郑文汉译述《美国校外职业指导实况》（长沙商务印书馆1938年版），［日］增田幸一著，潘文安、杨崇皋、管瑞之译《职业指导与个性》（广州中华书局1939年版），何清儒《职业指导学》（长沙商务印书馆1939年版），江恒源编著《如何办理职业指导》（长沙商务印书馆1941年版），广东省地方行政干部训练团编《职业教育与职业指导》（编者刊1941年版），沈光烈编《职业指导之理论与实际》（昆明中华书局1941年版），刘志聪编《大学升学指导》（前驱出版社1941年版），教育部高等教育司编《高中及同等学校毕业生升学指导》（金华正中书局1941年版），［日］增田幸一著，沈光烈译《职业指导概论》（上海世界书局1942年版），成都市社会服务处等编《升学指导》（成都市社会服务处1942年版），潘文安《小学职业指导实施法》（上海商务印书馆1944年版），钟道赞、喻兆明编著《中学生教育与职业指导》（重庆正中书局1944年版），三民主义青年团中央团部编《升学指导》（三民主义青年团中央团部1945年印行），喻兆明编著《荣誉军人就业辅导》（上海正中书局1947年版），苏健文编著《实验的职业指导》（世界书局1947年版），张乃璇《职业介绍》（上海商务印书馆1947年版），喻兆明《职业介绍理论与实施》（上海中华书局1948年版），美国职业介绍局编著，麦伯祥译述《就业辅导手册》（上海商务印书馆1948年版）。在这些职业指导著作中，何清儒著的《职业指

导学》和江恒源编著的《如何办理职业指导》是两部具有较高理论水平的著作。

如果说何清儒的《职业教育学》是我国第一部以"学"命名的职业教育著作，那么，《职业指导学》则是我国第一部以"学"命名的职业指导著作。在何清儒看来，职业指导教材的缺乏，对于职业指导来说，乃"是一个很大的缺欠，亦是职业指导发展上一个极大的障碍"，① 于是，他乃根据自己多次在大学中教授职业指导的材料著成《职业指导学》一书，以供作大学的教材。该书分20章，分别是：人与事，职业指导的意义，个人差别，心理测验，面洽，分等评量，个别调查，职业研究，职业参考材料，职务资格的研究，职业训练，职业介绍，续行工作，教育指导，中学的指导工作，大学的指导工作，职业指导所的组织，校外的指导工作，职业指导的效果，职业指导的将来。

江恒源（1886—1961），字问渔，号蕴愚，江苏灌云县人，曾任江苏省教育厅厅长，中华职业教育社办事部主任等职。《如何办理职业指导》系中华职业教育社"职业教育丛刊"之一，目的是使广大青年能有效地了解职业指导。该书除引言外，包括究竟何为职业指导——指明职业指导的性质范围和效用等，政府对于职业指导办法的规定——介绍教育部已颁布的两项办法，应该如何办理职业指导所。其中，在"究竟何为职业指导"中，所收职业指导的文章有江恒源《"职业指导"究竟是什么》、陈选善《职业指导》，喻兆明《职业指导的要义》和《职业指导的基本原则》；在"政府对于职业指导办法的规定"中，则介绍了教育部1933年7月4日和1935年11月30日分别颁布的《各省市县教育行政机关暨中小学校施行升学及职业指导办法大纲》和《各省市教育行政机关设置职业指导组暂行办法》；"应该如何办理职业指导所"包括"本社旧有的设置标准""如何筹设机关""如何办理职业指导及职业介绍""如何办理职业训练""如何代

---

① 何清儒：《职业指导学》，长沙商务印书馆1939年版，"序"。

办招考""如何办理升学指导""如何办理健康指导及法律指导""如何办理服务代办部"。书末并附有职教社于 1935 年 10 月修正制订的"中华民国现有职业分类表"。

综上可见,职业指导从西方引入后,随着它在中国大地的兴起和发展,对沟通教育与职业,加强教育界与职业界的联络,乃至职业指导理论的建立等,都起到了重要作用。然而,应该清醒地看到,由于政局动荡不稳,经济发展落后,许多爱国教育家和先进知识分子所追求的通过职业指导来改造生计、进而改造社会的愿望不可能得到根本实现。

第十三章　职业指导理论探讨的先行者举概

在职业指导的发展历程中，大批爱国的教育家和先进的知识分子在"职教救国"思想指导下，在积极支持、参与乃至领导中华职业教育社等所发起、组织、开展的职业指导运动的同时，努力介绍西方国家职业指导的经验和发展概况；在极力倡导和宣传职业指导、躬身实践职业指导的同时，矢志于职业指导理论的探索，从而不仅促进了职业指导理论在中国的确立，而且对推动职业教育在全国的蓬勃发展作出了重要贡献。

第一节　邹韬奋：早年的职业指导情结

邹韬奋（1895—1944），原名邹恩润，江西余江人，近代中国著名的爱国主义新闻记者和出版家。1922年，邹韬奋由黄炎培介绍加入中华职业教育社。翌年，他受中华职业学校校长顾树森之聘，担任该校英文教师兼英文教务主任，此后担任该社编辑股主任，负责编辑《教育与职业》，主编"职业教育丛刊"，一直到1926年10月接办《生活》周刊。其间，他积极参加中华职业教育社的各种活动，参与发起领导了"一星期职业指导运动"，而且作为职教社一位重要的研究成员，在开展职业教育理论探讨的同时，撰写了大量有关职业指导的文章，翻（编）译了数部职业指导著作。据统计，从1922年到1926年间，他先后在《新教育》《教育与职业》《教育杂志》以及《申报》副刊《教育与人生》上，发表了《美国的职业指导运动》《职业指导之真谛》《实施职业指导之资料》《职业指导的内容与功用》《实行职业指导运动宜注意的几个要点》《中国职业指导的现状》《职业的真乐》《一星期职业指导运动后继续进行之商榷》《初级中学之职业指导问题》《初级中学应注重职业指导》《美国职业指导最近之发展》《职业心理学与职业指导》《关于职业指导的讨论》《德国职业指导最近概况》《评述沈芾斋先生职业指导报告》《大学校之职业指导举例》等文，并和刘湛恩合写了《中等学校职业指导法纲要》，和徐亮编纂了《江苏中学以上投考须知》，编纂了《职业指导实验》（第二辑），编译了《职业智能测验法》《职业指导》《职业心理学》等著作。通过这些著述，在介绍西方国家特别是美国职业指导发展状况的同时，为使职业指导得以在中国更好地实施，邹韬奋对职业指导理论的方方面面进行了探索，从而形成了其丰富而独特的职业指导思想。

一、关于职业指导的内涵、目的和作用

对于职业指导的含义，1922 年 11 月，邹韬奋在《新教育》上发表的《美国的职业指导运动》中，开宗明义地写道："什么是职业指导？简单说起来，职业指导是指种种方法，藉以助人怎样选择职业，怎样预备职业，怎样加入职业，并且怎样能在所做的职业上求进步。"[①] 和职教社同仁的看法一样，邹韬奋也认为，职业指导是职业教育的重要组成部分，是实施职业教育的主要途径之一。不仅如此，他甚至视职业指导为一切教育的基础，认为它担负着尽力协助广大青年解决职业上问题的重要职能。因为职业的真谛就在于"职业是一方面利己，一方面利人的行为。一个人生在世界，受了人群的许多利益，人人都应该各尽所长，对于社会有尽量的贡献"。所以，他认为"一个人若能在职业方面，尽其特长，对于社会能作尽量的贡献，便享得职业的真乐"，职业指导"其中一个最大的目的"，就

[①] 邹恩润：《美国的职业指导运动》，载《新教育》第 5 卷第 4 期，1922 年 11 月。

是"使人获得职业的真乐"。①

正是基于对职业指导含义的深刻认识,邹韬奋认为,开展职业指导对于青年学生本身、学校和社会都有着非凡的作用。就青年来说,职业指导是青年成才的最好条件。因为,它可以使青年"常知注意其自身之前途,与处世之方针,因此可一扫其萎靡因循糊涂昏沈之恶习";② 较好地帮助青年考察其自身的个性与天赋,从而使之依其个性所异和天赋所长,事半功倍地选择最适宜自己的职业。于学校而言,职业指导可使学校明确其职务"不仅在授与知能而已,尚须注意其所授之知能能否使学生措诸实用而确能藉此自效以贡献于社会"的责任意识;③ 而且可促使学校经常注意社会职业的实际情况和需要,与社会密切联络、沟通,并通过考察毕业生是否与社会职业适应的情况,不断对课程进行改进。就社会来说,职业指导实为学校和社会联络的媒介,通过职业指导,学校得以了解社会所需人才的智能与品性,从而更好地满足社会对相应人才的需求;而同时因为青年能够各尽所长,服务、贡献于社会相应的职业,也使得社会上"种种事业皆能因此增其效率,日益精进"。④

二、关于职业指导的内容和方法

(一)职业指导的内容

在邹韬奋看来,职业指导并不仅仅对学校的毕业生介绍适当的职业,而是内容至广。其"范围,不仅于学生离校后介绍适当的职业,凡选择职业、预备职业、实际从事职业以及改进职业等等问题,无不根据实际的调查与分析的研究,与以有效的指导与协助:他的实展时期,自从小学职业预备直达青年离校后确能在职业界自立的时候为止;所谓确能自立的时

---

① 邹恩润:《职业的真乐》,载《教育与职业》第56期,1924年6月。
② 邹恩润编译:《职业指导》,上海商务印书馆1923年版,第2页。
③ 邹恩润编译:《职业指导》,上海商务印书馆1923年版,第4页。
④ 邹恩润编译:《职业指导》,上海商务印书馆1923年版,第5页。

候,不是说既得所介绍的职业,就算确能自立,却是于既为介绍相当的职业之后,还要由指导员时时到青年任职的地方,细问服务的状况,助他解决种种待决的困难问题;如果他的学力还不够,还要替他筹划补习的方法(这就是所谓'Follow up work'),直至没有困难,没有危险,不必指导援助而可以自立,然后指导的责任,才算完毕"。①

基于以上认识,邹韬奋认为,职业指导其实是一个持续不断的进行程序,其"实施时期,自职业陶冶时期,职业准备时期,专业训练时期,就业后补习时期,至确能自力经营,无需辅导时期"。② 具体而言,即"实施于职业未选之前,继续进行于职业已决而还在预备的时代,又继续进行于已得职业以后"。因此,从小学的职业陶冶,到初中的注意个性发展,再到高中的选科指导,以及选择职业、职业训练,乃至毕业生初入职业界的服务指导等,无不属于职业指导的重要内容。

正是基于此,邹韬奋首先对职业陶冶进行了理论上的专门阐述。1925年3月,在为杨卫玉、彭望芬编译的《小学职业陶冶》所作的"序"中,他认为,"所谓职业陶冶,并非直授儿童以专门的技术,强使儿童成为徒弟职工,乃是避去从前一切虚空的教育,避去仅属书籍文字知识的教育;其主要之点,在利用各种作业,对于全部儿童施以各种业务上之普通的陶冶,事事与实际生活相合,与社会生活接触,使儿童依此实行作业,潜移默化,受得种种训练,培养其勤劳精神与实行能力";它既"是职业教育的初基,也是普通教育的基础"。③ 此后,在1926年7月为杨卫玉的《小学校职业陶冶纲要》所作的"弁言"中,他再次强调了以上这一观点。

其次,对如何更好地实施职业指导作了说明。他说,职业指导非即职业介绍,职业介绍只是职业指导的一部分;职业指导必须根据社会职业、

---

① 转引自舒新城:《中国职业教育思想小史》,载《教育与职业》第100期,1929年1月。
② 邹恩润:《职业指导之真谛》,载《教育与职业》第48期,1923年9月。
③ 杨鄂联、彭望芬编译:《小学职业陶冶》,上海商务印书馆1925年版,"邹恩润序"。

教育状况、学生个性、学生家况的实际调查来开展，决不可闭门造车；职业指导乃一合作的事业，职业指导员必须与校内教职员合作，与校外职业界和学生家长联络，并和各校的有关组织共同研究；职业指导的内容所含原理甚广，"如教育哲学、儿童心理学、实用心理学、教学法、训练法、管理法、课程编制、教育测验、心理测验、职业知能测验、社会学、统计学等等"，都与职业指导有密切的关系，所以，要使职业指导取得良好的效果，"须首先注意职业指导之专门研究与训练"。①

（二）职业指导的方法

邹韬奋认为，职业指导的方法很多，但概括起来，又以下三个方面为要。

第一，关于小学职业陶冶的方法。早在1924年8月，邹韬奋就说，职业陶冶"并非直授儿童以木匠、石匠等等的技术，强使儿童成为徒弟职工，乃是避去从前一切虚空的教育，仅属书籍文字知识的教育……把各种职业上应有的基本训练，使学生运用纯熟，使儿童将来可以应付实际的生活环境，替将来要学的职业知能立一个良好的基础"。② 1925年3月，在为杨卫玉、彭望芬编译的《小学职业陶冶》一书所作的"序"中，他再次重申了这一看法，并断言："小学教育决不是仅仅教儿童读书写字，仅仅教儿童记忆符号，堆积知识。是要使他们所学的，就是他们能用到实际生活上面去的，如要达到这个目的，便非利用职业陶冶不可。"③ 1926年7月，在为杨卫玉《小学校职业陶冶纲要》所作的"弁言"中，他在区分职业陶冶与具体的职业训练、职业准备教育和职业指导，以消除人们的误会的基础上，进一步认定："所谓职业指导，并非直授儿童以专门的技术，乃是利用小学校中种种作业，对于全部儿童施以各种业务上之普遍的陶冶，使

---

① 邹恩润：《职业指导之真谛》，载《教育与职业》第48期，1923年9月。

② 邹恩润：《小学中的职业教育问题》，载《中华教育界》第14卷第2期，1924年8月。

③ 杨鄂联、彭望芬编译：《小学职业陶冶》，上海商务印书馆1925年版，"邹恩润序"。

与实际生活相合,使与社会生活接触。"①

第二,关于中学职业指导的方法。虽然邹韬奋认为"职业指导开端于小学时期之职业陶冶,完成于毕业以后之服务指导",范围至广,内容众多,但他更加重视学校的职业指导。他建议,凡推行职业指导的学校应由热心的教职员组成该校的职业指导委员会。而尤其是,由于"初级中学之青年时代,实为其一生最当决定明确职业意向之时期。当此时期,青年在体格、性情、智力各方面之变化,皆极迅速,自信力之发达,尤为特甚;况新制初中注重个性区别,高中注重分科研习。个性区别固为职业指导之重要部分,而分科研习尤与青年将来职业有密切关系。故初级中学宜特别注重职业指导"。其方法,一是组织职业指导委员会,特设职业指导员,以"主持其事,用种种方法,唤起青年尽天赋以贡献社会之精神,使青年对于职业有正确之观念与态度,以立其基"。② 二是开设职业指导有关课程,"视为正式课程之一,与英文、算学立于同等位置"。③ 三是设置"学生职业顾问",详细收集有关资料,仔细分析学生可以从事的职业,帮助学生认识自我,选择职业。此外,鉴于职业指导关乎青年一生,所以,职业指导员必须在指导的同时,虚心研究,不断加强与校外职业界和家长的联络,经常与学生进行个人谈话,并和学生讨论本地各种重要职业的内容,以唤起青年学生树立服务、贡献社会的愿望。

第三,开展职业调查,注重职业演讲各业内容,并设立介绍部。在邹韬奋看来,"职业指导乃有实在根据之事业,非模糊猜度之判断"。所以,要有效地开展职业指导,必须根据对职业和教育的实际调查,以及学生的个性、家庭等方面的实际情况,"综合各方之详密研究,暗示一积极计

---

① 杨鄂联:《小学校职业陶冶纲要》,中华职业教育社1926年版,"弁言"。
② 邹恩润:《初级中学应注重职业指导》,载《教育与职业》第58期,1924年9月。
③ 邹恩润:《初级中学之职业指导问题》,载《教育与职业》第40期,1922年12月。

划"。①

通过延请社会上著名的职业指导专家演讲各业内容,指导员和学生可从中了解有关职业内容的大概,为他们进一步开展职业调查奠定基础;而设立介绍部,不仅可使指导员依据日常对青年学生有关品性、智能、从业志愿、身体状况的观察、调查,更好地介绍青年学生以适宜的职业,使他们在走出校门就业后,所学能切合实用,个性、才能得到充分发挥,而且也可通过调查已就业学生的服务状况,对他们进行就业后的服务指导,进而指示其补习的机会和方法。

三、致力倡导、实践职业指导的科学化

在邹韬奋看来,在职业指导中,必须推行职业心理测验。因为,只有利用科学的方法,对预备担任某种职务的人于实际工作之前加以测验,才能"确定这个人所有的种种资格,由此指导他选择于他最为适宜的工作"。② 因此,他主张在实施职业指导时,依据人的心理特性,"用科学方法测验人的'反应的时间'、'知觉的准备'、'记忆力的限度'、想象力、思考力以及其他种种能力,有时单独测验一种能力,有时测验数种合并的能力。……这样的职业指导,才是真正合于科学方法的职业指导"。③ 有鉴于此,他极力反对以骨相学来确定职业趋向的伪科学,倡导在职业指导中运用职业心理学的有关原理,特别是主张借鉴 20 世纪初在美国兴起的"职业心理测验"和始于法国的"智力测验"这些"趋向科学方法的职业指导形式"。另外,他还提出,作为职业指导员应时常留意学生的智力年龄与其在学校取得优异成绩的关系,因为,这种"利用智力测验结果与学生成

---

① 邹恩润:《职业指导之真谛》,载《教育与职业》第 48 期,1923 年 9 月。
② 邹恩润:《职业心理学与职业指导》,载《教育杂志》第 17 卷第 1 号,1925 年 1 月。
③ 邹恩润:《职业心理学与职业指导》,载《教育杂志》第 17 卷第 1 号,1925 年 1 月。

绩比较，实职业指导者一种良好之参考资料也"。①

基于以上认识，邹韬奋不仅撰写了多篇有关职业心理与职业测验的理论文章，而且翻（编）译了数部相关著作。1923年3月，他将美国希尔博士的新作《职业教育导论》译出，定名为《职业教育研究》，由上海商务印书馆出版。该书的翻译出版受到黄炎培等人的极力赞赏。黄炎培亲自校订该书，并为之作"序"，称该书是邹韬奋将职业心理的著作贡献与国人的开端。7月，出于探讨心理测验与职业教育的关系，"介绍其原理与方法，冀引起国人对于职业知能测验之兴味，由此而殚精研思，用科学方法，解决甄别职业人材与训练职业人材之种种问题"，②他又将美国耶鲁大学教育心理学教授贾伯门博士1921年付梓的《职业测验》编译成《职业智能测验法》一书，由上海商务印书馆出版。黄炎培在该书序言中说："职业指导为施行职业教育之前一步工夫，而职业测验又为施行职业指导之前一步工夫。对于曾就职业者，因测验而识其知识与能力之程度；对于未就职业者，因测验而识其天赋才能长短优劣之所在。"③ 这无疑是给予邹韬奋的工作以充分的肯定。1923年12月和1926年7月，他所编译的《职业指导》和《职业心理学》又先后面世。前者在介绍当时英、德、美、日等国职业指导概况的同时，专列一章说明"启迪学生择业兴趣之方法"；后者则对个性差异的研究、各种量度方法以及职业智能测验、体力与耐力测验、感觉力测验、普通智力测验等的方法，详加分析。所有这些著作的出版，对当时职业指导的科学化都给予了有力的推动。

不过，需要指出的是，虽然邹韬奋认为职业心理、职业智能测验等可以用来辅助职业指导的推行，但鉴于这些方法尚不够完善，所以，他也承认"它的功用是相对的，不是绝对的"，"不过是一种有力的参考"，除此之外，还可以通过"带青年参观厂店、报馆、医院、法庭以及其他正当的

---

① 邹恩润：《智力测验与教育指导》，载《教育与职业》第62期，1925年2月。
② 邹恩润编译：《职业智能测验法》，上海商务印书馆1923年版，"自序"。
③ 邹恩润编译：《职业智能测验法》，上海商务印书馆1923年版，"黄炎培序"。

职业机关",并"利用影戏,叙述职业内容的书报,与职业界领袖或成功人物的演讲"等,使广大青年能够对各种职业产生兴趣。①

综上所述,在20世纪20年代,怀抱"职教救国"理想的邹韬奋积极投身于当时职业指导运动之中,探讨职业指导的有关理论,致力于职业指导的科学化。他的职业指导思想和实践活动,无疑对当时的职业指导运动产生了推动。然而,在投身职业教育、推行职业指导的过程中,邹韬奋也逐渐了解到中国政治的腐败和社会的黑暗,益感开展职业指导的困难。1925年5月,他就意识到"现在中国的政治不讲轨道,各业萧条……这种现象诚然要各方面共谋救济,决不是职业指导单独所能为力"。②此后,他更深刻认识到"在中国的现状下……职业界是一团糟",开展职业指导,"所受的限制实在太多太大了!"于是,他的思想开始发生了动摇,产生了微妙的变化。他叹曰,"我愈研究职业指导,愈在实际方面帮着职业指导呐喊,愈使我深刻地感觉到在现状下职业指导的效用很有限","使我从这里面感到惭愧,感到苦闷,感到我的思想应该由原来的'牛角尖'里面转出来","愈使我想跳出职业指导的工作","这现实的教训使我的思想不得不转变"。③正因如此,当1926年10月他继王志莘任《生活》周刊主编时,特将这一创办于1925年10月的刊物的宗旨,由"专门宣传职业教育及职业指导的消息和简要的言论",改为"暗示人生修养,唤起服务精神,力谋社会改造",从原本单纯地关注职业教育和职业指导,转向更多地关注整个现实社会的国事民瘼。"九一八事变"后,国难当头,邹韬奋更是积极宣传、参加抗日救亡运动,孜孜于探索抗日救亡之路,成为一位坚定的爱国志士和民主先锋。

---

① 邹恩润:《职业心理学与职业指导》,载《教育杂志》第17卷第1号,1925年1月。
② 邹恩润:《关于职业指导的讨论》,载《中华教育界》第14卷第11期,1925年5月。
③ 韬奋:《经历》,上海生活书店1937年版,第115—116页。

第二节　顾树森：职业指导理论的重要奠基者

一、构建中国职业指导理论

（一）主张在小学实施职业陶冶

在欧美职业指导发达国家，对小学生进行职业陶冶乃职业指导的重要形式。早在1917年1月，针对人们对在中国实施职业教育的怀疑，顾树森在《德美英法四国职业教育之实况》一文中，就比较详细地介绍了这四个职业教育发达国家包括徒弟学校、职业指导等在内的有关职业教育发展情况。他感慨道："几若普通教育终局之目的，非注重职业教育，不足以完其成，而职业陶冶，尤当与普通陶冶相提并论。"① 职教社成立后，其同仁借鉴欧美经验，同样认为，职业指导开端于小学时期的职业陶冶，完成于毕业以后的服务指导，故将介绍、探讨小学职业陶冶作为职业指导工作的首要任务。

1918年2月，当职教社研究部征集社员共同研究职业陶冶实施的方法及各校实施职业陶冶的现状时，顾树森很快写了《职业陶冶之意义与其方法》和《关于教科上之职业陶冶》两文，对职业陶冶进行了初步探讨。在顾树森看来，"职业教育之目的，在使儿童理解职业之重要，以涵养其职业上之知识道德，且与以农工商初步之基础，以为实际职业准备。故施行职业教育，不仅注重实习及工作，尤宜精选各科之教材，以为职业上之陶冶"。② 因此，他认为："在学校中不仅授儿童以文字知识之教育，尤在利用各种作业，使之自营自为，养成其勤劳习惯，培养其生产能力，以为将

---

① 顾树森：《德美英法四国职业教育之实况》，载《中华教育界》第6卷第1期，1917年1月。
② 顾树森：《关于教科上之职业陶冶》，载《中华教育界》第7卷第5期，1918年5月。

来谋生之基础,此为陶冶时最重要之任务,而与职业前途亦有密切之关系也。"①

基于这一认识,顾树森就普通科中的修身科、国文科、算术科及职业科中的理科、手工科、家事科、商业科、农业科等如何进行职业陶冶,均提出了自己的看法。如在修身科中,应当"加入关于实际生活必要的道德材料,以涵养其情操,锻炼其意志,并使其知团体与个人之关系,祛除其自私自利之心";在理科中,"须注重生徒自行实验观察","宜精于应用教材";而女子家事科的教学则宜理论与实际并重,等等。②

(二)建议设立职业指导组织

1919年10月,职教社辟《教育与职业》第15期为"职业指导号",顾树森为之写了《职业指导怎么样办法?》一文。文中,顾树森说,由于学生在将要毕业之时,没有一点把握和预备,所以,必须预先去指导他,以不致其误选职业或误入歧途,而贻害终身;鉴于职业指导,关系重大,异常重要,所以,"吾们一方面提倡职业教育,一方面更应该提倡职业指导"。③ 在他看来,职业指导有两件最重要的事:一件是"担任指导的人,要把职业界上种种情形,都应该尽力介绍给学生,使他们知道预备";一件是"担任指导的人,要把学生学业品行体力各方面,调查明白,考察他是不是和他所认的职业相应"。④ 而为达此目的,更好地实施职业指导,顾树森认为,应该学习外国,在公共教育机构或学校中设立一个沟通职业界和教育界的机关,以负责调查、讲演和编辑出版等事宜,而在其组织内部

---

① 顾树森:《职业陶冶之意义与其方法》,载《教育与职业》第5期,1918年4月。
② 顾树森:《关于教科上之职业陶冶》,载《中华教育界》第7卷第5期,1918年5月。
③ 顾树森:《职业指导怎么样办法?》,载《教育与职业》第15期,1919年10月。
④ 顾树森:《职业指导怎么样办法?》,载《教育与职业》第15期,1919年10月。

中，应设调查部、编辑部、讲演部、研究部和介绍部等。

(三) 重视职业心理测验

在顾树森看来，"所谓职业指导，乃以科学为基础，指导各个人从事相当职业，务使所择之职业能适合于心理生理各方面也"；① "职业指导之先决问题尤在职业心理测验"。② 基于此，1924年5月在德国考察期间，他不仅参观了中央教育会的心理测验部和柏林职业指导总局的职业心理测验工作，还特地在6月初赴德国职业教育最发达的地区——汉堡，到汉堡大学参观其著名的职业心理测验室。1928年3月，他又专门撰文《职业指导与职业心理测验》，发表在《教育杂志》上，对当时在美国流行的通过口试测验和图画测验来了解人的性情、以帮助人们更好地选择职业的方法作了介绍。

二、对西方职业指导的引介

早在1917年出版的《德美英法四国职业教育》一书中，顾树森在介绍四国职业教育的同时，对美国职业指导发展状况就有涉及。1922年10月，受中华职业教育社委派，顾树森赴欧洲考察职业教育。他共游历考察了意大利、德、英、丹麦等国，一直到1925年4月回国。其间，每到一地，他即参观男女职业学校，并与当地教育机关专家进行职业谈话；特别是在德国，参观中央教育会、柏林职业指导总局，以及汉堡大学著名的职业心理测验室等，与德国职业教育最发达地区的职业教育专家进行了专门座谈。在参观之余，顾树森陆续将考察、调查所得，并基于有关德、英等国的职业教育著作，编写（译）成"欧游丛刊"（计七集），由上海中华书局陆续出版。其中，有关职业指导的为：《德国职业指导实施法》《柏林职业指导总局概况》和《英国职业指导》。

---

① 顾树森编：《英国职业指导》，上海中华书局1928年版，第1页。
② 顾树森：《职业指导与职业心理测验》，载《教育杂志》第20卷第3号，1928年3月。

《德国职业指导实施法》出版于1926年9月,是顾树森1924年夏天旅居柏林两月间,请柏林职业指导总局有关职业指导专家和心理学家就职业指导问题进行讲解的内容中,以最切实用之部分,节译成书。其内容包括"职业指导机关与学校之合作"和"职业指导机关之组织及其事业"两编;分别又分为"学校教员对于学生之选择职业""学生心理方面之观察与学校之职业指导""学生之道德观念与学校之职业指导""担任职业指导之各项机关""职业指导机关组织上之各问题""学习位置顾问局之作用与其职务""关于德国及其他各国之职业指导机关""对于将来职业指导与学习介绍机关组织上之建议"。"其中材料,切实而应用,足供我国研究及实施职业指导者之参考"。①

《柏林职业指导总局概况》出版于1926年11月,全书分三大编:"参观柏林职业指导总局纪要""柏林职业指导总局第一年报告""柏林职业指导总局各种表格式样"。时人评曰:该书"所载方法精密,条理明晰,大可作为我国职业指导之借镜"。

《英国职业指导》出版于1928年7月。该书首先概述职业指导的效能和职业研究的方法,然后基于科学的方法,从选择职业合于每个人的心理、生理出发,对英国一些重要的职业情况和特点进行了详细的分析说明。

以上这些著作,成为当时国人了解德、英等国职业指导的一个重要窗口,给正在开展的中国职业指导予以重要的启示和参照。

第三节 廖世承:一位中学教育家的职业指导探索

1919年,廖世承从美国布朗大学学成回国后,即加入中华职业教育社,致力探讨职业教育理论。他不仅针对"壬子·癸丑学制"的弊端,在

---

① 顾树森编译:《德国职业指导实施法》,上海中华书局1926年版,"导言"。

当时的学制改革浪潮中极力倡导职业教育,成为职教社社员中职业教育重要的开拓者之一;而且在 20 世纪 20 年代,积极参与中华职业教育社发起的职业指导运动,从而在实践中形成了自己颇具特色的职业指导思想。

一、对职业指导理论的探讨和认识

早在 1922 年,在廖世承主持下的东南大学附中,"对于职业指导,即甚注意":专门成立了职业指导委员会,明确职业指导的目的,制定职业指导的实施方法和年度计划。此后,并邀请美国教育测量专家麦柯尔、科学教育专家推士、东南大学工科主任茅以升,以及梁启超、黄炎培、朱君毅等著名人士到校演讲,指导职业指导的开展。与此同时,廖世承还担任中华职业教育社职业指导委员会委员,积极参与由职教社发起组织的"一星期职业指导运动",主持上海、南京职业指导所的研究工作,其所涉遍及职业分析、职业课程改良、教授法、职业学校的学生训练与管理,以及职业测验的审定与汇集等方面。在参与职业指导实践活动的同时,廖世承积极从事职业指导理论的研究和探讨,先后在《教育与人生》《教育与职业》《教育杂志》《教与学》等报刊上,发表了《应用职业指导表所得来的几个意见》《中学职业指导的问题》《职业指导与中学校》《青年的升学职业指导》等文章,并在其代表著作之一——《中学教育》中列"职业指导"专章,对职业指导理论作了较为全面的探讨。

(一)关于职业指导的目的和作用

廖世承认为,职业指导的目的不仅"在使各人得到一种相当的事业去做","使学生择业得当",而且在"使职业界明了教育与职业的关系",使学校的设施,"能根据职业界的实际需要"。① 特别是在学校,通过施行职业指导,一方面可使学生明了其"现时所学的于他们日后的职业有什么关系,将来在社会上有什么贡献,应付环境有什么效用";② 另一方面,通过

---

① 廖世承:《中学教育》,上海商务印书馆 1924 年版,第 384—390 页。
② 廖世承:《中学职业指导的问题》,载《教育与职业》第 96 期,1928 年 7 月。

补充其对职业的认识，引起其对职业的兴趣，使他们日后在选择职业时减少错误，并认定目标，不致茫无把握，步入歧途。所以他说，良好的职业指导，不单是帮助人们解决职业问题，也在发现每个人潜在的能力和兴趣，并制订计划，规范设施，改革课程，使其能力与兴趣得到充分发展，以造福于个人和社会。

基于以上对职业指导目的的认识，廖世承认为，职业指导于国家、于个人都至关重要。他说："中国贫弱的原因，不仅是'货弃于地'的问题，大部分的问题，还在我们一般国民没有相当的事业去做，有用的精力，消耗于无用。消耗的原因，就为缺乏（职业）指导。"①

在他看来，如果因缺乏指导而选择了不当的职业，对个人和社会都会造成重大损失。就个人而言，或埋没个人特长，或会影响个人健康，或因运用"尝试错误"选择职业而浪费时间，以致对所选择、从事的职业缺乏兴趣，等等；对社会来说，由于"社会的良好，全赖全体人员有无相当的职业。有了相当的职业，社会的发达就迅速，国家的地位也就稳固。可是，要使全社会的人有相当的职业，必定要有相当的指导"。② 如果缺乏职业指导，自会使"个人的才力，不能用得其所；个人的发展，固受牵制；社会的效率，也要减少许多"。③ 鉴于此，廖世承认为，无论"为学生前途计，为社会计，在中学的课程内，须有职业的预备，选择职业的指导"。④ 它不仅是学校的主要任务之一，也是整个社会的重要职责。

（二）职业指导的主要内容

廖世承认为，职业指导的范围至广，概而言之，有以下五个方面：

1. 引起人们职业上的兴趣，帮助学生选择职业

这就是说，要设法引起受指导者对职业指导的重视。特别是学校，应

---

① 廖世承：《中学教育》，上海商务印书馆 1924 年版，第 385 页。
② 廖世承：《中学职业指导的问题》，载《教育与职业》第 96 期，1928 年 7 月。
③ 廖世承：《中学教育》，上海商务印书馆 1924 年版，第 387 页。
④ 廖世承：《中学职业指导的问题》，载《教育与职业》第 96 期，1928 年 7 月。

因势利导，使学生明晓校内生活与校外生活的密切关系，知道"学以致用"；并努力设法使广大青年自行发现自己的能力，纠正在职业认识和选择方面的错误思想。

2. 补充有关职业的知识，增加有关职业的训练

在廖世承看来，如果接受指导者或学生关于职业方面的知识过于缺乏，往往会影响其对职业的兴趣和选择；而由于职业指导的目的是使人能更好地在社会上做些事业，所以职业训练不可或缺。

3. 引起家庭和职业界的注意

由于青年择业，家长的意见起着重要甚至决定性的作用，学校施行的职业指导对家长同样负有责任，所以应"使家属对于各种职业，有一明了的观念"；而由于学校与职业界素乏联络，所造就的人才，知识和技能等方面均不符合职业界的期望，职业界又缺乏对学校宗旨和内容的了解，所以"怎样使职业界明了教育与职业的关系，怎样使学校的设施，能根据职业界的实际需要"，同样是职业指导的一项重要内容。①

4. 介绍职业

由于"职业指导最重要目的，在使学生择业得当"，② 而职业指导不仅是学校的任务，也是社会的职责，所以，有关部门或机关可设立大规模的介绍所，学校也可就其力所能及设立介绍部，以介绍有关的职业。

5. 重视职业道德的培养和训练

廖世承说："我们在社会上，无论担任何种职业，对于道德和品性的养成，很是紧要……所以我们要首先养成各种职业的品性，使一般青年出而服务，有相当的态度和规矩。"③ 他认为，职业指导包括三种要素，即不自私自利，能与人合作，有服务精神；而其中一些职业共同需要的几种重要品性，如勤俭、耐劳、负责任、不苟且、服从指挥、有协作精神等，对

---

① 廖世承：《中学教育》，上海商务印书馆1924年版，第391—392页。
② 廖世承：《中学教育》，上海商务印书馆1924年版，第392页。
③ 廖世承：《中学职业指导的问题》，载《教育与职业》第96期，1928年7月。

于它们的养成,更是职业指导的重要任务。

(三)实施职业指导的具体方法和措施

在认识职业指导的目的、意义、内容的基础上,廖世承更进一步提出了实施职业指导的具体方法和措施。主要包括:

1. 改造课程

包括注重初中手工、家事、用器画等具有职业陶冶功用的课程;力图突出各种教材的实用性,删减与生活不甚接近的内容;教师要通过补充学生的职业知识,增加其职业训练来引起学生的职业兴趣等。

2. 改进学校训育

其途径有三:多与学生进行个别谈话,利用学生课外活动培养职业界所需的特质,兼顾职业训练。

3. 调查

廖世承说:"调查是职业指导的入手方法。没有各种调查统计,我们指导时就无所依据。"[①] 因此,应调查学生、家庭、职业界、有关学校乃至中途退学学生等一切与职业指导有关的情况。

4. 讲演

在廖世承看来,"讲演的目的,一以补充职业知识,一以引起学生职业上兴味",[②] 所以应通过由教师给学生作选科指导演讲,请校外名人讲演专门学术、农工商的趋势,以及请职业界名人专讲某种职业状况等方式,使学生接受指导,明白择业的重要性,国内最需要何种人才,以及职业界应具的有关修养等。

5. 参观

即通过在本地或到外地实际参观的形式,使青年获得更强烈的职业兴趣。

6. 与家庭联络

---

① 廖世承:《中学教育》,上海商务印书馆1924年版,第399页。
② 廖世承:《中学教育》,上海商务印书馆1924年版,第407页。

其方法有调查家庭状况，开恳亲会，或与家长谈话等。通过这些联络方式，以征求家长意见，获得家庭支持，并纠正家长错误的职业观念。

7. 与职业界联络

如请职业界名人讲演，与职业界人士谈话，调查职业界对于学校的意见等。

8. 设调查部

调查多种职业机关所需要的人才，帮助青年寻找适当的位置，并介绍临时职业。

9. 展览

分临时展览和永久展览两种。其中，永久展览可设陈列室，陈列各种职业统计表、学生的调查报告和所制成的工艺品，以及关于专门职业和普通职业问题的书报等。

10. 研究与出版

廖世承说："职业指导最后的成功，还靠托继续的研究和报告成绩。"①所以，将所调查的结果、本国和外国职业指导的情形加以研究后，或以文章形式登诸报刊，或以著作形式付诸出版，以保存固有经验，并促进不断进步。

二、注重中学职业指导

在民国初年，中学以普通教育为原则，专重升学教育，使得升学与就业分立。由于中学于学生练习技能少有注意，在校期间学校对学生"切身的职业问题，并无相当的预备和指导"；加之，高等学校在数量上没有与中学校同步发展，中学毕业生能升学者不及十分之一，大量中学毕业生毕业后无事可就，成为社会上的高等游民，极大地影响了他们"将来的成功"。因此，针对当时迅速发展起来的民族工商业对大批技术工人的需求，

---

① 廖世承：《中学教育》，上海商务印书馆1924年版，第411页。

考虑到"在中学校里的学生,他们在青年期内选择职业的兴趣已很浓厚",但却因"在校经验薄弱,取舍的标准,全凭一时的冲动"这一现实情况,①廖世承大声呼吁:在中学校里实施职业指导,实乃是关乎学生前途、适合社会需要的刻不容缓之事。

对于中学的职业指导,廖世承认为,除遵循职业指导的普遍理论外,还应有更明确、详细的有针对性的方法和要求。

(一)要使教职员对职业指导本身有较详尽的了解,对其意义有明确的认识

廖世承说:在中学里,"形式上的职业指导,收效并不大,最重要的,为全体职教员及学生的态度。有适当的态度,才有完美的结果",② 而态度实取决于了解与认识的程度。所以,实施职业指导需要对社会上各种职业的待遇、升学的机会、道德的要求,以及学校中一般学生在社会上就业服务的成绩与状况,都应有一定的了解与掌握。

(二)学校应有关于学生状况的完备记载表

这一记载表,应有学生的照片,并将其籍贯、通讯地址、以前的学历、家庭状况、初入学时的志愿、体格、品性、智力,历年的学业成绩,毕业时最后的志愿,以及毕业后的从业情况等,详尽地记录在内。廖世承认为:"这种记载,不单是指导本人时有所依据,并且可以藉此研究许多与职业有关系的问题,如志愿的变迁,智力与学力的关系,家庭状况与择业的关系,职业指导的影响,失败和成功的原因。"③ 可见,在这里,廖世承实际上是强调建立完备的学生档案,以之为实施职业指导的依据。

---

① 廖世承:《中学职业指导的问题》,载《教育与职业》第 96 期,1928 年 7 月;廖世承:《职业指导与中学校》,载《教育杂志》第 20 卷第 3 号,1928 年 3 月。

② 廖世承:《职业指导与中学校》,载《教育杂志》第 20 卷第 3 号,1928 年 3 月。

③ 廖世承:《职业指导与中学校》,载《教育杂志》第 20 卷第 3 号,1928 年 3 月。

（三）主张学业指导应与职业指导相互联络

由于在 20 世纪 20 年代中学实行选科制和分科制，所以，在中学里，必然要对学生施行选科和择科指导；另外，对一部分意欲或有能力升学的学生，在他们行将毕业时也要进行升学指导。在廖世承看来，这些"名为教育指导，实则也在职业指导范围以内，因为择科与择业，性质无甚大别"。但由于"教育指导最重要的在学业方面"，所以，教师应在对职业指导充分了解的基础上，加强有关生活教材与学生经验的密切联络，以唤起学生正当、积极、向上的职业兴趣。①

（四）注重在职业指导中对学生进行职业道德教育

廖世承说："通常学校中往往偏重学业，忽略品性，实则品性较智识更为重要。有了智识，没有品性，非徒无益社会，并且造成种种罪恶。"在他看来，"求学、服务、做人是一贯的。求学切实的人，就是服务勤恳的人，也就是一个安分守己的公民；反之，在校敷衍将事，不守校规，不爱惜公物，在社会服务，就欺骗取巧，营私舞弊……所以，怎样养成良好的态度，为立身行事的基础，也为职业指导一个大问题"。②

另外，廖世承还主张学校应设立各种小工厂（场）或实验（习）室，以供学生获得各种职业的经验；开设职业指导课程，以便学生在毕业前夕选习；搜集与择业有关的书报资料，使学生通过诵读研究，以了解各种职业的性质、要求和发展趋势。

三、强调测验对职业指导的功用

廖世承一贯重视教育的科学化。早在美国留学肄习教育学、心理学时，他即长于教育测量与统计。1919 年下半年，刚刚回到国内的廖世承，

---

① 廖世承：《职业指导与中学校》，载《教育杂志》第 20 卷第 3 号，1928 年 3 月。
② 廖世承：《职业指导与中学校》，载《教育杂志》第 20 卷第 3 号，1928 年 3 月。

即在南京高等师范学校首开测验与统计课程；翌年，他又参与创建了我国第一个心理学实验室，并与陈鹤琴一起采用智力测验法测试报考和在校学生；1921年7月，他又与陈鹤琴合编出版了我国第一部关于智力测验的著作——《智力测验法》；1923年，他积极参与美国著名教育测量、心理测量专家麦柯尔在华帮助中国推行教育测验、培养测量人才的工作；1925年12月，他又与陈鹤琴合编出版了另一部教育测验著作——《测验概要》，这部汇集了当时所有最新智力测量和教育测量材料的著作，成为当时教育系学生和测量专修班学生重要的教科书；1932年8月，上海中华书局又出版了他所著的《新中华教育测验与统计》一书。

对教育测量、心理测验的倡导、探讨和实践，使廖世承这位中国教育测验事业重要的开拓者和奠基人深深认识到，心理测验及有关学力、常识等教育测验，在整个教育工作中起着重要的科学诊断作用。鉴于此，他积极主张将这些科学化的工具用于职业指导中，强调通过测验帮助学生进行职业选择。他说"指导选择职业时，须先用智力测验法去测验"，① 以考查学生的学业成绩、个性及兴趣等的特征与变迁，以为职业指导提供理论依据。但廖世承又指出，智力测验也有一定的局限，如它"只告诉我们一个人的学力能力如何，至于他宜于学习哪一种职业，不能专凭智力测验来判断"；② 同时，也不能断定情绪上的反应和工作上的效率，因为"智力好的人，不一定有良好的工作习惯"；特别是，它"对于各种职业所需的特殊能力，尚不能有很确切的标准，下某人适合某职业的决断"。③ 有鉴于此，廖世承特别指出："要指导学生得到特别适宜的职业，非要有各种特殊的测验不可。"④ 他举例说："如音乐的天才，图画的天才，手工艺的天才，

---

① 廖世承：《中学职业指导的问题》，载《教育与职业》第96期，1928年7月。
② 廖世承：《职业指导与中学校》，载《教育杂志》第20卷第3号，1928年3月。
③ 廖世承：《中学职业指导的问题》，载《教育与职业》第96期，1928年7月。
④ 廖世承：《中学职业指导的问题》，载《教育与职业》第96期，1928年7月。

都须用特殊的测验来试探。"①

综上所述，廖世承从事职业指导的时间虽不长，但他对职业指导从理论到实践均作了一定的探讨，其丰富的职业指导思想中不乏新颖、独特之处，不愧是我国近代一位重要的职业指导理论的探索者。

第四节 刘湛恩：优秀的职业指导活动家和理论家

刘湛恩（1895—1938），湖北汉阳人，我国近代著名教育家，曾任沪江大学校长；同时，也是一位著名的职业指导专家。1915年，以优异成绩毕业于苏州东吴大学医学预科的刘湛恩赴美国留学，先后在芝加哥大学和哥伦比亚大学学习教育；1922年2月，获哥伦比亚大学哲学博士学位后回国，任国立东南大学教授。在回国后的最初几年，刘湛恩主要致力于职业教育活动，特别是积极支持、参与并领导中华职业教育社所发起、开展的职业指导运动；先后担任中华职业教育社职业指导委员会主任、上海职业指导所主任、南京职业指导所主任等职；在《教育与职业》《教育杂志》《教育与人生》等报刊上发表了一系列有关职业指导的理论文章；草拟了《择业自审表》，编写了《职业指导实施法》，并和潘文安编辑了《升学指南》等著作。在积极投身职业指导运动的同时，刘湛恩致力于职业指导理

---

① 廖世承：《职业指导与中学校》，载《教育杂志》第20卷第3号，1928年3月。

论的探索，对推动职业指导运动的蓬勃发展作出了突出贡献。①

一、职业指导之实践活动

（一）"一星期职业指导运动"的主要领导者

在中华职业教育社同仁看来，职业指导不仅是职业教育的重要组成部分，甚至是"职业教育的先决问题"。因此，职教社成立后，将职业指导视为沟通教育与社会、实践职业教育的一个主要途径。成立之初，不仅就实业界对于任用学校毕业生的有关条件向上海地区著名的实业家函征意见，而且在1919年10月和1920年2月先后辟《教育与职业》第15期和第17期为"职业指导号"和"职业心理号"，就职业指导的目的、内容、意义、作用、实施方法以及理论基础等进行了探讨。同时，为了从组织上规范和领导职业指导的开展，真正使职业指导工作有所成效，1920年3月，职教社又成立了职业指导部，并由该社办事部负责议定有关职业指导工作的进行程序和期限。1923年6月，为了扩大职业指导的影响，增强其推行的力度，进一步加强对职业指导理论的研究，职教社又在原职业指导部的基础上设立了职业指导委员会，由留美回国甫及一年的刘湛恩任主任，邹韬奋为副主任。

职业指导委员会成立后，积极筹划职业指导的推行。1924年2月23日，职业指导委员会召开第三次常会，讨论通过了由刘湛恩起草、职业指导委员会酌改的《择业自审表》，并决定由职业指导委员会负责，以上海、

---

① 1928年至1938年间，刘湛恩曾任沪江大学校长。在任期间，针对沪江大学的特点，致力于削弱学校的宗教性，增强学术性，对学校进行了诸多改革。如"建筑大学图书馆，扩充科学仪器，添造教员住宅，兴建女生健身房、男生新膳堂，实行教职员团体保险，增添奖学金额，筹设城中区商学院，以及募建大礼堂及思魏堂，均为其荦荦大端"[刘王立明：《先夫刘湛恩先生》，载《中华教育界》（复刊）第1卷第1期，1947年1月]。在担任沪大校长期间，刘湛恩仍情系职业教育，他多次出席职教社专家会议。其中，1931年2月，在第五次专家会议上，他和蔡元培、胡庶华等42人联合发表了《中华职业教育社宣言》；1936年2月，在第十次专家会议上，他又对如何认识国难中的职业教育发表了自己的看法，认为不仅要加强技能训练，更需加强精神训练。

南京、济南等为主要地点，开展"一星期职业指导运动"，以丰富学生选择职业的观念，并引起教育界对职业指导的重视，促使职业界对青年择业的关注。该运动选择上海私立澄衷中学、青年会中学以及江苏省立第一中学、济南正谊中学、武昌中华大学附属中学等进行试验，由这些学校聘请热心于职业指导工作的教职员组成本校的职业指导委员会，负责研究本校推行职业指导的要点与方式。3月31日，职教社特辟《申报》副刊《教育与人生》第24期为"职业指导号"，刘湛恩专门为该号撰写了《一星期职业指导运动》的文章，对即将开展的"一星期职业指导运动"的计划和方案作了说明。同时，该号还刊出了由他起草的《择业自审表》。

在"一星期职业指导运动"中，学生根据各业内容填写《择业自审表》，是一个重要的环节。

《择业自审表》是刘湛恩专为职业指导的实施所编制的一种表格，1924年3月由中华职业教育社出版。在该表格的首项内容"择业须知"中，刘湛恩这样明确："择业应根据本人的特性、兴趣、志愿、环境与社会的需要"；"择业是一生大事，一失足成千古恨，万不可草率从事"；"人应有一生的职业计划，并应规定进行方针，以期达到所定的目的"；"对于所择的职业，若要成功，必须有充分的预备与相当的学识"；"职业并非专为生活，是人对于社会应尽的义务，切不可自私自利"。① 让学生填写《择业自审表》，一方面可进一步引起学生对于职业和择业的兴趣，另一方面也是职业指导员和学生进行个人谈话以进一步开展职业指导的重要参考材料。

除学生根据各业内容填写《择业自审表》外，由中华职业教育社专员演讲职业原理和择业方法，各校延聘专家进行各业介绍，也是"一星期职业指导运动"的重要内容。为此，刘湛恩多次赴各地宣传、演讲职业指导。如1924年3月间，他曾前往福州、香港、广州等地，演讲职业指导，

---

① 刘湛恩：《择业自审表》，见邹恩润编纂：《职业指导实验》（第二辑），上海商务印书馆1925年版，第139页。

听讲学生一万余人，教职员一千余人，受实际指导的学生达两百余人；^① 4月8日，应上海青年会之请，演讲"择业的方法"，强调考察个性和特长，调查社会之需要，并以科学的方法和实验的态度分析自身和社会；同日，上海青年会中学特开职业指导研究会，在会间，刘湛恩又演讲"职业指导原理"，详述《择业自审表》的内容和用意；4月26日，职业女子联修会于上海中西女塾开演讲会，刘湛恩讲演了《女子职业指导问题》。这些讲演，对促进"一星期职业指导运动"的有效开展，起到了积极的推动作用。

（二）推进职业指导运动的重要实践者

"一星期职业指导运动"后，职业指导委员会在总结各地开展职业指导经验的基础上，决定进一步将职业指导向全国加以推广。1925年2月19日，职业指导委员会特开会商定推广职业指导计划，刘湛恩、黄炎培、杨卫玉、邹韬奋、朱经农、潘文安等与会。会议最终议决：审定《调查职业指导效果表》，付印后，供业已实施职业指导的各校调查之用；由各委员赴各处提倡职业指导，同时调查各该处之教育情形、工商业概况及学生出路等，作有系统之报告，以备规划改进之参考；决定由刘湛恩和杨卫玉、朱经农、邹韬奋四人于3月上旬赴奉天，再由京汉路赴汉口、九江、安庆、芜湖、南京等处，并公推刘湛恩于4月赴济南、天津、北京、保定、太原、开封、徐州等处，协助各校实施。此后，刘湛恩曾多次在各地协助或领导职业指导。这其中，由他负责领导的中华基督教青年会全国协会职业指导运动和上海职业指导所、南京职业指导所职业指导运动，最为引人注目。

中华基督教青年会全国协会为服务于社会事业的重要机关，它曾推行体育、公民教育、职业指导等活动。其中，职业指导是较有成绩的一个方面。该协会专设职业指导研究部，由刘湛恩任主任干事，主持职业指导事宜。1925年3月中旬，该会与中华基督教女青年会全国协会联合召开会议，定于3月29日至4月5日为"立业星期"，并刊行《立业星期》小册

---

① 《职业指导运动近讯》，载《申报》1926年2月6日，第14版。

一种，分寄各校，以供筹备；确定在此一星期内，以演讲、讨论、谈话种种方式，研究择业问题。其预定的讲题主要有："施与爱"（说明人生之目的），"知己"（说明审查自身之特质），"职业神圣"（阐发职业之精神及价值）。通过这些讲题的演讲、讨论等，使学生对于职业具有正确、适当的态度。同时，还决定4月初刘湛恩赴天津、济南、青岛、保定、开封、太原等地时，实地视察，指示方法。另外，刘湛恩还专门编写了《职业指导实施法》一书，由上海青年协会书局出版，对如何有效地实施职业指导作了十分详尽的说明，成为这次"立业星期"和当时各地推广职业指导的重要参考材料。

1926年3月29日至4月3日，在刘湛恩的领导下，各地的基督教青年会学校又开展了"立业星期"，继续推行职业指导。在这次"立业星期"开始前，刘湛恩特致函各地青年会进行号召曰："时势维艰，人浮于事，青年学子，每无职业之可栖，即有之亦乏择业之能力，至有用非所学、学非所用之慨，贻误青年，实非浅鲜"，故必须"积极提倡职业指导，俾一般青年知所趋向，不致盲从"。① 函毕，他又将自己所编的《职业指导实施法》呈送各校，以供参考，表达了自己对这次职业指导的殷切期望。

在青年会举行职业指导的同时，寰球中国学生会也曾定有职业介绍的办法，从事职业指导活动；但总的来说，职业指导在上海的开展并不普及、深入。有鉴于此，1927年9月，中华职业教育社召集上海实业界、教育界人士组织了上海职业指导所。其目的在"联络上海教育实业机关、公私立大中小学校，实行指导青年职业问题"。② 上海职业指导所由刘湛恩、潘文安分任正、副主任，在职业询问、职业调查、职业讲演、升学指导、择业指导、职业介绍、改业指导、职业测验、职业训练、编辑刊物等方面均取得了不俗的成绩。而刘湛恩作为其领导者，厥功至伟。如在1927年

---

① 《全国青年会学校将举行职业指导》，载《申报》1926年3月9日，第7版。
② 《上海职业指导所章程》，见中华职业教育社辑行：《职业指导实施概览》，中华职业教育社1929年印行，第20页。

11月28日上海市职业指导运动的第一天,刘湛恩发表演讲,倡言:"职业,一方是为个人谋生,一方是为社会服务。只为谋生而就职业,不是真正的职业。凡是有利于社会的职业都是可贵,不分上下,不分尊贱,所以职业是服务的,平等的,利己而且利人的。"他希望青年在选择职业时,"要根据个人的才力、性情","要观察将来的趋势","要调查社会的状况";在加入职业时,则应"不存奢望""不计地位""不怕劳苦""不图眼前"。① 殷殷之情,跃然纸上。12月8日,中华职业教育社又与南京青年会合作组建南京职业指导所,刘湛恩任主任。该所成立后,和上海职业指导所相得益彰,对推进当时职业指导运动的发展起到了十分重要的作用。

升学指导是职业指导的一个重要方面,也是当时上海、南京职业指导所的一项主要工作。在刘湛恩看来,升学是人生一件大事,"应该知己知彼,出以审慎。知己,则当知个人的智力、才能、兴趣何如;知彼,则当知社会的趋势、职业的内容和学校的真相,而尤应注意现社会的职业大概"。② 为了对当时中学生的升学更好地加以指导和帮助,1930年,刘湛恩又和潘文安联合编辑了《升学指南》一书,由上海职业指导所在是年6月印行。该书不仅收有刘湛恩、潘文安关于论述升学的《青年升学问题的一得》一文,还收有107所大学、专科学校、职业学校、师范学校的基本情况,为青年的升学提供了极大便利。

二、职业指导之理论阐发

理论是实践的先导,但它和实践又是相辅相成的。当20世纪20年代初职业指导在中国实施之初,由于职业指导在当时的中国乃一新事物,既无实践准备,更乏理论基础,以致人们对之不仅不了解,甚至有偏见,有

---

① 刘湛恩、潘文安:《职业指导是什么?》,见中华职业教育社辑行:《职业指导实施概览》,中华职业教育社1929年印行,第101页。
② 刘湛恩、潘文安:《青年升学问题的一得》,见刘湛恩、潘文安编辑:《升学指南》,中华职业教育社上海职业指导所1930年印行,第1页。

误解。职业指导的内涵究竟是什么？其意义何在？怎样借鉴欧美国家职业指导的经验？采取什么方法才能使之在中国有所成效？所有这些，都困惑着当时职业指导的倡导者与实践者，迫使也促使他们去思考、去探索。而作为职业指导运动的发起人之一和主要的组织领导者，刘湛恩更感责无旁贷。有鉴于此，为使自己所钟情的职业指导事业能够在中国生根、发芽、开花、结果，为了使自己的同胞兄弟姐妹能够"无业者有业""有业者乐业"，饥有所食，寒有所衣，更为了使贫穷落后、灾难深重的祖国不再政治不良、经济不达，而日渐走向富强，刘湛恩在积极投身于职业指导实践的同时，基于自己对世界职业指导最发达国家——美国职业指导的认识和理解，结合职业指导在中国的实际推行情况，潜心探索，笔耕不辍，撰写了大量有关职业指导的文章。这其中，除了对欧美国家职业指导发展情况的介绍外，更多的是有关中国开展职业指导的宣传，和结合职业指导在中国的不断发展所进行的筚路蓝缕的理论探索。除了上面提及的有关著述外，据统计，他所撰写的职业指导的文章还有：《世界各国职业指导运动的近况》，《择业的方法》，《职业指导的具体计划》，《青年与择业》，《一星期职业指导运动》，《中国职业指导的近况》（与潘文安合写），《上海南京两职业指导所之现况》（与潘文安合写），《十年来之中国职业指导》（与潘文安合写），《中等学校职业指导法纲要》（与邹韬奋合写），《中学职业指导方案》（与潘文安合写），《职业指导与职业分析》，《动作测验与机械测验对于职业指导的功用》，《职业指导问题》等。这些文章，论及职业指导的含义、内容、意义、作用、实施方法，以及职业心理、职业道德等，所涉至广。而最能体现刘湛恩职业指导思想特色的，有以下三个方面。

（一）关于职业指导基本理论问题的探讨

1. 职业指导的含义和内容

刘湛恩认为，"我们要改良社会，应当人人都有相当的职业"，[①] 只有

[①] 刘湛恩：《择业的方法》，见邹恩润编纂：《职业指导实验》（第二辑），上海商务印书馆1925年版，第45页。

这样，才能发展自己的才能，完善自己的人格，对社会尽到应有的服务义务。而要使人们永远具有既"为个人谋生"又"为社会服务"的职业，必须开展职业指导。这种指导"是立于客观的地位，用科学的方法，精细的功夫，测验的手续，谈话的方式"，就指导者的经验认识，切实地引导被指导者"入于正当的途径，适宜的地位"。所以，职业指导乃是"根据青年之特性、兴趣、志愿、环境，应用心理学、社会学、哲学等等科学的解剖，指导青年选择、预备实际及从事于适当的职业，并继续考察服务时之状况，予以长时间的指导"，① "是一种长时期继续不断的进行程序，它是实施于职业未选以前，继续进行于职业已决、而还在预备的时代，又继续进行于已得职业以后"。②

基于以上认识，刘湛恩认为，"通常以职业介绍代表职业指导事业之全部，殊属错误。盖以职业指导系职业研究、职业调查、职业介绍、职业修养、职业改造等之综合名词，不可单以职业介绍之一端概之"。③ 在他看来，职业指导范围至广。概而言之，其内容，约有六项：研究职业，选择职业，准备职业，加入职业，改进职业，改选职业；其任务，厥有五端：职业调查，职业选择，职业准备，职业介绍，职业改进。④ 它们共同构成了职业指导的基本内容。正因此，在指导职业时，需要注意个性的差异，兴趣的深浅，环境的要求，明了社会上各种职业内容的大概，并须有试验的态度、充分的准备和坚持不懈的精神。

2. 青年必须树立正确的择业观

在刘湛恩看来，虽然择业是一生的大事，但是，必须明白，任何正当的职业，都有服务社会的同等价值，都具有发展自身才能的可能性。所

---

① 刘湛恩、潘文安：《中学职业指导方案》，载《教育与职业》第113期，1930年4月。
② 刘湛恩、潘文安：《职业指导是什么?》，见中华职业教育社辑行：《职业指导实施概览》，中华职业教育社1929年印行，第99—100页。
③ 《教育与职业》第128期，1931年9月。
④ 刘湛恩：《职业指导问题》，载《湖北教育月刊》第2卷第5期，1935年8月。

以，只要是有利于社会的职业都是可贵的。作为青年，必须具有正确的择业观。

第一，必须明确职业没有大小、上下、尊卑之分，所有的职业都是平等的。

第二，正是由于任何职业都是平等的，所以，青年选择职业，"万不可存高下的观念"，而应"当根据本人的特性、兴趣、志愿、环境"，以及"社会的需要"。①

第三，由于"职业只需问是否和自己的个性相宜，其间绝没有大小贵贱的分别"，②故青年在择业时，须知选择职业的最终目的是为社会服务。通过职业以谋衣、食、住等，只是其一部分的意义。"职业并非专为生活，是人对于社会应尽的义务，切不可自私自利"；③更要打破升官发财的思想。特别是在择业之初，切不可过于奢望，不能斤斤计较眼前的报酬多寡和地位高低，应不怕劳苦，"从远处着想，低处下手"。④

第四，择业必须有充分的预备和相当的学识。要"打破文凭学位之观念，须知经营事业，全恃真实本领，平素苟有充分准备基本之学识，任何职业，均可成功。如动于虚荣，或于近利随便就业，随便入学，结果必致失败"。⑤

第五，当择定了一种职业后，无论在从事职业或准备改业时，都应从多方面加以自省或反省。如从事职业时应自省"我对于所希望之职业，曾

---

① 刘湛恩：《职业指导的具体计划》，载《教育杂志》第17卷第1号，1925年1月。
② 刘湛恩：《职业指导的具体计划》，载《教育杂志》第17卷第1号，1925年1月。
③ 刘湛恩编：《择业自审表》，见中华职业教育社辑行：《职业指导实施概览》，中华职业教育社1929年印行，第26页。
④ 刘湛恩、潘文安：《职业指导与青年》，见中华职业教育社辑行：《职业指导实施概览》，中华职业教育社1929年印行，第106页。
⑤ 刘湛恩、潘文安：《职业指导与青年》，见中华职业教育社辑行：《职业指导实施概览》，中华职业教育社1929年印行，第106页。

郑重考虑，认为可作终身职业否……我之品性习惯有无弱点，足以阻碍我达到希望之职业，或使我丧失已得之职业否"。在改业时，则应反省"我对于现有职业，表示不满意时，究有充分正确之理由否"；"我对于现有职业，不满诸点，能设法补救，或会努力排去之否"。①

3. 对学校实施职业指导计划的认识

刘湛恩认为，虽然在欧美国家，家庭、学校和社会都负有职业指导的责任，但由于中国教育不像欧美国家一样普及，受过教育、有文化知识从而能指导子女的父母很少，而政治不良，工商业不发达，经济异常竭蹶，又使得社会很难设立专门的职业指导机构。因此，在中国，学校对于职业指导的实施具有举足轻重的地位。而学校的职业指导工作要想得以有效地开展，达到应有的目的，必须拟定具体的实施计划。在刘湛恩看来，学校的职业指导实施计划，其要概有十端：②

第一，由学校校长和有关教职员组织"职业指导委员会"，以"研究职业指导上的种种方法，搜集职业指导上的种种材料，预备职业指导的实施，监督已受职业指导者的实行，担任职业指导实施以后的一切善后事宜"。

第二，在实施职业指导之前，职业指导委员会应详细调查各种职业尤其是本地各种职业的状况，以作为择业的根据。调查的方法，或"由委员会委托各个教职员，担任调查某一种职业，并负接洽的责任"，或"由教员率领学生，至商会、工厂或机关等，实地调查"，或"由校长或委员会，函托教育会，或农会、工会、商会，代为调查"。另外，还应制作一种精密的表格，以便统计比较。

第三，"举行职业指导时，应该把学生个人作本位"，所以，要通过

---

① 刘湛恩、潘文安：《职业指导与青年》，见中华职业教育社辑行：《职业指导实施概览》，中华职业教育社1929年印行，第105—106页。

② 刘湛恩：《职业指导的具体计划》，载《教育杂志》第17卷第1号，1925年1月。

"亲友评判"、学生学业成绩、智力测验、职业特性测验以及"本身分析"等方面来研究学生的个性。

第四，改革课程分配和教学方法，以"引导学生，处处发生选择职业的考虑，并有预备职业的机会"。如在大学可斟酌情形，多设选科，这样，"学生有了择业的思想，便可在选科中，择其与个性相近的从事学习，那么，所习的便是将来职业的预备，有了实用了"。至于教学方法，则应在教学中随时进行职业指导，在上课时间，处处将择业的原理暗示给学生。如在国文和英文的教学中就可以出"我的理想职业""择业方法"和"成功要素"等题目。

第五，添加职业指导课。若因故未达，可由指导员联络学生组织"职业研究团"，每月集会一次，讨论各种职业问题，并随时参观本地的工厂、机关。参观后，要进行总结报告，表明自己对相关职业的意见。

第六，学校应经常邀请职业界成功人士，作有系统的演讲。演讲须注重实际，勿尚空论，勿骛炫耀。演讲员须品行、学识高尚，为学生素所景仰。学校图书室，应购置关于职业的书报，如"伟人传记""各业报告""择业原理"以及《教育与职业》《学生杂志》《青年进步》等刊物，以备学生阅读。

第七，实行个人指导。其方法有二："每个教职员，特别指定几个学生，负责指导"；"每班中，至少有一个指导员，常和学生作友谊的联络，并辅助学生，解决其学业上、家庭上、职业上种种困难问题"。另外，校长每学期要和学生开一次职业谈话会；当职业界专家或名人到校作职业演讲时，也可请他们对学生进行个人指导。

第八，"选择一个适宜的星期专事鼓吹并实施职业指导"，请职业指导专家及职业界名人演讲选择职业、预备职业和从事职业的原理，并通过个人指导，使学生择定职业。

第九，"职业指导的施行，对在校学生，果然要尽力，而对于已经出校的学生，还是要尽力"，所以学校对学生在假期中、出校时和毕业后，仍应做些善后工作。如代为介绍暑期工作，帮助毕业后没有职业的学生介绍职业，了解初入职业界学生的困难，帮助他们改进职业，等等。

第十，"一个地方的各校职业指导委员会联合起来，加入商会、农会和其他的社会服务机关，共同组织一个某某城职业指导联合会"，通过与各学校、工商机关、专家、家长等联络，通过研究调查职业和职业指导的种种问题，以及刊印有关职业指导的书籍、报告等，以促进职业指导的开展。

（二）重视中学职业指导

职业指导虽开端于小学时期的职业陶冶，完成于学生毕业后的服务指导，但对中学生和大学生进行职业指导却又是至为重要而关键的。鉴于在20世纪20年代初，中学众多，大学较少，绝大部分中学生在毕业后都要步入社会，去寻求职业，故当时职教界同仁十分重视对中学生的职业指导。

和当时职教界同仁一样，刘湛恩也认为："中学之青年时代，实为其一生最当决定明确职业意向之时期。当此时期，青年在体格、智力、性情各方面之变化，皆极迅速，自信力之发达尤甚，况新制（按："壬戌学制"）初中注重个性区别，高中注重分科研习。个性区别，固为职业指导之重要部分，而分科研习尤与青年将来职业有密切关系，故中学宜特别注重职业指导。"[①] 因此，早在1924年"一星期职业指导运动"期间，他和邹韬奋就专门作了《中等学校职业指导法纲要》一文，文中不仅对"一星期职业指导运动"的实施过程作了规定，而且认为在"一星期职业指导运动"实施后，实施这种运动的有关学校应继续调查本地与附近的重要职业内容，特设重要各业概况的课程，注意邀请成功名人谈话、演讲，鼓励学生阅读关于职业内容及修养的书报、传记，设立介绍部等等，以获得职业指导的良好效果。

---

① 邹恩润、刘湛恩：《中等学校职业指导法纲要》，见廖世承编：《中国职业教育问题》，上海商务印书馆1929年版，第215页。

1929年10月，教育部延聘教育界专家组成"教育方案编制委员会"，编制整顿《改进全国教育方案》，以提交第二次全国教育会议讨论。翌年4月，第二次全国教育会议召开，鉴于《改进全国教育方案》中对职业指导规定十分笼统，应教育部教育方案编制委员会之约，刘湛恩和潘文安特撰成《中学职业指导方案》。该"方案"除对职业指导的意义和指导选择职业的方法作了阐述外，更对中学职业指导的重要性、必要性进行了详细的分析和说明。

在刘湛恩看来，由于普通中学日多，初级中学学生需要考虑选择学科的标准，而高级中学毕业生因多无业可就，成为高等游民者，指不胜屈，于"职位之选择，智能之准备，及一切职业上之训练与修养，在在有赖于职业指导之帮助"，所以，无论从中学生的升学、就业还是选择学科上来看，"其有赖于职业指导之工作，俾矫正其观念，补助其阙失，尤为今日办中学教育者当务之急"。①

至于中学职业指导的方法，刘湛恩提出应从以下十七个方面着手：（1）由学校的校长、教务主任、训育主任、课外作业指导员等组成职业指导委员会（以3—7人为宜），负全校职业指导之责，"研究职业指导之种种办法，搜集职业指导上的种种材料，预备职业指导之实施，从事职业分析之工作，监督已受职业指导之实行，计划职业指导实施后之一切善后事宜。（2）各教员和指导员，应时常与学生进行个别谈话，以详悉各生的家庭情形、经济状况及其身体状况，以及学业情况及品性、志愿和兴趣爱好等。（3）从初年级到高年级，为每位学生备一考查表，逐年登载其考试成绩和品性、智力、身体情况、家庭状况和入学时的职业志愿等。（4）于适当时间，引导学生参观本地和附近的农工商业机关，以引起学生对于职业界的好奇心和兴趣，为将来选择职业打下基础；而高中职业科的学生，除参观外，还应当举行见习或实习活动。（5）学校应多与学生家长联络，或

---

① 刘湛恩、潘文安：《中学职业指导方案》，载《教育与职业》第113期，1930年4月。

召开家长会讨论学生择业问题。(6)随时延请有关职业的专家,到学校演讲各种职业的内容。(7)对初中三年级和高中三年级同学,应加强升学指导。(8)算术、国文、图画、手工等教材应采取"职业化之精神,切合于本地各项职业,使无形中发生联络,增加学生对于职业之兴趣及知识"。(9)在初中三年级,应加授职业指导课程,给学生讲述职业的内容和选择职业的方法。(10)加强与职业界的联络,随时调查各业状况,"一方为职业分析之根据,一方为介绍服务之准备"。(11)各中学的图书馆,应多购置有关职业的图书杂志,以增加学生有关职业的知识和兴趣。(12)尽力为有某职业志愿的学生介绍适当的职业。(13)用通讯、谈话等方式,调查毕业生的服务状况,对于有学生不适宜其从事的工作者,应设法改换,"俾得适当之工作,而终身乐业"。(14)对于与女学生职业密切关联的婚姻问题、家事实习等,应予以特别指导。(15)"编制择业自审表,令学生分别填写,俾分析其自身之特殊性格与才能"。(16)"新生入校时,举行智力测验,以明了其智力之高下,作指导职业之参考"。(17)设立学生指导委员会、课外作业指导委员会,或试行导师制,"随时注意学生之特殊兴趣,及其品性能力之变迁"。①

(三)重视升学指导,倡导职业心理测验

升学指导是职业指导的一个重要方面。在刘湛恩看来,升学是人生一件大事,作为中学生,应在较详细地了解社会各业的发展、要求等的基础上,努力塑造自己。

为了使学生较好地按各业要求塑造自己,刘湛恩特就学习各业的条件提出了自己的看法。他认为,学农,要"眼光远大,能耐劳,淡于名利,宁静爱好自然";学工,"须具精密的思想,须养成不怕污秽的习惯,须对事忠实,须有坚忍的力量";学商,要有"敏捷的手腕,信实的美德,流利的口才,谦和的态度,致密的思想,有秩序的行为";学教育,要有

---

① 刘湛恩、潘文安:《中学职业指导方案》,载《教育与职业》第113期,1930年4月。

"专业的信仰，坚定的志愿，勤恳的精神，不计酬报，用热烈的情感去爱好儿童"；学医，"应有慈祥和善的品性，不畏风雨晨昏的劳苦，不计报酬的美德，和胆大心细的精神"；学法律，"应有公正严明的态度，透彻明白的头脑，清晰流利的口才，廉洁纯粹的节操"；学经济，"应有致密谨慎的思想，研究不倦的精神和统计调查的兴味"；学文学，"应有搜罗采集的精神，整理分析的工夫和瑰奇伟大的胸襟，卓荦不群的思想"；学美术，"应有极优美的内性生活，极热烈的情感，极恬澹的襟怀，极高洁的思想"；学体育，"应有活泼的精神，强壮的体魄，富有丰富的内性生活，和伟大健全的人格，一气贯注的力量"。① 这些对各业条件的看法，实际上也包含着刘湛恩对职业道德的认识。

职业指导不仅在于使人们择定适宜的职业，而且，必须使所择职业和人的性格、气质、兴趣等相适应。因此，在职教社成立初期，职教社的同仁就认为，实施职业指导，"脱不了两个标准，一个是职业心理，一个是社会状况"。② 而作为职教社早期重要的领导人和职业指导的倡导者、实践者，刘湛恩自然主张于职业指导中实行职业测验、职业分析，以推行职业指导的科学化。在他看来，在职业指导的实施过程中，必须使学生掌握择业的方法。他说："选择职业应当用科学的方法"，③ 而这，就不仅要研究每个人不同的个性与特长，而且还应调查社会上哪一种职业与自己的个性和特长最相近、最适宜。在此基础上，用科学试验的态度去择定自己最喜欢做的、最适合自己的职业。

1927 年 7 月和 9 月，他先后在《教育与职业》第 86 期和第 88 期上发表《欧洲近年工业心理学及职业指导事业之发展状况》和《各国职业指导

---

① 刘湛恩、潘文安：《青年升学问题的一得》，见刘湛恩、潘文安编辑：《升学指南》，中华职业教育社上海职业指导所 1930 年印行，第 2—4 页。
② 黄炎培：《〈职业指导号〉的介绍语》，载《教育与职业》第 15 期，1919 年 10 月。
③ 刘湛恩：《择业的方法》，见邹恩润编纂：《职业指导实验》（第二辑），上海商务印书馆 1925 年版，第 45 页。

运动之发展近况》，介绍了由于职业心理学等学科的发展，美国、德国、瑞士、法国、比利时、日本及北欧诸国职业指导科学化的趋势；1928年1月和3月，他又先后在《教育与职业》第91期和《教育杂志》第20卷第3号上发表《动作测验与机械测验对于职业指导的功用》和《职业指导与职业分析》等文章。他说："青年如果要选择职业，第一在研究自己的个性。研究自己个性，须先明了职业心理学的大概，方可发见自己性质上与他人差异之点。"① 正基于此，他特别强调："无论如何，在施行职业指导时，测验智力比测验别种才能为重要。"② 因为这种测验完全不用语言文字为表述的媒介，所以对于不识字者、聋子、哑巴及不同方言的人，都可以之测验他们的智力。

综上可见，刘湛恩在短暂而光辉的一生中，曾长期倡导、领导职业指导，探索、研究职业指导，对推进职业指导运动的蓬勃发展作出了积极的贡献；而他所阐发的职业指导理论，不仅具有普遍的代表性，而且也有特殊的意义，有力推动了当时职业指导运动的发展，并成为我国职业指导发展史上的宝贵精神遗产。正是因此，他实为我国职业指导运动优秀的活动家和理论家。

---

① 刘湛恩：《职业指导与职业分析》，载《教育杂志》第20卷第3号，1928年3月。

② 刘湛恩：《动作测验与机械测验对于职业指导的功用》，载《教育与职业》第91期，1928年1月。

结　语

在中国近代教育发展的历史中，职业教育是教育发展体系中一个十分重要的组成部分。然而，中国职业教育的近代化历程，虽充满着振奋、激昂、悲壮，但更多的却是坎坷、崎岖、泥泞。从实业教育的引入，实业教育制度的创建，实业学校的萌芽，到职业教育的引入，职业教育理论的构建，职业教育制度的创立，各类职业学校的发展，可以说，职业教育的发展一直处于曲折之中，呈现出否定之否定、波浪式前进的状态。

不可否认，中国职业教育不断发展、变迁的历史，也是近代众多先进知识分子不懈奋斗的历史。尤其是在民国成立后，对国家和民族的责任感，使得来自不同行业、阶层的仁人志士，高擎职业教育这面旗帜，为了"职教救国"这一理想和事业，走在一起，成了一家人。他们希冀将职业教育——这一曾经给欧美资本主义发达国家带来经济繁荣的"洋事物"，作为济世救民、富国强民的灵丹妙药，于是，他们从舶来职业教育这一东方词典上向未刊载的名词出发，极力引入西方职业教育的理念，不断探讨职业教育的理论，致力构建中国职业教育的发展模式，不仅使职业教育取得了法律上应有的地位，而且通过这一新的教育形式，对国家建设和社会发展作出了积极的贡献。

然而，"皮之不存，毛将焉附"！"政治不清明，教育无从致力；实业不发达，生计艰于发展"。① 由于在清末，政治腐败，经济落后，国势凌夷，国库如洗，生灵涂炭；至民国，统治黑暗，社会动荡，政治不稳，财政竭蹶，民生凋敝，致使众多知识分子所追求的"实业救国""教育救国""职教救国"的愿望和理想没有也不可能得以实现！

百年沉重的中国职业教育发展给我们留下了无尽的感怀。其中虽不乏教训，但更多的则是取之不竭的经验。"以史为鉴，可以知兴替"！在我国大力发展职业教育的今天，回顾中国近现代职业教育的发展历史，我们不能忘记无数爱国的仁人志士怀着忧时、忧国、忧民之心，他们创榛辟莽，百舸争流，为中国职业教育的发展，在现实的宣传、理论的创建和实践的推行等等方面，所作的开拓性贡献。他们的思想和精神，他们的奋斗和追求，他们的成功和失败，他们的经验和教训，都将成为我们宝贵的财富。让我们薪火传承，从中汲取营养，获得启迪，增长智慧，与时俱进，去开创中国职业教育事业更加辉煌、灿烂、美好的明天！

---

① 邹恩润：《大职业教育主义之说明》，载《申报》1926年5月8日，第7版。

主要参考文献

一、史料类

1. 教育部中国教育年鉴编审委员会编：《第一次中国教育年鉴》，上海开明书店1934年版。

2. 教育部教育年鉴编纂委员会编：《第二次中国教育年鉴》，上海商务印书馆1948年版。

3. 教育部编：《职业教育法令汇编》，上海商务印书馆1935年版。

4. 教育部编订：《中学教育法令汇编》，上海商务印书馆1935年版。

5. 邰爽秋等选编：《历届教育会议议决案汇编》，上海教育编译馆1935年版。

6. 教育部编：《教育部视察各省市职业教育报告汇编》，教育部1936年刊印。

7. 丁致聘编纂：《中国近七十年来教育记事》，上海国立编译馆1935年版。

8. 中华民国大学院编：《全国教育会议报告》，上海商务印书馆1928年版。

9. 朱寿朋编：《光绪朝东华录》（五），中华书局1958年版

10. 朱有瓛主编：《中国近代学制史料》第一辑下册，华东师范大学出版社1986年版。

11. 朱有瓛主编：《中国近代学制史料》第二辑上册，华东师范大学出版社 1987 年版。

12. 朱有瓛主编：《中国近代学制史料》第二辑下册，华东师范大学出版社 1989 年版。

13. 朱有瓛主编：《中国近代学制史料》第三辑上册，华东师范大学出版社 1990 年版。

14. 朱有瓛主编：《中国近代学制史料》第三辑下册，华东师范大学出版社 1992 年版。

15. 璩鑫圭、唐良炎编：《中国近代教育史资料汇编·学制演变》，上海教育出版社 1991 年版。

16. 璩鑫圭、童富勇、张守智编：《中国近代教育史资料汇编·实业教育 师范教育》，上海教育出版社 1994 年版。

17. 李桂林、戚名琇、钱曼倩编：《中国近代教育史资料汇编·普通教育》，上海教育出版社 1995 年版。

18. 朱有瓛、戚名琇、钱曼倩、霍益萍编：《中国近代教育史资料汇编·教育行政机构及教育团体》，上海教育出版社 1993 年版。

19. 璩鑫圭、童富勇编：《中国近代教育史资料汇编·教育思想》，上海教育出版社 1997 年版。

20. 中国第二历史档案馆编：《中华民国史档案资料汇编》第三辑"教育"，江苏古籍出版社 1991 年版。

21. 中国第二历史档案馆编：《中华民国史档案资料汇编》第五辑第一编"教育"，江苏古籍出版社 1994 年版。

22. 中国第二历史档案馆编：《中华民国史档案资料汇编》第五辑第二编"教育"，江苏古籍出版社 1997 年版。

23. 中国第二历史档案馆编：《中华民国史档案资料汇编》第五辑第三编"教育"，江苏古籍出版社 2000 年版。

24. 舒新城编：《中国近代教育史资料》上册，人民教育出版社 1961

年版。

25. 陈学恂主编：《中国近代教育史教学参考资料》上册，人民教育出版社1986年版。

26. 北京图书馆编：《民国时期总书目·教育　体育》，书目文献出版社1995年版。

27. 吕顺长编著：《晚清中国人日本考察记集成·教育考察记》（上），杭州大学出版社1999年版。

28. 宋恩荣、章咸编：《中华民国教育法规选编》，江苏教育出版社2005年版。

29. 清华大学校史研究室编：《清华大学史料选编》第一卷，清华大学出版社1991年版。

30. 陈学恂主编：《中国近代教育大事记》，上海教育出版社1981年版。

31. 中央教育科学研究所编：《中国现代教育大事记》，教育科学出版社1988年版。

32. 李又宁、张玉法主编：《近代中国女权运动史料：1842—1911》（上、下），台北传记文学出版社1975年版。

33. 全国妇联妇女运动历史研究室编：《中国近代妇女运动历史资料（1840—1918）》，中国妇女出版社1991年版。

34. 中华全国妇女联合会妇女运动历史研究室编：《五四时期妇女问题文选》，生活·读书·新知三联书店1981年版。

35. 中华职业教育社编辑：《社史资料选辑（第一辑）》（内部材料），中华职业教育社1980年。

36. 中华职业教育社社史编写小组编辑：《社史资料选辑（第二辑）》（内部材料），文史资料出版社1981年。

37. 中华职业教育社编辑：《社史资料选辑（第三辑）》（内部材料），中华职业教育社1982年。

38. 楼世洲主编：《民国职业教育资料辑刊（第三辑）》，国家图书馆出版社 2016 年版。

二、文集、日记、年谱类

1. 苑书义、孙华峰、李秉新主编：《张之洞全集》第二册，河北人民出版社 1998 年版。

2. 钟叔河编：《走向世界丛书》第一辑第三册，岳麓书社 2008 年版。

3. 黄遵宪著，吴振清、徐勇、王家祥编校整理：《黄遵宪集》上卷，天津古籍出版社 2003 年版。

4. 黄遵宪著，吴振清、徐勇、王家祥点校整理：《日本国志》下卷，天津人民出版社 2005 年版。

5. 郑观应：《盛世危言》，中州古籍出版社 1998 年版。

6. 汤志钧编：《康有为政论集》（上），中华书局 1981 年版。

7. 王栻主编：《严复集》第一册，中华书局 1986 年版。

8. 赵树贵、曾雅丽编：《陈炽集》，中华书局 1997 年版。

9. 张謇研究中心、南通市图书馆编：《张謇全集》第四卷，江苏古籍出版社 1994 年版。

10. 虞和平、夏良才编：《周学熙集》，华中师范大学出版社 1999 年版。

11. 吴汝纶撰，施培毅、徐寿凯校点：《吴汝纶全集》第三册，黄山书社 2002 年版。

12. 虞和平编：《经元善集》，华中师范大学出版社 1988 年版。

13. 陈学恂主编：《中国近代教育文选》，人民教育出版社 1983 年版。

14. 罗振玉：《雪堂自述》，江苏人民出版社 1999 年版。

15. 樊洪业、张久春选编：《科学救国之梦：任鸿隽文存》，上海科技教育出版社、上海科学技术出版社 2002 年版。

16. 田正平、李笑贤编：《黄炎培教育论著选》，人民教育出版社 1993

年版。

17. 中华职业教育社编：《黄炎培教育文集》（第1—4卷），中国文史出版社1994—1995年版。

18. 汤才伯主编：《廖世承教育论著选》，人民教育出版社1992年版。

19. 蔡振生、刘立德编：《陈宝泉教育论著选》，人民教育出版社1996年版。

20. 曲士培主编：《蒋梦麟教育论著选》，人民教育出版社1995年版。

21. 吕达主编：《陆费逵教育论著选》，人民教育出版社2000年版。

22. 吕达、刘立德主编：《舒新城教育论著选》（上、下册），人民教育出版社2004年版。

23. 穆湘玥：《藕初五十自述》，上海商务印书馆1926年版。

24. 赵靖主编：《穆藕初文集》，北京大学出版社1995年版。

25. 中国韬奋基金会韬奋著作编辑部编：《韬奋全集》（第十一卷），上海人民出版社1995年版。

26. 程贻举主编：《中华职业教育社在重庆（1937—1946）》，西南师范大学出版社2007年版。

27. 《上海中华职业教育社志》编纂委员会编：《上海中华职业教育社志》，上海古籍出版社2007年版。

28. 袁刚、孙家祥、任丙强编：《民治主义与现代社会——杜威在华讲演集》，北京大学出版社2004年版。

29. 郭嵩焘等著，王立诚编校：《郭嵩焘等使西记六种》，生活·读书·新知三联书店1998年版。

30. 中国社会科学院近代史研究所整理：《黄炎培日记》（第1—10卷），华文出版社2008年版。

31. 傅云龙著，傅训成整理：《傅云龙日记》，浙江古籍出版社2005年版。

32. 严修撰，武安隆、刘玉敏点注：《严修东游日记》，天津人民出版社 1995 年版。

33. 蒋维乔著：《蒋维乔日记》，中华书局 2014 年版。

34. 许汉三编：《黄炎培年谱》，文史资料出版社 1985 年版。

35. 穆家修、柳和城、穆伟杰编著：《穆藕初先生年谱》，上海古籍出版社 2006 年版。

36. 王文玲撰：《陶行知年谱长编》，四川教育出版社 2012 年版。

三、著作类

1. 黄炎培：《黄炎培考察教育日记》第一集，上海商务印书馆 1914 年版。

2. 黄炎培：《黄炎培考察教育日记》第二集，上海商务印书馆 1915 年版。

3. 杨保恒、黄炎培辑译：《实用主义小学教育法》，江苏省教育会教育研究部 1914 年版。

4. 韩振华、黄炎培、陈宝泉、张渲、郭秉文、蒋继乔编纂：《考察日本斐律宾教育团纪实》，上海商务印书馆 1917 年版。

5. 舒新城：《近代中国教育思想史》，上海中华书局 1929 年版。

6. 舒新城：《近代中国教育史稿选存》，上海中华书局 1936 年版。

7. 舒新城：《我和教育》，上海中华书局 1945 年版。

8. 蒋梦麟：《过渡时代之思想与教育》，上海商务印书馆 1933 年版。

9. 《申报》馆编：《最近之五十年》，上海申报馆 1923 年版。

10. 庄俞、贺圣鼐编辑：《最近三十五年之中国教育》，上海商务印书馆 1931 年版。

11. 廖世承编纂：《中国职业教育问题》，上海商务印书馆 1929 年版。

12. 廖世承：《中学教育》，上海商务印书馆 1924 年版。

13. 易家钺：《妇女职业问题》，上海泰东图书局 1922 年版。

14. 谈社英编著：《中国妇女运动通史》，南京妇女共鸣社 1936 年版。

15. 中华职业教育社编：《实施职业教育要览》，中华职业教育社 1922 年刊印。

16. 杨鄂联、彭望芬编译：《小学职业陶冶》，上海商务印书馆 1925 年版。

17. 陈选善主编：《职业教育之理论与实际》，中华职业教育社 1933 年版。

18. 中华职业教育社辑行：《职业指导实施概览》，中华职业教育社 1929 年印行。

19. 庄泽宣编纂：《职业指导实验》（第一辑），上海商务印书馆 1925 年版。

20. 邹恩润编纂：《职业指导实验》（第二辑），上海商务印书馆 1925 年版。

21. 庄泽宣编著：《职业教育通论》，上海商务印书馆 1934 年版。

22. 刘湛恩、潘文安编辑：《升学指南》，中华职业教育社上海职业指导所 1930 年印行。

23. 何清儒主编：《职业指导论文集》，上海中华书局 1935 年版。

24. 教育部普通教育司编印：《职业指导参考资料》第一卷，教育部 1935 年刊印。

25. 陶知行、陈宝泉、胡适编：《孟禄的中国教育讨论》，上海中华书局 1922 年印行。

26. 王卓然编纂：《中国教育一瞥录》，上海商务印书馆 1923 年版。

27. 国联教育考察团团员：《中国教育之改进》，上海国立编译馆 1932 年版。

28. 陈翊林：《最近三十年中国教育史》，上海太平洋书店 1930 年版。

29. 朱子爽编著：《中国国民党教育政策》，重庆国民图书出版社 1941 印行。

30. 中央建教合作委员会编纂：《三年来之建教合作》，重庆 1941

年版。

31. 钟叔河：《走向世界：近代中国知识分子考察西方的历史》，中华书局 2000 年版。

32. 王晓秋：《近代中日文化交流史》，中华书局 2000 年版。

33. 尹德翔：《东海西海之间：晚清使西日记中的文化观察、认证与选择》，北京大学出版社 2009 年版。

34. 黄炎培：《八十年来》，文汇出版社 2000 年版。

35. 尚丁：《黄炎培》，人民出版社 1986 年版。

36. 田正平、周志毅：《黄炎培教育思想研究》，辽宁教育出版社 1997 年版。

37. 崔运武：《舒新城教育思想研究》，辽宁教育出版社 1994 年版。

38. 吴玉琦：《中国职业教育史》，吉林教育出版社 1991 年版。

39. 李蔺田主编：《中国职业技术教育史》，高等教育出版社 1994 年版。

40. 刘桂林：《中国近代职业教育思想研究》，高等教育出版社 1997 年版。

41. 黄嘉树：《中华职业教育社史稿》，陕西人民教育出版社 1987 年版。

42. 周谈辉：《中国职业教育发展史》，台北三民书局 1985 年版。

43. 蔡行涛：《抗战前的中华职业教育社（1917—1937）》，台北东大图书有限公司 1988 年版。

44. 熊明安：《中华民国教育史》，重庆出版社 1997 年版。

45. 李华兴主编：《民国教育史》，上海教育出版社 1997 年版。

46. 王伦信：《清末民国时期中学教育研究》，华东师范大学出版社 2002 年版。

47. 郭为藩：《中华民国开国七十年之教育》，台北广文书局 1981 年版。

48. 叶健馨：《抗战前中国中等教育之研究：1928—1937》，台北文史哲出版社 1982 年版。

49. 刘巨才：《中国近代妇女运动史》，中国妇女出版社 1989 年版。

50. 吕美颐、郑永福：《中国妇女运动（1840—1921）》，河南人民出版社 1990 年版。

51. 罗苏文：《女性与近代中国社会》，上海人民出版社 1996 年版。

52. 谢长法主编：《中国中学教育史》，山西教育出版社 2009 年版。

53. 谢长法：《教育家黄炎培研究》，山东人民出版社 2016 年版。

54. 谢长法：《刘湛恩年谱》，人民出版社 2020 年版。

四、论文类

1. 孙祖基：《十年来中国之职业教育》，载《教育与职业》第 85 期，1927 年 5 月。

2. 刘湛恩、潘文安：《十年来之中国职业指导》，载《教育与职业》第 100 期，1929 年 1 月。

3. 江恒源：《十六年来之中华职业教育社》，载《教育与职业》第 146 期，1933 年 7 月。

4. 沈光烈：《二十年来之中华职业教育社》，载《教育杂志》第 27 卷第 5 号，1937 年 5 月。

5. 钟道赞：《现代中国职业教育之产生与其发展》，载《学林》第 4 辑，1942 年 2 月。

6. 钟道赞：《抗战十年来中国的职业教育》，载《中华教育界》（复刊）第 1 卷第 1 期，1947 年 1 月。

7. 何清儒：《战后两年来的中国职业教育》，载《中华教育界》（复刊）第 2 卷第 1 期，1948 年 1 月。

8. 卞孝萱：《中华职业教育社怎样办职业教育——介绍几个学校的情况和经验》，载《江汉论坛》1981 年第 4 期。

9. 霍益萍、田正平：《试论中国近代职业技术教育的发展》，载《华东师范大学学报（教育科学版）》1986年第3期。

10. 吴长翼：《中华职业教育社七十年》，载《教育研究》1987年第9期。

11. 钱景舫、刘桂林：《论中华职业教育社在近代教育中的地位和作用》，载《华东师范大学学报（教育科学版）》1998年第4期。

12. 文黎明：《民国初期的职业教育运动》，载《教育与职业》1990年第7、9期。

13. 吴玉琦：《我国近现代职业教育的历史经验》，载《北京师范大学学报（社会科学版）》1991年第3期。

14. 肖朗：《花之安〈德国学校论略〉初探》，载《华东师范大学学报（教育科学版）》，2000年第2期。

15. 谷小水：《近代中国的职业教育（1866—1927）》，载《历史档案》2000年第2期。

16. 王媛：《近代中国职业教育的初期发展》，载《成都大学学报（社科版）》2003年第2期。

17. 曲铁华、罗银科：《论国民政府初期职业教育的发展及启示》，载《东北师大学报（哲学社会科学版）》2008年第2期。

18. 谢长法：《民国初期的职业指导》，载《职业技术教育》2001年第28期。

19. 谢长法：《抗战时期及战后职业教育的演进》，载《教育与职业》2002年第7期。

20. 谢长法：《穆藕初与职业教育》，载《中国职业技术教育》2008年第32期。

21. 谢长法：《黄炎培的教育考察与职业教育在中国的萌生》，载《教育与职业》2009年第11期。

22. 谢长法：《中华职业教育社与职业指导的近代化》，载《教育与职业》2009 年第 27 期。

23. 谢长法：《刘湛恩与近代职业指导运动》，载《职业技术教育》2009 年第 16 期。

24. 谢长法：《顾树森与职业教育》，载《职业技术教育》2009 年第 19 期。

25. 谢长法：《清末"新政"时期的女子职业学校述论》，载《河南大学学报（社会科学版）》2010 年第 1 期。

五、期刊、报纸类

《东方杂志》，《教育世界》，《学部官报》，《教育研究》（江苏省教育会），《教育杂志》，《中华教育界》，《教育与职业》，《职教通讯》（上海办事处），《社讯》，《中华职业教育社社务月报》，《中华职业教育社社务通讯》，《新教育》，《中等教育》，《教育丛刊》（北京高师），《妇女杂志》，《中等教育季刊》，《中华基督教教育季刊》，《教与学》，《教育通讯》，《教育通讯》（复刊），《山东教育月刊》，《陕西教育月刊》，《湖北教育月刊》，《安徽教育月刊》，《浙江教育月刊》，《安徽教育》，《江苏教育》，《浙江教育》，《福建教育》，《青岛教育》，《教育行政周刊》，《四川教育通讯》，《建国教育》，《科学》，《民族》，《全国学术工作咨询处月刊》，《宇宙风》，《教育部公报》，《升学与就业》，《农业推广通讯》，《国讯》，《中华教育界》（复刊），《教育与人生》，《申报》，《大公报》（天津）。

后　记

这部《中国近现代职业教育史》，2011年曾以《中国职业教育史》为名，由山西教育出版社出版。其时，我考虑到有关中国近现代职业教育的历史研究较为薄弱，发展过程、基本内容、具体事件、人物关系等，多有不明了、不清晰之处，在写作时，曾力求写一部较有新意、超越前人、相对完备的《中国职业教育史》。如今，经过十余年时间的检验，《中国职业教育史》不仅已经成为职业技术教育学专业研究生学习的重要参考书，同时也得到了学界的肯定和读者的认可，这是我最感欣慰的。但我也深知，这部十几年前的旧作，还有进一步修正的必要，并且要作一定的提升，因此，前几年，我就曾希望能有机会，对其修订。此次福建教育出版社约我修订，既令我非常兴奋，更让我感铭于心。

本次修订，基本框架和观点没有作大的改变，只是对此前个别不够深入之处，据新的资料作了补充和完善。此外，注释尽可能使用原始文献，并依原始文献订正了引文；在文字表达上，作了反复锤炼，力求更为准确、简洁、晓畅。在修订中，我仍坚持将翔实的叙述和细致的分析相结合，但由于职业教育的发展涉及面广，与社会变迁关系密切，自己虽然勉力而为，疏误之处定然难免，希望读者不吝指正。同时，我更期望读者能从中窥出些许中国近现代职业教育的演进和流变，进而获致点滴的认识和启迪，若此，那么这部《中国近现代职业教育史》，也就算是有它的些微贡献，我也就心满意足了。

鉴于本书内容主要在 1840 至 1949 年间，本次修订出版，定名《中国近现代职业教育史》。

感谢成知辛编审从策划到审阅书稿过程中的辛勤付出，感谢责任编辑周敏和特约编辑林瑞云的辛勤劳动，他们出色的专业水平和素养，是本书稿不断完善、向完美靠近的重要保证。

谢长法　谨识

2025 年 3 月 16 日于西南大学教育学部